系列

慈禧太后

独裁女主

李立新 吴丹 著

辽宁人民出版社

© 李立新　吴丹　2025

图书在版编目（CIP）数据

独裁女主：慈禧太后 / 李立新，吴丹著. -- 沈阳：
辽宁人民出版社，2025．4．--（历代名后系列 / 赵毅主
编）．ISBN 978-7-205-11399-5

Ⅰ．K827=52

中国国家版本馆 CIP 数据核字第 2024CE5143 号

出版发行：辽宁人民出版社
　　　　地址：沈阳市和平区十一纬路 25 号　邮编：110003
　　　　电话：024-23284191（发行部）　024-23284304（办公室）
　　　　http：//www.lnpph.com.cn
印　　刷：嘉业印刷（天津）有限公司
幅面尺寸：165mm×235mm
印　　张：23.75
字　　数：378 千字
出版时间：2025 年 4 月第 1 版
印刷时间：2025 年 4 月第 1 次印刷
责任编辑：贾妙笙
封面设计：乐　翁
版式设计：一诺设计
责任校对：冯　莹
书　　号：ISBN 978-7-205-11399-5
定　　价：68.00 元

"历代名后系列"序

"历代名后系列"是一套上起先秦下迄晚清,包含12位王后、皇后(包含皇太后、太皇太后)的传记史学作品,分别是:夏桀王后妹喜,商纣王后妲己,周幽王王后褒姒,汉高祖皇后、汉惠帝皇太后吕雉,汉成帝皇后、汉哀帝皇太后赵飞燕,晋惠帝皇后贾南风,北魏文成帝皇后、献文帝皇太后、孝文帝太皇太后冯氏,北魏孝明帝皇太后胡氏,唐中宗皇后韦氏,辽景宗皇后、辽圣宗皇太后萧绰,清世祖皇太后、清圣祖太皇太后博尔济吉特氏(即孝庄文皇后),清穆宗、清德宗皇太后叶赫那拉氏(即慈禧太后),编为9册。这是一套史学专家撰写的通俗性历史读物。

夏商周三代尚无皇帝尊称,是分藩裂土的王政时代,因此,妹喜、妲己、褒姒被称为王后。秦汉以降才是帝制的开端,最高统治者称皇帝,其配偶称才人、女御、嫔妃、贵人、贵妃、皇后等,等级分明,地位天壤,皇后执掌中宫,是内廷宫闱的高层级支配者。皇后原则上只册封一人,但在帝制时代,两后并立亦不鲜见。当朝皇帝的正妻或其最喜欢的妃嫔往往被册封为皇后。当朝皇帝驾崩,子侄辈即位为新皇帝时,皇后往往被尊为皇太后,待孙辈登基为新皇帝时,皇太后则被尊为太皇太后。没有皇后履历的皇帝妃嫔,母以子贵,在其子加冕称帝时，被追尊为皇太后是常例。

严格说来，社会只由两种人构成，即男人和女人。历史本应由这两种人不分伯仲共同创造与书写，然而，实际的情形并非如此。

自先秦至晚清数千年间，朝代更替频繁发生，占据历史舞台中心的帝王将相、达官显贵、英雄豪杰，几乎清一色是男子，女人仅是男人的附庸，全无展示自己的平台，无法成就轰轰烈烈的伟业。通观中国古代历史，唯有武曌一位女皇，对其评价尚褒贬不一，罕见女性有位极人臣、出将入相者。中国古代的正史——"二十五史"、历朝政书的书写者均为博学多识的男性官僚学者，除班昭参与了《后汉书》的部分编纂工作外，再无任何女性参与正史、政书书写。历史的书写者基本为男人。书入正史的帝王将相、达官显贵占去了史书绝大部分篇幅，而约占人口总数50%的女性，仅占有《后妃传》《列女传》等少得可怜的篇幅。

中国古代是男人的社会，中国古代正史由男人书写，中国古代，尤其两汉以后，儒家思想成为社会主流意识形态，宋代以后理学存天理、灭人欲的礼教观念广行流布，女子无才便是德、男主外女主内、节烈贞洁等种种礼教戒律严重束缚女性，在政坛上叱咤风云的女性更难得一见。

本书的12位传主，夏后、商后、周后、吕太后、赵皇后、贾皇后、韦皇后等7人系汉族女性（夏后、商后、周后可视作华夏族），而胡太后、萧太后、孝庄文皇后、慈禧太后等4人为少数民族女性，冯太后为少数民族化的汉族女性。为什么少数民族女性所占比例如此之高呢？这与少数民族对女性礼教戒律束缚较少、少数民族女性的社会地位相对较高密切相关。尽管在古代中国历史上出现很多炙手可热的名后，有的在政坛上翻云覆雨，甚至临朝称制，掀起巨澜，但实质上她们仍是男性的附属。

古代社会，从太学、国子学到府州县学，各级官学不录取女性学员，妇女受教育的权利被剥夺；古代社会，从乡举、里选、征辟、察举、九品中正到科举取士，各种官吏选拔均不把女性划入考查范围，妇女参与国家政治的权利又被剥夺。只因皇帝有一套严格而完整的后妃制度，服务于皇权，才有了这样一个皇后、皇妃群体。首先，皇后必须由皇帝册封，皇后的名分是从皇帝那取得的；其次，皇后在家庭中必须服从夫君——皇帝的权威，皇后的权力是皇权的外延，是皇帝给予的。在帝制时代，专制皇权不断强化，为防止后妃干政、外戚坐大，形成后党，在政治设计上约束限制后妃、外戚权力膨胀的规则日益严密，个别朝代甚至推出并实行册封皇太子后处死皇太子生母的冷酷政策。

这套"历代名后系列"的 12 位传主，生活在不同朝代，政治履历、知识素养、性情禀赋、胆识谋略及最终结局各不相同。作者对她们生平际遇、历史功罪等诸多方面，在尊重史实、参酌同行研究的前提下，做了尽可能详细的陈述与评说，不仅为了再现她们多姿多彩的人生，更是想让读者透视她们生活年代变幻莫测的政治风云。汉高祖皇后吕雉，辅佐刘邦成就霸业，与萧何谋划除掉韩信，巩固统治。高祖病逝后，惠帝软弱，由吕后实际掌权，她继续无为而治的黄老政治，使汉朝国力不断增强。她又擢拔吕氏族人，形成诸吕集团，操控朝政，最终陈平、周勃铲除诸吕，迎立汉文帝，酿成汉初一场政治大震荡。夏桀王后妹喜、商纣王后妲己、周幽王王后褒姒、汉成帝皇后赵飞燕，皆为倾城倾国的绝代美人，以姿色取悦君王，虽行止乖张，恣肆任情，颇受后人非议，但把夏、商、西周败亡，汉朝衰败的历史责任加到她们头上恐未必公允。北魏献文帝冯太后，有度量有胆识，激赏汉文化和中原王朝成熟的典章制度，促成孝文帝实行改革，接受中原文化，推动了鲜卑族社会发展进步和与汉族的民族融合。辽圣宗皇太后萧绰，是有影响有担当有作为的政治家，她能在朝堂上决断大政，亦能统率百万大军攻城略地，与敌人对垒。在辽宋对战势均力敌的情势下，审时度势，促成"澶渊之盟"，使辽宋之间实现数十年之和平。孝庄文皇后博尔济吉特氏是位聪明睿智的女人，她的成功在于在清初复杂的皇位争夺中施展手段，辅保年幼的儿子福临、孙子玄烨登上皇帝宝座，摆平满洲贵族各派政治势力。即或有下嫁摄政王多尔衮之韵事，也毫不影响其历史地位。晋惠帝皇后贾南风、北魏孝明帝皇太后胡氏、唐中宗皇后韦氏3位传主有许多共性，凶悍、妒忌、残忍而又野心极大，是史上公认的"女祸"。贾皇后的丈夫惠帝司马衷是低智商，不能亲理朝政，贾皇后操控大权，在朝臣和宗王间拉帮结派，拨弄是非，引发司马氏自相残杀的"八王之乱"，使晋朝走向衰亡，贾皇后也在乱世中被杀。北魏胡太后，心狠手辣，两度临朝称制十余载，挟持皇帝、势压宫妃，威福自专，天怒人怨，最终被尔朱荣沉于黄河。唐中宗皇后韦氏是位心机颇深、手段高妙、野心勃勃的女人。在武周和中宗时期，她巧妙周旋，地位虽有浮沉，但终究保住了权位，膨胀了势力，与上官婉儿等结成势力集团，顺昌逆亡，甚至密谋政变，弑君自立，效法则天武后。在唐前期朝政大变局关键时刻，睿宗之子李隆基果断发动兵变，杀死韦皇后，化解了一场政治危机。慈禧太后是清文宗之懿贵人，没有皇后名分，文宗死，穆宗立，径封皇太后，历同治、光绪两朝四十余年，垂帘听政，独断朝纲，地位从未动摇。她思想保守、观念陈腐，在西学东渐，世界格局大变演中，无能应对，锁国闭关，为保住其独尊地位，血腥镇压维新人士；在对西方列强的斗争中，屈膝投降，签订了一系列割地赔款、丧权辱国的条约，使偌大中华沦为半殖民地社会；她个人生活厚自奉养、奢侈挥霍，为庆六十大寿，竟公然连续数年挪用海军经费近200万两，这也是导致甲午战争中北洋水师全军覆没的一个重要原因。

这套名后传记史学读本，成于众人之手，风格不同，学识也有差异，相信读者慧眼识珠能够发现其精到和舛误。此套书曾刊行于20年前，此次应邀修订，主要是打磨文字，订正史实错误。限于作者水平，肯定还有其他问题没能发现更改，欢迎读者教正。

辽宁师范大学　赵毅

2023 年 5 月 15 日

目　录

第一章

古都城　慈禧出世

为皇位　兄弟相争

一

清道光十五年十月初十，傍晚。

虽说到了农历十月北方的天气已逐渐转冷，可此时北京城西四牌楼劈柴胡同一座普通的四合院内热闹非常。

此间主人是吏部的二等笔帖式惠征。

惠征是满族八大姓之一的叶赫那拉氏，监生出身。虽然笔帖式是京城内最末流的小官，人微言轻，但而立之年的惠征官声颇佳，结交甚广。喜逢人生第一次当父亲，也就借此搞了个聚会。同年好友纷纷登门祝贺，连续考核优等的惠征升迁只是时间的问题，大家心照不宣。

酒过三巡，惠征举杯敬酒，"诸位，自我入仕以来，承蒙各位抬爱，对我诸多指教和鼎力相助，借小女出生之喜，以表感激之情！"

言罢，一饮而尽。

同僚纷纷举杯响应，一致要求看看孩子。"是不是将令媛抱出来，让我们看看？"

"那当然，"惠征说完对里屋喊了一声，"抱孩子出来。"

丫环香梅抱着刚刚降生不久的婴儿走了出来。众人一一看过后，同僚狄海扯开大嗓门说："这孩子我看天庭饱满，将来必有出息。对了，还没起名字吧？"

"还没有。"

狄海道："惠征兄文采甚佳，经史皆通，何不就在此时给令媛起个名字呢？"

一呼众应，大家便七嘴八舌地劝惠征想想。

惠征站起身来，背着手在屋内踱了几步，抬头时望见院内的杏树，脱口而出，就叫"杏贞"吧。

"好！"狄海附和，"好名字，清新脱俗。"言罢走到襁褓前，摸了摸婴儿粉红色的面颊说："将来你可要有出息才行，我这当叔叔的说不定还能借上光哩！"

众人相视而笑，这一番酒直喝到夜色深沉，众人方才散去。

从此，惠征有了长女叶赫那拉·杏贞。

时光飞转，日月穿梭，转眼到了道光二十六年。

这一年杏贞十二岁，像她的名字一样，越发显得脱俗清秀，真个是谁见谁爱。二女儿婉贞五岁，甜美可爱。惠征仕途不错，这一年充任吏部文选司主事，前程似锦。在外人的眼里看来，回正可谓人生得意，令人羡慕。

这天，刚刚回到家中的惠征看见杏贞坐在小凳上看书，坐下来说："女子无才便是德，学学描画刺绣，针线活什么的，长大后找个好人家嫁出去，平平安安就行。整天看书你能看出什么名堂来？"

杏贞望着惠征："阿玛，书中自有颜如玉，书中自有黄金屋，多看些书就多懂道理。"

惠征笑笑："你读那么多书，你难不成要考状元？"

"考不成状元就不读书了吗，唐朝的武则天没考状元，不也治理天下吗？"

惠征一时语塞，没想到她小小年纪竟也能引古喻今。随后站起身，望着院中的杏树，似是自言自语地说："治理天下未必，多读些书总是好的……"

二

这一年的新春佳节，京城虽依旧热闹非凡，但很多上闻朝廷的官员心中却总像是有什么东西硌着，南边又打仗了，据说广州又被占了。习惯了天朝大国的人们开始迷惑了，他们不知道为什么泱泱大邦还要遭到蕃夷小属的侵略。很多有识之士却心中明白，中国是落后了，大清王朝开始衰落了，这一事实，就连此时的道光皇帝也开始慢慢明白了。

不过，丢失一个小小的广州却未必能令道光要死要活，眼下摆在他面前的愁事是皇位的继承问题。

道光三位皇后相继去世，先前齿序三位皇子早天，现在要在四皇子奕詝和六皇子奕䜣之中选择其一。孝全成皇后去世后，奕詝由皇六子奕䜣生母孝静成贵妃抚养，无论是奕詝还是奕䜣，两人都很得道光的赏识，实是难以抉择。

"启奏皇上，静贵妃驾到。"

孝静成贵妃随着小太监的声音已经挑帘进了暖阁，忙紧走几步道了万福。小太监们都知趣赶紧退下。

"皇上，感觉好点了吗？我问过太医，无大碍，静养几天就可以了。"

"朕知道自己的病，"道光苦笑说，"都这么大岁数了，病来如山倒，病去如抽丝呀！"

"皇上是身体略虚，补补就行了，我看皇上也不用担心朝中的事，交给军机处办吧，如果没有加急事情就酌情处理吧。"

谈起军机处，道光气就不打一处来，猛咳了几声，扬声道："什么军机，穆彰阿狗屁都不懂，一天就知道拉帮结伙，那琦善连个夷人都打不过，丢人啊！我也是照顾他们是先朝遗老，不然早就革了他们的官，都是一群脓包废物，咳，咳！"

"唉，说来也是，可惜奕纬死得早，要不然也能帮帮你。奕詝完了婚，虽也成年了，可毕竟还没有经验。皇上，依我看让他参谋一下也可以了。"

"你看你，唉，操不完的心，人也比以前瘦多了。想起你刚进宫那会儿，唉！真是岁月催人老啊！"

"是啊，一晃儿三十多年了，怎么能不老？可惜姐姐们都一个一个去了，说起来真让人伤心。"

"两个孩子也够你带的，四阿哥虽不是你亲生，可你待他比六阿哥都好，真难为你了。"

"皇上，哪个都是皇上的骨血，我是希望他们都有出息，能够和睦相处，长大了当好这个家，我费点心思是分内的，皇上快别想那么多了，好好休息吧。"

两人又谈了一些时候，静皇贵妃告辞出来，南书房又归于寂静。可道光的心情怎么也难以平静下来。

道光皇帝心里非常喜爱六子奕䜣，这不仅因为奕䜣弓马骑射出众，而且文采也很见功底。其师傅卓秉恬更是一代大儒，在文章上很有造诣。

奕詝比起弟弟奕䜣来总给人以阳刚不足之感，可奕詝生性淳厚，颇有长兄风范，这一点却是奕䜣所不及的。道光帝年事已高，况且病痛缠身，怎么能不想这立嗣之事呢？可兄弟俩都没有劣绩在身，真是难以决断。

"皇上，我陪您出去走走吧。"老太监陈锐见道光愁眉不展，暗中着急，但也想不出好的办法来劝解皇上，只好建议道光散步散心，他知晓国家大事当太监的是不敢乱讲的。

外面虽寒气逼人却也露出春光景象，道光出了书房，长长吸了一口气，心中略感舒服些。信步闲游，不知不觉走到了祥妃住的宫前，看门小太监刚要进去通报，被道光摆手制止了。进门后，刚到暖阁外面，便听到了五皇子奕誴的说话声。

"我不干，凭什么？父皇一直都不喜欢我，我去探病也被拒之门外，他们俩为什么可以进去？我才比老四小六天，都是一样的皇子，额娘……"

"唉，儿呀，你父皇自打你生下来就不怎么喜欢你，这是宫中上下都知道的，何况你举止粗鲁，额娘生你时才是贵人，四阿哥是全皇后所生，六阿哥是静贵妃所生，何况她对奕詝又有养育之恩，额娘本来就低人一等啊……"

"哼！"

道光听到这里，叹了口气，转身离开了暖阁。

不久，道光降旨，将五皇子奕誴过继给惇亲王为嗣子。这样，五皇子奕誴彻底断绝了争夺皇位的念头。

春芽露头，万物复苏的时候。

这天，四皇子奕詝正在听师傅讲书，杜受田讲着讲着总觉得奕詝有些心不在焉，便问道："四阿哥，你有什么事？"

"小太监来报，说父皇这两天病有些重，过一会儿我和六弟去看父皇，我想想，万一父皇问起什么来我没有什么准备怎么办？"

杜受田放下手中的书，在屋中来回踱了几步，突然转回头说："四阿哥，如果皇上说不久将离人世，让你兄弟二人奏陈时政，你怎么说？"

"那只好将师傅教的都搬出来，尽力而为。"

"不，阿哥，如果真如臣所料有此一幕，你只须跪伏于地，痛哭流涕以表孝心即可，切记，不要与六阿哥争口才之长。"

"嗯。"奕䜣向来对师傅是言听计从的，只要是师傅讲的，即使当时不明白什么意思，但只要照办就是，绝不会出什么差错。对于这一点，奕䜣是至信不疑的。

南书房内有一股淡淡的药味，奕䜣已先于奕䜣来了，打过招呼之后便坐在了床边。

"咳，咳，"道光头缠黄绫布条，清瘦的脸上青筋随着咳嗽声隐隐跳动，待略微平静些之后，道光帝才缓缓地说，"你们在上书房也有年头了，今天把你们找来是看看你们的学业如何，何况我年事已高，恐不久于人世，你们学业有成我也可放心而去。"

说着，道光慈爱地看了看奕䜣："你说说。"

"是，"奕䜣心中暗喜，临来前师傅传经布道，将一大套治国安邦的道理授与他。

"儿臣启奏父皇，儿臣以为，治国之道，贵在严谨，应振纲纪、严典制，重廉才皆具之人。严谨可使群臣不敢僭越，有治于严明，振纲纪可使典制不致紊乱，重廉才皆具之人可治吏道，儿臣以为此为治国之本……"

奕䜣口若悬河，滔滔不绝地讲了近半个时辰，将师傅所授的都讲了出来，奕䜣偷眼看了看道光帝，见他一边听一边不住点头，心中有些忐忑不安。

"奕䜣啊，你也说给朕听听。"

奕䜣忙转身跪在了地上，目光正与道光投过来的慈爱目光相对，看到道光黑瘦的面庞，想起了平日父皇对自己的慈爱，奕䜣的眼泪便一下子涌了出来，跪爬了几步，痛哭流涕。

"父皇，儿臣启奏父皇，父皇言及老病，不久于此位，儿臣甚感惶恐。父皇偶感小疾，何言老病？如果您真的病倒，儿臣怎么办呢？我与诸弟才学不及父皇，文治武功不及父皇，祖宗社稷不能没有父皇啊，儿臣愿替父皇之病，您也可以不再言此。"说到这里，奕䜣已是泣不成声。

"唉！"道光长叹了口气，奕䜣的一番话说得他热泪盈眶，"朕知你生性仁厚，孝心可嘉。好了，不要再哭了，你们俩先回去吧，别忘了跟师傅好好读书。"

"是，儿臣告退。"

回到书房后，奕䜣向杜受田讲述了这一幕，杜受田一边听一边不住点头。

"师傅，您为什么不让我也向父皇陈论时政呢？您平时教得也很多嘛。"

"阿哥，记住，一国之君不一定要是大儒，学问再深也不一定能当好皇帝，关键是要有一颗仁厚的心，这才是万民之福。"

不久，道光皇帝的病情有所好转，朝中一时无事，正赶上全皇后的祭期，道光便决定趁此去叩拜祖先，谒西陵。

此时正是万物复苏、枝头挂绿时节，一行人在暖洋洋的阳光下缓缓地出了北京城，是夜宿于易水河边。

易水河边山清水秀，景色宜人。可道光的心绪却飞到了两千年前：当年燕太子丹使英雄荆轲刺秦王，行至易水河上，他的朋友高渐离击筑，荆轲和歌而唱："风萧萧兮易水寒，壮士一去兮不复还。"这句千古绝唱流传至今，易水河虽依旧流淌，可那位刺秦王的燕国英雄却早已作古，留给后人的只是一个悲凉的故事。而道光此时的心情亦不亚于当年的荆轲，眼见大清日渐衰落，他是心有余而力不足，局势难以挽回，心中怎能不生凄凉之意？

"唉！"晚风中道光一声长叹，喃喃地道，"风萧萧兮易水寒，壮士一去兮不复还，千古绝唱。时至今日我怎么去见列祖列宗呢？"

西陵，大清朝几代皇帝都葬在这里，有泰陵——雍正皇帝墓，泰东陵——雍正帝孝圣宪皇后之墓，茂陵——道光皇帝之父嘉庆帝之墓，慕陵——孝穆成皇后、孝慎成皇后、孝全成皇后墓。拜谒祭奠完毕，道光帝决定就近到南苑猎场散散心，以此来暂时摆脱对国家命运的愁思和对亲人的哀念。

晚膳后，道光独坐屋中，青灯独影，甚觉寂寞。忽然他想起自己的两个皇子来，于是便吩咐御林军统领即刻派人快马回去，请四阿哥和六阿哥一同来猎场，也好享天伦之乐。

快马赶到京城已是第二日午膳后。

"什么？去南苑猎场？"

"是的，皇上吩咐请您和六阿哥同去，即刻启程。"

"嗯，知道了。"

奕䜣吩咐手下准备好刀马箭铳，匆匆向弘德殿而来。

大清朝有规矩：皇子读书期间，奉命外出必须到师傅处请假，是谓尊师。

所以，奕讠宁便匆匆地赶到了杜受田这里来告假。

"去南苑猎场？"

"是的，刚刚快马来报的，我都准备好了，特向师傅辞行。"

"你带了多少人啊？"

"二十五个随从，弓马刀铳一应俱全，但我不明白父皇为什么叫我兄弟二人同去，难道说要看看我们的弓马骑射？"

"阿哥，此事非常简单，但为师要告诫你一条。你尽可带上随从弓箭前往，但切记，阿哥和随从不要放一箭一铳，切记！"

"为什么？难道师傅担心我的箭法不如老六吗？"

"非也，阿哥不放一箭一铳，其中自有道理，"说着，杜受田招招手，"你附耳过来。"杜受田对奕讠宁耳语了一阵，然后才说，"切记！照为师所说去做。"

兄弟二人并马出了京师，奕䜣显得特别兴奋。

"四哥，这么长时间没打猎了，我这手真痒，这次可要大干一场，多打点野味回来……"

"嗯。"奕讠宁心不在焉地应着，脑子里一直在想着师傅说的话。

"怎么了？出来狩猎还心事重重的，咱们赛一赛马怎么样？"

奕讠宁毕竟是少年心性，爽声应道："好！"

哥儿俩快马加鞭，随从们也紧跟其后，官道上扬起一片尘土。

夕阳西下，一行人抄近路风尘仆仆地赶到了猎场，来到行宫门外，透过敞开的大门，兄弟二人看见道光帝正背手等候在院中，二人趋步上前请安。

"想不到你们来得还很快。"道光看上去心情颇佳。

"父皇，儿臣和四哥赛马，又抄的近路，要不然没有这么快。"奕䜣一脸的兴奋。

"好，好，你们先进去吃点东西休息，明天一早我们就出发。"

"六弟，你先进去吧，我不饿，陪父皇在这站会儿。"

一阵晚风袭来，寒意逼身，奕讠宁见道光只穿了外衣，在风中显得憔悴和消瘦，随手解下披在身上的斗篷罩在道光身上："父皇，春寒料峭，还是回屋中休息吧！"

道光回头望了望奕讠宁，一边点头一边道："你长大了，的确长大了！"

"父皇的病刚好，宜多休息，明天您就别去了，等我们回来给您做些野味补补身子。"

"无碍，我很高兴，明天咱们一同去。"

父子俩一边说一边走，奕詝在道光的目光中清楚地看到了嘉许的神情。

一夜无话，第二日天气晴朗，兄弟俩一边一个陪着道光帝出了行宫，猎场外早已派兵把守。其实这皇家御用猎场是无人敢随便进出的，所以偌大个猎场显得寂静异常，只是偶尔能听到鸟鸣。

"我就在这个小屋子外面晒晒太阳，你们俩去吧，朕要看看你们的骑射如何。"

"四哥，咱们两个时辰后见。"奕䜣一招手，首先提马冲入了猎场深处，随即便零星响起铳鸣。

奕詝也带着随从向另一个方向走去，及至密林深处，奕詝勒住马头，转身对随从道："今天谁也不许放一铳一箭，违令者斩！"

见众人疑惑不解地望着他，奕詝又补充了一句："听我的命令，在原地休息，谁也不许离开这里！"

"嗻！"众随从齐声答应。

两个时辰对奕䜣来说未免过得快了些，尽管他及随从已射杀了一只鹿、三只狍子和很多野兔、山鸡，但还是意犹未尽，在仆人的催促下才快快回到了木屋。

"䜣儿打了这么多！嗯，很好，很好。"

奕䜣叩安后，来到道光身边指着梅花鹿说："这鹿儿很精的，儿臣追了好长时间才赶上它，亏了它身小力薄，要不然恐怕不容易追得到。"

道光仔细一看，只见一支翎箭正插在鹿的咽喉处，血已凝固，鹿身扭曲，鹿角刚刚露出嫩芽，地道的雏鹿。

"嗯，䜣儿的箭法越来越好了，可惜朕老喽，真想再骑上马，追一回。"

正说着，奕詝领着随从也转了出来，一行人马却是两手空空而归。

"詝儿，难道那边没有猎物？"

"回父皇，非是儿臣没有碰到猎物，而是儿臣严令随从不放一铳一箭，这里另有隐情。"

"另有隐情？"道光显然提起了兴趣。

"回父皇，儿臣以为，时值春和景明、万物复苏之际，正是一年鸟兽孕育之时，儿臣不忍伤其生命以干天和。而且，儿臣也不想以弓马之长与弟竞争，使兄弟生隙失和，所以儿臣没有猎物献与父皇。"

"嗯，好！难得，难得你有此仁德之心。"

"谢父皇夸奖。"

膳后，奕詝随道光散步于林间。一边走，道光一边问奕詝："最近我疾病缠身，也没有过问你的学业，杜受田平日讲些什么呀？"

"回父皇，师傅除传授经史子集外，常常给儿臣讲当今变故，历代帝王将相的逸事。儿臣斗胆，我泱泱大国，为何与西方小国签订城下之盟？儿臣恨不得统率一支军队与他们一战，以为父皇解忧。"

"你一片孝心可嘉，朕早已知晓了，看来杜受田是教导有方，今日之举足见你已有人君之度了！"

"师傅常教导儿臣，如为人君必应有容人之度、仁德之性，这才是万民之福，就像父皇一样。"

道光点点头，此时在他的心中已下了决心，看来帝位传给奕詝可以放心了。

三

回到北京，奕詝便马上来到了师傅杜受田这里，详细陈述了打猎的经过。待讲完，杜受田点点头，缓缓道："四阿哥，如此看来，你承继大统是十之八九的，但在近期应更加修炼自己，莫要喜形于色，让皇上更加放心才是。"

"师傅说得是，我明白该怎么做。"

其实此时，南书房内，道光皇帝已用朱笔亲书了一道谕旨："皇四子奕詝立为皇太子，皇六子奕䜣封为亲王。"写好后，命人装入锦匣，藏于乾清宫"正大光明"匾额后面。

乾清宫是大清朝的正宫，"正大光明"匾额为清世祖顺治帝手书，将遗诏藏于匾后是大清朝的"祖宗家法"，它起源于清世宗雍正帝，说起来这里面还有一个典故呢。

清初，在未入关前，曾一度选贤举能承继大统。清太祖努尔哈赤时，四大贝勒都有争夺皇位的资格。本来大贝勒代善为人宽厚，颇有战功，应承继父位，无奈代善与努尔哈赤大妃有暧昧关系而名誉扫地；二贝勒阿敏非努尔哈赤亲子且战功平平，不被众人推崇；三贝勒莽古尔泰虽勇猛顽强、战功显赫，但为人性情暴烈，十分粗野，难孚众望；唯有四贝勒、八皇子皇太极不仅能征惯战，而且为人仁厚，受众人推崇。后来，努尔哈赤驾崩未留下遗嘱指定谁承继大统，众人一致推举皇太极荣登大宝，史称清太宗。

清世祖福临入关后，在定谁来接替自己时是以"遗诏"的形式指定皇三子玄烨为皇太子的，这就是清圣祖康熙皇帝。

康熙在位六十余年，一生子女很多。在选择继承人过程中出现九子夺嫡，二十四个皇子中有九人参与，皇太子胤礽两度废立，四阿哥胤禛、八阿哥胤禩逐渐形成两大集团，最后，皇四子胤禛继位，是为雍正皇帝，即清世宗。上位后的雍正清算"八爷党"几位兄弟，相继予以幽禁或发配，这场争斗才告一段落。

雍正有感于兄弟纷争，为避免悲剧重演而于雍正元年召集总理事务王大臣、满汉文武在乾清宫西暖阁开会，当面传谕：今后凡建储，必由皇帝亲书其名，封于匣内，藏到乾清宫世祖御书"正大光明"匾额后面，这种办法"永为定例"。就这样，清朝皇帝立储的家法发生了重大变化，即建储但不宣布是谁。乾隆、嘉庆及道光都是这样继承皇位的。

立储之事很快传遍宫闱，一时议论纷纷，猜测的人很多，很长时间内成为宫中的话题。

时光飞逝，转眼三年过去了。到了道光二十九年年底，奕詝的祖母孝和睿皇后在慈宁宫去世。人寿于年老倒没什么，可偏偏祸不单行。第二天，与奕詝新婚三载的嫡福晋也随祖婆长眠地下，六十八岁的道光帝操劳过度一病不起，便将处理军机、批阅奏章之事交给了奕詝，这年奕詝刚刚二十岁。

这一年的春节宫中冷冷清清，孝和睿皇后和嫡福晋的去世本已给宫中罩上一层悲凉气氛，道光一病不起更是雪上加霜，奕詝天天忙于批阅奏折，原来井然有序的宫中一时显得乱起来。

过了正月初十，奕䜣便请道光移至圆明园慎德堂静养。眼见道光病情日益加重，急得奕䜣每天早中晚都来探视病情，虽然现在由他主持朝政，但诏书始终还没有公开，他心中没底，便勤于探望。

这日，太和殿内奕䜣和众军机及王、大臣议事，总管太监跑进殿中传旨。

"皇上有旨，召大学士祁寯藻、杜受田，尚书何汝霖，侍郎陈孚恩、季芝昌慎德堂见驾。"

奕䜣的第一个反应是道光不行了，但转念一想，如果说道光即将龙驭上宾，应该首先召亲王和大臣才对，何以只召部分大臣，连军机也只叫了三个人？

晚膳后，奕䜣叫来杜受田，详问其情。杜受田低首道："皇上精神颇好，只对臣等说要好好扶助四阿哥，依臣看恐怕是回光返照之象。"

"果真？那父皇有没有说到遗诏之事？"

"没有，不过依臣看应在臣料定之中。"

师徒二人又谈了些时候，杜受田告辞出来，临走前附耳对奕䜣说了句："该准备后事了。"

果然，十四日一早，圆明园慎德堂外，大清朝的王公及重臣都聚集至此，他们大都是在睡梦中被叫起来的。堂外虽彻骨寒冷，但以众人的表情看似乎根本没有想到冷，他们在等待什么。

"皇上有旨，传定郡王载诠，军机穆彰阿、赛尚阿、何汝霖、陈孚恩、季芝昌，御前大臣怡亲王载垣、郑亲王端华、科尔沁王僧格林沁，步军统领文庆觐见。"

众人鱼贯而入，见屋内黄幔低垂，奕䜣跪在榻边，道光帝面色红润地坐在榻上，叩安后，道光缓缓地说："朕已感不久于世，今天把你们找来，告之你们朕已决定传位于皇四子。"说着，随手接过太监递过来的锦匣，取出三年前写好的诏书，给众王、大臣传阅。

"尔等是本朝重臣，朕去后望尔等能尽力辅佐䜣儿，莫忘朕言，切切！"

群臣中已喁闻泣声，道光艰难地摆摆手，由太监扶着躺下。

退出后，奕䜣吩咐众臣至太和殿议事。午膳后，奕䜣又匆匆赶往慎德堂。

"是诉儿吧？"隔着黄幔，道光那微弱的声音显得悠长，屋内的小太监都被奕讠赶了出去，无人应声，奕讠只好随口应了声："是孩儿。"

"唉，时至今日，阿玛已没有多长时间了，你们兄弟俩都是我的骨肉，一样地疼啊！你处处像朕，阿玛虽然很喜欢你，可讠儿也并无大的失错，朕若立你为太子恐群臣不服啊，朕唯一担心的是他登基之后能否容得下你，朕已封你为亲王，你好自为之吧。"说到这儿，道光竟有些语不成声。

奕讠心中似打翻五味瓶，苦辣酸一齐涌上心头，"扑通"跪在榻旁，真是泪流满面，拉着道光帝的手哽咽道："请父皇放心，儿臣一定善待六弟，额娘对我有养育之恩，儿臣怎敢忘记？我与六弟怎能手足相残，落人耻笑？"

"你，你是讠儿？"道光似从昏迷中惊醒，"朕刚才说了什么没有？"

"没有，阿玛告诉儿臣要善待六弟，儿臣记下了。"

道光迷蒙中自知好像说了什么，只好推了推奕讠的手，示意他退下。奕讠转身离开慎德堂，与迎面而来的奕䜣擦肩而过。

回到大殿，众军机、王、大臣都在。奕讠心中不痛快，坐在那儿一言不出，群臣无人敢问，就这么僵着，阁内异常寂静。

约莫过了一个时辰，殿外传来号啕之声，总管太监跑进阁内，泣不成声道："大行皇帝龙驭上宾。"

殿内顿时乱作一团，奕讠像是突然没了主心骨，慌忙叫过师傅杜受田安排一切，带着群臣直奔圆明园而去……

后事自不必说，正月二十六，爱新觉罗·奕讠正式即位。以次年为咸丰元年，封奕䜣为恭亲王，奕谖为醇郡王，奕洽为钟郡王，奕澴为孚郡王。定缟素百日，素服二十七月。奕讠终于如愿以偿地登上了大清的皇位，他就是清文宗。

第二章

选秀女　杏贞入宫

得恩宠　母以子贵

一

咸丰帝登基后即重用杜受田、祁寯藻、文庆、肃顺、曾国藩等人，兴利除弊，革了无能的穆彰阿的职，杀了卖国的耆英，朝中上下一片肃然。到道光皇帝丧期已满时，先朝遗留的破烂摊已有起色，呈现一派欣欣向荣的景象。于是，每个皇帝登基后要必经的一个程序——选秀入宫便提上了议事日程，咸丰帝决定于咸丰二年选秀。

一纸诏书飞传天下，及近年关，诏书便到了安徽府。

安徽府宁池太广道道员惠征接到诏书心中不禁暗自高兴。来到安徽已经有几年了，可这地方怎么也比不了京城繁华热闹，苦于无机会回到北京，毕竟是北方人，南方虽是山清水秀却难以留住惠征的心。杏贞今年十七岁了，凭她的姿色和才气，肯定能得皇上恩宠，那可是一人得道，鸡犬升天，自己落叶归根的愿望也可以实现了。

此时，道员府内却是平静如常，后花园中杏贞正在手握绢帕望着塘中的水低声喃唱，歌声委婉动听。

民间传闻，年青的杏贞与荣禄青梅竹马，两情相悦，仆人传话唤杏贞回正房见惠征，才打断了杏贞的沉思。

来到正房，请过安后，惠征开口道："杏贞，皇上有旨，选秀女入宫，抚台大人派人传旨，你在被选之列，准备一下，过了年就进京。"

农历二月已是冰消雪融的季节，大地复苏，万物亦呈现生机勃勃的景象。经过多轮的筛选，所剩秀女已寥寥无几。今天是最后一关，事毕之后便可知道在宫中的位置。

钦安殿外依旧有些冷，秀女们各自想着自己的命运。辰时一过，便开始陆续被叫进殿内。

"皇上有旨，宣惠征之女杏贞觐见。"内殿总管太监韩来玉引着杏贞一边走一边对她说，"今天是圣上和康慈皇贵太妃（即静皇贵妃）主持，别忘了进去磕头请安。"

"嗯！"杏贞点头。

请完安，杏贞偷偷地望了一眼咸丰皇帝，见他正目不转睛地看着自己，原来新登基不久、政绩颇有起色的咸丰帝并没有想象的那么威严，看上去人也很瘦削。

"把你的家历说一说。"康慈皇贵太妃缓缓开口道。

"奴家叶赫那拉氏，道光十五年十月初十生，镶蓝旗满洲人。曾祖父吉郎阿，曾任刑部员外郎；祖父景瑞，曾任刑部山东司员外郎，后散居家中；父惠征，现任安徽宁池太广道道员。"

"嗯！你先下去吧。"

"是。"

"皇上，你看呢？"

"当然留下！"咸丰帝话一出口便感到有些失态，好在是在贵太妃面前，却也造了个大红脸。

康慈皇贵太妃拿起彩头签，略微犹豫了一下，觉得话不能不说。

"这姑娘千里挑一，留下来没的说，可我要提醒皇上，她可是姓叶赫那拉，皇上可要三思而行啊。"

"叶赫那拉。"奕詝猛然想起一事。

原来，叶赫和爱新觉罗是有宿仇的，说起来这里面还有一段故事。

叶赫祖先是蒙古人，姓土默特。后来这个部落迁到叶赫河岸，改姓叶赫那拉氏。到了杨吉砮兄弟为酋长时叶赫部强大起来。此时正值努尔哈赤为给祖父和父亲报仇脱离明朝总兵李成梁，来投奔叶赫。杨吉砮兄弟对努尔哈赤特别礼待，杨吉砮将小女儿孟古许配给努尔哈赤，并借给他部分兵马。在叶赫部的支持下，努尔哈赤的建州部很快强大起来。

到了明万历三十一年（1603），孟古病重，想在临终前见见自己的母亲，努尔哈赤派人去接，但被叶赫贝勒纳林布禄拒绝，结果孟古没有见到母亲便死去，两部关系一度紧张。

第二年，努尔哈赤率兵攻打乌拉部落，贝勒布占泰逃往叶赫，努尔哈赤多次要人，叶赫置之不理，致使建州与叶赫矛盾尖锐。

天命九年（1619），努尔哈赤率大军进攻叶赫，最后攻破东西二城，生擒了叶赫贝勒金台石和布扬古，将二人绞杀。布扬古在临死前信誓旦旦："我叶赫但存一女，也要报此仇。"然而努尔哈赤并没有因此而斩草除根，而是将叶赫部军民都免罪，发给他们粮食、财物。这样，叶赫部才得以生息繁衍至今。

对于这个典故，大清朝历代君主都很清楚，但随着时间的迁移已渐渐淡忘了，所以咸丰帝略一迟疑便开口道："皇额娘，祖宗的家训孩儿怎么能忘？只是时间过了这么久，还能有多少人记得呢？将她留下吧。"其实咸丰心中已着实喜欢上了这位秀女。

"既然皇上觉得喜欢就留下吧。"康慈皇贵太妃顺水推舟，将彩头签放在了一边。

最后一道程序是钦安殿内赐荷包。由于咸丰帝已有了皇后钮祜禄氏，所以这次实际上是选妃。九人中有一嫔、两贵人，其余是常在和答应，杏贞被封为兰贵人，总算进入后妃行列，住进了储秀宫。

二

进宫四个多月，杏贞总是在焦急中等待，她知道要想由贵人进一步升为嫔妃，如果不得到皇帝的临幸是办不到的，可到现在她也没有见到咸丰的踪影，一向争强好胜的杏贞也是一筹莫展，心中不免暗自焦急。正在胡思乱想之际，韩来玉走了进来。

"奴才韩来玉拜见兰贵人，给贵人请安。"

"起来吧，"杏贞忙收起思绪，老成持重地问道，"有什么事吗？"

"回贵人，奴才奉旨给各宫安排太监伺候，奴才来问问贵人有没有中意的，如果没有，奴才给您物色几个。"

提起小太监，杏贞想起梳头房的一个小太监，人很机灵，能说会道，对宫中上下很熟，倒是个帮手。想到这儿，兰贵人脱口道："把梳头房的小安子叫来吧，其余的人你就替我物色好了。"

"嗻！奴才这就去叫他来。"

安德海没想到入宫不到一年便伺候贵人，这可是别的太监连想都不敢想的事，看来自己能说会道、会察言观色的本事发挥了作用，说不定以后兰贵人高升，仆以主贵，到那时便可威风八面了。他一边走，一边打着如意算盘，很快来到储秀宫。

"奴才安德海给贵人请安。"

"嗯，"兰贵人拉慢声音，"哪儿的人哪？哪年入的宫？"

"奴才是直隶南皮人，去年入的宫，奴才愿意伺候贵人。"

"韩总管，小安子就留在我这儿，没别的事你就下去吧。"

韩来玉应声退下，兰贵人招招手："起来吧。"

"嗻！"

"我看你人倒机灵，收了你，在这里好好干，我不会亏待你的。"

"奴才愿意为主子效劳。"

就这样，兰贵人身边便有了个贴身太监。

一晃儿又是一年多过去了，兰贵人依旧没有见到皇上，心中不免愁然。这日晚膳后，独自一人在屋中寂寞难挨，便慢慢地走出户外，来到了花园中。

园中花香四溢，杏贞傍枝而行，想起连月来青灯独影不禁伤感。

"唉！"兰贵人潸然泪下。

"主子，外面月色很好，奴才特意备了几样小菜、清酒一壶。主子对月独饮，也是一件美事呀。"安德海不知什么时候冒了出来。

安德海善解人意，这一点特别对兰贵人的脾气，来到石桌旁，果然见杯盘已摆放在那里。

几杯落肚，杏贞已微醉，手端酒杯低声吟道："明月几时有，把酒问青天，不知天上宫阙，今夕是何年……"未及吟完，她猛一扬脖，酒已喝下。

"主子，"安德海有点慌，几次这样小酌兰贵人从来没有这样过，肯定是想起什么伤心的事了。"主子，外面已经转凉了，奴才扶主子回去吧。"

兰贵人任由他扶着，此刻在她脑海中尽是从前的情景和今日的冷清，积怨一齐涌上心头，她再也控制不住自己，伏在安德海的肩上哭了起来。这下安德海更是不知所措，任由她扶着自己哭，哪承想兰贵人哭声逐渐转大，夜深人静传得很远，安德海便顾不了许多，忙半抱半扶着她回到了宫中，放在榻上，为她脱去外衣，盖上被子，放下帐幔。刚想转身退出，兰贵人忽然伸出手拉住安德海，微弱的烛光下可以看到兰贵人面若桃花，醉眼迷离，但目光中却有一种企盼。

"先别走，留下来陪陪我。"安德海被她紧握着手，略有些别扭地坐在她身边。

"别离开我，别离开我，你不能走！"兰贵人闭着眼睛呢喃着，手更加紧地把安德海往怀中拉。

此情此景任你金刚大仙也难免不动心，何况安德海与她年龄相若，虽为太监可也有七情六欲，安德海横下一条心，慢慢抽出手拍了拍兰贵人，低下头去在她的颊边吻了一下。

良久，兰贵人渐渐睡去，屋内归于寂静。安德海这才慢慢退了出来，额头上已是见汗，是因为害怕还是忙乱连自己都说不清楚。

旭日东升，兰贵人从梦中醒来，略感头痛，昨晚的事迷蒙中想起，心中不禁一惊。

"奴才给主子请安。"安德海听得屋中有动静，赶忙跑了进来。心中是七上八下。

兰贵人应了一声："小安子，你近身来。"

"嗻！"安德海往前凑了两步。"啪"，兰贵人抬手给了安德海一个嘴巴，随后拉着声音道："知道为什么打你吗？"

"奴才该死！"安德海顺着巴掌"扑通"跪在地上，"奴才不该给主子备酒，昨晚的事只有奴才一个人知道。"

"如果有第三个人知道，小心你的脑袋！"

安德海磕头不止："奴才决不会让第三个人知道，否则主子把奴才的脑袋砍下来当球踢。"

兰贵人见达到了目的，即刻换了笑容，伸手拉起安德海："看把你吓的，你跟了我这么长时间，我能信不过你吗？跟你说着玩的，行了，该干什么干什么去吧。"

"嗻！"安德海如逢大赦退了出来，及至坐下后仍惊魂未定，暗叹兰贵人好厉害。心想：如果兰贵人得宠，他自必能步步高升，当今的难题是怎么能够得到咸丰的宠幸，如果能安排好这一步可是一件大功，胡思乱想一阵之后，安德海心中有了谱。

一连几天，安德海穿梭于宫中，凡是熟悉些的宫女太监他都施以小恩小惠，也不知道想捞些什么。许多太监都纳闷：一向小气的安德海怎么跟了兰贵人后突然变得大方起来。

这日晚膳后，安德海陪兰贵人坐着，给她讲笑话驱散寂寞。安德海不愧有心计，每天都能讲些不同的笑话，真不知道他从哪儿学来的。

"今个儿奴才给主子说个短一点儿的笑话：从前有个庸医，什么都不懂却依旧挂牌开业。有一次正巧碰上打仗，一个士兵胳膊上中了一箭，大呼小号地跑了进来：'大夫，快，我中箭了！'庸医慢吞吞地说：'坐下！'随后把士兵的胳膊绑在了柱子上，拿起一把大剪刀，'喀嚓'，把露在外面的一段箭剪了下去，包上药布说：'好了！'士兵一看大骂：'你是什么大夫？胳膊里面还有一截箭呢！'庸医不慌不忙地指着牌子说：'你没看见吗？牌子上写的是"外科"，胳膊里面的箭你找"内科"去。'"

兰贵人一笑："小安子，真有你的，鬼机灵，哪来的这么多笑话。"

短暂的沉寂之后，兰贵人姣好的面容上又浮起一片阴云。难怪，入宫快二年了，每日就这么在空空地等待，何年何月才能出头呢？

"唉！"兰贵人发出一声长叹。

安德海见时机到了，他是成竹在胸，紧凑了两步，低声道："奴才知道主子的心思，奴才如今有一计，保管主子能如愿，这也是这几天奴才没白忙的结果。"

兰贵人只知道这两天安德海拿了自己的钱去拉关系，没承想是为自己。现在安德海在摆苦，他那点心思兰贵人心知肚明。

"小安子，难得你这么有孝心，我心里搁着呢！鬼机灵，你那点心思我明白，到时候还能亏了你吗？净跟我耍小聪明！"

"奴才不敢，奴才不敢。"

兰贵人见收了效，用她特有的慢声道："说出来听听。"

三

安德海这几天确实没有白忙，不过他却不急于亮底。

"奴才这几天听说南边洪匪攻下了金州，声势越来越大。"

"嗯！"兰贵人知道他好卖关子，虽然心中焦急却不急于表态。

"皇上这阵子心情不好，身边那些人提心吊胆，据说皇上近来常喝酒，醉了就打人，连丽妃的宫也不去了。"

"这事我知道。"

"不过皇上现在倒是常去园子散心，大约是每天午膳后，像是习惯了似的。"

这倒是个新闻，兰贵人不禁提起精神。

"奴才曾听过主子唱歌，不是奴才恭维主子，那可真是动听之极。奴才想，如果皇上在散心之时能听到江南小曲，怎么能不动心呢？那可是宫中难以听到的。"

一句话惊醒梦中人。兰贵人不禁暗自佩服安德海的机灵，小小年纪能够如此谙熟察言观色之道，实是难得，庆幸自己有了安德海这个好帮手。

咸丰帝这几天心情的确很坏。太平军一路势如破竹，已定都南京，与北京成分庭抗礼之势，朝中上下皆谈洪色变。更重要的是他的恩师杜受田前一段不幸病逝，咸丰像失去了一个支柱，夜里又经常被六百里加急快报惊醒，俱是被太平军攻破城寨的消息，所有这一切都压在了他的身上，怎么能愉快呢？

这日天和气朗，艳阳高照，咸丰照例由太监陪着自己到圆明园散心。圆明园起修于清乾隆年间，经几朝经营，宏伟壮观。园内亭楼林立，曲径通幽，林间鸟语花香，实是散心的好去处。不知不觉中咸丰已走到了林间深处。忽闻阵阵歌声从其中飘出，宫中虽不乏歌舞，但这歌声却给人以耳目一新之感，听起来是那么优雅脱俗，咸丰用手制止想前去探看的太监，示意他们退下，独自一人循着声音走去。

林中深处有一小亭，歌声是从这里传出的，远远望去，咸丰见一伊人眼对池中清水，朱唇轻启，歌声就是从她的口中传出的。及来到跟前，咸丰认出此女正是杏贞。这么长时间一直在怀孕在身的丽妃身边，倒把她给忘了。

兰贵人见是咸丰帝来到跟前，忙跪下请安，咸丰紧走几步拉起她的纤纤细手："免了，免了。"眼睛却一时也没离开过杏贞的面容。

"朕是循歌声而来，想不到你的歌声如此美妙，再唱一曲给朕。"

"臣妾唱得不好，都是些江南的小调，恐扰了皇上清静。"

"哪里，朕是闻声而至。"

"那臣妾就唱一首江南的情歌。"说完，兰贵人唱起江南颇为流行的情歌，果真余音绕梁。咸丰听得也是如醉如痴，见她皮肤白皙柔滑，长睫樱口，十指尖尖如笋，站在那里风姿绰约，真有万种风情，猛地站起身想揽伊人入怀。

不料兰贵人似早有准备，见咸丰来抓她，并没有乘势就范，而是转身向林中更深处跑去，这种情景她是再熟悉不过了。果然，咸丰提起龙袍追了过来。

兰贵人逃的方向是林中供皇帝休息的小屋，及至屋前，咸丰帝已然赶了上来，从背后将兰贵人一把抱住拥进了屋中。

此后一连数日，兰贵人便在林中深处给咸丰帝唱歌，接受恩泽，恩爱柔情自不必说。

从此，储秀宫便成了咸丰帝每晚必宿之地。时间一长，一来身体并不强壮，二来纵欲过度，咸丰不免感觉身体乏力，无精打采，好在年轻气盛，也就听之任之了。

咸丰可以听之任之，可皇后钮祜禄氏却看在眼里急在心中。咸丰日渐消瘦，临朝无精打采，一门心思都放在兰贵人身上，这样下去可不得了，自己身为后宫之主，有责任劝劝皇上。趁给皇上请安之际，钮祜禄氏将想好的话和盘托出。

"皇上，臣妾见皇上近日整天去储秀宫，有时连早朝都不上，人也瘦了许多。皇上，要以国事社稷为重啊，何况这样下去身子受不了的。"

咸丰自知理亏，皇后是后宫之主，从来也没因为什么事劝过自己，不好驳斥，只好付之一笑："多谢皇后关心，朕知道就是。"

然而咸丰却经受不住那种诱惑，当晚又留宿于储秀宫，将皇后的一番话早忘到九霄云外去了。

东方刚露出鱼肚白，咸丰帝睡得正香，忽听宫外嘈杂，小安子在门外小声喊着："请皇上起，听'祖训'。"

一听说要听"祖训"，咸丰帝忙披衣起身，边走边由安德海穿好衣服，来到宫门口，见太监史进忠手捧"祖训"站在那里，忙跪倒磕头，聆听他朗朗念"祖训"。

这"祖训"是大清朝老祖宗留下来的，听"祖训"是清朝皇帝的制度，每当当朝皇帝有什么过错时，规范其行为、劝其改正的只有"祖训"，所以历代皇帝都非常敬畏"祖训"。

一遍"祖训"念完后，咸丰站起身，他清楚这一定是皇后的主意，怏怏不乐地离开了储秀宫。

一连几天，咸丰帝都没有驾临储秀宫，兰贵人不知道出了什么事，便派安德海暗中留意一下。

没出一天，安德海便打探明白。

"主子，皇上这几天歇在南书房，念'祖训'是皇后的主意。"

"嗯。"原来如此，兰贵人眉头一皱计上心来，吩咐安德海，"你去皇上那儿，想办法告诉皇上，就说今天我特意做了几样江南小菜，请皇上过来品尝。"

"嗻！"安德海答应一声，便直奔南书房而来。

皇上身边的太监平顺跟安德海很熟。也难怪，兰贵人新近得宠，小安子又是她身边的红人，说不定哪一天青云直上，得罪不起的。所以，见是他来，便远远地打个招呼。

"哟，是安二哥，什么风把你吹来了。"

安德海一招手，悄悄塞过一小锭银子："皇上现在干什么呢？"

"没人，看书呢。"

"你去通禀一声，就说我要求见。"

"这……"平顺略有迟疑，但看在银子的分儿上只好说，"要是皇上怪罪下来你可担着。"

"行。"

工夫不大，平顺面露喜色地跑了出来："皇上叫你进去。"

安德海整了整衣冠，迈步进了屋。

"奴才安德海叩见皇上,给皇上请安。"

"什么事?"咸丰并没有抬头。

"回皇上,主子派奴才来请皇上,主子说皇上日夜操劳国家大事,怕皇上劳累过度,主子今天特意亲下厨房为皇上做几样江南小菜,请皇上过去品尝。"

"她亲自下厨房?"

"是,奴才离开时主子已准备去了。"

一股柔情立刻涌上咸丰心头:"回去告诉她我一会儿就过去。"

"嗻!"

出了门,安德海一蹦三尺高,飞也似的跑回了储秀宫。

吃完兰贵人烧的菜,咸丰连夸她手艺不错,其实她自己心中明白,只不过是这些小菜宫中不做而已,偶尔吃一次让人感到新鲜。不过目的达到了,心中不禁欢喜,人也越发显得娇媚。

洗漱完毕,咸丰帝急不可待地把她抱进帐中,几天不见如隔三秋,一番巫山云雨过后,二人相拥而卧。兰贵人依在咸丰的怀中轻声道:"皇上,臣妾有一事要告诉皇上。"

"什么事?"

兰贵人红着脸附在咸丰的耳边低语了几句。

"什么?真的?"咸丰惊喜异常,"果真有了身孕?"

"是,快两个月了。"兰贵人低声说。

咸丰兴奋异常,要知道古时讲不孝有三,无后为大。现在丽妃临产,兰贵人又有了身孕,看来自己是后继有人。

"皇上,臣妾请皇上以后别来这里啦。"

"为什么?"咸丰不解地问。

"臣妾不敢说。"

"但说无妨,有朕给你做主。"

"臣妾听说皇后说皇上为了臣妾荒废了朝政,臣妾担当不起,臣妾也认为皇后说的是,还是请皇上以国事为重。"

"别管她,多管闲事。"咸丰显得有些不耐烦。

"可皇后要是再派人念'祖训'怎么办呢?"

"朕要你放心你就放心，我看哪个还敢再念'祖训'？"

没承想两天后的清晨，太监史进忠又出现在储秀宫外，刚刚喊完请皇上起听"祖训"，便见咸丰披着衣服迈出宫门，一脸怒气，接着便是劈头盖脸的一顿斥责，吓得史进忠赶忙告退回去交差，却又遭皇后骂无能，弄得他耗子进风箱——两面受气。

四

自从史进忠被咸丰骂回去后，一连十几天也没见皇后有动静。无人管束，咸丰更是日夜泡在储秀宫。

这日清早，咸丰帝刚刚睡沉，忽听门外小安子焦急地小声叫着："皇上，皇上，请起，皇后捧着'祖训'跪在宫外呢，请皇上听'祖训'。"

"什么？"咸丰从梦中惊醒，一听皇后亲捧"祖训"来念，忙匆匆穿好衣服，对外面喊道："皇后莫念'祖训'，朕这就去听朝。"

皇后见咸丰离开储秀宫，余怒未消，转身往回走了几步，猛地叫停辇，吩咐史进忠："起驾坤宁宫，你去叫兰贵人，马上到坤宁宫见我。"

"什么？坤宁宫？"兰贵人一听知道不好，但皇后是六宫之首，自己得听从命令，便忙穿戴整齐随史进忠出了宫门，临上轿前突然站住，回头对安德海说："你不用去了，留下。"

"嗻！"安德海退到一边，等一行人拐过弯，小安子只恨爹妈少生两条腿，飞似的向乾清宫跑去。

原来坤宁宫按清祖制是皇后行使权力进行赏罚的地方，凡紫禁城内妃嫔如有不检之处，皇后皆可在此行使权力责罚，今天皇后突然亲捧"祖训"来，看来是有备的，传驾坤宁宫肯定要对兰贵人不利，弄不好再家法伺候，以兰贵人的秉性是不会将有身孕的事说出来的。她将自己留下分明是要求援，能救她的只有皇上，所以安德海不顾侍卫阻拦，匆匆闯进了外殿。

殿内正在议事，安德海再大胆也不敢闯进去，急得他团团转，正无计可施，忽见一个小太监端着茶盘从侧屋出来，安德海忙将身上仅有的一大锭银子塞进他怀中，一把抢过茶盘，也不顾小太监在后面小声叫，低头进了暖阁。

来到龙案旁，安德海小心地将茶盘放在御案上，见咸丰正看着桂良跪在地上奏事，没有看到自己，只好硬着头皮壮胆嘀咕了一句："请皇上用茶。"

咸丰正要发作，扭头一看是安德海，见他满头是汗、目光焦急的样子，便知是有什么重大事情，否则他有天大胆子也不敢跑到大殿上来。

咸丰摆摆手，示意安德海退下。见桂良的事刚刚开了个头，也不知什么时候能完，便开口打断了他：

"行了，就先讲到这儿吧，你们先到外面歇着，一会儿再叫你们进来。"说完离了龙榻匆匆出了宫门。

安德海一见咸丰出了宫门，"扑通"跪在地上："奴才求皇上救救主子。"

"怎么啦？"

"主子被皇后传到坤宁宫去了。"

咸丰一听，也顾不上跟他多啰唆，忙吩咐起驾坤宁宫。

此时兰贵人确实很危险。

一进坤宁宫，兰贵人便觉得气氛不对，虽然心中有所准备，但毕竟心中没底，跪安之后站在一旁，偷眼看了看皇后，见她满脸怒气，知道这场灾祸恐怕难免，只盼安德海快快搬来救兵。

"你可知道为什么今天叫你来这儿吗？"皇后声音虽温和，但言语中已含责备之意。

"回皇后，臣妾自进宫以来尽心尽力伺候皇上，不敢有半点闪失，有什么错误之处请皇后明示。"

"皇上日夜在你宫中，他是一国之君，不该这样。你在其中起了什么作用应该自明，不用我提醒你吧？"

"臣妾真是不知道错在哪里，皇上来我这儿，臣妾尽心伺候，这是本分，臣妾觉得没有哪里做错了，如果有还请皇后训示。"

皇后性格温和，本想她承认错误即训斥一下警诫以后，哪承想兰贵人就是不认错，这一下动了皇后的火。

"你初进宫闱便如此，做妃嫔的应首先想到怎样能使皇上勤政务实，你却想尽办法使皇上沉湎于酒色，难道不是错吗？看来今天要警诫一下才行，来呀，家法伺候！"

兰贵人一听"家法伺候"，心中一凉，这下完了。皮肉之苦是次要的，腹中的孩子可是她的希望，正在无计可施之时，咸丰匆匆进了坤宁宫。

见过礼，咸丰对皇后道："都是朕的不是，不要责怪她，何况她已有了身孕。"

"什么？"皇后一惊，忙从座上走了下来，上前扶住兰贵人，带着歉意说，"你怎么不早说，险些酿成大错，来人啊，看座。"

兰贵人心中本存芥蒂，但见皇后诚恳的样子，更何况自己比起皇后毕竟低微，忙赔笑说："皇后说得是，妹妹该死，今后还请皇后多多教导才是。"一场风波就这样平息下来。

不久，咸丰帝降旨，兰贵人被封为懿嫔。

咸丰五年，丽妃分娩在即，宫中最紧张的倒不是御医宫女们，而是身居储秀宫的懿嫔。

随着时间的推移，懿嫔的肚子也挺了起来，可如果丽妃生下大阿哥的话，懿嫔的心机基本上就算是白费了，所以这些日子安德海也格外忙碌。

这日，懿嫔正在午睡，安德海匆匆跑了进来，见主子还没醒，也只好捺住心中的兴奋站在一边等待。

其实安德海进来时，懿嫔已经醒了，但她现在已养成了习惯，万事都不露声色。透过幔帐看安德海的表情就知道了一切，所以她并不急。

起来后照例是饮一杯茶，等到坐下后才问了句："匆匆地跑进来有什么事吗？"

"奴才给主子道喜，丽妃生了位公主，今早上。"

"混账！丽妃生了位公主你给我道什么喜？把事情说清就行了，平时倒机灵，怎么到了事上就糊涂呢？"

安德海虽然挨了骂，但心中还是高兴的，跟了懿嫔三四年，早就知道她的脾气。暗想我知道这话不能当外人讲，可现在不就咱们俩吗？但可没说出口，嘴上连连应诺："奴才该死，奴才昏了头，这话不好说的，以后再遇这事奴才让它烂到肚子里。"

"这才像句话。人是容易成习惯的，总这样久而久之就改不了了，喜怒不要常挂在脸上，你就是改不了。"说完，懿嫔站起身，觉得话说得有些过头，补了一句，"以后要多注意一些，在我这儿是行的。"

"嗻！奴才明白。"

一心欢喜的咸丰皇帝闻听丽妃给他生了个公主，怏怏不乐，连庆贺孩子满月的赏赐物品也令减半发下。

现在咸丰皇帝的希望便寄托在懿嫔的身上了，可喜的是到咸丰六年二月，懿嫔九个月妊娠脉息平和，饮食起居正常，征兆很好。

三月二十三日，懿嫔吃罢午膳躺下休息，时间不长便觉腹中一阵剧痛传来，凭直觉她知道可能要生了，忙叫人准备。其实一切准备工作早已开始，储秀宫内开始忙乱起来。

此时咸丰帝正在临朝，满朝文武议事，约莫二时，总管太监韩来玉匆匆跑进暖阁："给皇上道喜，懿嫔刚刚生下大阿哥。"

满朝文武一听，齐都跪下："给皇上道喜。"

"同喜，同喜。"咸丰从龙榻上站起来，他太高兴了，不知说什么好，提起御笔随手写下了一句诗："庶慰在天六年望，更欣率土万斯人。"

"传朕旨，晋封懿嫔为懿妃。"

"嗻！"太监平顺领旨前往储秀宫。

"韩来玉，通知御前大臣、王公贝勒，传朕旨，大赦天下。"

"嗻！"

及至大阿哥爱新觉罗·载淳满月，满朝的王公贝勒、大臣都来祝贺，宫中上下呈现一派喜气景象，热闹非凡。安德海也随着大阿哥的降生被提为总管太监。

到了咸丰七年大阿哥周岁时，懿妃叶赫那拉杏贞再次被晋封为懿贵妃，成为后宫中地位仅次于皇后的人物。

第三章

新势力　肃顺弄权

逢变故　怨隙迭生

一

咸丰五年六月，康慈皇贵太妃身体每况愈下，恭亲王奕䜣几次暗示咸丰未果。

这日咸丰帝刚刚吃完晚膳，太监平顺便在门外道："启禀皇上，恭亲王求见。"

"让他进来。"咸丰应了一声，心里知道他为何事而来。

咸丰登基后，开始并没有怎么善待这位兄弟，而是让他继续读书。对他的能力咸丰是再清楚不过了，及至登基两年后才在康慈皇贵太妃的劝说下将奕䜣放了出来，咸丰自知理亏，于是连续任命他为军机大臣、蒙古都统、右宗令、宗人府宗令，将国家的军权、族权都授予了他，兄弟关系从此缓和下来。奕䜣也得以重见天日，内政外交都显示出超常的干练。今天来肯定又是为康慈皇贵太妃封号一事，这件事咸丰之所以只是答应而迟迟没有兑现，实是心中还有隔膜，但不能显露出来。见奕䜣进了暖阁，咸丰赶紧摆了摆手："不必多礼了，来人看座。"

奕䜣落座后谈了只言片语便切入正题："皇上，臣刚从寿康宫来，额娘病得不轻。"

"是吗？"咸丰面露愧色，"请了脉没有？"

"请过了，太医说须静养，不能受干扰，额娘上了年纪，心情又不是很好，臣恐怕她老人家经不住。"说到这里，奕䜣不禁流下泪来。

"额娘对朕有养育之恩，她的心情我是知道的，可有祖宗家法呀，大行皇帝已有了孝穆、孝慎、孝全三位皇后，你也知道的，这个规矩我怎么能破呢？"

分明是托辞！奕䜣心想，你是当今皇上，金口玉言，你说封了就封了嘛，人都病得这样了，你连眼泪都不掉，枉费养育你之恩。

"请皇上放心，臣会尽心尽力照顾额娘的，她老人家自小带大你我兄弟二人很不容易，这片孝心臣怎能不尽？也免得额娘有遗憾。"

这几句话的分量很重，咸丰怎能听不出奕䜣的弦外之音？额娘是我的，不是你的，孝心由我来尽，额娘如留遗憾而去也不是我的过失。咸丰的脸上有些挂不住了。

"一家人不说两家话，额娘虽非朕生母，可养育之恩朕是断断不会忘的，你先回去吧，容朕考虑考虑。"

"嗻。"奕䜣告辞退下。

时隔不几天，咸丰突然降旨，册封康慈皇贵太妃为孝慈皇太后。

消息传到寿康宫，皇太后已是病得起不来床了，上了年纪，病来如山倒。咸丰此举倒像是一针强心剂，使她从昏迷中醒了过来，她有许多话要交代奕讠和奕䜣。

"太后，皇上来了。"

"是皇上来了？"

"额娘，是我。"咸丰紧走几步坐在了榻边。

"你们都退下去吧。"说完，太后伸出手拉住了咸丰，眼泪像断了线的珍珠落下。

"皇上，难得你一片孝心，其实我也知道你有难处，大可不必如此，我都是行将就木的人了，还争什么？担心的倒是小六子因为这事跟你怄气。大行皇帝在位的时候我就和他说过，你们是亲兄弟，都是大行皇帝的骨血，希望你们俩能和睦相处，这江山社稷才坐得牢，要不然前两年我是不会劝你把小六子放出书房的。其实我时日不多，唯一的希望就是能看到你们兄弟和睦相处，也不枉我养育你一回。"

从内心深处来说咸丰对孝慈皇太后是尊敬的，今天皇太后话说到这份上，他怎么受得住？他拉住孝慈皇太后的手，亦流泪道："额娘放心，朕心中自有分寸，您老的话都铭刻在心里。"

"嗯，"皇太后使劲地点点头，"你天性仁和，我怎么能信不过呢？可能是人老了话也就多了，想的也就多了。"

"太后，外面又要叫起了，您多保重身子，有什么事尽管吩咐他们做就是。"说完咸丰便告辞出了寿康宫，起驾直奔乾清宫而去。

未料没出几日，孝慈皇太后撒手人寰，后事自不必说。

太后丧事未竟，便有国事缠身。临朝后第一个启奏的是肃顺。说起来，肃顺还是皇室远亲，他是郑亲王的第六子，人称肃六，咸丰登基后重用他整顿吏治，颇见成效，此时任职户部尚书。

"皇上，南边又告急了，臣等思量保举一人前往平叛，这是折子。"

"曾国藩？"咸丰略一皱眉。

"曾涤生是湖南湘乡人，道光十八年进士，兵部右侍郎。"

咸丰想起来了，曾国藩曾给自己上过折子，谈的是呼吁重视人才。

"派他去是不是……"

肃顺明白咸丰是觉得曾国藩职位并不高，恐难孚众望，忙说："曾涤生办团练起家，熟悉江南情况，臣料他前往镇压洪匪必能收功。"

"依你之见应派他何职？"

"臣以为署理两江统筹东南，曾涤生堪用。"

"湖北巡抚胡林翼素有威名，我看……"咸丰突然想起胡林翼。

"胡林翼在湖北做得不错，可那也是京师的前大门，位置很重要，还是不动为妙，何况曾胡素来交往甚厚，一动一静相得益彰，朝廷幸甚。"

咸丰觉得也有道理，可这两江总督可是江南各省都抚之首，朝廷命脉寄托于此，派汉人去署理还一时让咸丰难以下决心。

见咸丰有犹豫，肃顺忙说："臣与曾国藩平日客座论谈，知其深谋远虑，臣常折服。国难在即，用人宜不要过虑，臣观此大才久矣，如因其是汉人而不敢举才实是朝廷损失，臣斗胆劝皇上早下决心才是。"

咸丰思虑良久，终于下了决定，对恭亲王道："你们拟个旨发下去，着令曾国藩暂署两江总督。"

"是。"恭亲王答应道。

肃顺满心欢喜地回到了户部，仆人递上茶，有公差递过一份文件来，上面已然有批阅。

"中堂大人，请您过目。"

肃顺慢慢放下杯子，拿起文件看都没看便问公差："谁在上面批了字？"

公差心想明知故问嘛，户部满汉双职，在文件上批阅的只有大学士、户部尚书周祖培，但他素知肃顺跋扈，从不把周祖培放在眼里，便小心翼翼地编了一通。

"小人早晨来时中堂大人不在，小人便拿给周中堂过目，是周中堂批的。"

"哼！昏庸老朽，他只知道吃大米，知道什么？"说完，拿起毛笔将周祖培的批语划了下去，随手将笔扔在地上扬长而去，吓得公差目瞪口呆地站了好长时间。

没有不透风的墙，消息很快传到周祖培耳朵里，气得他一佛出世、二佛升天，心中暗道：肃六，依仗皇上重用你，竟敢如此跋扈，哪天落到我周祖培的手中定不饶你。不觉中竟将胡须拽下好几根来，这一切都被客座的曹毓瑛看在眼里。

"培翁，人家是如日中天，我看培翁还是暂避锋芒为妙，柏葰可是前车之鉴呐。"

"嗯，说得是。"周祖培听曹毓瑛说起柏葰，不得不将胸中的怒火暂时压了下来。

大学士柏葰与肃顺素有仇隙，无奈肃顺一时抓不到柏葰的把柄。便搁置下来，直到咸丰八年肃顺整顿科场才抓到了柏葰的辫子。

咸丰八年，顺天府乡试揭榜，京师唱戏的优伶平令得中高魁，考在前十名，一时舆论大哗。肃顺负责调查此事，查来查去就查到了柏葰的头上。

原来顺天主考官柏葰的门丁靳祥被平令买通，通过柏葰的小妾从中为平令经营，这样一来平令得以中得前十名。传闻肃顺将靳祥屈打成招，说是柏葰指使此事，将柏葰下了大牢。而在向咸丰奏报时肃顺力主大典关系至重，将柏葰等人判了斩决。刑部尚书赵光等人尽管从中斡旋，但由于肃顺的坚持，咸丰还是批准了肃顺的奏请。

行刑那天，菜市口刑场上人头攒动，押柏葰等人的囚车缓缓到达，此时柏葰心中不是滋味，他知道时至今日俱是肃顺从中作梗，悔不该当初事事与肃顺对立以致矛盾加深，不过他还是心存希望，因为还有一道手续没有走——取驾帖，这要皇上亲批才行，所以对前来送行的儿子说："不要哭，皇上必有恩典。向来一二品大员临刑时皇上都有格外恩典，这一次皇上可能不会杀我，但发配是在所难免的，你去照夕寺等候改刑之部文吧。"

却说刑部尚书赵光前往宫中请驾帖，短短的路程在赵光心里觉得很漫长，及至乾清宫暖阁才回过神来。

咸丰手拿朱笔迟疑不决，眼看着肃顺似自言自语地说："罪无可逭，情有可原啊！"

肃顺见咸丰迟迟不肯下笔，忙奏道："柏葰徇私舞弊，律是当斩，请皇上不要犹豫，纲纪要紧。"

咸丰思前想后还是拿不定主意，赵光趁机说："柏葰系一品大员，于朝有功，以往也有先例在那儿，皇上三思。"

"哼！"肃顺抢过话头，"虽属情有可原，但罪无可逭！大清律例是只给平常百姓制定的吗？杀一才能儆百……"

在肃顺的劝说下，咸丰终于落下朱笔，赵光手捧驾帖泪流满面，暗道："肃顺在此，天亡柏葰。"

却说柏葰见赵光手持驾帖匆匆赶来，泪水也洒满了面颊，知道性命难保，连声道："完了！完了！"及至赵光走到面前，柏葰指着驾帖大声说："皇上断不会如此，一定是肃六作祟。"

赵光痛苦地转过身去，他伤心至极，一句话也说不出来，向监斩台走去。身后传来柏葰的诅咒："我死不足惜，肃六他日亦必同我一样！"声音传得很远。

就这样，柏葰成了刀下之鬼。所以今天曹毓瑛一提及此事，周祖培不得不强忍怒火，对曹毓瑛笑笑："人言你是小诸葛，果然不假。琢如，将来你前途无量啊。"

"中堂大人笑话了，可能是当局者迷吧！"曹毓瑛虽身为军机章京，与周祖培地位相去甚远，但二人是忘年之交，所以说话很随便。

"肃顺如此下去可不得了，得想个辙才行。"周祖培望着曹毓瑛说。

"培翁，这就不是我这军机章京头痛的事了，想必六爷对此有考虑吧。"

"他？"周祖培苦笑，"前线战事吃紧，恐怕早忙得脚打后脑勺，反正坐着也没事儿，走，陪我去凤翔胡同。"曹毓瑛知趣："六爷议事我不便去打扰，告辞了。"说完离开了周府。

二

恭亲王的确很忙，英法联军占了天津，离北京才二百多里，说到就到，是战是和争论不休，他这军机首揆也一时决断不下。周祖培到来时，书房内坐了一屋子人。

见礼落座后周祖培对恭亲王说："六爷，听说洋鬼子占了天津，快到通州了，不是危言耸听吧？"

恭亲王苦笑道："谁有心思危言耸听，培翁，这是真的。"

"那还坐着干吗？派兵啊，僧格林沁、胜保哪个不行？"屋内的数周祖培资格最老，所以他可以口无遮拦。

文祥接过话茬："培翁，我们也想打，可朝廷已派了怡亲王和穆荫去安抚和谈。"

"谁出的主意？肯定又是端华！"周祖培武断地说。

宝鋆与周祖培对脾气："培翁说得是，这小子不干好事，整天说什么要安抚、安抚，他懂个屁？这下可好，皇上叫他说动了心，我看八成又要签什么约了。"

恭亲王向宝鋆暗递了个眼色，虽然屋中都是恭亲王的心腹亲信，但他是一向谨慎惯了的，防隔墙有耳。

一提到端华，周祖培就有气："什么事都想伸手，整天跟着肃六那小子转，我看他也快到头了。"话一出口周祖培也感到有些失口，便收住不再言语。

恭亲王站起身来："但愿前面能有个眉目，你我等人还是静候'佳音'吧。"

谈判是在通州进行的，联军代表是英军的巴夏礼，谈判第二天双方便僵持不下。

原来是巴夏礼要求面见咸丰帝亲呈国书，载垣做不了主，派人快马回京请示，咸丰帝传谕军机大臣："如欲亲递国书，必须按照中国礼节跪拜如仪，方可允行。"巴夏礼一听要跪拜，头摇得像拨浪鼓，操着生硬的汉语说："为什么非要跪下？我们见国王陛下也从来没有跪下，真是不可思议，不可思议！"

"如果公使先生不按我国礼法就不必递国书了。"

"那是什么道理？你们根本没有诚意。"巴夏礼说完，快步走出屋，上马向来的方向奔去。

穆荫一看事情不好，马上对载垣说："王爷，这小子要跑，赶快派人把他抓回来，我去派人通知僧王爷和胜保早做准备，这仗恐怕是又要打了。"

"两国交战，不斩来使，抓他不伤了和气吗？"

穆荫气得直跺脚，但不好发作，只得陈明利害："王爷，这小子一回去肯定要派兵进攻，如果那样现通知僧王他们都来不及，先抓住他起码可以缓一下时间。"

载垣已六神无主，机械地点着头。

巴夏礼是被抓回来了，穆荫不幸言中，英法联军迅速起兵奔通州而来，双方激战数日，清军退出通州，退到了离北京只有二十余里的八里桥死守，北京外城已偶尔听到了炮声。

京师告急！恭亲王赶紧召集军机一起，一行人来到外殿静候着，三三两两地悄声议论时局。

值班太监宣进，众人鱼贯而入，咸丰在龙案后来回踱着步。

"怎么搞的？洋人到了八里桥，你们有什么办法。快说！"

恭亲王出班："皇上，京师城坚池固，历代修缮，可久战，臣已发下传书，邀各路勤王之师即刻进京拱卫，如今之计只有守住京师。洋人深入我腹地，不耐久战，定会不攻自破。"

咸丰帝没有吱声，拿起刚送来的僧格林沁的折子，见里面尚有一密折，写着："战既不胜，唯有早避。"他抬头看了看奕䜣。

"京师真如你说能坚守吗？"

这是要奕䜣打保票，恭亲王一时语塞，正不知如何是好之际，肃顺站出班来。

"如今之计首要是议和安抚，京师虽城池坚固，可各路勤王之师相去甚遥，皇上万尊之体，万一议和不成，唯有避其锋芒。"

"中堂此言差矣。"大学士贾桢站了出来，"京师乃宗庙社稷所在，如皇上巡幸离京于时局是大大不利，人心动摇是很难收拾的，士气恐怕也会因此受到影响，只有集中兵力死守京师，固守待援方是上策。"

肃顺看了贾桢一眼："京师之兵久不经战事，况僧格林沁和胜保部也伤亡很大，兵力不足啊。俗话说'留得青山在，不怕没柴烧'，何况帝王巡幸自古有之。"

"中堂说得是，"端华站了出来，他向来是与肃顺站在一边的，"皇上巡幸，留王爷守京议和为上策。"

"王爷，"宝鋆也忍不住站了出来，"事关国体，京师绝不能放弃，况如恭亲王所言，洋人深入我腹地，这正是我反败为胜的契机，皇上坐镇于此，将士岂敢不用命？"

"可万一京师被攻下，皇上有什么闪失，你我俱是大清罪人。"

咸丰见廷议变成了争论，不耐烦地挥挥手。

"你们都退下吧，听朕谕旨。"说完，头也不回地离开暖阁。

回到军机处交办完事后，一行人等都来到凤翔胡同。

一进书房门，宝鋆便扯开大嗓门："这些人就知道跑，家产、老小是他们的命根子，连社稷都忘了！"

"佩蘅。"文祥用眼色制止宝鋆。宝鋆转身看看恭亲王，见他正倚窗远眺，像是没有听到宝鋆发牢骚。

屋内的人只好坐下，桂良对贾桢耳语了几句，贾桢点点头。

良久，恭亲王转过身来，对屋中的众人拱手苦笑着说："时至今日，若有变故，还请各位以国事为重，鼎力相助。"

贾桢对恭亲王亦拱手应道："王爷多虑了，这么多年我们什么时候让王爷失望过？但我有一事不明，王爷此话怎讲？"

恭亲王叹了口气，悄声说："皇上我再了解不过了，恐怕这次是要巡幸的了，现朝中唯有我可留下议和，所以才有此一说。"

"六爷是想跟洋人议和？"宝鋆不解。

"我想过了，如果皇上决意巡幸的话大约只能去热河，那里离京师也不过几百里，如果不议和的话，守不了几天就打到那里，你我怎么交代？何况如果皇上要走，之前肯定要交代安抚事宜，我看还莫不如早点做准备。"

"这——"宝鋆一时不知说什么好。不过，他向来是顺着恭亲王的。

"佩蘅，王爷向来凡事熟虑的。"文祥打了个圆场。

恭亲王向文祥说："博川，你去准备一下，要暗中行事，有备无患嘛。"

"嗯，"文祥点头，"这样充分一些。"

果然不出奕䜣所料，没过几天，咸丰便降旨巡幸热河，肃顺负责后勤工作，留奕䜣在京总办事宜，此时英法联军已开始炮轰北京城了。

消息一出，后宫一片大乱，一切都是匆忙的，各宫都在打点细软，安德海满头大汗地跑进储秀宫。

"主子，主子，都乱了套了，皇上降旨巡幸热河，城外洋鬼子不断开炮，骡马车辆被抢劫一空！"安德海气喘吁吁说着。

懿贵妃倒显得很镇静。这一年多来，她经常帮助咸丰批阅奏折，对外面的情况也略知一二，虽没承想这快就打到了家门口，但她养成了临危不乱的习惯，慢声道："慌什么？你去找肃顺要辆车，回来再打点一下，洋人不还远着呢嘛。"

"嗻！"

现在安德海可是总管太监，这两年也养了不少脾气，奉了主子的命令来到内务府，见肃顺正在那里，便开口就要两辆马车。

"没有！"肃顺看不惯安德海的样子，其实也真没有那么多车，忙得肃顺正在火头上，加之平日里跋扈惯了，加了句，"我只管皇上和皇后的车马，哪有那么多时间管那么多事？"但转念一想，懿贵妃可是大阿哥生母，便缓和一下说："你到库里看看，随便挑吧。"

安德海心中不痛快，他哪里受过这么大气，赌气地往回走，心想我看你给不给。

晚膳是匆匆吃过的，当懿贵妃想起车子的事问起时，安德海"扑通"往地上一跪。

"奴才该死，奴才无能。"

"怎么啦？"

"奴才奉了主子的命去肃顺那里要车，可他说——"安德海故意停顿了一下。

"他说什么？哑巴了？"

安德海这才慢吞吞地将早已编好的话讲出来："他说他负责一切事宜，等着配给就是了，哪有那么多好车？他还说奴才多事，奴才是贱惯了的，可他肃大人可是有身份的，跟奴才怎么能一样，这事不明摆着？"安德海没有继续说，这不明摆着是跟主子过不去吗？

懿贵妃额角隐隐有青筋跳动，安德海知道这是怒火攻心的特征，目的达到便不再多言，而是远远地垂手站在一旁。

"哼！"懿贵妃冷冷地哼了一声，像是自言自语地说，"我帮皇上批阅奏折，你说我有违体制，偏偏和我过不去，等着瞧！"

安德海听得满心欢喜，忙出门准备去了。

这一夜懿贵妃没敢睡，待载淳睡熟后与安德海闲谈，外面的吵闹声一直没有停下来，偶尔还能听到零星的炮声。

清早，韩来玉便传旨叫懿贵妃带上大阿哥到圆明园后门等着，懿贵妃抱起尚在熟睡中的大阿哥上了步辇，等来到后园一看，宫中太监、侍女、嫔妃都早已到了，车马稀少，背包提裹到处都是，上了为自己准备好的马车，一行人便在两千扈卫的护拥下出了圆明园后门。

农历八月正是一年四季中最热的时候，一行人走得急，在车内有帘挡着还晒不着，可苦了随车步行的嫔妃太监。安德海一边走一边在心里骂肃顺不是东西，想起要车那一幕心里就不痛快，悔不该赌气不给自己弄辆车，哪怕是破车也好。

晚上到了石槽，安德海浑身像散了架子，一屁股坐在了地上，不住地用衣角擦着脸上的汗，一时泥水俱下，造了个大花脸。懿贵妃一掀帘喊了声："小安子！"

"奴才在！"安德海不得不忍着疲惫站起身来，扶着懿贵妃下了马车。

"这车怎么这么颠簸，骨头都散了。"

安德海扶着懿贵妃进屋休息，转身检查马车，一看是车轴裂了，辐条也断了好几根，加上道路不平，怎能不颠簸？最使安德海生气的是他看到正在吃草的辕马瘦得只剩皮包骨，这车坐起来能舒服才怪。

到了吃晚饭时，安德海端来一盆豆乳，懿贵妃一看就皱起了眉头。

"主子将就些吧，奴才问过肃大人，都吃这个。"

懿贵妃只好勉强吃了几口，随后对安德海说："去问问肃顺，有没有好一些的车换换，轴要在路上断了恐怕就得步行了。"

时间不长，安德海便耷拉着脑袋回来了。

"怎么？"

"肃大人说没有，他说皇上和皇后的车也好不到哪儿去，叫主子将就，他还说这是非常时期，他也没有办法。"

"算了，"懿贵妃叹了口气，本打算躺下休息，却看见安德海在那不知小声嘀咕什么，沉下脸说，"有话尽管讲，嘀咕什么？"

"奴才不敢讲，怕主子生气。"

"有什么事说不得？你说吧。"

"奴才刚才去肃大人那儿，看到他正在喝酒吃肉，奴才倒没什么，只是为主子抱屈。"

"乱嚼舌头小心掌嘴！"

"奴才怎么敢欺瞒主子？别的嫔妃吃的倒是和主子一样，可人家却鱼肉都有，连他身边的小顺子也都满嘴酒气，奴才是气不过。"

"好了，不要说了。"懿贵妃打断了安德海，"你先下去吧。"

终于到了热河，一直提着的心总算落了下来，咸丰如释重负，当夜便留丽妃宿在了宫中。

热河是清朝历代皇帝避暑的地方，依山傍水景色宜人，咸丰便在这山水之间忘却了暂时的烦恼，加之闲来没有多少政事需要处理，自然沉溺于酒色之中。时间一长，弄得四肢无力，倒落下个咯血的毛病，一病不起。批阅奏折的事好像很自然就落在了懿贵妃的身上，久而久之矛盾便在潜移默化中滋生起来。

三

懿贵妃的所作所为在肃顺看来实是"逆行"，自古就有后妃干政之乱，况且，来到热河后他身边很快就聚集了一批人，正在春风得意之时的肃顺岂能坐视那拉氏"作乱"干政。

这日咸丰精神略有好转，肃顺便到了。

"皇上，臣有事禀告。"

咸丰示意左右退下，肃顺往前近了近身。

"臣有一事。近来宫中有了变化，懿贵妃常常代皇上批阅折子，臣以为似有不妥。"

"朕身体不适，她代朕批批奏折有什么不妥？朕看过的，批得还算合适。"

"臣不是说懿贵妃批得不妥，而是觉得她'干政'似乎于体制不妥，何况她可是叶赫那拉氏，和咱们有宿怨的。"

咸丰不耐烦地挥挥手，"不用再说了，朕自有分寸。"

肃顺见此情景只好退了出来。

"平顺，平顺？"咸丰向外面喊了几声，没见有动静，只好耐下心来等了一会儿。

工夫不大，平顺气喘吁吁地跑了回来。

"干什么去啦？"

"奴才拉肚子，去茅厕了。"平顺闪着小眼睛急忙答道。

"传旨，起驾去湖边。"

"嗻！"

安德海刚要转身回宫，却见平顺远远地跑了回来，到了跟前，安德海小声问："怎么？你又听到什么啦？"

"没有，是皇上要去湖边，我来通禀一声。"

"好，知道了。"安德海顺手递给平顺一锭银子，"看把你累的，买包茶喝。"

安德海进宫后将平顺告诉自己的一五一十地讲给了懿贵妃，原以为她听后一定会暴跳如雷，哪承想懿贵妃却出奇的平静，吩咐安德海备轿，奔湖边而来。

咸丰看起来游兴很浓，一干人等转了半天，咸丰突然想要荡舟湖上，转过头对懿贵妃说："朕知你曾在江南，操桨持橹当不陌生，给朕划船怎么样？"

"臣妾遵命。"懿贵妃挽袖上了小船，将船缓缓划到了岸边，停好后对咸丰道："皇上可以上来了，小心，慢一点儿。"

咸丰笑着站起身："朕老了吗？"挽起龙袍便向船头跃去。哪承想一来腿脚没了力气，二来不习船性，刚触及船板，小船便猛地一晃，他脚下站立不稳，腿一软便栽到了湖里。

众人一见皇上落水，赶忙七手八脚地将咸丰从水中拽起，此时咸丰已浑身湿透，游兴全无，一行人等垂头丧气地回到了行宫。

败了游兴，咸丰心中不快，快快吃了几口饭便躺下了。谁知消息不胫而走，没出两天，肃顺又进宫来了。

话题很自然地谈到了懿贵妃，肃顺乘机进言："懿贵妃现在是母以子贵，可她为什么还要插足朝政？臣以为这里并不一般，懿贵妃可非同小可，手段也够狠的，难道皇上忘记曹寡妇的事了吗？"

肃顺提起曹寡妇，咸丰心中不禁一颤。

当初那拉氏有孕在身，不便与咸丰帝在一起，所以咸丰帝整天在后宫逐丽。一日，在圆明园的长春园中赏花，一侍女上前请安，咸丰见此女风韵十足，一问方知此女入宫前已有过丈夫，因其家中一贫如洗才到宫中做了侍女，咸丰见她清丽可爱，就临幸了她，曹寡妇也使出手段将咸丰侍候得服服帖帖。从此，咸丰便常去长春园。这件事后来被懿贵妃知晓，醋意大发，以曹寡妇蛊惑皇帝为名带人将其活活打死，咸丰看在大阿哥的分儿上没有计较，却因此而不愿理懿贵妃。今天肃顺提起此事，着实令咸丰感到有些不寒而栗：自己身体看来好不起来了，如果哪天做了大行皇帝，载淳年幼即位，皇后又生性仁和，她篡权是很容易的。

肃顺见咸丰动了心，暗中高兴，咬咬牙，脱口道："皇上何不学汉武帝'钩弋故事'？"

"学汉武帝？"咸丰心中不忍，"她毕竟给朕生了大阿哥呀。"

肃顺所说的"钩弋故事"是历史上的一个典故。

汉武帝的妃子赵婕妤生得一子弗陵，武帝非常喜欢他，晚年欲立他为皇太子。但想到赵婕妤年少，恐其效吕后篡权，于是便选择了当时的光禄大夫霍光辅政。然后，汉武帝便将赵婕妤（钩弋夫人）赐死。后来汉昭帝（弗陵）得霍光辅佐，虽无政绩，却也相安无事。肃顺提及此事，一方面是想让咸丰除去懿贵妃，另一方面自然是要咸丰命自己辅佐大阿哥载淳。所以听到咸丰心有不忍，肃顺近前小声说："大清天下传了二百多年，社稷重要！虽一朝痛却可永绝后患，请皇上三思。"

肃顺没想到这一番对话很快由平顺传到安德海的耳朵里。安德海不知道什么"钩弋故事"，但"永绝后患"他是明白的，拉过平顺小声说："这话千万不要让别人知道，我不会亏待你。"说完让他在外面等了一会儿，不长时间返了回来，偷偷塞给平顺一锭金子。

这一夜懿贵妃来热河之后头一次失眠。

她没想到肃顺会步步相逼。自来热河后，眼见肃顺权力越来越大，身边又聚了一帮人，势力非同凡响。咸丰重病在身，万一有个闪失，她孤儿寡母怎么能与之抗衡？到时即使载淳登了帝位还不是傀儡一个，而自己也难有好的下场。看来如今之计唯有与其一争高下，否则基本上是死路一条，那拉氏心中明白肃顺欲置自己于死地而后快的原因。如果咸丰皇帝驾崩，皇后生性仁和，奕䜣远在北京，一个不懂事的孩子是再容易控制不过的了。怎样才能与之抗衡呢？思来想去那拉氏心中有了谱，喃喃自语地说："得派个人回去，派谁呢？"她脑中飞快地转着。忽然，懿贵妃一拍额头："我怎么把他给忘了！"

第四章

修栈道　暗度陈仓

探真情　虎口脱险

一

懿贵妃左思右想，忽然想起身边的安德海，派他前往北京既安全又可靠且可遮人耳目，真是上上人选，就连出宫的理由都想好了。

第二日清早，懿贵妃刚刚吃完早膳，安德海便兴冲冲地走了进来："七爷来了。"

"七爷？"懿贵妃心中一宽，总算盼到娘家来人了。

七爷就是醇郡王奕譞，亦是懿贵妃的亲妹夫，说起来好几年前是那拉氏做媒将妹妹许配给醇郡王的，所以见面格外亲热。

"北京的情况怎么样？"

"洋人都退了，京师又恢复了繁华热闹，都盼着皇上早些回銮呢。"

懿贵妃叹了口气："快一年了，皇上也病得不成样子，这里都乱了套。"

奕譞心中明白那拉氏所指是肃顺权倾一朝，北京那边何尝不急。

"回銮就好了，"七爷说，顿了顿，"皇上的病很厉害，我刚才出来时还咯血呢。"

"可不是，怎么就落了个咯血的毛病呢？我们孤儿寡母的，难哪！"

二人又低声说了一会儿，七爷告辞出来，准备明天启程回京。

谁想下午宫中出了件事，一向温驯机灵的安德海不知怎么得罪了懿贵妃，被重重地打了四十板子，皮开肉绽，鲜血淋漓，最后懿贵妃请旨，遣往北京交宗人府发落，恰巧七爷明日回京，一并带上他。

第二天安德海是趴在车上被带回北京的。一路上，一边走，七爷一边吩咐人赶快给安德海暗中治伤。到北京时安德海便可以一瘸一拐地下地走路了，由七爷带到宗人府，最后定的是"念其初犯，令其在京养伤，伤好后回热河继续伺候懿贵妃"。

过了两天，安德海吃完晚饭后一个人来到了凤翔胡同，经人禀报，求见恭亲王。

恭亲王正坐在屋中看书，听说是懿贵妃身边的安德海来求见，忙把他叫到了后屋密室。

"奴才给王爷请安。"

"起来回话。"恭亲王待安德海站起身，奇怪地问，"怎么了？身上有伤？"

"回王爷，奴才前两天才被打了四十板子。"安德海见恭亲王疑惑地看着自己，忙解释说，"王爷，您清楚的，我要是不挨板子怎么能出得了行宫往宗人府发落呢？"

一句话倒提醒了恭亲王，按大清律太监是不允许出宫的，违令者斩。恭亲王做过宗人府宗令，倒一时没想到这层。

"王爷，主子吩咐奴才到北京来见您是有要事相告。主子说皇上现在病得厉害，朝廷乱了套。皇后和主子很担心那边的局势，苦于没有着落，大阿哥年龄还小，宫里盼着六爷呢。"说到这儿，安德海偷眼看了看恭亲王，见他坐在椅子上似在闭目养神，心中不禁焦急，轻轻地咳了一声，恭亲王那边有了动静。

"听着呢，你继续说吧。"

安德海一激灵，答应了声："嗻！"

"主子说王爷是朝廷肱股，这边眼见着安定下来了，皇上的病不见好，回銮可能无期，还是希望王爷能抽空去一趟，毕竟是一家人。另外，主子还让奴才转告王爷，多留心些带兵大员，其实奴才觉得王爷早想到了这层。主子常常念叨王爷，说唯有王爷才是朝廷的砥柱，雄才大略，实是朝廷的福气。"

恭亲王不知什么时候悄然站起身，安德海偷眼望去，他正在眼望窗外，透过这一动作，安德海知道自己的任务差不多完成了。

"贵妃还说了些什么？"

该说的话都已说完了，安德海脑袋迅速一转，接口道："主子托奴才给王爷带好。另外，主子特意叮嘱奴才说一是要王爷早做迎驾回銮的准备，二是注意带兵大员动向。"

"嗯！"恭亲王点点头，转身对安德海露出笑容。

"好好回去养伤，回去告诉贵妃，就说我知道了。"恭亲王说完向门外喊了一声，"周信！"

周信是恭亲王的贴身侍卫，一闪身进了屋："王爷有什么吩咐？"

"去取一百两银子给他。"

"是。"

送走安德海，恭亲王再次陷入沉思：看来那拉氏是想有所举动，与自己正是不谋而合，现在首要的问题是先要稳住带兵大员，这个问题并不难——胜保对肃顺不满由来已久，僧格林沁至多旁观，京师附近再没有带兵大员，步军统领文祥又是自己的人。想到这儿，奕䜣心中一宽，原来正苦于除去肃顺无人接应，现在有皇后和懿贵妃接应，岂不天遂人愿。

"来人，请文祥、宝鋆和桂良大人到这儿来。"恭亲王觉得有必要和他们商量一下。

时间不长，三人陆续到齐，恭亲王吩咐周信用心把守，随即领着三人进了密室。

待恭亲王将安德海来访的话说完，宝鋆一拍大腿："太好了，这回可有出头之日了。"

文祥笑着指指宝鋆："佩蘅，先别急嘛，你这五品顶戴看来还得戴一阵子。"

原来宝鋆是前一阵被降为五品的。这事起因是肃顺派人快马从热河到北京传旨，说是要将内务府的银子都运到热河用于修缮行宫，时值宝鋆在场，一口回绝了此事，以一旦皇上回銮需要银子为借口。其实他是从曹毓瑛的密报中得知咸丰根本就不知此事，而是肃顺私拟圣旨为之，所以宝鋆回得坚决。没承想过了几天便被降为五品，内务府大臣的职也给革了，因知是肃顺等人所为，宝鋆只好忍气吞声，所以当文祥提及此事，屋内人不觉都笑了起来，暂时打破了屋中的沉寂。

"岳父大人，您怎么看？"恭亲王转向桂良。

桂良最怕别人管他要主意，今天女婿逼到头上，只好坐下来沉思了一会儿，然后才慢慢地说："依我看是要去的，利大于弊。"

恭亲王把目光投向默不作声的文祥。所有人中恭亲王最信任的是文祥，他不仅诚实可靠，而且考虑问题深远，常人不及，跟了恭亲王这么多年，每遇重大决策之事，恭亲王经常是以文祥的主意为主。

文祥并没有马上吱声，在屋中踱了好几个来回，才慢慢站下，口气坚定地说："去，这一趟非去不可，我给王爷考虑过了，首先是那边情况需要王爷亲自去证实；再者，肃顺为人狂妄自大，目中无人，只要王爷肯委屈一些必能安全脱险；第三，那边不是还有个'小诸葛'嘛，他可是关键时刻起作用的人物。实在不行我已想好一计可脱身。"说着，文祥附在恭亲王耳边小声说了几句，然后又接着说："我即刻写封密信给曹毓瑛，再在军中挑五十名亲信，加上您的五十多人即可成行，我料问题不大。"

"嗯，还是博川想得周到。"桂良不禁由衷赞叹，"事不宜迟，明早就走吧。"

"王爷可对外称病拒不见客。"文祥补了一句。

恭亲王点头，转身向宝鋆说道："我这一走，家里面你就多照顾一下，多则十日，少则八天，我必回来。"

文祥知恭亲王心意，笑了笑拍拍宝鋆的肩膀："佩蘅，你可别忘记王爷的吩咐哟！"

宝鋆是聪明人，站起来拱拱手："王爷此去保重，家里面有我们呢，尽可放心，盼望王爷能带回好消息。"说完三人告辞出来，各自回府。

第二天天蒙蒙亮，京师北门大开，一行人马出了城，直奔热河方向而去。

二

此时热河行宫内平静异常，一切都在平静中暗暗发生着。

皇后钮祜禄氏偶感风寒，卧床不起。这下可忙坏了懿贵妃，又是亲自熬药，又是亲自喂食，衣带不解，在她的精心照料下，皇后的病情很快好转起来。

这日，姐妹俩相对而坐谈着心事，懿贵妃早已支退左右，慢慢地将话题移到了肃顺身上。

"姐姐，来这儿一年多皇上一病不起，这里都乱了套，听说肃顺他们经常假传圣旨呢。"

"有这事？"皇后瞪大了眼睛。

懿贵妃点点头："前一阵子肃顺派人去京里要银子，说什么要修行宫，这不明摆着不想让皇上回銮吗？北京那边洋人也退了，他还这样干，我看恐怕是另有居心吧？这不，被宝鋆给顶了回来，没几天宝鋆就被降到了五品，内务府大臣的职也给革了。说起来令人寒心，听说他们动不动就聚在一块儿，商量什么要改军机。唉，皇上病重，自然蒙在鼓里。"懿贵妃故意将话说到这儿，看了看皇后。

"太不像话了，哪兴这样呢？"皇后显然也动了气。

"那有什么法子？皇上病着，你我无依无靠的，人家还能放在眼里吗？唉！"

"那还没了王法呢！我也听到有些风言风语，没想到会这样，这样下去可不行。"

懿贵妃等的就是这句话："姐姐，阿哥年幼，皇上病情加重，你我可得早做谋略才是，免得到时候来不及。"

皇后素知那拉氏主意多："听你这话是有准备了吧？"

那拉氏凑到皇后耳边低声嘀咕了一阵。

"能行吗？"皇后有些犹豫。

"姐姐仁厚，可人家却不这么想，以为我们好欺。如果心存二念，怕是到时哭都来不及。"

皇后思前想后，觉得懿贵妃的话也有道理，便点点头："事是这么回事，可要小心才是，别露了马脚。"

"那当然，估计这几天就该有消息了。"

懿贵妃自然是指安德海回来后带回北京的动向，没想到安德海没回来，倒是奕䜣先到了热河。

奕䜣是傍晚到的，他把大部分人安排在离行宫不远的布拉塔喇嘛庙，只带少数亲信来到了行宫，直奔烟波致爽殿而来。

咸丰正在咯血，鲜血不断随咳声从他嘴中涌出，刚刚平息过来，韩来玉上前小声说："皇上，六爷到了。"

咸丰精神为之一振，快一年没有见到奕䜣了，也不知那边的情形怎么样，忙说："快叫进来，你们都退下。"

奕䜣进屋落座，眼看咸丰比离开北京时更加消瘦，面如白纸，身体极为虚弱，奕䜣的眼泪掉了下来，毕竟是亲兄弟。

咸丰强忍着微微斜了斜身，虚弱地说："你怎么来了？来，往前一点儿。"

奕䜣往前挪了挪："皇上病情如此，臣不安心哪！所以臣背着京里来看看，京里一切都恢复如初，皇上不必挂念。"

咸丰见奕䜣落泪，自己也伤感起来。尤其是想起自己自登基后也没有好好对待他，关键时刻还把担子留给了他，不禁于心有愧，长长叹了口气："朕的病自己知道，恐怕时日不多了。"说到此不禁潸然泪下。

"皇上多虑了，塞外天寒，不利于病情好转，何况这里也没有好大夫，臣看皇上还是早日回銮，到了京师再静养一段会好起来的。"

咸丰苦笑着摇摇头："不用安慰朕，朕心中有数，朕这一病这么长时间，也不知道都发生了些什么事。"

"没什么，只是皇上降旨要修行宫，京里许多人以为皇上暂不回銮了。"

"什么？我什么时候说要修行宫？"

"皇上不是派人到北京，向内务府要银子说修缮行宫吗？宝鋆因为没有银子还被降旨革了职，降为五品。"

咸丰不糊涂，一听马上就知道是肃顺干的，但他现在没心思深虑，肃顺跋扈他也有所察觉，便岔开话题说："你来这儿瞒不了人的，还是早些回去的好。"说着，拉住奕䜣的手继续说："既然来了就到他们那儿看看，记住，早些回去！"

奕䜣透过咸丰的目光看到了骨肉深情，到底是亲兄弟，忙道："臣是有备而来的，皇上放心，我回京后即上折请回銮。"

咸丰摇摇头："你看我这样子怎么动？回銮的事还是以后再说吧，京里不能没有你。"

奕䜣告辞出来便直奔后宫，一路畅行无阻到了皇后的宫门口，史进忠已等候在那儿。

"六爷，皇后在内厅。"

恭亲王应了一声便跟着史进忠进了内厅。

叔嫂见过礼后，恭亲王落座。皇后缓缓开口问起京师的事。

"回皇后，北京已恢复如初，洋人早就退了。"

"多亏了六爷，弄成这样子，也够你受的。"

"这是臣分内的事。"恭亲王不敢托大，忙起身应道。

"北京是平静了，也该想想回銮的事了。"

"臣已写了折子请皇上回銮，想来也快到了。"

"天下太平了，我们却都还在这里，也不知道怎么搞的，好像乱了套。"皇后像是在自言自语。

"臣以为回銮后就好了，可皇上病情不轻，也令人担忧。"

"六爷，你可是朝廷的主心骨，万一皇上有什么不测，可就全靠你了。"皇后说到这儿不禁落下泪来。

"臣自当为朝廷效力，以解皇上之忧。"

"我不是说这个，我总觉得这边乱了套，他们闹得不成样子，这样下去叫人担心，你心里也有个数才是。"

"是。"恭亲王不敢多语，但从皇后的话中他明显地感到皇后对肃顺等人的不满。

"一会儿去看看大阿哥，懿贵妃凡事都有主意的，这一点她比我强，我们俩通过气儿了，你放心去就是。"

"是。"恭亲王告退出来，心中有底，脚下步伐也轻盈起来。

如出一辙，恭亲王依旧被请到内厅，落座后，懿贵妃屏退了左右。

"六爷一向可好？"

"托贵妃福，臣身体尚好。"恭亲王明显感觉到懿贵妃目不转睛地盯着自己，便把头垂得更低。

"都是自家人，六爷不必如此。"懿贵妃笑着说。恭亲王倒被弄得脸红，只好略微抬起头，不期目光正好和她投过来的秋波相对，赶紧又低下了头。

懿贵妃打心底喜欢这位小叔子，因为他不仅相貌堂堂，而且精明干练，这种情愫是由来已久的，更何况自来热河自己就等于守活寡一样。所以一向沉稳的那拉氏不免也有些耳热心跳起来。

"六爷，皇后都说了些什么？"

"皇后说贵妃凡事有主意，跟你通过气儿的，叫臣来看看贵妃和大阿哥。"

"唉，到了今天我才觉得舒了口气，总算把六爷盼来了，也不枉我的良苦用心。六爷，大阿哥尚小，这朝中的事儿你也是清楚的，六爷在外面没命地干着，有人却在家里算计你呢，人家要免了你的军机，又要安排什么人进中枢，乱了套了，我们也是急得没办法，才派了小安子去找你。怎么说六爷也是家里人，胳膊肘不会向外拐的，事情到了这一步可是逼出来的，你存仁念，人家背后向你捅刀子，险着哪！"说到这儿，那拉氏站起身，一边在屋中踱着步一边继续说，"刀子捅在我们身上不要紧，可别捅到六爷身上，六爷要是倒了，这朝廷也就倒了，我们还能指望谁呢？"说完，看着奕䜣。

这话分量很重，奕䜣岂能不明白其中含义，忙站起身："贵妃放心，臣已做了准备，贵妃交代的话臣时时都铭刻在心中呢。"

"真的吗？"

"臣岂敢哄骗贵妃。"

那拉氏暗暗长出了口气，解下随身携带的玉佩，递给恭亲王："这里有我的玉佩，带在身边很长一段时间了，但愿六爷能常挂念我们母子，这玉佩就送给六爷吧。"

恭亲王起身伸手去接了玉佩。

"你那边准备得怎么样了？"

"臣一接到安德海的信就赶来了，不过临行前臣已派人暗中准备，带兵大员不必担心，臣回去后即刻安排回銮，到了京师就好办了。万一这段时间出了什么情况，臣会及时来再商量此事。"

"嗯，目前只能如此。"懿贵妃突然想起了什么，"你来这里虽然是秘密的，可难保他们不知道，万一脱不了身怎么办？"

恭亲王笑了笑："这事臣早有准备。"随后附在懿贵妃耳边说了几句。

"嗯，"懿贵妃深情地看了恭亲王一眼，"可要多保重，这千钧重担可都压在了你的肩上。"

"贵妃放心，臣自有分寸。"说完，恭亲王自怀中掏出块金怀表，"这是英国公使送的，臣送给贵妃吧。"

等到奕䜣退出宫来回到驿馆，已是繁星点点。

三

恭亲王来热河的事很快就被肃顺知道了。这不，一清早便把杜翰和焦佑瀛等人叫到他的屋里，肃顺扯开大嗓门："小六子连个招呼也不打就跑来，这里面有事？"

"人家不是王爷嘛，哪里去不得？"杜翰不冷不热地说。

"王爷怎么？也得有个王法，叫他留京督办事宜，谁让他到处乱跑？"

"谁乱跑啊？"载垣不知什么事，推门而入。

"谁？小六子呗。"肃顺甩了一句。

"哦，是恭亲王来了，这事我倒是刚听说。"

"不仅来了，还到了后宫呢。"杜翰口气依旧不冷不热。

"看来不简单，不简单！"肃顺叨咕着，顺手拿起鼻烟壶使劲闻了闻，打了个喷嚏。

杜翰冷冷一笑，没有作声，几个人各自想着心事，屋里死一般沉静。

肃顺最先忍耐不住，冲着众人喊着："你们倒是说话呀，死人了？"

杜翰见肃顺望着自己，只好开口道："既来之则安之，来了就别回去了，等大家有了别的办法再说。"

"嗯，"肃顺赞许地点点头，"不愧是杜受田的儿子，想得周到。"说完，冲着外面喊了一声。

"来人，备酒，去请六爷过来坐坐。"

其实恭亲王不请也会来的，一路上恭亲王一再告诫自己，一定要谦恭，脱身才是目的。

人还未到门口，恭亲王就看到肃顺早已迎到门口，旁边是端华、载垣、额驸景寿以及匡源、焦佑瀛等人，曹毓瑛也在其中。恭亲王紧走几步，冲着众人一拱手："两位王爷、肃中堂，各位，别来无恙。"

"六爷，"肃顺上前一把拉过恭亲王，"怎么来也不先打个招呼，我好派人去接你，今天得罚你三杯。"

"来得匆忙，昨晚太累，也就没过来，还请王爷、肃中堂海涵。"

"哪里，六爷这话可折煞我等，来，请到屋里坐。"

酒过三巡，肃顺便切入正题，端着酒杯说："六爷辛苦，难得来一趟，既然来了就多住些日子，大事小情我们也有主心骨了。"

恭亲王笑着端起杯："好，就多住几天，反正京里也没有什么大事，多转转，来来来，干杯！"

酒一直喝到下午才散，恭亲王也有些醉了，回到驿馆倒头便睡，醒来已是夜幕深沉之时，恭亲王刚刚喝了杯凉茶，周信挑帘进了屋。

"军机章京曹大人到。"

"快请！"恭亲王一边穿鞋一边说。

曹毓瑛一进门便急急地说："王爷，您怎么来了？这里很危险。"

"有你琢如在，我有什么好险的，你是'小诸葛'嘛！"

曹毓瑛把手一摊："我现在可是闲在隆中的诸葛，无用武之地呀。"

"那就只有等刘备来哟，安邦治国之才总是会被发现的，可肃顺却不是刘备。"

二人说笑了一阵，曹毓瑛道："博川的信我已收到了，计划得很周密，王爷准备什么时候走？"

"两天后，这两天我得到处转转，这里山清水秀，可是忘忧的好去处啊！"

"这里面只有杜翰精明，后天我想办法多灌他几杯，等他醉后一切依计行事。"

"好，"恭亲王拍拍曹毓瑛的肩头，"时间不会太长，总会有出头之日的。"

一连两天，恭亲王由杜翰和载垣陪着，游遍了附近的山山水水，却唯独没有到附近的喇嘛庙。

这天下午依旧是宴席招待，恭亲王十分高兴，与在座的连连碰杯，曹毓瑛也是频频举杯相邀。等到恭亲王感到有些天旋地转的时候，杜翰早已是鼾声如雷。见时机成熟，恭亲王端着酒杯对肃顺说："听说附近有个布拉塔喇嘛庙，明天我去转转。"

肃顺说话时舌头都硬了："有，有，离这儿不太远，明天还是请端王爷陪您去。"

曹毓瑛接过话茬："中堂，端王爷上了年纪，那儿我熟，还是我也陪同去吧，对端王爷也好有个照料。"

"行！行！"肃顺连连点头。

恭亲王摇摇晃晃地由周信扶着进了屋，头一靠枕头便呼呼大睡过去。周信掩好门，也和衣躺在了外屋。

约莫十一点钟，周信被恭亲王推醒，恭亲王在他耳边低语了几句，周信转身便出了屋，跃上屋顶，辨明了方向，很快消失在夜色中。

端华在梦中被人推醒，此时已是旭日东升，迷迷糊糊上了轿，随着恭亲王一行人直奔喇嘛庙而来。

布拉塔喇嘛庙是热河一带颇为壮观的庙宇，端华来过几次，所以下轿后便不厌其烦地讲这讲那，恭亲王虽然内心焦急，表面却没有露出来，依旧谈笑风生地跟着端华转，坐下休息时恭亲王向端华拱拱手："王爷先进殿歇着，我和琢如去后殿转转，不敢劳王爷陪着，过会儿就回来。"

端华乐得休息一会儿，嘱咐曹毓瑛陪好恭亲王，便进殿休息去了。

曹毓英和恭亲王相视一笑，快步向后院走去，转过弯便到了后门，恭亲王和周信蹬鞍上马，恭亲王转头向曹毓瑛一拱手："琢如，你多保重！"

曹毓瑛眼看着这一百多人绝尘而去，约莫有三十里，才装作慌张的样子跑回前殿。

"六爷呢？"端华直往后看。

"走了。"

"走了？"端华不解，"怎么回事？"

"我和王爷正在后殿，北京快马来报信，听说六爷在这儿便进来了，对着六爷耳语了几句，谁知恭亲王面色大变，忙说琢如，我有要事在身得马上回京，请转告王爷和肃中堂说事情很急，来不及当面告辞。说完就上马走了。"

端华不知如何是好，急得团团转，一时没了主意。

"王爷，我看咱们还是赶快回去吧。"

"也好。"端华二人上马往回走，没走多远便碰上迎面而来的杜翰和他身后的许多御林军。曹毓瑛往前提了提马："侍郎意欲何往啊？怎么带了这么多御林军？"

杜翰稍稍一愣，马上恢复常态："一早醒来听说六爷去了喇嘛庙，这附近一带常有盗匪，我怕六爷有什么闪失，所以特意带了御林军前来保护。咦？六爷呢？"

曹毓瑛将刚才的话很详细地说了一遍，边讲边看杜翰的脸色由晴转阴，心中暗自冷笑。

"走了多长时间？"

"怕是一个多时辰了吧。"

杜翰嘀咕了一句什么，大家都没听清，一行人照原路返回了行宫，曹毓瑛在马上长长地吁了一口气。

宫中最先知道恭亲王脱险的是安德海，他是昨天才从北京回到热河的。

"主子，六爷回京了，今早上从喇嘛庙直接走的。"

这在那拉氏的意料之中，恭亲王已跟她讲过脱身之计。

"杜侍郎早晨带了御林军去喇嘛庙保护六爷，没承想连面儿都没见着就回来了。"

"嗯，知道了，你先下去，过一会儿去'那边'。"那拉氏暗暗一惊：好险，看来杜翰可非同一般，若不是事先早有准备，恐怕六爷还脱不了身呢。

皇后也自然从那拉氏口中得知恭亲王返回了京师，一颗提着的心也放了下来。

此时，西暖阁内的咸丰皇帝也在打着自己的算盘。

他清楚自己是一天不如一天，大阿哥年龄尚小，这江山社稷托付给谁呢？肃顺野心日大咸丰早有察觉，只是他一直忠心耿耿，还没有出什么大娄子，但托付给肃顺咸丰又怕他权倾朝内，载淳成为傀儡。奕䜣按说是合适的人选，但那样必得加封他为摄政王才能压住热河的八大臣，可这样一来难保他不像顺治朝的多尔衮，不行。那拉氏素有心计，自己死后必是母以子贵，她倒是对付肃顺势力的最佳人选，可咸丰转念一想，万一那拉氏效仿吕后篡权怎么办呢？她是阿哥的生母，很容易在势力均衡中篡位夺权的，能否控制住她可是关键。想到此，咸丰自然地想到了皇后钮祜禄氏，她虽没有那拉氏的心计，可生性仁和，又是正宫，自然是上上人选。这样就成了三派鼎立之势，等载淳亲政后就得看他自己的了。这毕竟是他自己的如意算盘，所以咸丰只能在心中不断祈祷天遂人愿。

于是，咸丰决定开始慢慢实施自己的计划了。

"来人，去把皇后叫来。"

第五章

咸丰崩　明争暗斗

同盟结　密谋形成

一

总管太监韩来玉到皇后寝宫传旨，刚出了烟波致爽殿迎面便碰上了安德海。

"哟，韩总管这么急匆匆有什么事吧？"

韩来玉本想不搭话，可安德海是懿贵妃身边的红人，只好停下脚步。

"皇上有旨，宣皇后到西暖阁。"

"这可耽误不得，韩总管快去吧。"说完，安德海匆匆离开。

等韩来玉刚转过弯，安德海便偷偷地进了烟波致爽殿。

"皇上召见？"皇后刚刚躺下安歇，只得重新披起衣服，"皇上怎么啦？"

"没什么，皇上和平时一样。"

皇后这才放下心来，穿戴好之后，随韩来玉来到西暖阁。

阁内有股淡淡的药味，咸丰帝正在闭目养神，看上去瘦得不成样子，双眼深陷，颧骨突出，叫人心疼。

咸丰挥挥手示意左右退下，对皇后招招手："来，坐这边。"皇后依言坐在了榻边，伸手给咸丰掖了掖被角。

二人相对良久，皇后忍不住哭出声来。

咸丰拍拍她的手："不要哭，朕知道你的心思，人生百年，终有一死的，也许朕不久就要去见列祖列宗，唉！"咸丰长叹了一声："国事如此，朕也不想这么早就去的。可病成这样子，有什么办法呢？朕去后，只担心一件事，你一向贤淑温和，自掌后宫以来未尝听到什么不愉快发生，朕只担心去后那拉氏母以子贵，与你并尊太后，恐她不能善待于你。那拉氏善于攻心，朕怕你日后遭她暗算。所以，今天找你来，是朕要给你两件东西。"说完，咸丰从身上解下一枚私章："这是皇权信物'御赏'印章，凡诏谕均用此章，你保管好，日后用之要慎。大阿哥尚小，全靠你二人来把握了。"

皇后知道咸丰身上有两枚私章，即"御赏"和"同道堂"，均是皇权象征，只有两章同时加盖才算是真正的诏谕。所以皇后接过后，小心翼翼地将它揣进怀中。

咸丰见她收好，从枕头底下拿出一张方形的黄绫，小声说："这是朕写的一道圣谕，朕担心日后懿贵妃与你并尊，如能安分无过最好，你就将此诏收藏好便是，如她有失德失行之处，你可持此诏召集廷臣，当众宣示，立即将她赐死，以绝后患。"说到这儿，咸丰紧喘了几口气："你一向耳软，可要小心行事，此诏对你来说至关重要，万万不可让别人知道，恐于你不利，切记！"

皇后接过黄绫已泣不成声，咸丰虽和她一度恩爱，可自选秀女后便很少同床共枕，只是相敬如宾罢了，今天把此诏托付给自己，足见自己在其心目中的地位。

"不要哭了，"咸丰努力地拍了拍皇后的手吃力地说，"打起精神来，注意保重自己，很多事还等着你去做呢。"说到这儿，咸丰已是直冒虚汗。皇后赶紧拿过湿绫条轻轻地替他拭汗。此时无声胜有声，咸丰的泪水也顺着面腮流了下来，抱着皇后孩子般哭起来。人世情深，别离难。咸丰虽贵为天子，亦有七情六欲，此刻又怎能不触景生情，伤感如斯？

皇后离开西暖阁已是午夜时分。此时懿贵妃的寝宫中还亮着灯，安德海满头大汗地在向那拉氏说着。

"太远了，奴才听得不真切，只是看到皇上给了'那边'一个印章和一块黄绫，像是诏书之类的东西，之后皇上抱着皇后哭起来，奴才看到这儿便回来了。"

"有人看见你没有？"

"没有！奴才小心着哪，进殿是偷偷溜进去的，出来也是神不知、鬼不觉，奴才保证没人看到。"

"嗯！"懿贵妃赞许地点了点头，一直绷紧的脸很快缓和了下来，站起身对安德海说，"跟没事一样，该干什么干什么，不要乱嚼舌头。"

"嘛！奴才跟主子这么多年，熏也熏出来了，烂到肚子里也不会说的，那可是掉脑袋的事儿，奴才脑袋可就这一个，还得留着伺候主子呢。"

懿贵妃笑着打了他一下："贫嘴。"

第二天一整天懿贵妃都待在屋中，大阿哥载淳也没有像往常一样领着小太监去摔跤。晚膳前，大阿哥载淳走出暖阁，冲安德海一招手："小安子，跟我去父皇那儿。"说完背着小手迈出了官门。安德海跟在后面想笑又不敢笑，一边走一边琢磨，快到殿门口才一拍脑门，自言自语道："小安子呀小安子，你怎么这么笨？".

载淳是大阿哥，也没容人通禀就径直走进了西暖阁。

"给阿玛请安。"

咸丰很长时间没见到大阿哥，心中很高兴，忙拉着载淳的小手仔细端详："嗯，长高了，也结实了。"父子之情溢于言表。

载淳扬起小脸："额娘说阿玛病了，额娘成天哭，额娘让我来问您，阿玛什么时候好啊？我还要和您一起去打猎呢！您看，我现在会射箭了。"说着，煞有介事地做了个挽弓的姿势，还蛮像那么回事。

咸丰看在眼里喜在心头，忙说："好，好，阿玛好了一定陪你去打猎。"屋中的气氛顿时愉快起来。

"阿哥，皇上要休息了，明天再来吧，该回去了。"安德海提醒道。

载淳正在兴头上，回身瞪了安德海一眼，学着大人的口吻教训说："大胆奴才，这里哪有你说话的份儿，外面候着，多嘴！"

咸丰一见此景不禁哈哈大笑，拍拍载淳的脑袋赞许地说："想不到你小小年纪也懂得威仪，倒像个君主喽！"

安德海刚要退下，咸丰叫住了他："你把大阿哥带回去吧，晚膳后叫贵妃来见我。"

"嗻！"安德海满心欢喜地领着载淳回到了宫中，向主子报喜去了。

晚膳后，懿贵妃匆匆赶到烟波致爽殿，进了西暖阁，见过礼后坐在了榻边。

咸丰此时神志很清醒，望着懿贵妃姣好的面容不禁想起从前的恩恩爱爱，一时间美好的回忆浮现在他的脑海："你还是那样，一切都没有变，可朕却老了。"咸丰不禁长叹一声。

"皇上小疾缠身，只要安心静养会好起来的。"

咸丰摇摇头："朕自知不久于人世，可叹阿哥年幼，委实放心不下。朕去后你要和皇后多多教导于他，朕知道你甚有才学，为人也有主意，阿哥就托付给你和皇后了，要教导他做个开明君主，使我大清江山代代相传下去，我在九泉之下也就瞑目了。"说到这儿，咸丰觉得嗓子一紧，随着咳声一口鲜血喷了出来。

懿贵妃赶快掏出手帕为他拭去，刚要回头喊人，被咸丰伸手拦住："不必了，朕今天有许多话要跟你说。"待稍微平静了一下之后，咸丰解下随身佩带的私章："这是'同道堂'御章，你代朕批奏折很长时间，知道它的作用，朕今天将这枚章交给你，你代阿哥保管，皇后那里有'御赏'印，朕将这两枚印章交给你二人保管，是恐此章落入他人之手，于我大清社稷不利。"

懿贵妃当然知道咸丰所指他人是肃顺之流，心中甚宽，双手接过御章放入怀中。

"皇后为人谦和，凡事要与她商量，不可擅自做主，切记！"

"是。"

二人相对良久无语，还是咸丰打破沉静，长长叹了口气："朕所嘱托之事你要记在心里，以后的日子很长，你们孤儿寡母难着呢。"说到伤心处不禁流下泪来。

懿贵妃也陪着落泪，哽咽道："皇上要保重身体，如果皇上有什么不测，我们可怎么办呢？"

"一切我已安排好，你不用想得太多，记住朕的话就是了。"

很长时间懿贵妃才从西暖阁出来，二人又谈了些什么，外人不得而知。

消息不胫而走。很快，皇上赐印之事就被肃顺等人知晓，他心中当然不是滋味，即刻传轿直奔烟波致爽殿而来。

肃顺径直来到榻前："臣以为皇上赐章给皇后尚可，给懿贵妃似有不妥之处，难道皇上忘记她是那拉氏了吗？臣以为及时挽救为妙，懿贵妃素存野心，皇上是知道的。"

咸丰见肃顺来这儿先不问及病情，指手画脚地乱讲一通，心中反感顿生，扬声道："赐印之事朕自有道理，何须你担心？朕已拟好了两道谕旨，随时会宣示中外，懿贵妃朕自有安排，无须你多言。"话还没说完，急火攻心，猛地咳起来，大口大口的鲜血喷得满地都是。平顺赶紧端过一碗鹿血，咸丰皱着眉头喝下，谁知没喝几口又都吐了出来。这一折腾，咸丰只感到天旋地转，一下子晕倒在榻上。

夜里，懿贵妃刚刚躺下，安德海匆匆地在门外喊着："主子，皇上有旨，叫起到西暖阁外候旨。"

这一下懿贵妃睡意全消，凭直觉认为恐怕是咸丰帝不行了，忙披上衣服走了出来。赶到西暖阁外，只见肃顺等人已跪在了一边，这边皇后钮祜禄氏领头，后宫也跪了一片。整个烟波致爽殿内死一般的静。

时间不长，总管太监韩来玉走出西暖阁。

"皇上有旨，宣皇后、懿贵妃、怡亲王载垣、郑亲王端华、户部尚书肃顺、兵部尚书穆荫、吏部左侍郎匡源、礼部右侍郎杜翰、太仆寺少卿焦佑瀛、御前大臣额驸景寿觐见，钦此。"

众人迎着淡淡的药味鱼贯进入暖阁，依次跪倒，咸丰努力睁开眼睛，慢慢地伸手取出两道黄绫谕旨，韩来玉上前接过，打开第一道念道：

咸丰十一年七月十六日，奉朱笔：皇长子载淳立为皇太子。

念完后放下接着拿起第二道谕旨。

咸丰十一年七月十六日，奉朱笔：皇长子御名载淳现立为皇太子。着派：载垣、端华、景寿、肃顺、穆荫、匡源、杜翰、焦佑瀛尽心辅弼，赞襄一切政务，特谕。

咸丰自有打算：自己归天后，后宫母以子贵，并尊太后，恐擅权专政，以肃顺等人为赞襄政务大臣，可扼制那拉氏的野心，维持相对平衡。至于赞襄政务大臣中排除了恭亲王奕䜣，是自己不愿日后奕䜣成为"多尔衮第二"。本来这诏书准备明天宣示中外，哪想咸丰病情突然极度恶化，不得已才深夜宣诏。

此时，咸丰躺在御榻之上感到如释重负，身体极轻，似要腾云驾雾一般，一阵清醒，一阵迷糊。他看到许多戴着绿帽的小鬼在眼前跳动，载歌载舞，一会儿又变成了道光皇帝，用特有的慈爱目光望着自己，一会儿他又看到生母孝全皇后在向他招手。趁着还有一丝清醒，咸丰用气若游丝的声音说："朕去后，尔等要尽心尽力辅佐阿哥，不得相互猜妒，大清社稷全靠你们支撑，咳、咳……"话没说完便再次昏了过去。

众人退出在殿内候着，一夜都未曾合眼。

此时那拉氏的心头是沉重的，咸丰固然给自己和皇后留下了象征皇权的御章，可同时又令肃顺等人赞襄政务，分明是想以肃顺来制约后宫，造成一对相对平衡的牵制势力，可不该将恭亲王排斥在顾命大臣之外，可怜他一片苦心。此时那拉氏再清楚不过，咸丰驾崩即是争斗开始之时，这种争斗来不得半点的仁慈之心，否则便永无天日可见。

那拉氏迅速盘算着：咸丰一崩，第一件要做的事就是让恭亲王来热河，夜长恐怕会梦多。要及早谋划，一俟回銮立即着手除去八大臣，以绝后患。

东方已冉冉升起了太阳。卯时前后，烟波致爽殿内的群臣迷迷糊糊之际，忽听得阁内传来号啕。顿时，殿内乱作一片，总管太监韩来玉走出暖阁，满面流泪道："大行皇帝龙驭上宾矣。"烟波致爽殿内外立刻哭声一片……

二

治理丧仪的事自然落到了顾命八大臣身上，一干人等哭过之后随肃顺到了府中。一进屋，肃顺就往炕上一坐，拍着炕几说：

"一路上都跟哑巴似的，都没个话，事到头上了得想办法呀。"

焦佑瀛凑过来："那当然得看两位王爷和中堂的意思。"

肃顺转过头来冲着杜翰说："继园，你拟个治丧的人事安排，今晚连同大行皇帝的遗诏一并送往京师。"见杜翰没有反应，肃顺奇怪地问："怎么？"

"中堂，这人选问题可是大事儿，得王爷和您拿主意。"

端华接过话头："这顾命大臣中没有五爷、六爷和七爷，是不是要写上？"

"六爷不能来！"载垣抢着说，"京师里面也得留个人手，他来了京师不就空了吗？"

杜翰点点头："这表得写上六爷，至于六爷来不来嘛——"说着，杜翰看看肃顺。

"他来干什么？"肃顺一亮嗓门，"就这么定了。继园哪，这些王爷都不能落下，另外再加上我和你。对了，还有资格老一点儿的周祖培、全庆。”

“吏部尚书陈孚恩加不加进来？”杜翰提醒道。

“加、加，当然加进来，你不说我倒忘了，拟旨，叫陈孚恩来奔丧，其余的统统留下。”

陈孚恩是吏部尚书，他能从七品的京官升到朝廷从一品大员，这里面有肃顺很大功劳，两人的私交也就格外深厚，所以杜翰才提起陈孚恩，其目的是要他带来北京那边的真实消息。

穆荫感到有些不妥：“不能都不许来呀，那样该有人说闲话了。”

“说闲话？”肃顺低头想了想，“还是那么定，他们要来再上折子，小六子不来就行。”

杜翰就在屋中刷刷点点拟了道诏谕：“着派睿亲王仁寿，豫亲王义道，恭亲王奕䜣，醇郡王奕譞，大学士周祖培，协办大学士、尚书肃顺，尚书全庆，尚书陈孚恩，尚书绵森，侍郎杜翰恭理丧仪。陈孚恩接奉此旨，即星速前往行在。豫亲王义道、恭亲王奕䜣、周祖培、全庆着在京办理一切事宜，毋庸前往行在。钦此。”

接下来的问题是研究两后的尊号，大家心里都明白，都不想两后并尊，可按大清的祖制家法，那拉氏亦应尊为皇太后，与钮祜禄氏并尊。所以，一群人都不愿先开口。

肃顺见僵下去也不是事儿，开口对杜翰道：“你看怎么尊法好？”

杜翰并没有正面回答问题，而是讲到康熙帝玄烨即位后尊孝惠章皇后为仁宪皇太后，生母为慈和皇太后。然后，才缓缓道：“先朝既有先例，我朝两后并尊亦属平常，只是这名分问题……”

“对，名分上要有些差别。”肃顺抚掌称赞。

最后众人议定尊皇后钮祜禄氏为母后皇太后，生母那拉氏为圣母皇太后。

至此，两宫名位确定下来。那拉氏虽也尊称皇太后，但明显是皇后钮祜禄氏在先，又称母后，细心的人一眼就会看透，这是赞襄八大臣有意如此。

当时，皇后钮祜禄氏暂居避暑山庄烟波致爽殿东暖阁，那拉氏移居西暖阁，所以称皇后钮祜禄氏为“东太后”，那拉氏为“西太后”。

最后一个问题是年号，讨论决定用“祺祥”作为建元年号，焦佑瀛草拟奏折后交到内阁。

上谕转到西太后手中时，尊号已正式公布于朝廷内外。那拉氏心中虽不是滋味，但无奈此时不是争长论短的时候。当务之急是赶紧想办法让奕䜣来热河奔丧，好商量下一步的计划。刚才安德海来报说肃顺他们昨日嘀咕一下午，那拉氏也是心中没底，匆匆地奔东暖阁而来。

见过礼后，西太后开口道："姐姐，不成样子了，这样下去还要皇上干吗？干脆他们说了算得了。"

东太后也有同感："他们也是，怎么也不和咱们姐妹商量一下就往京师传旨。"

"可不是，人家可没把咱们姐妹放在眼里，皇上年幼，可不是谁想怎样就怎样嘛。"

"唉，"东太后叹了口气，"大行皇帝尸骨未寒，他们这么做，太不成样子了。"

"这事可不能就这样，大行皇帝临终交给你我姐妹的御章可是祖宗留下的，不能全凭他们说什么是什么。"

东太后点头称是。

"姐姐，明天叫起，这诏谕疏章、黜陟刑赏的事得议一下。"

"嗯，是该议一议，要不皇上成什么了？"

第二日一早，肃顺等人很早就来到烟波致爽殿外，两宫还没有到，众人一边等一边小声议论着，都在猜测两宫突然下懿旨召见有什么事儿。

"八成是有什么大事吧？"

"后事都安排完了，能有什么大不了的事？"

"不然，"杜翰提醒肃顺，"中堂，这阵子宫里可没有多少动静，今天突然宣召我等，我看并不简单。"

"继园，你猜猜，应该是什么事？"

杜翰笑着说："中堂，我又不是神仙，怎么能猜得到？不过我倒觉得见机行事准错不了，到时我们以王爷和中堂马首是瞻就是。"

正说着，值班太监叫起，一群人进殿后跪倒见礼。

"你们拟的旨我们姐妹都看过了，今天找你们来是想问问，这谕旨未加盖御章即发往京里怎么说啊？"西太后单刀直入，咄咄逼人，她本意是先发制人，来个下马威。

"禀太后，臣等受托于大行皇帝赞襄政务，拟旨发谕是臣等分内之事，臣以为不必通过太后。至于钤印之事，待臣等拟旨后再行此序也可。"肃顺强硬地答道。

"臣启太后，"杜翰走出班列，"肃大人所言极是，臣等尽心辅弼皇上，代行拟旨不劳太后挂念，臣等拟旨后，凡请旨加盖印章即可。"

这分明是在说拟旨降诏两太后不必干涉，盖章只是个形式，西太后岂能听不出来？

"哼！"西太后额头上隐隐青筋跳动，"照这么说倒是我们姐妹多事了？"

"臣等不敢。"

"你们拟旨发出，皇上呢？分明是没把宫中放在眼里嘛。"

肃顺等人一见西太后如此动怒，赶忙都跪倒磕头。

"可怜大行皇帝尸骨未寒，这、这成何体统？"

"容臣等回去商量一下，拟奏此事。"

两后一起回到东暖阁，那拉氏仍是余怒未消："哼！我看他能猖狂多久。"

东太后用手制止："可惜我们这儿也没个主心骨，妹妹，不能急在一时。"

"姐姐，这事不能让步。一退，咱们就等于被架空了，其实也就是皇上被架空了。"

"我料他们也不敢担这僭越之嫌。"

一连四天，两宫和肃顺等八大赞襄政务大臣就诏谕疏章、黜陟刑赏等事争论，最后商议决定：

（一）章疏呈览；（二）谕旨钤印；（三）任用高级官员，大臣提名，太后最后裁定；任用一般官员先提名候选人，用"制签"办法确定人选，由两宫太后批准才能宣布任职。（四）今后朝廷谕旨必须有"御赏""同道堂"两枚印章方可生效，盖印公文定期交回内阁存档。

表面看来两宫占了上风，但那拉氏心中清楚，各种实际的大权还是牢牢地掌握在肃顺等人的手中，这次交锋只是争斗的开始。

三

在热河明争暗斗的同时，北京也不平静起来。

陈孚恩奉旨前往热河奔丧，恭亲王却被留在了京师。明眼人一看就知晓其中的奥妙，很多人于是开始为恭亲王鸣不平，一时间凤翔胡同车水马龙。恭亲王忙得不可开交，不得不对外称病拒不见客，暗中却把文祥等一班人叫到了鉴园。

密室内寂静得连根针掉到地上都能听到，众人都各自想着，谁也不愿开口打破这难得的宁静。

宝鋆终于沉不住气："王爷，明摆着人家往外推您，哪有这个道理？拜谒梓宫都不行吗？"

"对！拜谒梓宫。"文祥抚掌道，"既然不允许王爷奔丧，拜谒梓宫总是可以的。"

"傅川说得是，这是难得的理由。"桂良赞成文祥的说法。

恭亲王点点头，对文祥说："这事好办，上个折就行了，胜保那边怎么样了？"

"昨天我去见了胜克斋，问题不大。他好像也提起过要去热河。"

"那太好了，叫胜克斋和王爷一同前往岂不更好？"桂良抢着说。

文祥微微摇摇头，他不好出言驳桂良，一来桂良资格老，二来他是恭亲王的岳父，所以文祥尽量将话说得婉转。

"胜克斋离京城有二十多里，这一来一去恐有不便，更何况热河那边也在看着这里，说不定陈孚恩被叫去就是这个意思，我看王爷再等等，一动不如一静。"

恭亲王明白文祥的心思：自己若和胜保一同前往难免遭猜忌，还是先静观其变为妙。

"博川，你先帮我拟个拜谒梓宫的折子准备着，时局恐怕会变得很快，这趟热河我必须得去。"

"那好，我这就回去拟个草稿。"文祥站起身告辞。

恭亲王转身对宝鋆说："你给僧王爷写封信，告诉他那边的情况，话婉转一些，看看他有什么动静。"

胜保兵败后就一直守在冀州一带，他也时刻注意着时局的变化。一有风吹草动，自己的动向可能会影响局势。分析了各种力量后，他决定靠向太后一边，因为他隐约觉得太后和恭亲王似有联合的可能。

没过几天，胜保便上奏"吁恳兼程北上叩谒梓官折"，派人快马向热河递送，自己则不等批准便起身，率领队伍浩浩荡荡而来。

胜保的折子刚一递出，几乎是同时，恭亲王的折子也递了出去，两个折子同时到了热河。

肃顺拿着两个折子冲着屋里的人大声说："不是告诉不要来吗，小六子怎么啦？"肃顺拍着奏折："小六子上折拜谒梓官哪！"说完，将两份奏折扔在桌上："还有胜克斋，也跟着来凑热闹。"

"胜克斋一介武夫有什么气候？没有什么可顾虑的，倒是六爷这么急着来热河恐怕是大有文章啊。"

"继园，此话怎讲？"肃顺一时也摸不着头脑。

"中堂别忘了，这顾命大臣中可没六爷，他可是大行皇帝的亲弟弟，北京又有一帮子人，这口气是难咽的。何况西边现在是想揽权又揽不成，明里暗里较着劲哪，如果——"

"你是说如果两方联合？"

"人家是叔嫂嘛，又是当今的皇叔，怎么说也是亲戚，胳膊肘总不会向外拐的，不得不防啊。"

一席话说得众人皆心惊肉跳，一时间屋中死一般沉静，众人都没了主意。

肃顺一见众人蔫头耷脑的样子心中来了气，扯开大嗓门道："怎么了？乳臭未干的孩子嘛。拟旨，让小六子来好了，怕什么？这次可不能就这么蔫着，我倒要看看能将我等怎样。这里我们是顾命大臣，大行皇帝遗诏在此，他有什么不轨倒有了口实，一味地拦下去，别人还以为我们心虚什么呢。"

端华站起身来刚想说什么，载垣向他递了个眼色："中堂说得也有道理，继园哪，你拟个旨叫六爷来好了。"

胜保半道节外生枝，他总觉得拜谒梓宫似不能表达自己的心意，于是在途中又上了一道向太后和皇上请安折，而且同列一折发向了热河。在快到热河的时候，胜保接到了内阁的传谕"向来臣工无具折请皇太后安之例"，胜保"实属有违体制，并缟素期内呈递黄折，亦属不合"。

胜保接到指责在军营中大骂，扬言要清君侧，叫人加快行军速度，七月二十八便来到了热河行宫。他将两千人安扎在离行宫三里远的地方，自己带着随从亲信来到避暑山庄。

远远地胜保便看到肃顺等人迎到门外，胜保赶紧下轿紧走几步上前施礼。

"中堂大人别来无恙？"

"克斋呀，多时不见，你又发福了。"肃顺上前拉起胜保，"走，屋里请。"

进屋胜保便一屁股坐到炕上，用袖子扇着风："中堂大人，大行皇帝待卑职恩重如山，俺胜保拜谒梓宫心切，未等准奏便动了身，还望大人见谅。"

肃顺心中暗想，既然来了还说这些有什么用？嘴上却道：

"捻匪窜于山东，我们是怕将军离了京师，万一有什么不测，于社稷不利。"

胜保哈哈一笑："中堂大人多虑了，克斋来之前跟僧王爷照会过，有僧王爷坐镇山东，京师料也无妨。"

饭后，胜保起身告辞，率人直奔大行皇帝咸丰梓宫，拜谒完毕后，回到馆驿中休息。

一连两天胜保都在宴请中度过，每日都是醉醺醺回到馆驿，倒头便睡。

这日，胜保回到馆驿已是傍晚，他没有喝酒，所以回来后独自一个人在屋中饮着茶，侍从送来一份"请束"，打开一看，胜保不禁一笑，回头告诉亲信："给送信人五两银子，说我准时到。"

八点钟一刻，胜保换上便装，匆匆奔往了军机章京曹毓瑛的住所。二人见面格外亲热，胜保拉着曹毓瑛的手说说笑笑进了里间屋。屋中早已摆好杯盘碗筷，胜保拍着曹毓瑛的肩膀，笑着说："怎么？老朋友了嘛，干吗还这么破费？水酒一杯即可嘛。"

"克斋兄来到这儿，我怎么能不尽地主之谊呢？今天请克斋兄品尝一下我这窖了二十多年的'杏花村'。"

二人落座，胜保眼看着曹毓瑛打开泥封，一股浓浓的酒香立刻溢了出来，不禁赞道："好酒，好酒！"

官场上的人都知道胜保爱饮酒近女色，今天曹毓瑛是有备而来。推杯换盏，酒过三巡，胜保的话也就多了起来："琢如，当初还不如跟着俺，行军打仗苦是苦点儿，可逍遥自在，凭你的才学才弄个军机章京，屈了，屈了。"

"克斋兄过奖了，卑职才疏学浅，跟了您恐怕会误事的。"

胜保用手指着曹毓瑛："谁不知道你'小诸葛'是深藏不露嘛，你我相交甚多，还说什么外道话。"

"克斋兄，听说您上了个折子？"

"对，两宫孤儿寡母，俺想请个安，谁知叫内阁给批回来了，还要我写个'检讨'。哼！这几天我看得多了，那群鸟人没一个好东西。朝廷乱了套，他们凭什么？还不是因为在大行皇帝身边才成了顾命大臣，谁不服就免了谁，俺就为宝鋆不平，我叫了，我喊了，清君侧！他们能把我怎样？这样下去可不成样子了。"

曹毓瑛长叹了一声："大行皇帝临终遗诏，他们是顾命大臣啊！"

胜保一摔筷子："屁！这事俺看着不公。六爷被留京擦屁股，可到头来，落下什么了？说实在的，俺看不惯！"

曹毓瑛见到时候了："克斋兄，六爷可是常提起您，说您为朝廷戎马一生，可是股肱之臣呀！"

"哪里，"胜保摆摆手，"俺是不愿意受这些人的鸟气，教他们指手画脚，俺这心里堵得慌。"

"克斋兄，我这里有一言相劝。"

胜保放下酒杯，盯着曹毓瑛："你的话俺信得过。"

"克斋兄，审时度势您可比我心中有数，现在是权握在人家手里，您还是少安毋躁的好，不宜正面冲突。一旦抓个毛病，一纸圣谕下来，您这兵部侍郎可就不一定是带兵大员了，欲加之罪，何患无辞嘛。现在权柄还不在手，不可拥兵谏以蹈恶名，惊动不得。万一有个风吹草动，克斋兄没了兵权可就于事无补！"

"依你之见就暂且忍耐？"

曹毓瑛微微一笑："不会太久，回銮有期矣，待回銮成行岂不自有道理？"

"对呀！"胜保一拍桌子，"人说你是'小诸葛'，果不其然嘛，真是听君一席话，胜读十年书，来，俺胜保敬你一杯。"

放下酒杯，曹毓瑛拱拱手："克斋兄，那明天——"

胜保一挥手："明天我就上折请罪，走人！"

曹毓瑛开怀一笑："克斋兄真是深明大义，兄弟佩服之至。"

"对了，听说六爷要来热河？"

曹毓瑛点点头："上面已拟了旨，发出去两天了，恐怕六爷这时候在道上，克斋兄如取道北京，恐怕还能不期而遇呢。"

"好！明天俺就动身。"

第二天，胜保很快递了请罪折，承认"一时糊涂"。午饭后即告辞肃顺等人，领兵取道返回北京。

四

却说胜保取道北京，行至石槽时遇到了前往热河的恭亲王奕䜣。

"克斋，怎么这么快就回来了？"

"王爷，本来俺想拜谒完梓宫之后给皇上和太后请安，可内阁说有违体制，卑职想和他们理论，听了琢如的话，上个折请了罪。听说王爷往这边来了，便取道北京来见王爷。"

"那边情形怎么样？"恭亲王试探着问。

"别提了，卑职待了几天见了很多，那里不成样子嘛，乌七八糟的，皇上年幼，虽然有两宫太后，可人家没放在眼里。"

"伊等是顾命大臣，有倾权之嫌也是正常的，将军多虑了吧？"

"王爷，俺胜保是粗人，但这其中奥妙也看得出，俺看他们这样下去早晚要完蛋，以俺之见，此番非王爷出来主持大局不可，胜保深以此为念，待王爷到了热河，代胜保向皇上和太后请安。"

胜保既然表明了态度，恭亲王心中一宽："克斋如此深明大义，朝廷幸甚，此去热河必禀明两宫。"

"对了，王爷，琢如临行前对俺说，伊等恶行未露，待回銮自有道理，还望王爷早去早回，胜保在京里候着消息。"

"山东道御史董元醇上折一事，克斋听到没有？"

"哦？"胜保一愣，"这倒没听说。"

"我是临行前听培翁说起此事，董元醇上折请两宫亲政，简亲王辅政。"

胜保点点头："按说皇上年幼，太后亲政也是过渡的权宜之计，未尝不可。这主意可是培翁出的吧？"

董元醇是周祖培的门生，所以胜保有此一说。恭亲王笑着摇摇头："主意谁出的就不得而知了，听说已经发了出去，看来要一石惊起千层浪呀。"

"王爷，总而言之一句话，胜保是惟王爷马首是瞻的。"

一句话说得恭亲王心里热乎乎的，紧握着胜保的手久久不能成语。这太关键了！

咸丰十一年八月初一，清晨。

热河行宫刚刚迎来新的一天，一切都显得沉静。蓦地，官道上几匹快马奔来。为首一人骑着绛红色逍遥马，一袭白衣，头上的白绫随风一飘一飘的。一行人径直穿过官道，如入无人之境，直奔到咸丰灵柩停放的大套院。

守门御林军一看逍遥马便知是恭亲王奕䜣驾到了，赶忙开了大门，肃手立在两旁。

恭亲王下马直奔灵堂而来，咸丰皇帝的大红楠木棺停放在灵堂的正中。一进门，奕䜣便"扑通"跪在地上，以膝代步，扶着灵柩失声痛哭起来，亲兄弟之间的恩恩怨怨便在这哭声中逐渐升华，哭声越来越高。一幕幕往事也浮现在恭亲王的脑海中。他想到了儿时的兄弟情深，想到了储位的争夺，想到了咸丰登基后并没有念兄弟情分和孝静皇后善待自己的养育之恩；他也哭咸丰糊涂，关键时刻一跑了之，留下自己收拾破烂摊子，结果死后连顾命大臣中都没有自己的一席之地，恭亲王心中不断叨念着咸丰好糊涂。最后恭亲王哭得没了力气，声音也嘶哑下来，眼睛红肿得像个桃子，周信看在眼里疼在心上，上前扶起他："王爷，节哀顺变吧，身子骨要紧。"

恭亲王拜谒梓宫的消息很快就传到了后宫，西太后此时正在西暖阁和东太后闲谈，安德海挑帘进了暖阁。

"太后，主子，六爷来了。"

西太后闻听站起身："在哪儿？"

"去拜梓宫了。"

西太后摆手示意安德海退下："可把六爷给盼来了。"她欣慰地说。

东太后亦有同感："六爷来得好快。"

"得见见，也不知京里怎么样了。"

"嗯！"东太后点点头，"等六爷拜谒完梓宫就派人请他进宫！"

"好，就传到这儿好了。"

恭亲王匆匆吃过午饭便带周信来到肃顺府上，临来时跟文祥等人一再商量，觉得还是先稳住他再说。所以一进屋恭亲王便拱手道："两位王爷，各位，别来无恙？"

"王爷一路辛苦了。"肃顺拱手把恭亲王让到炕上，"上次王爷离开这儿我还担心，这一带常有响马出入，惊了王爷的驾可不是闹着玩的。"

恭亲王见肃顺单刀直入地提起上次不辞而别，忙回答说："巧得很，在喇嘛庙碰上京里来的快马，京里面有要事等着我，是英国公使普鲁斯到了，赶着回去，所以不辞而别，还望王爷见谅。"说着，向端华深深鞠了一躬。

端华忙站起身，拉着奕䜣："六爷言重了，社稷要紧，何必自责呢？事贵从权，事贵从权嘛！"

"是呀，朝廷是一等一的大事，六爷受大行皇帝重托，是朝廷肱股，此举乃为社稷，何必谦责，多虑了。"

"中堂言重，"恭亲王岂有听不出肃顺话外音之理，"大行皇帝临行托孤，朝廷的事都仰仗诸君，奕䜣于朝廷之事不甚谙熟，中堂这么说岂不让本王无地自容？"

"这——"肃顺一时语塞。杜翰赶忙接过话。

"都是为朝廷，还分什么重不重的？只要我们都想着社稷也就行了。"

"是，是，继园说得精辟。"焦佑瀛附和道。

众人正在闲谈，韩来玉和小太监杜双奎双双进了屋。

"传太后懿旨，宣恭亲王后宫觐见。"

恭亲王站起身，对屋内众人拱拱手："太后召见，本王去去就来。"

"王爷，此恐不宜吧？"杜翰不冷不热地说。

恭亲王不悦，沉声道："如何不宜呢？"

杜翰一拱手："王爷，此值丧期，太后不宜召见亲王，何况王爷与两宫太后是叔嫂关系，这个嫌是要避的，请王爷三思。"

肃顺也附和道："对呀，六爷，这个嫌是要避的，继园说得不无道理。"

恭亲王脑中极快地一转："中堂，继园说得是，这样吧，太后召见怎可不去？就有劳端王爷陪我一道进宫，也好免嫌。"

端华急忙摆手："六爷，我去不得，太后传你进宫也没提名陪着，恕我不能奉陪。"端华不愿陪着蹚浑水。

肃顺一看端华下不了台："既然太后召见，你们叔嫂相见，我辈确也不宜相陪，说避嫌是为王爷着想，既然这样，王爷还是快去吧。"

杜翰望着奕䜣离去的背影，暗中叹了口气。心想肃顺如此大意，心中不免悲凉。

奕䜣很快地来到了西暖阁，见过礼后坐在了绣墩之上。

"六爷，"东太后首先开口，"这一路上辛苦了，京里那边可好？"

"是，京里现在已经准备就绪，臣已命文煜加紧修筑道路，看来差不多了，只等择定回銮日期。"

西太后暗暗点头："全仗六爷了。"

"臣分内之事，不劳太后挂念，只是臣来此还未看到回銮的迹象。"

"回銮怎么也要定的，只是——唉！"东太后叹了口气。

"六爷，近来这里变故想必你也知晓一些，他们也越来越不像话，我们孤儿寡母孤掌难鸣，你来了就好了，现在朝廷内外都是人家说了算，皇上少不谙事，难哪。"说到伤心处，那拉氏不禁落下泪来。

"臣在京也听到些风言风语，很多人也对此颇有微词。对了，臣临来时遇到兵部侍郎胜保，他托臣向皇上及两位太后请安。"

这话从奕䜣口中说出来，两宫像是吃了颗定心丸。西太后缓缓道："胜保是大行皇帝很器重的人，难得他忠心耿耿，我们姐妹也知道他深明大义，这很难得，六爷回去告诉他，就说我们姐妹这心里头搁着呢。"

"是！"

短暂的沉寂之后，恭亲王开口道："臣临来时听周祖培说山东道监察御史董元醇拟了个折子，可能这几天就要到了。"

西太后心知肚明，这个折子是自己授意的，没想到消息传得倒是很快。不过她并不急于表白，而是试探性地问了句："六爷知道是什么事吗？"

"据周祖培讲是请两位太后亲政，另外再简近支亲王辅政。"

"你认为如何？"

"臣以为太后亲政亦无不可，我朝虽无先例，但世祖皇帝在位时也有过类似情况，应无违祖例之嫌，况且此乃权宜之计，也在情理之中。"

西太后稍稍停顿了一下："我们姐妹也觉得这个办法不失为权宜之计，可就是这军国大计我们是不懂的，还得六爷出来撑掌全局，纵观近支亲王亦非六爷莫属。"

"臣自当为朝廷效力，以解皇上和太后之忧。"

"只是，这洋人还在北京，南边剿匪还未收功，我们姐妹这心里总是放不下。"

这个保票奕䜣打得起："洋人于我朝内政并无异议，他们关心的只是通商通航，此事如洋人发难唯臣是问。至于捻匪和洪匪，僧王爷和曾国藩皆已控制住其势头，京师无虑，臣自当竭力督其早日收功，两位太后大可放心。"

坐了这么长时间，东太后感觉很累，站起身来，"我头痛得厉害，先回去休息。"一切计划都由他们商议，东太后放心地离去。

小小的空间只剩下西太后和奕䜣两人，那拉氏自奕䜣上次一别心中存着思念，此时立刻涌上心头，走到奕䜣身边低声道："六爷这一回去身子可好？"

"托太后福，臣还好。"

西太后端起茶递给奕䜣。

"六爷，你看这事怎么办好？"

"依臣的意思是等回銮再说。"

"事不宜迟，你早些回京安排，一俟回到京师即刻动手拿下肃顺等人，我在这边暗中派人查他们的口实，双管齐下。不过，回京后要谨慎，肃顺耳目众多，如果露了迹象恐怕要功败垂成。"

"太后所言极是，臣回去后即刻准备。这边也宜先定下回銮日期，以免节外生枝。"

议定完毕，恭亲王告辞离了后宫，回到馆驿中休息。

晚膳后西太后照例是要散步的，她常常在这个时候思考问题，却不想与东太后不期而遇。于是二人相携走进了后宫的花园，见有巨大荷花缸，两人便抚缸而语。

"姐姐，看来该择期回銮了。"

"也是，既然六爷说过，我看就择期吧。"

西太后点点头："那边都安排好了，进京第一件事就是将他们都拿问。"

东太后一惊："你是说要……"

西太后点点头："大行皇帝虽临终托孤，可这前前后后姐姐也看得清楚，皇上还小，一切主意还得咱们姐妹定才是。"

到了此时东太后不得不点头，她虽宅心仁厚可也清楚这样是不行的，为了皇上，为了大清社稷只得如此。

"一切都安排好了。"西太后长长出了口气，心中暗暗祈祷上苍保佑。

八月初七，恭亲王奕䜣带着两宫的许诺启程离开了热河，一路兼程而行，于初十便回到了北京。而就在此时，山东道御史董元醇的奏折也到了避暑山庄，犹如一块石头投进了平静的湖水之中，在热河掀起了一场轩然大波。

第六章

回京师　联手政变
终遂愿　两宫垂帘

一

咸丰十一年八月初九，从北京往热河送寄奏折的"邮差"一早便到了热河行宫，奏折照例是赞襄政务八大臣看后再送给两宫太后御览。

"董元醇胆子也太大了，哼！"杜翰拍案而起，愤怒溢于言表。杜翰轻易不会展现如此怒态，肃顺见此情景，知道一定是有什么大事了。

"继园，什么事动这么大肝火？董元醇他怎么了？"

"中堂，您看这折子，完全是一派胡言，哪里将我们赞襄政务大臣放在眼中？"

肃顺拿起董元醇的奏折，只见上面写道：

> 现值天下多事之秋，皇帝陛下以冲龄践祚，所赖一切政务，皇太后宵旰思虑，斟酌尽善，此诚国家之福也。臣以为即宜明降谕旨，宣示中外，使海内咸知皇上圣躬虽幼，皇太后暂时权理朝政，并另简亲王辅政，左右不能干预。庶人心益知敬畏，而文武臣工俱不敢稍肆其蒙蔽之术。

另外，董元醇还建议为小皇帝载淳选择师傅。

> 逐日进讲经史以扩充圣聪、庶于古今治乱兴衰之道，可以详悉陈说，而圣德日增其高深。至行多端，首在用人……如大吏中有贪黩营私，不能廉政自持、察吏安民者，及将帅中有退缩不前，不能申明纪律、运筹决胜者，均即从重治罪，以示警戒……

看到这里，肃顺早已按捺不住怒火，将奏折重重地拍在案上："继园，你准备拟旨，重治董元醇，小小的监察御史竟然敢如此，真是胆大包天！"

"中堂，拟旨治罪是必然的，但您别忘了，还得给两宫看过之后才能提出，否则，让人家抓住你不呈御览，治咱们的错，可就于事无补了。明摆着，这是冲我们来的，中堂大人想想，他小小御史敢如此，这其中恐有文章吧？"

"你是说是周祖培老家伙指使的？"

"中堂，董元醇是周祖培的门生不假，但依卑职看，此事恐怕不那么简单，说不定和西边有关呢。"

"你是说西边指使的？"

"这种可能是存在的。"

"那怎么办呢？是不是干脆扣下算了？"

"此折不给太后看我们可理屈呀！看来我们得商定个对策，以不变应万变才是。"

八月十一上午，两宫太后传懿旨召见赞襄政务大臣。肃顺一边走一边向身边的载垣、端华、杜翰及焦佑瀛说："这折子上了两天还没下来，昨天端王爷差人去要折，宫里说'西边留看'，我看今天八成是冲此事来的。"

"别管她是怎么说，我们不是商量好了吗？大家口径一致，她能奈我何？哼！"

来到烟波致爽殿，见东太后怀抱着小皇帝载淳和西太后并排坐在龙案之后。见过礼，东太后钮祜禄氏开口道："山东道监察御史董元醇有折拜，你们都看过了，不知众卿以为如何？"

"启禀太后，"载垣首先出班奏道，"臣以为，董元醇以疏逖小臣，竟敢如此胡言乱语，实堪发指。辅政乃我朝祖制，何曾有垂帘之说？此目无国法祖制之人，必当降旨驳斥，严惩不贷以为他人者儆。"载垣越说越激动，情不自禁地挥手抢臂，以示愤怒。

见此状两宫均感惊恐，她们毕竟没有经历过如此场面。那拉氏此时见东太后略有惧色，自己给自己壮了壮胆，一拍龙案，瞪圆了她那双秀目，声色俱厉道："尔身为军机要员，连本朝礼法都忘了吗？在皇上和太后面前竟敢如此放肆，不也是实堪发指？是不是也应该严惩不贷，以为他人者儆呢？"

载垣见西太后那拉氏凤目圆睁，声色俱厉，不觉后退两步，刚要告罪失礼，身旁的杜翰出班奏陈："臣以为，祖宗礼法是为惩治那些蓄意破坏祖制之人，何以儆忠心耿耿维护祖制者？今怡亲王所言乃为大清社稷，臣以为，怡亲王忠诚竭虑，赤胆忠心。欲惩之人是那些破坏祖制的，并非我等维护祖制者，实堪发指者乃董元醇之辈，臣请太后明发上谕，痛斥董元醇。"

此时那拉氏已浑身颤抖，两眼直冒火星，指着东太后怀中的载淳道："难道皇帝之命你们也敢不遵吗？"那拉氏本想借皇帝的名义压制一下这些人的嚣张气焰，哪承想杜翰根本不理这一套。

"臣自辅政以来，上遵祖训和大行皇帝遗命，下遵皇上圣谕，但若太后听信谗言，臣等不能奉命。"说完，退了下去。

那拉氏见他们如此跋扈，不免怒火焚心，五脏俱炸，双手颤抖，心想，此时若就此罢休，以后这日子就更难过了。于是她再次提高了声音，手指着八人大声说道："尔等目无君上，竟敢在皇帝面前肆无忌惮，董元醇之奏乃权宜之计，何以如此咆哮！难道还想犯上作乱不成？"

"太后何出此言，"肃顺站了出来，"臣以为董元醇实为乱臣，其所言上不符祖制，下不合民心，更是无视大行皇帝遗命。臣等受大行皇帝托孤，尽心辅政，况且遗诏讲得很清楚，只能遵祖制，实行辅政，哪有垂帘之说？董元醇上奏垂帘，恐怕想犯上作乱的是他而非臣等吧！"肃顺天生大嗓门，加上其态势咄咄逼人，指手画脚，这一下把东太后怀中的载淳给吓得大哭起来，小便失禁，尿了东太后一身。钮祜禄氏见这样争下去不会有任何结果，而且对自己这边越来越不利，便开口道："尔等不必再言，此事暂且搁下，退朝！"肃顺见东太后发话退朝，便带头出了烟波致爽殿。

回到肃顺的住处，载垣第一个嚷道："拟旨拟旨，叫吴兆麟写个驳斥董元醇的谕旨，明天就递上去。"

"对，看她们怎么办，继园哪，你去趟军机处，叫吴兆麟写个谕旨。"肃顺附和道。

工夫不大，杜翰就折了回来，一进屋便说："这个吴兆麟，软巴巴的，怎么拟稿这么平和？"众人接过来看了半天，觉得火药味不够浓，肃顺看了看焦佑瀛："看来此事非你莫属了，你以前经常起草政令，今天看你的了。"

焦佑瀛以前充任军机章京时经常草拟政令，是出了名的笔杆子，所以，他略一思索便写了一道小皇帝口吻的谕旨，主要是针对董元醇的奏折进行驳斥：

我朝圣圣相承，向无皇太后垂帘听政之礼，该御史奏请皇太后暂时权理朝政，甚属非是；另简亲王辅政尤不可行。优念皇考于七月十六日子刻特召载垣等八人，令其尽心辅弼。该御史必欲于亲王中另行简派，是何诚心？所奏尤不可行。另，皇考业经派编修李鸿藻充朕师傅，该御史于大臣中择一二人俾充师傅之奏，亦毋庸议；各直省督抚及各路统兵大臣，业经朕明降谕旨，令其公矢公忠，严申军纪，谅京师内外文武臣工必能不负委任，以仰副皇考在天之灵，应无俟朕谆谆训诫也。

众人看完草拟的谕旨都拍手称好。"尤其是这句'是何诚心？所奏尤不可行'写得好！"肃顺对此大加赞赏，当日便派人送到宫中，等皇太后加盖印章发宣内外。

八大臣等待谕旨返回，不料却石沉大海一般，宫里只将其他的奏折批回，却不见董元醇的奏折和他们拟的谕旨的踪影。

"宫里不发咱们的谕旨，怎么办？事情僵到这儿，得想个办法。"载垣对在屋里的其他人道。

"咱们去太后那儿要，不给就闹她一闹，看她怎么办。"端华说。

"我看，咱们得来点儿对抗措施。这样吧，两宫传下的懿旨扣下不发，宫中应用的物件暂时不进，如果她们还不让步，咱们就来个传旨不遵，我就不信宫里能挺得了多久！"肃顺非常自信地说。

果不出肃顺所料，过了两天，两宫便又召见八大臣。烟波致爽殿内气氛紧张，双方大有一触即发之势。照例还是东太后先开了口。

"这里有几份奏折，我姐妹都看过了，你们拿去办理吧。另外，这两天宫中应用之物怎么供应甚少？肃顺，你怎么搞的？"

怡亲王载垣接过小太监手里的奏折，见其中并无焦佑瀛所拟谕旨，刚才想象的种种胜利性场面顷刻化为泡影，索性将其他奏折放在一旁，高声道："太后，臣等所拟驳斥董元醇的谕旨，不知太后是否忘记拿来，臣以为应早日下发，以正视听。"

"那折子在我那里留看，过一阵子再说吧。"西太后那拉氏显得不急不躁。

"太后，臣等忠心为国，尽心辅弼，太后莫要听信他人之言，恕臣等不能奉命。"杜翰站出来讲道。

"臣等恐太后被那董氏小人蒙蔽，斗胆恳请太后恩准臣等所奏，如太后执意，恕臣等不能奉命。如此，臣请求辞去尚书之职。"肃顺带头辞官。

其他人见他如此，纷纷脱下顶戴花翎齐声道："臣等决意辞去此职！"东太后见局势又闹成僵局，忙道："众卿何以至此，我们只不过再研究一下奏折，也没有说不发下来。"

"臣等望太后尽早决断，绝不能助长此风蔓延。"说完，肃顺领着七大臣退了出去。

"姐姐！您怎么就这样让步了？他们不是想辞官吗？我就同意，看他们怎样收场。来人，准备召见八大臣廷议！"东太后忙制止，拉着西太后一同回了后宫。

"姐姐为什么不让我传旨？"那拉氏余怒未消。

"妹妹，你足智多谋，今天这是怎么了？你没看到吗？如果不发下驳斥董元醇的谕旨他们是不会罢休的，他们锋芒正盛，你我姐妹还是避一避的好，可别忘了咱们的计划呀！"想想东太后说得也有道理，那拉氏也就点了点头。

下午，宫内值班太监将谕旨送到军机处，八大臣一见加盖了御印，心中大喜，于是军机处又恢复了往日的忙碌，而且常常是笑声不断。

此时东暖阁内，那拉氏与钮祜禄氏在密谈。

"唉！垂帘还没开始便遭如此厄运，我现在真不知怎么办好，天不助我们姐妹吗？"东太后钮祜禄氏长叹道。

"姐姐何出此言，我们姐妹虽孤儿寡母，但不是还有六爷他们吗？如果就此罢手，让肃顺那些人横行跋扈，我们上对不起大行皇帝，下对不起皇上，这关咬牙也要过去。我倒不信这朝廷内外都是他肃顺等人的天下！"

"回京日期未定，我这心里总感到没底。"

"姐姐，暂且忍耐一下。"那拉氏话音刚落，安德海在门外高声道："启禀太后，军机处转来科尔沁王僧格林沁的折子。"

一听是僧格林沁的奏折，那拉氏像被打了针强心剂，忙道："快呈进来！"

"嗻！"那拉氏接过折子匆匆看了一遍，多日不见笑容的脸上露出了微笑。

"折子上说什么？"

"僧格林沁说时值国家多事之秋，他在山东剿捻，不能来此拜谒梓宫，恭请皇上及你我姐妹圣安，并请训示。"这是个好消息，对两宫来讲不亚于拨云见日，曙光到来。

随后几天，胜保、直隶总督文煜、两江总督曾国藩等统兵大员，纷纷上折恭请圣安并请训示。这下军机处开了锅，八大臣均感事态不好。肃顺召集另外七人一起商议对策。

"胜保和僧格林沁今天请圣安，明天求训示，曾国藩也跟着凑热闹，他们都怎么了？"肃顺扯开大嗓门，他感到心里有些虚。

"事情明摆着，他们是冲我们这些人来的嘛，咱们别坐在这里讨论了，说不定人家早都联络好了呢，如今需早做谋划。中堂大人，您门下王闿运不是和曾涤生有过交情吗？派他去劝劝曾国藩来这儿申明祖制，他可是震慑一方的统兵大员，分量很重。如他肯前来，对阻止太后临朝、整饬纲纪大有帮助。"杜翰道。

"继园，我曾叫闿运给曾涤生写过信，可他竟不回信，不表态。看来只有他自己亲自跑一趟了。"

杜翰接着说："中堂大人，前几天僧格林沁给太后请安的折子批示发下去，没承想他来信说他以后再写奏折，还坚持自己的想法，看来时局要于我们不利呀，我们得想个辙才是。"杜翰觉察到了时局正值多变之秋，所以出言提醒肃顺。

肃顺虽然也心虚，但不能在这些人面前丢了脸面，所以不以为然地摆摆手道："没那么严重，我们有大行皇帝遗命在手，又是赞襄政务大臣，谁还敢将我们怎样？倒是京里那边要注意，谕旨发下去快两天了，那边的反响怎样可是关键，等着吧！"

恭亲王奕䜣于八月初十秘密回到了京师。

说是秘密回京，但消息却不胫而走。一时间恭亲王府门前车水马龙，门庭若市，把周信忙得直咧嘴。京城内的亲王贝勒、达官显贵都来拜会恭亲王，大都是来询问热河方面的情形，证实一下种种传言。但恭亲王只说回銮有期，皇上及太后圣躬均安，叫大家不要担心，然后就没再说别的。众人不得要领，纷纷打道回府了。

恭亲王送走客人，转身便进了书房，此时屋中早已坐了桂良、文祥、宝鋆，他们是恭亲王派人请来的。

一进屋，宝鋆便问恭亲王奕訢："王爷，此去热河情形怎样？我们在北京等得着急，文祥还怕您在热河出什么事。对了，沈兆麟说他有公事在身，过一会儿再来。"

"那边的情形怎样嘛？见你胸有成竹，看来是事情进展顺利喽！"桂良很了解自己的女婿。

"这次热河之行，我拜见了两宫太后，请求她们早日回京，一俟到达，立刻下诏定罪肃顺等人，然后派兵抓之。太后说必要时可遣派胜保等人进京护驾，我们先在这边暗中准备，静等皇上回銮。胜保那边我在去热河的路上遇到了他，没有问题，想必胜保回来路过京师跟你们说过，现在就是不知僧格林沁和曾国藩他们对此有什么看法没有。"

"僧王爷和曾涤生都已先后上折请圣安及太后安，请求训示，昨天消息才传来。"文祥接过奕訢的话道。

"是吗？那可太好了，回銮后立即动手，除掉赞襄八大臣。此去热河我心中也感肃顺等人确实跋扈，对太后的谕旨也不大理睬，此等人不除于我大清社稷不利呀！"

沈兆麟来后，他们谈到很晚方散。

过了几天，热河行在驳斥董元醇的谕旨到了北京。这下子北京像开了锅一样，各级官员议论纷纷，莫衷一是。大学士周祖培见廷寄到京，犹如一瓢冷水浇到了头上，本来一心想讨太后欢心，趁机报复一下肃顺，没承想事情弄到如此地步，真是始料不及。这一下周祖培害怕了，竟然闭门不出，称病谢客。京城许多官员见周祖培如此，也就都议论说垂帘非家法祖制之类的话，一时间京城沸沸扬扬。

恰在此时，因病辞官的前大学士祁嶲藻从保定写信给北京的官员，说所谓垂帘非本朝家法，元醇之议不可。此信如同火上浇油，局势似乎一下子变了。宝鋆感到事态如此发展下去恐怕要坏事，便匆匆地赶到奕訢家中，劝奕訢将部分真相告知朝野。"现在很多人议论纷纷，说回銮后董元醇必遭重责，女主怎能干政，等等。王爷，您还是将真相告诉他们吧，这样下去对我们恐怕不利。"

"什么不利呀？"文祥推门而入，人未进声先到。

"你老是这么大嗓门，我离老远就听到了，王爷有王爷的打算，此事我倒觉得沉默不语为好。"

"文祥说得对，让他们议论去好了，最好这情况能传到热河，这样他们才会高兴嘛，人家费了那么大的劲，想是不愿看到这边有异样的，只有这样才能让他们高兴，我们也高兴嘛！"恭亲王说完端起茶杯喝了一口，依然神态自若地看了看宝鋆。

"其实我只是担心。王爷心中既然有底，这担心看来也没必要喽！"三人相视一笑，算是彼此心领神会了。

的确如恭亲王所料，热河听到北京对反对垂帘有如此反响，着实高兴了一阵。肃顺还在大庭广众之下扬言：董元醇"以莠言乱政，罪不可逭"。另外几人对肃顺的"定论"拍手赞成，并取得一致意见——第二天面见两宫太后，给董元醇定个罪。

第二天大清早，八人就聚集在烟波致爽殿外，要求太后召见。时间不长，值班太监喊了声"宣"，八人鱼贯而入。

待其他奏折处理完毕后，载垣出班奏道："太后，臣等连日来闻听京师对董元醇言及垂帘一事多加斥责，很多人来信要求给董元醇定罪，臣等以为，董元醇所奏垂帘之折非他一人之想法，若不予重责，恐误视听，于我大清社稷不利，故臣等请太后降旨定罪董氏，宣示中外，以正视听，此我大清社稷之福也。"

"这件事不是都下折驳斥了吗？怎么还要治他个罪？我看算了吧！"西太后那拉氏道。

"臣启奏太后，此等小人，莠言乱政，若不重责其罪，岂非我大清戒律不严，祖宗家法不严，纲纪不威吗？臣杜翰奏请太后降旨责罪，以儆他人。"接着，端华等人都出班请太后降旨。

那拉氏一见这情景，那双凤目渐渐睁圆了："不是说过了吗？董元醇上折乃权宜之计，降旨驳斥已是到头了，为什么还抓着不放？他上折是谏言嘛，怎么就偏要治人家个罪？"

听到此，肃顺站出来说："太后，若如此行事，请太后降旨罢黜臣等，更改大行皇帝遗命，任用那董元醇也可。"说着，就又要带头脱去顶戴花翎。

东太后见又要闹成僵局，便开口道："我们姐妹也没有偏袒的意思，尔等所言，我姐妹都知道，只是皇上刚刚即位，不让大家说话，对谏官如此，往后谁还敢上折谏言？既叫谏言，就有合适不合适之分，降旨驳斥已是对之惩戒，也达到了正听的目的，我看这事等以后再议吧！"东太后自有她的想法，念及密谋已成，不宜在此等小事上让人窥视出底细。

当她的目光与西太后相遇时，感到自己这样做是对的，因为她明显看出来西太后目光中的赞成。示以懦弱只是暂时的，凡事不要正面冲突，这是她与那拉氏早就商量好了的，白脸、红脸总得有人唱完全，示弱也恐遭猜疑，只有这样收场效果才最理想。那拉氏心中暗暗地笑了，钮祜禄氏也觉得自己这白脸唱得恰到好处。

果然，肃顺说："臣等回去再拟一道圣谕宣示中外，谕诫臣工毋庸再言垂帘之事。"

那拉氏开口道："就依尔等之言，这事你们看着办吧，退朝！"

回来的路上，群臣喜气洋洋。路上遇到曹毓瑛，肃顺就将事情的经过复述了一遍，并对曹毓瑛说："董元醇一个小小的监察御史，竟敢如此胡言，这事到现在还没完，等回京后再究其罪责也可。"一边说，一边比画着，得意扬扬。

"这等小人怎能放过呢？回京后可得好好究其罪责，应该如中堂所言！"曹毓瑛嘴上一边说，心里一边想：你恐怕也没有几天再跋扈了，回到北京，被究罪责的不定是谁呢。

转眼到了九月初一。

在北京的大学士桂良秉承两宫懿旨上徽号尊母后皇太后徽号为"慈安皇太后"，圣母皇太后徽号为"慈禧皇太后"。从此以后，皇太后钮祜禄氏就尊称"慈安太后"，皇太后那拉氏尊称"慈禧太后"。

事态的发展于两宫太后越来越有利。恭亲王奕䜣授意钦差大臣袁甲三、陕西巡抚瑛棨上疏，中皆有两宫听政、建议垂帘语。肃顺等人不知是投石问路、声东击西之计，对之漫不经心，谈笑置之。只有杜翰头脑较清醒，多次对肃顺言讲时局变故正多。

肃顺却笑着对杜翰说:"继园,你太多虑了,两宫女流之辈能有什么风浪?皇上一孺子耳,更不足虑,况且我等有大行皇帝遗命,区区小事一桩,你不必挂在心上。"

此时,两江总督曾国藩的祁门大营迎来了风尘仆仆的王闿运。曾国藩一听是王闿运到此,便知他为何而来,心中已有了对策。

"曾公为国劳顿,实可敬啊!"

"哪里,曾涤生受大行皇帝恩泽,怎敢不尽心为国?王先生言重了。"

谈到热河,王闿运便将来意说了出来。"曾公,热河现在变故正多,山东道监察御史董元醇上折奏请两宫垂帘,实是有悖祖制家法,想我大清自开国以来,圣圣相承,哪有垂帘之说?况且大行皇帝临终遗诏命肃中堂等人辅政,也无垂帘之语。董元醇一个监察御史敢如此,是有人支持的。如不驳斥,恐误视听,于我大清社稷不利。曾公系我朝功臣,国家的栋梁,声名在外,受皇恩浩荡,恐怕也不愿看到这种违祖制之事吧?今天小人受肃中堂之托,特来拜会大人,您说话的分量很重。中堂大人说,您如果有什么话,尽可拟折奏上,中堂大人很关注您对此事的看法呀!"

见曾国藩沉默不语,王闿运接着说道:"曾公,我深知您的秉性刚直,疾恶如仇,此等小人莠言乱政,难道曾公真无动于衷吗?"

曾国藩还是沉默不语,伸手指蘸了点茶水在桌上写了个"妄"字,便端茶示意送客。王闿运见游说不成,也只得打道回府了。

二

在两宫取得徽号之前,回銮的日期就定下了。八月十三,两宫太后召见载垣、端华、肃顺等人,言及回京,肃顺等人极力反对。尤其是肃顺表示回銮不宜,"皇上年幼,京师何等空虚,如必欲回銮,臣等不敢加赞一词"。

但两宫主意已定,并且表示回京后如有什么意外不与尔等相干,这样定下来十月初九甲子卯时举行小皇帝载淳登基颁诏巨典,十月二十二辰时"恭奉皇考大行皇帝梓宫回京"。

这期间，慈禧暗中派安德海收集肃顺的有关情况，这是为日后治其罪做些准备。安德海果然探听到两个消息，就这两个消息足可以置肃顺于死地。

一是肃顺曾戏坐皇帝宝座，还问身边的人说看他像不像皇帝；另一件是肃顺身边的小太监有一次收拾屋子时不小心打碎了肃顺心爱的和阗羊脂玉杯，得到宫中一个老太监的指点后，第二天用粘贴凑合的杯子为肃顺送参汤，突然惊叫一声，杯子落地而碎。肃顺一见他打碎了自己心爱的羊脂玉杯，大怒，刚要斥责时小太监说道："适才奴才送参汤，刚进屋见爷两鼻孔中有黄气两道，犹如龙脉，长有五六尺，所以奴才失手打了杯子。"肃顺听后并没有责怪小太监，而是告诫他不要外传。小太监因此过关。

"主子，奴才费了好大劲才探听到这两件事，不过这两件事也足以置肃六那个混蛋于死地了。"安德海很会邀功请赏。

"小安子，别那么得意，我看哪，说不定这两件事是你捕风捉影编出来的吧？"慈禧虽然心中暗喜，但她还要进一步证实一下虚实。另外，她见小安子摇头晃脑一副得意的神情，真怕他把事情传到外面去，坏了大事。

"奴才怎敢欺骗主子，这事千真万确。"安德海哭丧着脸说。

一见他这样，慈禧"扑哧"一笑："行了，你呀，有什么事今后学着精明点儿，不要一副扬扬得意的样子，小心别让人看出什么来，狗肚子装不下二两香油！"

"是，奴才是狗，狗可是忠于主人的。"说完，安德海还把两手竖立在耳边，学了两声狗叫，把慈禧逗得直乐，嗔怒地打了安德海一下。

"主子，奴才是见您很长时间也没有露过笑容，这心里不是滋味，今儿个有这么个机会，好不容易主子笑了，奴才这心里也就踏实了一些。"主仆二人正在闲谈，值班小太监来报，慈安太后请慈禧太后去东暖阁相见。

"妹妹，今儿个请你来是商量一下回銮的事。眼见日子近了，咱们也好有个计划才行，免得到时有很多意外的事情发生。刚才军机章京曹毓瑛派人送来六爷的一封密信，说那边已经准备得差不多了，所以才将妹妹请来共同商量一下。想必这几日妹妹心中也有谱了？"

"这事我想过，现在最头痛的就是肃顺他们手中有兵权。"慈禧掰着手指头说，"端华是步军统领，载垣是銮仪卫掌卫事大臣，肃顺管理理藩院并向导处事务，穆荫是兵部尚书。这步军统领一职很重要，他可以调动满、蒙、汉三旗步兵。妹妹想这样办：你我姐妹二人同皇上先间道回京，争取主动，令载垣和端华等人陪同，叫肃顺和老七及陈孚恩护送梓宫沿官道回京，官道现在还没完全修缮好，肯定行动缓慢，咱们回京后就先处理其他人等，然后再在京外抓肃顺，以免他回京后再生是非。只要将他抓起来，再定罪不迟。"

"妹妹这计划好是好，将他们分开，就是不知道那些人能不能同意我们的办法。"

"姐姐不必多虑，到时候依旧是你白我红，现在他们这些人都很骄蹇，我看八成肃顺他们不会想到我们这是分而击之的计策，但愿上苍保佑！"慈禧不由自主地做了个双手合十的动作。

两宫密谋后，于第二天召见八大臣。

"我们姐妹俩商量过了，九月二十三那天，我们及皇上先间道回京，俟大行皇帝梓宫到京之日，皇上在东华门外跪迎。载垣、端华及另外的赞襄大臣随我们先回京师，肃顺和醇郡王奕譞及陈孚恩等护送梓宫从官道返京。你们觉得怎么样？"

肃顺本想争一下，后又觉得有载垣、端华等人随同回京自己还担心什么，阻止回銮已不可能了。肃顺为了表明自己为国家劳顿，奏请太后道："臣肃顺身担数职，差务繁忙，请太后将理藩院及管理向导处职另委他人。"载垣和端华见肃顺如此说，以为他心中又有什么好主意了呢，也争着要求开缺。

慈禧听后大喜过望，不过她却没有表现出来，反而沉声道："肃顺、载垣、端华，你三人要求开缺，现朝廷正值用人之际，这恐怕……"说到这儿她看了慈安太后一眼，心中道：你快些答应他们吧！这可是千载难逢的好机会。

慈安心领神会："自从大行皇帝龙驭上宾后，他们身担数职，也确够忙的了，这样吧，准你三人所请，我们姐妹再商量一下，酌情改委他人补缺。回京车驾等事宜你们现在就去办吧！退朝！"

回到西暖阁，慈禧和慈安相视一笑，都长出了口气。

"没想到我们最担心的问题就这样解决了。"慈安摇摇头，似乎还觉得好像不是现实。

"姐姐，我真想当时就答应了，但一想怕马上出口他们有疑心，所以才折了一下，当时还真怕他们在说话之前后悔，幸亏你说得及时，恐怕他们现在就已经后悔了。"

"这步军统领之职授给谁好呢？"慈安问了一声。其实慈安在当时就选好了人，只是想看看慈禧的想法是否与自己相同。为此，她又补充了一句："这统领之职十分重要，给北京那边恐怕不行，遭猜疑，还是在热河找找看较合适。"话说到这里等于挑明了人选，慈禧知道慈安选中的肯定是醇郡王奕谭。因为在热河与宫中亲近的除了醇郡王奕谭便是惠亲王绵愉。绵愉年事已高，难担此任，自然这职位必落于奕谭身上。但奕谭与自己既是叔嫂关系又是姐姐与妹夫关系，这话说出口恐怕慈安太后有什么想法。于是说道："姐姐看谁合适就决定吧，妹妹我听您的。"

"你看七爷怎么样？老七虽然还年轻，但办事却也很有些门道了，这职位就派给他吧。"慈禧赞成地点了点头："看来左右也没有更合适的人选，就这么定下吧！"

九月二十三，回銮京师的日子终于在漫长的等待中到来，热河行宫内外一片忙碌，后宫的嫔妃、太监乱作一团。

两宫太后和小皇帝载淳在咸丰皇帝灵前洒酒祭奠后，登上准备好的马车。在车中慈禧掀帘叫过奕谭，低声耳语了几句，一行人浩浩荡荡离开了热河。

一路上饥餐渴饮，晓行夜宿，九月二十七这天来到了密云县境内，此时天值初秋，云高气爽，太阳照在人身上暖洋洋的，车中的慈禧心中暗自在盘算着：怎样才能叫端华他们跟自己拉开段距离呢？这样自己先一步到京好做安排。

"主子请下车。"

"到哪儿了？"

"密云。这儿离北京可不远了，顶多两天的路程。"安德海扶着慈禧下了车向安排好的房间走去。一路上很疲倦，所以慈禧不一会儿便睡了过去。

正在外面打瞌睡的安德海被小太监杜双奎摇醒："总管，这里有胜保大人的奏折，军机曹大人叫我交给您送两宫看。"

"吵什么？"安德海一瞪金鱼眼，"主子刚刚睡下，这一路上劳累，连个觉都睡不好，吵醒太后你还要不要脑袋了？"

杜双奎将奏折往安德海手中一塞，嘟囔着说："我也是奉命当差嘛，曹大人说要将此折尽快交呈太后御览，你冲我发什么火呀？"

"小安子，你在外屋跟谁说话？"安德海一听慈禧被吵醒了，当时吓出了一身冷汗，也顾不得再和杜双奎斗嘴，端着胜保的奏折进了内屋。

"主子刚刚睡下，杜双奎就送来军机曹大人转胜保的奏折，奴才见主子一路舟车劳顿，不忍叫醒您，杜双奎跟奴才讲曹大人说请太后速阅，奴才正跟他说天大的事也得等您老人家睡醒再说，可能是声音大了，吵醒了主子，奴才该死。这是胜保的折子，请太后过目。"慈禧接过胜保的折子，见上面写着"请皇太后亲理大政并简近支亲王辅政折"，心中一喜。胜保奏折甚长，主要是请求太后亲政："……为今之计：非皇太后亲理万机，召对群臣，无以通下情而正国体；非另简近支亲王佐理庶务，尽心匡弼，不足以振纲纪而顺人心。唯有吁恳皇上俯纳刍荛，即奏皇太后权宜听政，二圣并崇，而于近支亲王中择贤而任，仍秉命而行，以待我皇上亲政以前，一切用人行政大端不致变素乱，以承郅治于无穷。宗社幸甚！臣民幸甚！"慈禧一口气看完胜保的奏折，她感到胜利正一步步向自己靠近，近一年来的种种屈辱被这道奏折扫得干干净净。

"小安子，将这折子拿给那边看看，送去便回。"

慈安太后看完折后，离开自己休息的屋子来见慈禧。

"胜保的折子我看过了，来得可挺是时候！"

"是呀，姐姐，眼见快到京城了，妹妹想，你我和皇上如能早些到京就好了，什么事也好有个安排，我刚才想了个办法，就说皇上偶感风寒，早些动身，回京给皇上治病，让端华他们保护着其余人等后行，怎么样？我想端华他们未必能察觉我们此举用意，言及皇上偶染风寒虽有些不大吉利，但除此之外也没有更恰当的理由了。"慈安沉吟了片刻，没有想到更好的理由，点点头表示同意。

第二天一早，载垣和端华刚起床便被请到太后的屋中。

"皇上昨晚偶感风寒，我们姐妹合计了一下，准备先走一步，早些到京医治皇上，你二人随同其他人等一起走，好在离京师不远，调出一部分御林军护驾就行了。"说完不等载垣等人说话，慈禧一摆手示意他们退下。

三

九月二十九上午，两宫及皇上的车驾来到了京城外。远远望去，城头和道路两旁站满了御林军，恭亲王奕䜣率领文武百官早已等候在城门外。慈安、慈禧和小皇帝载淳走出轿子，眼前已跪倒一片顶戴花翎，众臣齐声道："臣等恭请皇上、太后圣安，吾皇万岁，万岁，万万岁！"慈禧此时就像是游子归家般，鼻子一酸，掉下泪来。多少个日日夜夜都盼望这一天的到来，多少个不眠之夜，殚精竭虑就为能有今天，她怎么能不激动呢？慈禧目光落在了恭亲王奕䜣身上，此时奕䜣也抬头，目光相对，奕䜣暗暗地点了点头，慈禧明白那是告诉自己一切都准备就绪了。

接下来便是令人悲愤的一幕。两宫太后在文武大臣面前细细倾诉了在热河的苦楚，历数肃顺等八大臣的罪状，说到伤心处掩面而泣："伊等名为辅政，实则柄政，我姐妹二人孤儿寡母怎能抗争过他们？他们自称手中有大行皇帝遗诏，是先帝顾命大臣，哪里还将皇上放在眼中？他们代皇上拟旨，要我们姐妹二人只管钤印，不要过问是非，而且动不动在内廷中指手画脚，咆哮跋扈，可怜大行皇帝尸骨未寒，伊等竟如此大逆不道，真真令人齿寒……"慈禧声泪俱下，此时群臣早已在两宫的控诉中义愤填膺。大学士周祖培站了出来："启奏太后，肃顺等人如此跋扈，目无尊上，何不重治其罪？"

慈禧见周祖培站出来说话，心中暗喜，一切都按自己的预计进行着。"他们可是赞襄政务大臣，可能直接就治其罪吗？"慈禧不好出言治罪，所以出语诱引一下周祖培。

"臣以为，皇太后可先令解其任，再予拿问即可。"

"嗯，还是卿想得周到，明日即降旨宣示天下。"群臣山呼万岁，拥着两宫回到了紫禁城。

第二天，两宫太后将在热河就秘密拟好的上谕发下，诏书上历数八大臣种种罪状：

……追思载垣等从前蒙蔽之罪，非朕一人痛恨，实天下臣民所痛恨者也……虽我朝向无皇太后垂帘之仪，朕受皇考大行皇帝付托之重，唯以国民生计为念，岂能拘守常例？此所谓事贵从权。特面谕载垣等，着照所请传旨。该王、大臣奏对时，咆哮置辩，已无人臣之礼，拟旨时又阳奉阴违，擅自改写，作为朕旨颁行，是何诚心？……朕苟再事姑容，何以仰对在天之灵？又何以服天下公论？载垣、端华、肃顺着即解任，景寿、穆荫、匡源、杜翰、焦佑瀛着退出军机处。派恭亲王会同大学士、六部、九卿、翰、詹、科、道将伊等应得之咎，分别轻重，按律秉公具奏。特谕。钦此。

诏书发下后，两宫太后即召群臣廷议，此时载垣和端华虽然已回京，但没有被召见。

廷议的人员主要有恭亲王奕䜣，大学士桂良、贾植、官文、周祖培，户部尚书沈兆麟，户部左侍郎文祥、右侍郎宝鋆，鸿胪寺少卿曹毓瑛及端常、麟魁等。

慈安、慈禧再次历数八大臣罪状，说到痛心处哭泣不止，群臣无不动容。此时年仅六岁的载淳从龙椅上站起身，跑到慈安面前，跷脚用手给慈安擦了擦泪，又跑到慈禧面前给她擦了擦泪，然后对两人说："母后不必悲伤，奴辈既然如此负恩，那就将他们的头砍下来！"说着用小手在空中做了一个砍头的手势。

这一下不仅慈安、慈禧感到意外，群臣也哗然，都窃窃言小皇帝如此可谓精明过人。

"臣启奏太后，肃顺等人如此跋扈猖狂，臣请太后降旨拿问。"大学士桂良出班奏道。

"这里有胜保的折子，你们先拿去看看，有什么想法尽管说出来。肃顺等逆党，请恭亲王安排人等拿问，谕旨上写了，明天就将载垣、端华在殿中拿往宗人府，其他人等先派人看守起来。"政变开始拉开序幕。

第二天，载垣和端华一同来到养心殿外，见恭亲王奕䜣、大学士周祖培及文祥、宝鋆向这边走来，似要与载垣等人一同入朝。

果然，他们一同来到了内廷，载垣见此情景大声责问："尔等连礼法都忘记了吗？外廷臣子，何得擅入？"

奕䜣回答道："有诏。"

这时，坐在殿上的慈禧太后对恭亲王奕䜣说："六爷，你传旨吧！"奕䜣从龙案上拿起黄缎谕旨朗声道："将载垣、端华、肃顺革去爵职拿问，交宗人府会同大学士、六部、九卿、翰、詹、科、道严行议罪。"

"我辈未入，诏从何来？我们是赞襄政务大臣！"端华大声说。奕䜣手举诏书大声道："殿前武士摘去二人顶戴花翎，押至宗人府听候发落！"武士一拥齐上。"我们是顾命大臣，看谁敢！"载垣和端华声嘶力竭地喊。但此时已无济于事，早有武士按住二人，摘去了他们象征官职的顶戴花翎，押着出了隆宗门。载垣和端华的随从和侍卫已被文祥派兵驱散。

养心殿内廷，新的辅政班子随即诞生。

两宫太后将早已准备好的谕旨颁诏天下："谕内阁恭亲王奕䜣着授为议政王在军机处行走，补授宗人府宗令，大学士桂良、户部尚书沈兆霖、户部右侍郎宝鋆、鸿胪寺少卿曹毓瑛在军机处行走，补授恭亲王奕䜣总管内务府大臣，管理宗人府银库。各大臣谢恩。"

"太后，肃顺现行至石槽境内，明日晚可能到密云歇脚，臣请派睿亲王仁寿、醇郡王奕谭将其拿问！"

"这事你就看着办吧！我姐妹二人没有异议，此事的善后处理就托付给六爷了。"

"是，臣等议后即折奏太后圣裁。"

回头再说肃顺。自从热河出发后一路行速缓慢，离开热河时，侍郎黄宗汉曾告诫过八大臣，说京城情形可疑，希望他们暂时不要回京，肃顺当时并没有在意，而且还笑黄宗汉多虑。这一路上自己觉得好像有什么不对劲，但说不清是为什么，暗想：京城会有什么举动吗？临行前肃顺告诫他们七个人，尤其是端华和载垣，回京后要抓住皇帝，以遗诏为挡箭牌，必要时可以赞襄政务大臣的名义派人困住两宫及皇帝，"挟天子以令诸侯"，应该没什么大问题。这几天右眼皮总跳，所以肃顺想早些回京。十月初二，一行人等来到了密云。

夜幕降临，天上繁星点点，睿亲王仁寿带着侍卫兵和胜保麾下驻密云的部分官兵踏着夜色悄然而至。醇郡王奕谡迎出门外，仁寿派人将肃顺就寝的屋子团团围住，一挥手，侍卫有君命在身，两位王爷又在身边撑腰，便一齐上前，踹门而入。

肃顺正在屋中就寝，精赤着上身，扯开大嗓门喊道："大胆奴才，谁让你们进来的？"

侍卫也不答话，上去便擒拿，倒剪肃顺双手，五花大绑将他捆了个结实。

肃顺见睿亲王仁寿、醇郡王奕谡走进屋中，仁寿手捧诏书："着派睿亲王仁寿、醇郡王奕谡将肃顺即行拿问，酌派妥员押解来京，交宗人府听候议罪。钦此。"

"我辈未入，诏从何来？"

"肃顺，我等奉旨而行，回京后你就会清楚诏从何来了。"仁寿带着嘲弄的口吻说。

肃顺被押回宗人府，在这里和载垣、端华"会合"了，三人相见都垂头丧气，相互埋怨，然而事已至此，也没有什么办法了。

此时恭亲王府内书房中正在研究善后问题。屋中除军机大臣外，还有文祥、周祖培及贾桢和绵森。研究进入关键时刻。

"端华和载垣及肃顺死罪难逃，另外五个人怎么办呢？"恭亲王巡视在场的诸人。

"我看罢黜官职，从重发往新疆效力。那里路途遥远，想回来都很困难，以绝后患嘛！"宝鋆开口道。

"对了！肃顺等人有很多余党的，像陈孚恩、黄宗汉、刘琨、德克津泰等人，据说宫里也有很多太监和肃顺往来密切，应一并查出，从重发落才是。"文祥办事向来缜密，他提出了自己的看法。

接着他又补充道："这些人的罪名应上谕定罪，我和詹事府许彭寿讲了，他明天就上折请太后查办余党。"

"博川，你办事可真是滴水不漏啊！"桂良赞赏地竖起大拇指。

"就依你等所言，明天上朝具奏。各位回去后联络各部官员，凡在京三品以上官员联名上折恭请两宫太后亲政。"

"联络起来很容易，但这头儿得一位德高望重的王爷来牵。"文祥补充说，

"琢如，你看谁合适呢？"

曹毓瑛见文祥点了自己一下，略一思考："礼亲王世铎德高望重，京城内外咸服，他是上上人选。"

曹毓瑛初入军机，平步青云，也要在他人面前做出点儿什么才好，所以自告奋勇说："老爷子脾气挺倔，我去说服他。"

十月初五，紫禁城养心殿内，两宫召见军机奏对善后处理。

"六爷，你们几人研究得怎么样了？"此时慈禧已非当年的吴下阿蒙，声音中带有王者的威严，"给他们定什么罪了？"

恭亲王将拟好的奏折呈上，两宫看过后，慈禧抬头看了看慈安："姐姐，你看怎么样？"

"唉！怎么说他们也曾是朝廷的一品大员，能轻些尽量格外开恩，皇上马上就要登基，也不宜多血腥。"

"好吧，载垣、端华令其自尽吧，肃顺弃市，其余五人革职。格外开恩，免于发遣。"慈禧最恨肃顺，昨日想起当初肃顺监斩柏葰时，柏葰指天道："肃六，他日你必是如此下场！"所以她便将肃顺单独弃市。

"太后，这里有詹事府许彭寿的奏折，请求查办肃顺余党。"

"肃顺这么多年结党营私，余党自然也不少。咦？黄宗汉怎么也成了肃顺的余党？据说他文采很好，是个人才。"慈禧拿着折子望了望奕䜣。

"黄宗汉出言蛊惑人心，在回銮前他曾告诫八大臣说北京情形可虑，阻上回銮！"

"唉！可惜！"慈禧叹了口气，接着往下看。

"陈孚恩虽是一品大员，但他可是肃顺的得力助手，你们看怎样发落他呢？"慈禧再次放下手中的折子，语中带有明显的暗示。因为慈禧最恨肃顺，在热河期间，陈孚恩尽心为肃顺卖命出主意，所以慈禧要对他严加惩处。

"太后，陈孚恩虽为朝廷一品大员，但助纣为虐，应从重发往新疆赎罪。"沈兆麟奏道。

"卿所言甚是，准奏！"

接下来又对其他余党进行了发落：侍郎刘琨、成琦，太仆寺少卿德克津泰，候补京堂富绩均着革职。宫中太监杜双奎因给肃顺修理钟表，接受钱粮，

"从重发往黑龙江给官兵为奴，遇赦不赦"。袁添喜、王喜庆与肃顺交往、馈赠食物银粮，"发往打牲乌拉给官兵为奴"。张保桂、刘二寿因"送给肃顺食物，并收得银两，均着发往吴甸，一年期满，札发顺天府安插为民"。……很多与肃顺有交往的官中太监被杖刑的杖刑、发配的发配，真可谓城门失火，殃及池鱼。

最后，慈禧说："自皇上即位以来，一直暂用'祺祥'年号，我们姐妹重议了一下，决定改年号为'同治'，你们拟旨宣示中外吧。明天请肃亲王华封、刑部尚书绵森监刑！六爷，你看怎么样？"

"太后圣明，臣等谨遵懿旨。"慈禧太后满意地点点头。她笑了，笑在最后，笑得最舒心也最痛快。

咸丰十一年十月初六，当一线阳光透过窗棂照进宗人府囚室的时候，沉重的铁门锁链被打开，刑部提刑官给关在屋中的载垣、端华和肃顺施了一礼："请两位王爷跟小人到前堂听旨！"

"听旨？"端华从炕上一蹦到地，"什么旨？"

"小人只管当差，两位王爷到那儿自然就知。"

载垣和端华整了整衣服，跟随提刑官来到前堂，一进屋载垣便傻了眼，他看到华封和绵森站在那里，二人红顶朝服，身旁的侍从手托铜盘，盘中盛放着丈长白绫和酒壶及酒杯各一。肃亲王见二人提到，从怀中拿出圣旨高声念道："载垣、端华数罪并责，赐其自尽，钦此。"

"两位王爷，这里有白绫和毒酒，请两位王爷快速上路，我等回去复旨。"

侍从马上拿起白绫，在梁上结了个死结，下面放上小凳，又从壶中倒了一杯毒酒。端华对天长叹："可怜我等承大行皇帝遗托，尽心赞襄政务，落得如此下场，天哪，你怎么不睁睁眼！"

华封见端华还要继续说下去，便催促道："请王爷快速上路，不必多言其他。"他向侍卫使了个眼色，侍卫上前"搀着"端华上了小凳，将他的头套入白绫之中，撤下他脚下的小凳。端华经过一阵痛苦的挣扎，圆睁双目，泪水外溢，头才慢慢地垂下。

载垣见此情景，早已瘫软在地，侍卫解下端华，如出一辙，将载垣也送上绝路。

"刑车准备好没有？"绵森回头问提刑官。

"回大人，刑车已在门外停放多时！"

"好！提肃顺押往菜市口！"说完和华封一同出了宗人府。

斩杀肃顺的消息很快便传遍了整个北京城，从宗人府通往菜市口的大街小巷内挤满了人，官兵只得增加岗哨，以保证被行刑犯人的安全。

"听说今天要杀肃顺，他是个大官吧？"

"听说他是什么尚书，一品哩！三年前处死那个叫柏什么来着，当时他就是监斩官之一。听人说呀，那个柏什么来着临死前还说他日你必和我一样下场！嘿！今天该他掉脑袋，又是在菜市口！老天报应不是？这人哪，就不能做不仁不义之事，我算相信报应。"

"嘻！他肃顺是报应吗？这是罪有应得！听人说呀，肃顺在热河时假传圣旨，连皇上他都敢骂！"

"真的？"

"真的！说什么皇上是乳臭未干的小毛孩子。连王爷见他都得大礼参拜，你说他跋扈不？"

"该杀！我家有个亲戚在户部当差。有一年户部出了一个钞票舞弊案，听说肃顺借题发挥，牵连了很多人，有的被弄得家破人亡，远走他乡，惨哪！"街头一时议论纷纷。

这时肃顺的囚车缓缓走出了宗人府，囚车两旁是带刀的侍卫，前面鸣锣开道。车上的肃顺发辫散乱，但头却挺得很直。这时，不知人群中谁投过来一块泥，黑黑的，正好打在车中肃顺的脸上，登时肃顺的脸上似被人印了一个胎记一般。这一下人们争相效仿，墙倒众人推，与肃顺有仇的、无瓜葛的都纷纷捡起石头瓦砾瞄准肃顺打来。起初侍卫还能抵挡，后来零星的石头瓦砾变得密集起来，侍卫便索性躲到囚车后面，幸亏囚车的囚栏较密，否则此刻肃顺早已被打死，即使不然，也早头破血流、面目全非了。

到了菜市口，侍卫打开车门，要扶肃顺下车，没承想肃顺低头走出囚车，依然昂首挺胸走向木桩。此时离开斩的时间——午时三刻还有一段时间，绵森走下监斩台，来到肃顺跟前，手中端着一碗酒："肃顺，念咱们曾同殿称臣，今天本官敬你一碗壮行酒！"说完将碗递向肃顺。

　　肃顺看着绵森递过来的海碗，良久才略微颤抖地接到手中，猛一扬脖，一口气将碗中的白酒悉数喝下，然后将碗摔了个粉碎，仰天哈哈大笑，扯开他那特有的大嗓门，像是对天地，又像是对自己和周围的人说："人言说天道公允，想我肃顺自为官以来，忠心耿耿，为我大清殚精竭虑，贼逆之人不敢横行肆虐。大行皇帝，悔不该不听我之言，除去那蛇蝎毒妇，以致今日勾结内外篡我大清祖业，您若在天有灵，睁开眼睛看看吧！臣无能啊！可怜您尸骨未寒他们就暗中勾结，置遗命于不顾，逆恶昭彰，天理难容！老天爷，您怎么不睁睁眼，怎么能让这些乱臣逆子如此……"肃顺越说声音越高，鲜血已在脸上凝固。

　　"午时三刻到，行刑！"华封肦咐侍卫传令。

　　侍卫将肃顺带到木桩前，按其跪下，肃顺立而不跪，有侍卫齐在肃顺腿窝端一脚，肃顺才跪下，此时第二通鼓已敲完。

　　侍卫见肃顺跪下后便离开，哪想肃顺又站了起来，依旧昂首挺胸，微风吹起散落的发辫，双眼圆睁，凝望远处，一副大义凛然的样子。

　　第三通鼓敲响，刽子手情急生智，用鬼头大刀的刀背，使尽全身力气敲向肃顺的胫骨，"咔嚓"一声，将肃顺的胫骨斫断，肃顺再也站立不住，"扑通"跪到了桩前。此时他已泪流满面，将自己的头慢慢地移到了木桩之上……

　　肃顺的人头落地不久，由礼亲王世铎牵头，在京各王、部官员二百零一人联名上折奏请两宫太后亲理朝政。

　　十一月初一，养心殿内，珠帘垂挂，鼓乐齐鸣，文武百官依职位高低分班到御座前行三跪九叩之礼。

　　"一班、二班、三班……"

第七章

兴新政　芒刺在背

立威仪　连斩大臣

一

同治元年五月初八，一份奏折递到了养心殿龙案上。按说奏折是宫廷中常见的，而今天养心殿内却显得气氛很紧张，很多双眼睛都盯着这份看似普通的奏折。

"六爷，郭祥瑞这些人联衔弹劾何桂清自常州节节退避，致使苏常等地失守，可是实情吗？"珠帘后的慈禧不紧不慢地问议政王奕䜣。

"回太后，臣等自接到给事中郭祥瑞等弹劾何桂清的奏折后，曾派两江总督曾国藩查寻证据，何桂清说他逃往苏州是受江苏司道禀请，又有薛焕等人禀牍为佐证。曾涤生回奏说苏常失陷卷宗无存，司道请移之禀，无容深究。疆吏以城守为大节，不宜以僚属一言为进止。大臣以心迹定罪状，不必以云有无为权衡。"

"江苏巡抚薛焕、浙江巡抚王有龄合疏上请朝廷不计前罪，戴罪起用何桂清。"宝鋆补充了一句。

"可这折子上写得明明白白，何桂清系封疆重臣，但他在江南大营危急时刻坐视不救；放弃常州时，常州绅民数百人执香秉烛请他留下，以致道路阻塞，何桂清竟下令开洋枪纵击，打死十九人之多，令人发指。这样的人怎能允他戴罪立功？臣请从重处置何桂清，以饬纲纪。"军机曹毓瑛出班奏请道。

"嗯！"慈禧暗中点点头，自垂帘以来，新政刚刚有起色，这件事如果处理不当，恐怕以后难以服众，慈禧决定杀他个心服口服。

"姐姐，你看这何桂清该怎样处理合适呢？"

慈安向来对处理大臣的事不感兴趣，而且她对何桂清不甚了解，便对曹毓瑛道："你给我说说何桂清，我不大了解他。"

"何桂清是道光十五年进士，咸丰四年由浙江学政授浙江巡抚，七年以二品顶戴署理两江总督，六月实授，八年十一月授命钦差大臣，十年正月赏加太子太保衔，官职从一品。"

"哦！何桂清是朝廷封疆大臣，怎么会连丢城池？刚才听你说他为逃命还杀了很多人？这罪可不小了。"慈安顿了一下，继续说道，"可他毕竟是一品大员，量刑宜慎重才是，你们具体看着办吧！"慈安向来仁厚，所以留给军机处一个很大的难题。下面很多人坚决主张杀他，可她的意思又让人迷惑。

回到军机处，恭亲王将其他人留下继续研究。

"你们三个先议一下，我头有点儿痛。"说完恭亲王坐在一边静静地听着。

"太后的意思不太明朗，下面闹得很凶，都嚷嚷要杀他，这可怎么办？琢如，你说。"宝鋆望着曹毓瑛。

"还是请雨亭（沈兆麟号）说吧，他比我们了解情况，主意自然周到。"

"如今之计只好拟旨说何桂清曾为一品大员，用刑宜慎重，如有异议，各陈所见了。"

"那不乱套了？肯定有很多人求情。"宝鋆说。

"佩衡你别急，我看西边心中恐怕有谱了。"

"琢如，有什么话明说嘛！给我闹糊涂了，什么谱不谱的？"宝鋆是急性子。

"新政刚有起色，何桂清罪不可逭，杀他要达到儆百的作用，而且要让人心服口服，西边肯定是恐有人暗中不服，这一上折，不尽是求情的，我料何桂清必死无疑！"

谕旨发下去之后，果然有很多人折奏为何桂清求情，就连礼部尚书祁寯藻都为何桂清申辩，认为"罪至斩监候而止"。

"圃公也跟着蹚浑水，真是老糊涂！"宝鋆拿着祁寯藻的奏折向曹毓瑛道。

"佩衡，你看，为何桂清求情的有十七人之多，不过继续弹劾的也不少。"

"琢如，"宝鋆见左右无人悄声说，"你说何桂清必死无疑，我看未必，咱们打个赌怎么样？"

曹敏瑛笑笑："赌什么？"

"听说你有十几坛窖存'杏花村'，如果我赢了，你请我喝酒，怎么样？"

"这事简单，可你输了呢？"

宝鋆想了想："如果输了的话，我送你一枝上好的珊瑚。"

曹毓瑛道："太贵重了，赌点别的。"宝鋆却没再想，极快地拍了曹毓瑛的手掌一下。

为何桂清定罪一事争论了很长时间，御史卞宝弟曾单衔上奏驳斥祁相，语甚激烈。太常寺少卿李棠阶上了一道密疏给两宫，结束了这场争论。

密疏奏道："刑赏大政，不可为谬悠之议所挠。今欲平贼，而先庇逃帅，何以作中兴将士之气？……"

"这李棠阶说得可很实在！"慈禧拿着奏折对慈安说。

"难道斩监候也不足以治他的罪吗？"慈安问慈禧。

"姐姐，你我姐妹二人历尽千辛万苦才有今日局面，南边洪杨战事正紧，山东捻匪还未肃清，西北又起了回乱，形势可虑。何桂清虽是一品大员，可如果不杀他，那些在战场上的将士会寒心的，到头来都不用命，这江山社稷还怎么保？何况你我姐妹垂帘只是权宜之计，别到皇上亲政的时候我们再交给他一个破烂摊子。姐姐，在这事上不能仁厚的！更何况，常州那么多人就白死了？"

"可也是，那就按他们的意思办吧！"

十月，内阁奉上谕降旨：

> 已革两江总督何桂清一犯，自常州节节退避，辗转逃生，致苏常等府全部沦陷。迨奉文宗显皇帝严旨拿解来京，犹敢避匿迁延，迟至两年，始行到部。朝廷刑赏，一秉大公。因廷臣会议，互有异同，酌中定议，将该犯比照常带兵大员失陷城寨本律，予以斩监候，秋后处决，已属法外之仁。今已秋后届期，若因停勾之年，再行停缓，致情罪重大之犯，久稽显戮，何以肃刑章而示炯戒？且何桂清着即行处决。派大学士管理刑部周祖培、尚书绵森，即日监视行刑。

几个月的争论没有阻挡慈禧杀何桂清的决心。何桂清得到了应有的处罚，一时中外肃然，都说圣上英明，新政从此大有起色。

此时小皇帝载淳已经七岁了，按清廷祖制该选师傅传经授业，为小皇帝选择的师傅是祁寯藻、大学士翁心存、工部尚书倭仁及李鸿藻。每日小皇帝载淳早晨到书房，先学习拉弓射箭，然后学习蒙古语，读满文书籍，最后学习汉语。传膳后又是学习骑马、射箭，然后学习写字、写文章。慈禧对小皇帝看管得非常严格，时不时还派安德海偷听偷看小皇帝读书学习的情况，所以载淳有什么打瞌睡、调皮之类的举动，都会被如悉报到慈禧那里，小皇帝时常在请安的时候挨骂。开始小皇帝不知，随着时间的推移，载淳也越来越恨安德海，总想找机会出口恶气。

这天，小皇帝刚刚下课，照例是去给两位母后请安传膳，迎面正碰上匆匆而行的安德海。这时，小皇帝身边的太监在他身边耳语了几句，小皇帝一听乐了。当安德海见礼时便说："小安子，你跟朕摔一跤怎么样？"当时京城盛行摔跤，所以小皇帝也学了几手，人虽小但力气却不弱，今天跟安德海提出摔跤就是想出口恶气。

安德海虽精明，但无法推托，看来挨"摔"是肯定的了，但他还存一份侥幸，忙道："皇上，奴才赶着回去伺候主子，奴才不会摔跤，您看我，跟一瘦猴似的，一摔一个准，多没意思。"说完，睁着一双金鱼眼睛左右乱转，希望能找个替罪羊。

"小安子，朕今天刚下课，想松松筋骨，让你陪朕摔几跤。"

说完便上去抱住安德海的双腿用小脑袋一顶安德海的小腹，安德海一点儿准备也没有，刚开口说："皇上别……"就被载淳"叭"地撂倒在地，摔得安德海直咧嘴。恰巧有块石头有一个鼓出的凸尖，硌在了安德海的腰眼上。好半天安德海才缓过神来，摇摇晃晃刚站起来，前面已没了小皇帝载淳的踪影，安德海想往后看的时候，猛然觉得双腿又被抱住，暗叫不好，随后就感到载淳的小脑袋顶在了刚才被硌的腰眼上，一阵疼痛还没过去又被掀趴在地上，幸亏双手及时先着地，下巴才没被磕破，双手此时却也见红了。

"真没劲，你怎么这么不禁摔！"小皇帝蹲下身子用小手指点着安德海的脑门，见他那副哭丧的表情，心里别提有多痛快，一挥手："走！"领着小太监扬长而去。

只剩下安德海趴在那里，暗自咬牙切齿，将此恨暗记于心。

二

到了农历十月二十六，养心殿内又传出一个消息：有人弹劾胜保。

奏折像小山似的堆积在龙案上，这是有清以来极少见的情况。上自督抚，下至詹科道的很多京内外官员都上折要求严办胜保，其罪名归结起来不外"冒功侵饷、渔色害民"八个大字。

胜保是咎由自取。北京政变后，胜保由于出力很多，授镶黄旗满洲都统，转兵部左侍郎，后又兼正蓝旗护军统领，加兵部尚书衔，被任命为钦差大臣，入陕镇压回民起义。

胜保平日里非常跋扈，在西安的时候有个副都统叫高福，不知为什么顶撞了他，胜保大怒，命人打高福军棍。高福说你我同是二品官职，如何能打我？胜保冷笑着说："本帅是钦差大臣，以军法都可杀你，何况是打军棍？"结果高福被打了一顿。

胜保平日里读了些书，常常自诩是汉朝的周亚夫，而且胜保很崇拜康熙时的封疆大吏年羹尧，曾为区区一味韭黄杀了一个厨子。平日里奏折俱是自己起稿，还常用"古语有云：阃以外将军治之，非朝廷所能遥治""汉周亚夫壁细柳时，军中但闻将军令，不闻天子诏"。

这等于公开说军令高于诏令，已犯了大忌，而且这里有藐视太后妇人、皇帝童稚的意思。因此，湖北巡抚严树森参他"观其平日奏章，不臣之心，已可概此"，因此"回捻癣疥之疾，粤寇亦不过肢体之患，唯胜保为心腹大患"。这是所有参劾之折中最厉害的一个。

另外胜保好女色，贪军饷。由于胜保和各省督抚多不和睦，所以协饷常常不能按时收到，即或偶尔到了，他也百事不问，尽情挥霍够后，多出的才充为军用。一次，官军与回民起义军作战，遇伏惨败，死伤不计其数，很多受伤的官民要求胜保发钱抚恤。但钱已被他挥霍一空，以致他的部下睡在行辕之外，呻吟彻夜，所以他的部下早就与他离心离德了。

胜保的种种恶行在京城传遍，恭亲王极为担心胜保这样下去会自吞恶果，便暗中通知与胜保私交较好的军机章京给胜保送信，叫他最近少上奏折，恭亲王已跟两宫说过，在陕甘总督和陕西巡抚两缺中择一给他。如果他依旧上折，恐怕会坏事。

信送到西安时，胜保正在和他手下的文案们喝酒，大谈风月。见信来了，只看了一看，便传示给文案。他一边喝酒，一边像是自言自语地说："他（指六爷奕䜣）也太小心了，没有我胜保她们能有今天？哼！"

等了几天后，见没有动静，胜保就又手痒想上折炫耀一下文采。文案们见此赶紧劝他："何苦！帅爷，您再等等吧！"

"等个屁！"胜保一瞪眼睛，"他们在京城吃香喝辣，老子在这里受苦，连个总督都不给，他们不给我去要！"说完匆匆写了一封奏折，并派人用四百里加急送至京城。

奏折送到慈禧手中，上面写着：……凡带兵剿匪，如果不是本省大吏，呼应不灵。胜保举了湖广总督官文、湖北巡抚胡林翼、两江总督曾国藩、江苏巡抚李鸿章、浙江巡抚左宗棠为例证，接着他说到自己是"以客官办西北军务，若欲使臣专顾西北，则非得一实缺封疆，不足集事"。

看完奏折，慈禧不禁想起以前自己曾耳闻胜保骄骞，时值用人之际，不便多加指责，现在胜保依旧我行我素，如不及时制裁，岂不是又一个肃顺？

第二天，召见军机大臣，慈禧将胜保的折子交给恭亲王，然后冷笑着说："照他的说法，朝廷派兵到哪里，就得先换哪一省的督抚，你们想想看，有这个道理吗？"声音中带有十分明显的不满。

恭亲王一听胜保不听话，马上感到事情难办，但念及胜保跟自己的多年交情，忙奏道："太后，胜保措辞不当，念及他曾带兵平乱有功，就降旨责其过错吧！"

"哼，胜保拥兵自重，这么多天很多人弹劾他。听说他军营中随营姬妾有三十多个，而且军营中只知他军令，不闻朝廷诏旨，这成什么了？胜保的兵权太重，我看解除算了，派个能人接替他，在京里找个适当的职位安排一下。唉！要不是念及他带兵入热河示威平乱，怎能容他如此猖狂？六爷，你去办吧！"慈禧给恭亲王一个面子，没有深究。

一道申斥的廷寄和恭亲王的私函很快就到了西安，哪料胜保看过后暴跳如雷，亲自给曹毓瑛写了封信："欲缚保者，可即执付'司败'，何庸以言为饵？唯记辛酉间事，非保则诸公何以有今日？"

所谓"司败"就是"司寇"，指刑部，他误会恭亲王的那封信是要先解其兵权，把他骗到京城再治其罪。原来恭亲王左思右想决定在尚书和内务府大臣中择一给他，知他挥霍成性，内务府又有许多陋规的收入，勉强可维持胜保的开销，没想恭亲王煞费苦心的设想白费了。

曹毓瑛将此信转给恭亲王，恭亲王又呈到御案，慈禧看后冷笑一声："怪不得有人说胜保像年羹尧，果然不错！那年羹尧封疆目无尊上，朝廷待他不薄，一再如此，可见其骄猖。六爷，这样的人如果不惩处一下，朝廷的威信就荡然无存了，何以再整饬纲纪？你们说是不是这个理儿？"

奕䜣见慈禧说得不紧不慢，但语锋暗藏，知道想再保胜保是不可能的了，于是向身旁的宝鋆使了个眼色。宝鋆会意，奏道："臣等回去讨论一个周全的办法，上奏太后，解除胜保的兵权。"

"嗯！你们是旧相识，这个我很清楚。但人情大不过纲纪，凡事都应有个规矩。胜保不办人心难孚，人心难孚于社稷不利，理儿你们都比我懂，我就不啰唆了！"

恭亲王和宝鋆、文祥、曹毓瑛等人统筹全局，决定命在豫西浙川的多隆阿兼程北上，援救潼关；另外颁发了一道密旨，封交多隆阿亲自拆开，派专人星夜赶向潼关。

多隆阿本来是胜保的部将，后来受知于湖北巡抚胡林翼，骁勇善战，与湘军的鲍超齐名。本来陕西回乱一起，恭亲王有意派多隆阿入陕，因为他远在豫西，缓不济急，才改派胜保。这次朝廷派多隆阿"驰援"潼关，胜保自然觉得很失面子，所以负气不管潼关战急，而且一再上折奏请"以安徽、河南两巡抚帮办军务"，如果朝廷准奏，其权足以指挥巡抚，则成了总督的身份，可稍微弥补他实缺督抚不到手的遗憾。

可想而知，从两宫太后到军机处，没有一个人会准他的要求。朝廷急发谕旨提出警告："该大臣务即日力图补救，毋再玩忽！谓朝廷宽典之可幸邀也。"胜保读出其中的意思，虽心中怒不可遏，却也不免着急，不能"再玩忽"，得力图补救了！

他对幕僚说："好吧！看我补救补救，再找他们算账。"

胜保平时驭下无恩，士卒俱不用命，结果屡吃败仗。到了山穷水尽的地步，事急无奈，胜保抛出最后一着棋：在安徽的苗沛霖。

苗沛霖包藏祸心，以办地方团练起家，但他拥兵自重，通太平军，通捻军，中外皆知。当年钦差大臣袁甲三力主痛剿，但因内乱有待戡平，没有派兵，可朝廷对他看得很严，所以苗沛霖不敢轻举妄动。哪知胜保计无所出，派了个提督，拿了督办陕西军务钦差大臣关防所发的护照，调苗沛霖所部到陕西助剿。

消息一传开，安徽、江苏、山东、河南等地的地方官和带兵官无不恐慌，飞章告警；因为苗沛霖正苦于监视太紧，动弹不得，经胜保一邀，便得到一个窜扰的机会。于是军机处手忙脚乱，一面用六百里加急的廷寄严饬胜保速行阻止，一面命僧格林沁等带兵大员阻挡苗沛霖北上，而且还把苗沛霖的"克星"李续宜调往安徽任巡抚，用以专门对付苗沛霖。因李续宜曾在皖北打仗，对地形极熟，所以苗沛霖对他十分忌惮。

此时多隆阿经过长途跋涉，神速进兵，按预期领兵到了潼关。

多隆阿治兵相当严谨，所以连营十余里，鸡犬不惊。他除了会见陕甘总督熙麟外，还特意调来了西安右翼副都统德兴阿。

德兴阿与多隆阿都是黑龙江人，不识汉文，是旗将中的佼佼者。不同的是，多隆阿是大将之才，德兴阿却有勇无谋，早年在扬州一带颇有战功，这是得力于翁同龢的长兄翁同书为他帮办军务。及至翁同书调任安徽巡抚后，左右无人，连战连败，被革了职。后来以六品顶戴交僧格林沁差遣，慢慢地熬到了二品大员副都统的职位，不想又偏偏遇到了胜保。

胜保看不起德兴阿，德兴阿也看不起胜保，所以胜保叫他驻守山西，使他很难堪，因此德兴阿非常恨胜保。

德兴阿见到多隆阿分外激动，兴奋地说："大哥，可把你盼到了！你跟兄弟说说，什么时候拿下胜保？"

"胜克斋是立过大功的人，朝廷格外给面子，你忍一忍吧！"多隆阿还没等他将话说完，便拦住他，旋即转身进了馆驿，德兴阿懵懂地跟了进去。

"大哥，怎么，你不是来拿胜保的？"

"你呀，什么时候都是那么鲁莽！这是馆驿，你就能保证没有胜克斋的人？你这一嚷嚷差点将秘密抖了出来。"多隆阿略带责备地说。

德兴阿受了他的责备，不好意思地笑了儿："是，大哥是'诸葛一生唯谨慎'。"

两人小时常"听"《三国演义》，多隆阿很崇拜诸葛亮一生谨慎，临危不乱。听德兴阿将自己比作诸葛，他自然感到满意。

"我这'莽张飞'现在就听你的了，你说下步该怎么办？"

"先解了同州之围。"

"先解同州之围？你不是来拿胜保的吗？"

"兄弟，朝廷已命我代替胜克斋，这同州之围先解，既是树立威名，又是让胜保知道俺只不过是入陕助剿，别无他意。你明白了吧！"

随后，多隆阿派兵包围了同州，一战即胜。接着又在潼关附近打了几个胜仗，却没有马上到西安。

这下可急坏了军机处，拿问胜保的上谕已由内阁明发，至多半月工夫就会全国皆知，倒不怕他胜保飞到天上去，可他部下除雷正绾的两千人是官军，现已归多隆阿，其余很大部分是"降众"，平时军纪极坏，一旦树倒猢狲散，流窜地方，与回民起义军合流，那就乱上加乱了。如果有此不幸，事情可都坏在多隆阿手里，所以恭亲王又气又急，忙用六百里加急密谕，命山西巡抚英桂"据实具奏"。

英桂找到德兴阿，将朝廷密谕交给他，然后派他去多隆阿部，通知他早日入西安拿问胜保。

"大哥，这是朝廷的密谕，你看看吧，只怕再不走，面子上就不好看了。"

"嗯！"多隆阿手扶着桌案，"从北京往西安的邮差都被我劫了下来，我本想肃清附近的叛匪再去西安，看来朝廷很急，好，今天就走！"

多隆阿急调了两千精兵，又派人通知驻扎在凤翔的睢绾到西安会齐，听候差遣。

三

此时钦差府内西花厅，胜保正在同属下吃涮羊肉。十一月天气寒冷，西花厅内却因十几盆炭火而温暖如春，胜保一边吃一边骂军机处办事无能，连个督抚都弄不来，随即大放厥词谈起风月。

这时出去打探消息的一个把总气急败坏地回来报告，说灞桥南岸出现了十几座营帐，不知是哪一路人马。

这事报到胜保身边的材官那里，他很为难，因为胜保在饮酒作乐时是不允许人打扰的，除非有紧急军情，否则弄不好要掉脑袋。他想，既在南岸扎营，必是官军无疑，不必惊慌。

后来证实了那是多隆阿的部下雷正绾，那材官越发放心，等宴会散后才在胜保耳边悄悄说了几句。

多隆阿当时的官职是荆州将军，胜保对他并不在意，一边剔着牙一边道："他进省城干什么？莫非是来听节制的？那为什么不先参拜，而是先扎营呢？"材官摇摇头："克帅，这事按常理不通，是不是有什么事？"

见材官如此惧怕，胜保心里也没底，但仗着酒劲道："怕个啥？他荆州将军能奈我何？我是朝廷任命的钦差大臣，看看再说吧！"说完便拥着小妾到寝房销魂去了。

可他的属下却跟他不一样，一个个登上城楼，见军营灯号错落，刁斗无声，一片肃然的气氛。于是三三两两聚集在一起商量，回房后暗中打点行李细软，准备好万一情况有变就开溜。

第二天一早，东方刚刚露出鱼肚白，拥着小妾正酣睡的胜保被材官极快推醒："大帅，大帅，多、多将军进正门了！"

此时多隆阿岂止已进了正门，早已下了马进了正厅房，吩咐人等摆放桌案，大声道："胜保接旨！"

胜保一听有旨到，心中立刻慌了神。按说有旨到军营也很平常，可多隆阿来得不是时候。胜保一边由姬妾侍候着穿上袍褂，一边安慰姬妾，也像安慰自己说："怕什么？大概是礼堂（多隆阿字礼堂）来接替我，可能要回京做兵部尚书，年内就得动身。"

及来到正厅，见香案早已摆好，多隆阿身着咸丰帝所赐黄马褂，神色肃穆地站在那里。

多隆阿所带的劲卒此时已将整个钦差府包围得严严实实。从正厅到外墙，刀枪耀眼，如临大敌，胜保见此阵势，乖乖地在香案前跪下。

多隆阿将黄绫封套中的圣谕取出，高捧在手——这是装个样子，多隆阿不识汉文，上谕全文早已由文案教他背得滚瓜烂熟，这时如银瀑飞泻一般，一口气背了下来：

> 胜保以钦差大臣督办陕西军务，贵重任专，本宜迅扫贼氛，力图报效。乃抵陕已数月，所报胜仗多系捏饰；目纳贿渔色之案，被人纠参，不一而足，实属不知自爱，有负委任！胜保即行革职，交多隆阿拿问，派员迅速移解来京议罪，不准逗留。多隆阿即授为钦差大臣，所有关防即着胜保交多隆阿具领；所部员弁兵勇，均着归多隆阿接统调遣。钦此！

上谕念完，胜保已面无血色，虽是十一月的天气，额头却已见汗，磕头谢恩的动作显得相当迟缓。等他抬起臃肿的身子站起来，多隆阿问道："胜保，你可遵旨？"

"胜保岂敢不遵圣旨？"他凄惨相答，然后鼓足了勇气，上前拉着多隆阿的黄马褂："礼帅，念你我多年交情，还请法外施恩。"声音中早无往日的骄狂。

"先将关防拿来！"

早已有人捧过铜印关防，多隆阿见文案印证无误后，道："奉旨查抄，不许徇私买放。"

"礼帅，请您高抬贵手。"

多隆阿望着胜保那凄惨的样子，想了想。

"好吧！那就给你八驮行李！"

"八驮怎够呢？这，这不管用啊！"

"给你八驮已经是法外施仁，管用可不行，你那么多姬妾，遣散几个，不就够用了吗？"说到这里，吩咐身边的材官："摘顶戴吧！"

材官上前摘去胜保头上的双眼花翎，连同二品武官的狮子补褂一同褫去，换上待罪的素服，软禁在西花厅。

过了年，胜保被押解到京。离开西安时他还有八驮骡马、随身小妾，及到京师，早被德兴阿沿途都劫了下来。

一路上胜保虽然被德兴阿落井下石，但很多亲朋故友却千里迢迢来看他，所以他也没有再多计较，只想等有一天官复原职后再收拾他。

正月底，胜保被押解到京，随即被送入刑部，主办司官接收了多隆阿奉旨拿问解京的咨文，把胜保交给了提劳厅，暂且在"火房"安顿；铁门锁链落下，已有牢狱之实，胜保心中犯凉。

一连几天也没人来问，只教他"递亲供"；在很多被弹劾的罪名中，他只承认一条：随带营妓。

"亲供"递上来后，本来军机处其他几个人根据刑部奏报已拟旨，"派议政王、军机大臣、大学士会同刑部审讯，按律定罪具奏"，但送到恭亲王那里，却没有动静，因为恭亲王现在听到正有许多大员暗中要联络为胜保求情，所以顾虑很多，决定先看看动静。

果然，没过几天，西安将军穆腾阿和陕西巡抚瑛棨联衔上折，用的是六百里加急飞递。奏折送到时，安德海见是六百里加急，也不敢耽搁，忙深夜进入慈禧寝室，将黄匣递了上去。

"主子！这是西安将军穆腾阿和陕西巡抚瑛棨联衔的奏折，六百里加急！"安德海特意强调了一下，以免挨骂。

"什么？六百里加急？"慈禧登时睡意全无。此时慈禧听政已一年多，对内外办事程序很熟悉。见是穆腾阿和瑛棨联衔的奏折，不禁失声道："莫非多隆阿阵亡了？"

因为倘是紧急军报，用六百里加急，应由在陕西主持军务的钦差大臣多隆阿奏报。六百里加急只限用于紧急军情、地方统兵大员或学政出缺，而且由地方最高长官奏报，今天见此情景，慈禧真的以为是多隆阿阵亡了，哪知拆开一看，上面竟是"直隶军务吃紧，请饬胜保前往剿办"。

"混账东西！"慈禧气得将奏折摔在地上。

安德海除在热河见过慈禧生这么大气外，再没见过她如此动怒，但奏折还得批示，便小心地将奏折悄悄拾了起来，拿在手上，见慈禧背对着自己，一时不知如何是好。

"小安子，拿笔来！"

"嗻！"

安德海拿过御用朱笔，慈禧在奏折上批了八个大字："均着传旨严行申饬。"

第二天一早，军机章京处理奏批，自然将最急办的放在最上面，恭亲王看了穆腾阿和瑛棨的奏折后啼笑皆非，不过他没有像慈禧那样愤怒异常，而是将宝鋆等人召集来商量对策。

"穆腾阿是胜保的死党，瑛棨是个糊涂虫，他自然是受了穆腾阿的挑唆，才干出这等蠢事，唉，何苦！"宝鋆皱着眉头说。

"这两个混蛋，上这折子用六百里加急，难怪西边发火。"

"胜保于穆腾阿有恩，报答一下是常情。"

"我看不然！"文祥另有看法，"这可能是投石问路之计，穆腾阿和瑛棨再糊涂也不至于这样做来碰钉子，倘若批驳口气稍有松动之意，给胜克斋说情的就会一个接一个。"

众人都点头称是，齐把目光投向恭亲王，请他最后裁决。

"那就拟旨痛斥。琢如，你来写，措辞严厉些！"恭亲王做了决定。

这道"严行申饬"的上谕，由内阁明发。京里很多想替胜保活动的人见风声不妙，便都观望不前。可不断有消息传到恭亲王那里，胜保过去所招降的那批人，如苗沛霖、宋景诗及李世忠等还蠢蠢欲动，处置不当，只怕会激出变故，于国家大局不利。

掌权一年多来，恭亲王唯一的宗旨是稳定大局，专意对付农民起义。就是一个小小的苗沛霖也尚可委曲求全，只要他能受羁縻，哪怕在寿州做他的"土皇帝"，也可容忍。

而且，恭亲王也自然想到去岁政变中，胜保带兵入行在示威，尽管无法考究他对肃顺能有多大威胁，但胜保的态度确也增强了自己的信心，这一点毋庸置疑。恭亲王每念及于此，总觉得欠胜保的情。

一来二去，恭亲王这里迟迟不做决定，事情便耽搁下来。

转眼快至仲夏时节，恭亲王还是没有下文，文祥和曹毓瑛暗自着急，这样下去不是办法。

军机处中现在补入了李棠阶，他为人耿直，但与恭亲王的关系只限于公事，私交很浅。文祥、宝鋆和曹毓瑛与恭亲王关系最密，宝鋆向来是秉承恭亲王的意思，曹毓瑛资格尚浅，进言得看时候，劝说之事自然落在了文祥身上。

"王爷，胜克斋这件事得拿出来办了，拖得长了，恐怕有变故。两宫虽然没有追查这事，可已经很不满，京里的更多官员又开始萌动，再晚些时候处理，恐怕沾身的麻烦就很多了。况且，大臣议罪，向来是由重臣会同吏、刑两部，在内阁审议。是时候了，王爷三思。"

恭亲王听后点点头，没有说别的，只交代曹毓瑛通知内阁，定期集议。

事先，恭亲王得知大学士周祖培和军机大臣李棠阶态度很激动，表示非严办胜保，不足以伸国法。

"河南人嘛，胜克斋在那里搞得太不像话了，周公和李公不表示，怎能向家乡父老交代！"宝鋆说话向无遮拦，可一语破的，叫人觉得他说得有道理。

第一次集议中，周祖培果然义愤填膺地拍着桌子说："这样纵兵殃民、贪污渎职、辜负朝廷的统兵大员，百死不足以葬其罪！"

"培翁说得是。"恭亲王站起来徐徐发言，附和他的意思说了一阵，便话锋陡然一转，"不过，俗话说得好，'投鼠忌器'，胜保已在狱中，随时可诛，我想咱们还是撇开胜保谈谈别的什么人吧。"

周祖培一愣，他不知道恭亲王葫芦里卖的是什么药，便听恭亲王娓娓讲述起胜保隐匿的财产、多隆阿搜查其财产的经过，虽嫌琐碎，可也有趣。然后恭亲王又将胜保与苗沛霖、宋景诗和李世忠的关系说出，众人无人插语，一直听到暮色降临，方才散去。第一次集会便这样糊里糊涂地结束了。

没过几天，两江总督曾国藩的一道奏折，送到恭亲王的手中。江南提督李世忠上书，愿褫夺自己的职务，为胜保赎罪。这是件异想天开的事——前方的一介武官，干预朝中获罪的大臣，不但冒昧，而且荒唐。照理说，在曾国藩那里就该受到申斥，可曾国藩未做处理，而是据实陈奏，略略声明他所以代奏的原因："不敢壅于上闻。"

"曾涤生怎么了？他一个二品的提督都管不住，一推六二五，斥责他一顿算了，我们这里已经焦头烂额了，还来给咱们添乱。"宝鋆气愤地说。

"佩衡，你先别动怒，曾涤生办事一向严谨，他能处理的事绝不会拿来让我们笑话他的。"曹毓瑛一边说着，一边看了看文祥。

文祥赞许地点点头，徐徐道："曾涤生的用意很深，他是不愿意申斥李世忠，现在前方战事吃紧，后院失火，会使前功尽弃呀！况且，我看李世忠并不尽是报恩，这里也许有替胜克斋表功的意思。"

曹毓瑛拍掌道："嗯，这看得深了！"

宝鋆摸着脑门却没有顿悟，而是迷惑地望着二人，问道："表什么功？"

"那李世忠原名叫李昭寿，原来是捻匪，咸丰八年与洪军合流，后来李秀成与陈玉成打破了江北大营，进到皖北，滁州交给了李昭寿防守，他手下的军队纪律极坏，经常骚扰地方，加上他原来是捻匪，所以李秀成和陈玉成向来对他存有戒心。后来，胜克斋设法俘了李昭寿全家老小，待之极厚，李昭寿就献出了滁州，受了胜保的招安，朝廷授了他二品顶戴。这样，捻匪与洪军中间隔了个李昭寿就没法合流，朝廷赐他名世忠。这李世忠如果一反，南北捻洪合流，大局极为不利呀！所以招降李世忠，的确是胜克斋的奇功一件。"曹毓瑛一口气给宝鋆像讲故事一样，说了李世忠与胜保的关系。

"但他挟制朝廷就不对了嘛！"宝鋆皱着眉道。

"恐怕他也是第二个苗沛霖，听说他那一带的土匪盐枭均出其门下，人称李世忠为'寿王'。"

"那不是要造反吗？"宝鋆惊讶地说。

好久，曹毓瑛和文祥都不作声。过了一会儿，文祥才握着拳头慢慢而坚定地道："绝不能将李世忠逼急了，这里关系太大，太大！"

"看来只有安抚喽？"宝鋆指着曹毓瑛道，"琢如，看来还得你的大手笔才行。"

"等见了王爷再说吧！"

众人一齐来到凤翔胡同鉴园，恭亲王正在宴客，告个罪来到书房便问："你们研究得怎么样了？"

"王爷，安抚李世忠是势在必行——前面打仗，后院起火，于局势不利。不过，我和琢如及佩衡研究的结果是这奏折不急着批。"

"对！"恭亲王点点头，"这个宗旨很好，先让李世忠存着一份指望，咱们再从长计议。"

"是。"文祥接着自己的话说，"琢如以为这里还有别的布置，我看，今天就以王爷的名义给曾涤生去封信。"

"信上怎么说？"

"信上讲，李世忠所请，绝不可行。让他善加安抚，而且，"文祥说到这里加重了语气，"而且要严加防备！"

"好！"恭亲王赞赏地环顾一下几人，然后向曹毓瑛道，"琢如，你辛苦一下吧，在这儿写了就发出去。"

因为决定将李世忠的请求暂时搁置，所以第二天早朝，恭亲王根本未提及此事。但慈禧偏偏记得，等处理完别的奏折，她和颜悦色地问恭亲王："好像曾国藩还有一个折子，那个李世忠怎么了？"

"这是个麻烦！"恭亲王使劲摇了摇头。

"麻烦也没有办法，俗话道'是福不是祸，是祸躲不过'嘛，到底该怎么办，总得有个下文吧？"然后转过脸向慈安道，"姐姐，你说是吗？"

"我？"慈安摇摇头，笑着说，"我还不知道怎么回事呢。"

慈禧将目光转向文祥。文祥出班将经过略微讲述了一下，然后强调了一下李世忠的变化对全局的重要性。

"那就跟他说好的啰？"

慈禧这句话中自嘲意味十足，恭亲王觉得脸上有些发烫，赶紧答了一句："小不忍则乱大谋，臣等昨日商量很长时间，这是不得已的办法，两位太后圣明。"

见恭亲王面有窘色，慈禧不断点头，算是对恭亲王的安慰。不过她还是说出了自己的想法。

"我常在想，"慈禧辞色雍容，用她那特有的、深沉而带有威严的声音说，"京里京外那么多人忙里忙外，到头来就我们几个人拿主意，事情不一定都那么好办，人人都满意，只要自己对得起祖宗基业，对得起良心和公道，也就管不了那么多了，六爷，你说是这个理不？"

"太后圣明！"恭亲王举手指了指自己的胸口，"臣也是凭一颗心，报答天恩祖德。"

"是啊！可怎么才对得起自己的良心呢？我看只有一个'公'字。"

她停了下来，以深沉的目光环视每个军机大臣，令人有不怒而威之感。

"就拿何桂清的案子来说吧，照我看，是办得重了一些。丧师失地，朝里朝外也不只他一个人，何以就该他掉脑袋？开始，朝里有许多人帮他说话，由我一个做主的话，革了他的职，永不叙用也就够他受的了。可有些人说，眼见大局正有起色，一定要整饬纲纪，南北这么多乱子，如不严办，教人心寒，何以稳定大局？这是大道理，没有可驳的，我们心里想饶他也是办不到的，到底绑到菜市口。朝廷大法，自然没的可说的。"

慈禧说到这里，停了一下，端起黄龙盖碗，喝了口茶，用丝绢拭了拭嘴边的水渍，接着说："我也是由何桂清想到胜保，他封疆守土有责，本该殚精竭虑，报效朝廷才是。他不像何桂清，人家何桂清是文弱的读书人，见长毛来了，害怕发抖，情有可原。可他却要挟朝廷，不尽心剿匪，要这要那，误了战局。如今什么年头了，还学年羹尧，这不是怪事吗？总之，我觉得，什么是纲纪？杀何桂清是整饬纲纪，办胜保就不提纲纪了？这是不公，不能叫人心服的，对不起那些在外面鞍马劳顿、为朝廷用命的将士，对不住自己的良心，更别提对不起祖宗的基业。六爷，"她扬头看看在场的众人，"大家看我的话说得可公平？"

"是。臣等敬聆懿旨。"恭亲王低头答道。

"我不过是说说，事情还得你们商量着办。"慈禧越发谦和地说。

恭亲王虽然听出慈禧话中的锋芒，却没有拿它当回事，认为不宜操之过急，先让胜保在刑部待几天再说。

李世忠自请褫职为胜保赎罪的消息虽然秘密，还是被蔡寿祺打听到了，特意来探看胜保，报这个"喜讯"。

"倒是草莽出身之人，知道这世间还有个'义'字！"胜保感慨地说，话中明显指慈禧和恭亲王负义。

"恭亲王倒好，压着一直不肯办，为这事西边前两天指责他，现在西边正在气头上，克帅还是忍耐几天，等她消了气，事情就较好办了。"

"唉！还得等几天哪！我现在不知怎么办才好，看来得找几个人帮帮我才是。"

"这事难办，我回去劝一下山东道御史吴台寿，探探口风，可事情症结还在两个人呀！"

"谁？"

"河南人嘛！克帅想一想，他们权高位重，态度怎样对您关系甚大，据说他们态度很激烈，克帅得买他们的账才是。"

"你是说周祖培和李棠阶？"见蔡寿祺点了点头，胜保一摇大脑袋，坏脾气又发作了。

"哼！等着瞧吧！我偏偏不买他们的账。"

蔡寿祺知道胜保早年带兵在河南的时候，他手下人骚扰地方。周祖培和李棠阶俱是河南人，因此曾弹劾过胜保，要求查办元凶。胜保护短，加之咸丰皇帝对胜保重用，只是斥责了胜保，这事便不了了之了。事后胜保记恨在心，虽同殿称臣，亦交往甚少。今天一听要他求这两个人，胜保便勾起过去的旧恨，而且他不相信朝廷能将他怎样，所以出语很粗鲁。

"克帅，俗语说得好：'人在屋檐下，怎敢不低头？'那绛侯曾将兵百万，一旦失志，不能不畏狱吏，何况两人位高权重！"

"哼！周勃是曾在失志后对狱吏百般客气，可陈平六出奇计，以脱汉高之危。我就不相信我不如陈平？"胜保指着桌前摊开的《史记》说道。

蔡寿祺暗中叹了口气。他见胜保落到今天这个地步还如此刚愎自大，甚为失望，便嘱托几句告辞而去。

四

吴台寿求情的奏折很快被慈禧批驳了回来，而且严厉斥责军机处和内阁办事拖沓。恭亲王觉得自己对胜保的处置态度确有不妥，便将案子交给了周祖培和李棠阶去管。不过，他向李棠阶做了这样的表示：以大局为重！但凡胜保有一线可原，不妨酌情从宽处理。

第二天一早，刑部司官接到了周祖培的命令，将胜保提到内阁。胜保此时还在呼呼大睡，被搅醒好梦，很不情愿地起身跟司官来到了内阁。见了面，一肚子不高兴的胜保不得不大礼参拜，周祖培却没理他，胜保也就来了牛脾气，还没等周祖培吩咐起来说话便站了起来。

周祖培从随从那里拿过潘祖荫弹劾胜保的折子，看了看，然后问胜保："胜保，你纵兵殃民，贪渎骄恣，已非一日，不问心有愧吗？"

胜保微微冷笑一声，傲然答道："已非一日，何不早日拿问？"

一上来便是顶撞讥嘲，周祖培心中十分不快，问得格外仔细，光是他谎报战功一节，便问了两个时辰，然后吩咐将他带回。

连着一个多月，多次提审胜保，朝廷那边安抚李世忠的工作已经结束。为了朝廷的威信，将李世忠"革职留任"，可谁心里都清楚，军机处随时可以找个理由为他开复。吴台寿这期间也成了只孤雁，朝廷便革了他的职。一时间，京城内无人敢再为胜保求情。可京外像苗沛霖之流仍然无所顾忌，所以朝廷不得不在谕旨中再度声明，对胜保的审问务求查核明白，绝无要杀胜保的成见。

这也算是恭亲王的一片苦心，他只希望慈禧不再督催，周祖培和李棠阶态度有所缓和，胜保便可有活命之望。

谁知胜保沉不住气，他想的是：没有我胜保，你们哪有今日？周祖培当年被肃顺等人压得抬不起头，打倒了肃顺，周祖培扬眉吐气，这功劳是自己的，等于为周祖培报了仇。而他却恩将仇报，多次追问细节，而且颐指气使，令胜保感到心寒。更何况，胜保认为自己带兵保国，手下人犯点儿乱是常情，斥责一番也就完事了，这样下去不是要将自己置于死地吗？

这种不平之感积淤多日。这一天当周祖培和李棠阶问及他带兵至河南，纵容部下奸淫妇女这一款罪名时，胜保脑袋一热，血往上撞，大声道："有的，河南商城周祖培家、河内李棠阶家的妇女，不分老幼，统统被污，无一幸免！"

坐在椅子上的周祖培气得一下子背过了气。等随从掐人中、推后背将周祖培缓过来，他早已四肢冰凉，嘴唇发白；李棠阶为人方正，原想听从恭亲王之言，网开一面，所以他开口极少，只是偶尔插一嘴，没想到胜保将自己也骂了进去，气得李棠阶怒目圆睁，胡须乱颤，指着胜保，竟一时无话可说。

消息传到恭亲王的耳中，他向在座的文祥、宝鋆和曹毓瑛长叹一声道："天作孽尤可恕，自作孽不可活呀！唉，胜克斋这回是死定了，谁也救不了他了！"

在公堂之上公然侮辱"相国"，就凭这一条胜保就可定为死罪。周祖培和李棠阶立即面奏两宫，慈禧听他叙述完细节，将手中的茶碗重重地摔在了桌上，茶渍飞溅了一桌，她沉声道："胜保竟敢在公堂之上辱骂朝廷一品大员，可见其平时何等跋扈！看来他是太不自爱了。六爷，你们商量一下，尽快将案子结束了吧！"

慈禧的用意很明显，叫恭亲王早日结案，就是等于宣布了胜保的死刑。可怎样死法呢？是斩还是绞，是"立决"还是"监候"？

"自然是斩立决！"周祖培摸着胡子，断然说。

这个原则大家同意，如果斩监候的话，离"秋决"还有几个月的时间，到那时只怕夜长梦多节外生枝，但有肃顺的前车之鉴，何况胜保又知晓许多政变的秘密，万一推至菜市口，恐怕胜保情急将底细全抖出来，就坏事了。所以大家心里都不赞成弃市斩立决。

可周祖培年高位重，连恭亲王也敬他三分，谁也不好开这个口。恭亲王见此情景，暗中向文祥递了个眼色。文祥自然明白恭亲王的意思，于是向前俯了俯身子，表示有话要说。

宝鋆是急性子，刚要开口反对周祖培的意见，见文祥的动作，忙刹住口。随即为文祥做了个先客："博川，你必是有话要说，你讲讲吧！"

"论胜保的种种不法，立正诛刑，亦是罪有应得。不过，培翁，我想上头一定会派您来监斩，这大热天，轰动九城的事，老中堂这趟差事太苦，叫人放心不下。"

恭亲王赶紧接口道："不错，不错！我一定面奏两宫，请培翁监斩，另外，再加个绵森吧！"

周祖培一听便清楚了文祥的意思，抚着胡须道："那么说，是要请上头赏他个全尸？"

"对了！"文祥接口道，"就请上面赏他个全尸吧？老中堂也好免去苦差，就令他自尽，您看如何？"

周祖培有心想反对，但见大家都是这个意思，也就顺水推舟地说："那好吧，明天上殿面见太后，恭请圣裁。"

第二天早晨，恭亲王将议定的结果和奏折报给两宫，并陈述了一下。

听完恭亲王的陈述，慈禧转头问慈安："姐姐，你看如何？"

慈安向来是仁慈为怀，不愿杀人，心中老有不忍，皱眉答道："胜保闹得太不像话，如果——"

话虽没说完，可意思却明白地讲，如果罪不可恕，只好杀了吧。慈禧想了想，庄重地宣示："那就从宽赐他自尽吧！"

"臣跟两位太后回话，想请旨派大学士周祖培和刑部尚书绵森，监视胜保自尽。"

慈禧想了想："好吧，老中堂年事已高，辛苦了！"

周祖培赶紧趋步跪倒："臣蒙太后抬爱，怎敢当辛苦二字！"

于是恭亲王接过宝鋆递过来的旨稿，交两宫钤了印后，派人送交内阁，再交送刑部。

刑部大堂中，周祖培和绵森身着官服在等着。提牢厅的官员已略有耳闻，想好了办法，只等上谕一到，即刻提人。

上谕一到，周祖培只略微抽出看了一下，便吩咐绵森："叫他们预备吧！"

提牢厅内，有一间屋子专供罪犯自尽之用。有清以来，死在这间屋中的大臣也不少，和珅就死在这里。其实所谓"预备"极其简单，用块丈长白绫从梁上挂下来，打个死结，再预备一个小凳就行了。

此时胜保还不知死神临近。大热的天，胜保光着膀子，在屋中央铺了一领凉席，正要午睡，传唤的差役在门外喊了声："胜大人，请穿上衣服吧！"

"穿衣服？干吗？"

"还不是那一套吗？请胜大人到内阁去一趟。这天这么热，那里的房子大，凉快。去一趟也不错！"

"出去遛遛也好。"胜保蹒跚地从凉席上爬起，"我正想吃'砂锅居'的白肉，回来时请你们一起吃！"

"好啊！回头我伺候您老上'砂锅居'。"

"你叫人打盆凉水来！"

胜保手面宽绰，时常给这些差役一些银钱，所以这些人都愿意巴结他，今天叫他去服刑，差役怕哪里不周到引起他的警觉，惹麻烦，所以便痛快地打了一盆井水回来。胜保在屋中一阵大浇大抹，换上杭丝小褂，戴一顶竹胎亮纱的小帽，摇着折扇，低头看看自己打扮停当，问道："车备好了没有？""给您预备着哪！""好，你头前带路。"

等出了门，胜保止住了步："咦？该往南走嘛，怎么往北了呢？"

"今儿个从提牢厅那儿走，近点儿，而且凉快些！"

胜保没有多想，低头踱着八字步，跟着他走；蓦地，走进了一个小院落，胜保诧异地说："你是不是热糊涂了？怎么走这儿来了，这是什么地方？"

"大人，您看，那不是有道门吗？"

门是有，那道门是轻易不开的，一开必有棺材抬出来。胜保正待细问，那差役却没早了踪影，刚才进来的那道门一声碰撞，关上了。

"胜保带到！"有人高声喊道。

一明两暗的三间官厅，当中一间悬着的竹帘一挑，胜保看到周祖培和绵森，红顶花翎，仙鹤补褂，全副公服，神色凛然地站在那里，登时有些支持不住，额头上的汗如黄豆般大。

"胜保接旨！"绵森捧起黄缎圣旨，已有两名差役上前扶着胜保跪下，胜保此时方有所察觉，但此刻他没有忘记自己的"大将"风度，挣扎了一下，等差役放开手，便挺直了身子，果然跪得像个样子。

……姑念其从前剿办回捻有年，尚有战功足录，着胜保从宽赐令自尽，着派周祖培、绵森监刑。钦此。

此时胜保背上的汗已将他那杭丝小褂浸透。

"胜保！这是两宫太后和皇上的恩典，还不叩头谢恩？"绵森道。

"不！这不算完！"胜保抬起大脑袋声嘶力竭地喊道。

"什么？难道你想抗旨不成？"

"我有冤屈，为何不能申诉？"

没等他说完，周祖培挥了挥手，两名差役"搀"着胜保进了空屋，胜保一见悬下的白绫，挣扎着抓住窗户，喘着粗气。此时周祖培和绵森踱了进来，胜保不顾一切地迎了上去，他体态臃肿，差役没有拦住，胜保一直冲到周祖培跟前，用近似哀求的口气道："周中堂，俺胜保有冤情，要面陈两宫太后！"见周祖培摇头，他又道："请中堂大人代胜保递冤状给两宫太后，到那时俺就是死也瞑目！"

周祖培微闭双眼，又摇了摇头，慢慢地吐出四个字："天意难回。"

这下胜保彻底气馁了，由差役扶着一步步走到白绫下面，两名差役将他扶上小凳，套做得正合适，一套进去便再也出不来。胜保热泪盈眶，长叹一声：

"天绝我胜保！冤哪！"便一闭眼，双脚用力一蹬，踢翻小凳，胖胖的身子在空中晃荡了几下，两手微微抽搐了一阵，便不再动了。周祖培和绵森不忍见此情景，都早就离屋站在院中等待。

两名差役交换一下眼神，年轻的那个说："行了！"

"再等等！"年纪较大的那名差役对他说，"你去再找两个人来，他身子重，咱俩弄不下来。"

等他唤了人来，胜保右手大拇指上的白玉扳指早已不翼而飞，年轻的差役不作声，同其他人一起将胜保解下。

照例要请监刑官临察。周祖培和绵森不愿去看，只吩咐好好料理一下，便相携出了提牢厅。

一路走，一路谈，周祖培万分感慨地说："胜保事事要学年羹尧，下场也跟他一样，可悲呀！"

第八章

收金陵　风云变幻
罢奕䜣　柳暗花明

一

同治三年六月二十的深夜。

北京城正阳门的兵部街，由南口飞驰过来一匹快马，公所里值班的一听那声音，便知道是外省的折差到了。那匹快马果然一直跑到兵部衙门口，马上那人一勒丝缰，那马双蹄跃起，人立般，将马上的人掀了下来，一顶三品蓝顶红缨凉帽滚落一边，那人挣扎着爬起身，踉踉跄跄走了几步，还未踏进门槛，便歪身倒了下去，口中直吐白沫。

公所里值班的司官认得他，姓何，是曾九帅的亲兵，后来屡立战功，积功到三品参将，但因无缺可补，依旧做他的把总。

等到众人忙着将他弄醒之后，江苏的提塘官拆开他背上的包裹，一看油纸包外的传票，不由大吃一惊。

传票上盖有陕甘总督的紫色大印，写明是陕甘总督杨岳斌、兵部侍郎彭玉麟、浙江巡抚曾国荃，会衔由江宁拜发。拜折发出的日期是六月十六，却又用核桃般的大字特别批明："八百里加紧飞奏，严限六月二十日到京。"

提塘官取出银表一看，长短针俱指在"11"上，好险！还差几分钟就算违限，军法从事，那可不是闹着玩的，怪不得何把总如此玩命赶递。

责任现在落到了自己的头上。一想到八百里加急，那提塘官猛然顿悟："莫非江宁克复了？"

这驿递是有规矩的，最紧急的才用六百里加急，现在江宁负责水师的杨岳斌和彭玉麟以及攻城的曾九帅联衔上奏，而且破例用八百里加急，严限克期到京，不是江宁克复必不至于此。

提塘官赶紧向在场的其他人拱拱手："有劳各位帮我照顾他，真亏他了！"说完便匆匆穿好衣服，出门上马而去。

经过层层转递，奏折送到安德海手中已是凌晨两点多钟了。

安德海吓了一跳："什么？八百里加急？我长这么大都没听说过，真新鲜！"

见安德海有些不信，奏事处的太监不得不正色地说："我也问过，没错儿！江苏提塘官说的，那个姓何的为了赶期累得脱了力，昏倒在兵部。"

见安德海还不相信，没有接自己手中的匣子，自己责任未了，奏事处太监将手中的匣子往安德海怀中一塞，加了一句："快往里送，别耽搁了！"

深夜被叫起，安德海本来就不痛快，满身气正好发在他身上："耽不耽搁是我的事，你管得着吗？"他一歪脑袋，瞪了瞪那双金鱼眼。

"我告诉你的是好话，这里面说不定是两宫太后日夜盼望的好消息，耽误了，你的脑袋说不定就搬家了！"说完，奏事处的太监转身往回走。

安德海一听，赶紧追着背影问了一句："哎，你是说是江宁克复的消息？"

奏事处的太监一边走一边头也不回地答道："我可没那么说，不过，是头等紧要的事！"

安德海自上次发生的六百里加急故事后，对这玩意儿头痛，虽然上次慈禧没有责怪自己，但安德海却惶恐了一阵，所以这次格外小心，为了证实消息的可靠性，安德海拔脚追上了那个奏事处太监，换了一副面孔："二哥，有什么事跟兄弟明说嘛！透露点儿，有好处二一添作五。"

奏事处的太监一是不敢得罪安德海，毕竟是慈禧身边的红人，再则也想报喜得赏，便将根据奏折传递等次及迟速，判断必是捷报的道理，略告诉了他。

"慢着！怎么不是两江总督曾国藩奏报呢？莫非他出缺了？"

"曾国藩在安庆，又不在江宁，再说，曾国藩出缺也该江苏巡抚李鸿章奏报，与陕甘总督杨岳斌何干哪？所以，十有八九是江宁克复的消息！"

"嗯，这么说该是吧！"安德海送走奏事处小太监后，转身回到了长春宫后殿，来到寝门前轻轻叩了两下。

等宫女开了门，安德海低声说："得请驾起，有要紧的折子回报主子。"

宫女虽面有难色，但安德海是长春宫的总管，他的话就是命令。虽知道慈禧喜怒无常，也只得轻轻将慈禧太后唤醒。

"主子，安德海说有紧要的折子回报，叫奴才来请驾。"

"人呢？"

安德海一听慈禧在叫他，便在外面高声答道："奴才安德海有天大喜事向主子回奏。"

一听这话慈禧睡意全消，吩咐一声："拿冰茶来喝！"

等宫女将用祛暑清火、补中益气的药材加上蜂蜜、香料所调制的冰镇药茶捧来，她却像有很长闲暇时间似的慢慢啜饮着。其实她心中当然急于知道那个好消息，却故作镇静，她正在刻意磨炼自己遇事不乱的性格。

等喝完茶，她才慢慢地对跪在地上的小安子说："什么喜讯哪？"

"主子大喜！江宁克复了！"

"你怎么知道？"慈禧知道安德海没有十分把握不会乱说，但她还是克制住内心的狂喜，冷冷地问道。

这句话问得安德海一愣，好在他会随机应变，笑嘻嘻地答道："主子洪福齐天，奴才猜也猜到了，江宁来的八百里加急克期到京，一定是江宁克复了。"

"猜得不对，掌嘴。打开吧！"

里面是三黄一白，黄折是请安折，慈禧放到一边，及打开白折看了不到两行，慈禧嘴边便露出了笑意。

安德海赶紧出门召集长春宫的宫女和太监一齐重新进屋，跪倒奏道："奴才们给主子叩头贺喜！"

慈禧只是挥了挥手，吩咐安德海："你去那边看看，如果醒了，就说在养心殿见面。还有，你去通知值班的军机章京，去告诉六爷，就说江宁那边有消息了！"

"嗻！"安德海起身飞奔出了门。

慈禧梳洗穿戴好后，来到西暖阁，此时已东方破晓，慈安几乎是同时和她一起到了西暖阁。见过礼后，慈禧拿出白折，大声念了一遍。

"怎么？才破了外城？"

"外城既破，内城也很快，说不定此时早已破了。"

这应该是绝等高兴之事，可慈安却坐在那里掏出丝绢手帕擦起了眼泪。这一举动使在场的人惊疑不定，谁都不知出了什么事，莫非传说江宁克复消息不准？

慈禧很了解她伤心的原因，必是这个捷报使她想起死去的咸丰皇帝。也难怪，咸丰当了十一年皇帝，几乎没有一天不是在内忧外患之中度过。每次加急叫起，不是这里失城，便是那里兵败，尽是令人心悸的消息，亏他挨了过去。

"唉！盼了多年，等把消息盼到了，他人又不在了！"

"姐姐，这一切都过去了，别再伤心了，这次毕竟是好消息，还有许多事等着我们去办。"慈禧随后对安德海说，"叫起吧！"

全班的军机大臣、恭亲王、文祥、宝鋆、曹毓瑛、李棠阶都在军机处待命，消息虽好，可这些人没有看到原文，不知其详。内城破了没有？洪秀全虽然病死了，可他儿子洪福瑱被拥立继位。尤其是"忠王"李秀成，雄才大略，是洪杨后期的主要支柱，他若逃匿，这太平天国便不算灭。

"今天该递如意吧？"宝鋆忽然想起。

清朝多少年来的规矩，凡国家有大喜庆，臣下照例向皇帝递如意，今天这种日子更是非递玉如意不可。恰在此时，值班章京来报，两宫升座养心殿，即使家里有现成的如意也只得作罢。

君臣见礼，互道贺喜，宝鋆将曾国荃的奏折念了一遍。

"那么，六爷，咱们眼前该怎么办呢？"

"当然是先下个嘉慰的上谕。论功行赏，总要等曾国藩把名单拟好奏来之后，才好议拟。"

"那就写旨叫江宁的折差带回去吧。"

想到善后的问题，慈禧开口道："江宁差不多大功告成了，这几年的军饷，全是各省自筹。现在善后，不可能向地方伸手，户部要有个打算才行啊！"

"臣已打算过，"恭亲王极快地答道，"伪逆这几年搜刮甚多，外间传言，金钱如海，只要破了他的伪王府，善后自有着落。"

"怕不能这样打算吧？"慈禧疑惑地问。

"只好这么打算了。"恭亲王口气显得很硬，"户部和内务府，每月都是穷算计，京里的开销还得省着办！"

慈禧不止一次听安德海说过，长春宫向内务府要钱，恭亲王难得有痛快拨付的时候。自己爱看戏，有个御史上折说闻太后看演戏，一赏千金。自己没有过一赏千金之事，就怪那个御史吹毛求疵，可恭亲王护着他，自己不好发作。今天恭亲王态度很随便，说话有些刺耳，慈禧有些接受不了。但念及忙里忙外，他也很不容易，加之恭亲王和自己另有一番情愫在里边，当着这么多人的面，不好发作，她忍了忍，也附和说："是啊，该省的就要省，大乱一停，'百废待兴'，处处要花钱，而且捻匪还未平，军费是少不了的。"几句话说得在场人等心悦诚服，都言太后明理。

回到军机处讨论，众人一致认为这一战是有清以来第一场大征战，论规模，论艰难，就是当年康熙大帝平定三藩之乱亦不过如此，所以众人自然觉得论功当首推曾国藩，真值得封个"王"，可没有人敢先提此议。

因为清制文官不能封王，自垂帘以来，两宫及恭亲王重用汉臣。曾国藩原是两江总督，后来朝廷令他节制四省军务，将江南几乎半壁江山放手给曾国藩，确是对他十分倚重。现在江宁克复，只等他报来奏折，好拟奏加封。可谁想等到月底，领衔具报的不是曾国藩，而是湖广总督官文。他倚仗胡林翼而得保富贵，这里众人都明白——曾国荃拼命争功，他的兄长是有意谦让，曾国藩声名远播，再加功赏恐遭人妒，加之岁数已大，传闻他现在只想弃官不做，拥着美妾，做富甲天下的逍遥之人。

"这功可全让曾老九占了。"宝鋆拍着折子道。

"曾国荃是功名之士！"李棠阶含蓄地说。

"他要钱善后呢，可京里这么穷，哪里有那么多钱哪？"文祥皱皱眉说道。

"听说伪王府金银如山，一下全烧了，一点儿没有存留，也太说不过去了吧？"曹毓瑛也紧锁双眉说道。

"真金不怕火烧嘛！听说湘军人人都发了大财，这钱恐怕是这样'烧没的'吧？"宝鋆大发感慨。

这样一分析，除非伪天王府原来就一无所有，如果有，肯定是被曾国荃弄了去。于是大家你一言我一语大发一顿议论后，都觉得没意思，纷纷告辞而去。

到头来，论功行赏，曾国藩因是文臣，无封王的先例，封他为一等侯，号"毅勇"；曾国荃封威毅伯；李典臣因出计挖地道成功，封为一等子爵；肖孚泗因擒了李秀成，封为一等男爵；但战功赫赫的朱洪章却只封了五等外的骑都尉，很多人为他不平，认为曾国荃因他不是湘军将领而有意歧视他。

首先冲进城去的朱洪章，由中路直攻天王府，生擒洪仁达，将天王府封闭，派两营人马守护，等待曾国荃来处理。后来，肖孚泗来接防，一夜之间将天王府内的金银财物，搜劫一空。第二天中午，不知何因，大火骤起，将天王府烧得干干净净；因为肖孚泗有此番大功，所以曾九帅借他"生擒"忠王的名义，给他名利第二。其实李秀成是逃到一个破庙之中，恰巧被路过官民碰上的，而押他回营的正是肖孚泗手下，由此很多人说肖孚泗的男爵来得极容易。

曾国藩这边又上折要求拨款善后，恭亲王看得头痛，将宝鋆找来商量对策，他是户部尚书，管钱。

"王爷，您以为曾涤生真的会到我这儿要钱吗？"宝鋆笑着说。

"那这奏折可写得很焦虑！"

"王爷，那是他替自己兄弟做一番'掩耳盗铃'罢了。曾涤生是个绝大经济的人，这么多年他在外打仗，向朝廷要过钱吗？没有。他自己有许多办法，现在胜了，本该借助于地方的，他反而破例向朝廷要款，其意自明，现在不给他，他也不会再急着催，只通知他朝廷也很紧张，叫他自己想办法，时间一长就会不了了之了。只可惜，伪王府那么多财物！"宝鋆叹了口气。

果然曾国藩没有再上折要款。

二

金陵捷报到京，内务府的人便开始琢磨题目。因为内务府弄钱花，最紧要的向来是找题目。有了题目，把"上头"说动了心，便不愁没有文章可做。想来想去，有个管库的包衣说："如今天下太平了，两宫太后该享享福了，她们为国操劳嘛，享享清福是应该的。圆明园自洋鬼子进京后烧得很苦，也该重新修一下。"众人齐声道好，这个重修的工程一动，就得几百万两银子，不愁弄不到钱花。计策虽好，可层层报到内务府便被"枪毙"了，于是回来重新研究对策，决定在宫中"打底"，议论的结果是将这个任务落到了安德海身上。

这天，安德海趁着慈禧晚膳后在走廊"绕弯儿"消食，悄悄地在后面说："奴才有件事想跟主子回奏。"

"嗯，"慈禧仍旧走着，"说吧！"

"内务府的人一片孝心，说全靠主子才平了大乱，操了这么多年的心，皇上也该孝敬太后才是。"

慈禧知道安德海在绕弯儿，但这话却很动听，便没有作声，依旧慢慢地走着。

"内务府天天在琢磨，想办法将圆明园修起来，好让两位太后有个散心的地方。"

"这个——"慈禧停住脚，圆明园是天下第一宏伟工程，没有个几百万两银子是不能修复好的，"唉，国家内乱还未平，处处要钱，怎么修？说得倒轻巧。"

"洋人把咱们的园子烧了，照原样修上，给他们看看。内务府的人说了，不动库银，从别的地方想办法！"

"有那么好的事吗？"慈禧动心了，"我记得曾见过圆明园的图，你去敬事房找来给我看看！"

"嗻！"安德海笑嘻嘻地答应一声，走了。

今日早朝无事，照例是讲《治平宝鉴》。李棠阶讲的是汉文帝，说他布衣粗食，颇为节俭，是有道明君。

"我也听大行皇帝讲过，汉文帝和道光爷一样，节俭得很。"慈安太后说。

"对！"听了半天的恭亲王插口道，"上行下效，做臣子的感念圣主，上头节俭，下面也自然不敢靡费了！"

"是啊！"慈安应付着说，"凡事做君主的要带头，下看上是常情。"说着，看了看周围的人。

慈禧心中不是滋味，昨晚看了很晚的圆明园图，一夜梦中尽是图景，本想今天找个机会，透露一下自己的意思，可见恭亲王和慈安一唱一和似的，觉得很不自然，于是插口问恭亲王："六爷，这几天皇上读书的情况怎么样？"恭亲王一直在弘德殿监督皇上学习，问到他是司职所在，于是恭亲王如实陈奏：小皇上听课常打瞌睡，精神不大好。

"那你就替我们多管管他，你是叔叔嘛！"

"臣事情很多，加之惠亲王有病在身，所以督促少了，臣也请两位太后严加管教皇上。"

慈禧觉得他是在把责任往自己身上推，心中很不高兴，在殿上不好发作，所以，谈了几句便退朝了。

没过几天，太平天国幼主洪福瑱的行踪有了下落。曾氏兄弟的提报中"幼主"已"自焚"，可现在他却被湘军营官苏有春抓获。江西臬司席宝田亲自上门要人才要了出来，解到南昌，交给了江西巡抚沈葆桢亲自审问。等沈葆桢报到朝廷，那些平日里对曾氏兄弟不满的人都幸灾乐祸，等着曾氏兄弟遭谴。

沈葆桢的奏折中没有提及苏有春，只说是席宝田手下的一个游击在巡逻时，在石城荒谷中将逆贼拿获，这为曾氏兄弟多少留了些面子。

恭亲王却把江西的折子看得无关紧要，他觉得夸大其词的是曾国荃，又不是曾国藩。朝廷自然要保全曾国藩的面子，也就不会多责备他兄弟。果然，慈禧并未提及此事。

"曾国荃可以不问，沈葆桢却不能不赏。你们商量过了没有？"

"该奖的人还很多。"恭亲王答道，"像鲍超，曾国藩手下的第一勇将，在江西打得很好，应该封个爵！"

"封爵？"慈禧疑惑地看了他一眼。

"是的，封爵。李典臣都封了爵，鲍超也该封。"

"朝廷的恩典应慎重，曾国藩封侯，应该。可其他那几个人，有点儿滥了。"

恭亲王并没有察觉慈禧话中的不快，而是接着说："东南军务已大功告成，许多人功劳很大，像左宗棠，不亚于李鸿章，如何激励，请旨办理。"

慈禧见他如此张狂，便负气地说："你瞧着办吧！"

"臣拟了个单子在这里，请太后过目。"

慈禧看着念道："江西巡抚沈葆桢，一等轻车都尉，世职，并赏给头品顶戴；署浙江提督鲍超，一等子爵；闽浙督兼署浙江巡抚左宗棠，一等伯爵。"

一边念着单子，慈禧一边想，这哪里是请旨办理？殿廷奏对，不过是应景而已吗？什么恩出自上，都是骗人的话。这几年恭亲王掌握着军、财、族大权，开始还能恭恭敬敬，现在却有些自傲自大，不把自己放在眼中了。慈禧真想斥责他一顿，但又想起两人之间的微妙情愫，便忍了这口气，极快地钤了印章，推到了一边，等慈安钤印章。

恭亲王一边收起，一边低头说："席宝田等的恩典在另一份奏折之中，江西现在是肃清了。"

"江西是肃清了！"慈禧接着他的话说，"还有湖北呢？安徽呢？河南呢？"一声比一声高，责难之意明显。

御案前的军机大臣心里都直犯嘀咕，第一次见慈禧在殿上发这么大火，深感"天威"难测。恭亲王却不在乎，他有的只是反感。

于是接口道："还有新疆、陕西、甘肃的回乱和山东的捻乱呢！朝廷只要用人得当，自会逐渐平息，不劳太后费心。"将慈禧的话顶了回去。

"哼，空口说白话不管用，拿出办法才行。就说捻匪吧，官文是大学士，僧格林沁是王，两个人都办不了，什么缘故啊？用人不当吗？"

恭亲王怕慈禧因此而责怪到自己的头上，他是军机首揆，军国政务责任重大，所以收敛了一下情绪："臣等于捻匪也是日夜不安，每日细议，等有了眉目再面陈太后。"

见恭亲王态度有所缓和，慈禧也就没有再多追究——毕竟得给他留个面子。

恭亲王对自己的行为并没有醒悟，每日里照常如此，慢慢地慈禧对他开始大为不满起来。这时，京里京外也存在着一股倒恭亲王的暗流，这股暗流的中心是蒙古文相倭仁和武将科尔沁王僧格林沁。倭仁看不惯恭亲王与外国人常打交道，而僧格林沁本来是拥护恭亲王的，只因恭亲王曾令曾国藩入山东助剿捻匪，虽然因曾国藩托病未去，恭亲王从善如流，听了文祥等人的劝，收回了成命，可一向自负的僧格林沁还是觉得面子很不好受。最不该的是恭亲王"得罪"了安德海，犯了"小人不可得罪"的大忌。

事情的起因是这样的：有个叫德禄的内务府笔帖式托安德海替一个叫赵四的江南知县开脱。赵四曾携十几万两银子的厘捐，乘洪杨之乱跑到上海，等洪杨平息，曾国藩和薛焕开列办案的名单中赵四是首当其冲，他逃到京里，托德禄找人开脱罪责。德禄找到安德海的时候，恰巧安德海刚刚在内务府领过年用的东西，开具了庞大数目，正被恭亲王撞上，拿起大笔，对照条款，勾掉了大半，心里一肚子气。德禄告诉他如果办成可弄到一万两银子，于是安德海在能想到的办法都试过不灵后，便假传慈禧的懿旨，叫漕运总督吴棠替赵四开脱罪责。没想到还没有到吴棠那里，便被恭亲王给截住了。恭亲王看后气得两眼冒火，暗道小安子胆子可太大了，竟敢假传懿旨。

这天安德海正在内务府照例领东西，有人告诉他："小安子，王爷有请！"

安德海一听王爷有请，不知道是什么好事，乐颠颠地奔了王府，一路神采飞扬。

恭亲王穿着便衣在屋中坐着，神态却十分威严，安德海进屋一看，便觉得情形不对，硬着头皮跪倒叩头："奴才安德海给王爷请安！"

刚一抬头，碰到了恭亲王那严责的目光，赶紧将头又低下。恭亲王跺着脚，用手指点着安德海的脑袋："你好大的胆子！你干的'好事'！"

安德海不知道恭亲王指的是哪件"好事"，他自己干的"好事"太多了。

"奴才不知道王爷指的什么，奴才犯了什么错，请王爷示下。"

"你还嘴硬？我问你，太后给漕运总督传旨我怎么不知道？"

坏了！安德海最担心这事被恭亲王知道，忙磕头如捣蒜。

"你以为你自己是什么东西，啊！简直无法无天，胆子可挺大，竟敢假传懿旨？你以为倚仗太后就可以胡作非为吗？告诉你，别说你一个小小的总管太监，就是皇亲国戚也不敢这样干，你还想留着脑袋吗？"

恭亲王越说越气，骂了一个多时辰，安德海跪得双膝生疼，大热天，冷汗直冒。

"告诉你，念及你以前曾出过力，"恭亲王指安德海曾用苦肉计进京给自己传递消息，"这次暂且饶了你，以后再胆敢做不法的事，小心你的脑袋！滚吧！"

安德海磕头谢恩出了王府，一路上不敢抬头看人。没承想福无双至，祸不单行。进了宫门一直低头走，光顾着想刚才挨骂，迎面正碰上小皇帝载淳，等及擦身而过，载淳总算抓住安德海的过错，慢声道："小安子！你好大胆子，连朕都不放在眼里了吗？"

安德海心中一惊，暗道不好，今天怎么这么倒霉？忙回身跪倒："给皇上请安！"

刚要起身离去，载淳道："大胆奴才，谁让你起来了？"载淳身边的张得喜忍不住捂嘴直乐。

"奴才刚才因为想事，所以未看到皇上，奴才该死，奴才该死。"一边说，一边用手在自己的脸上左右开弓打了几巴掌。他心中知道小皇帝恨他，此时不知这个小皇帝心中又盘算什么鬼主意折磨自己，只希望通过自己的举动能免过一劫。

"哼！你没看到朕，就说明眼中没有朕喽？"载淳虽然才十岁，行为举止已像个皇帝的样子了。

"奴才哪敢目无尊上，实在是，唉，皇上，奴才实在是想事情着了迷，才没看到皇上。"安德海声音近似哀求。

"好吧！就算你有事没看到朕。"小皇帝装作大度的样子，"可惩罚是必不可少的，要不然还不乱了家法？这样吧，你在这儿跪着，我们几个在边上摔会儿跤，什么时候完事，你再走。"

小皇帝载淳这顿跤直摔了两个时辰，才尽兴离去。安德海早已眼冒金星，身体虚弱得直冒虚汗，在阳光毒照之下差点儿没中暑。他只好把这些仇恨记在心中，暂时全算在恭亲王的身上。

安德海在耐心等待报复的机会。

这天，慈禧在宫中看戏，自然热闹非常，直到很晚才回去安寝。第二天便有人议论此事。

"都是些什么人啊？"慈禧也听到了口风，有人暗中指责自己爱看戏。安德海见慈禧问自己，眼珠一转，计上心来，先说了几个御史的名字，然后话锋一转："太后只不过看看戏，日夜操劳国事，教养皇上，比谁都苦，就有人说三道四。王府里三天两头摆酒或唱戏，怎么不说呢？"

"哦？哪个王府？"

"哪个王府都一样！"

"六爷呢？"

安德海早等着她这句话："六爷不在府里玩。"

"在哪儿？"

"怎么，主子不知道吗？"安德海故作惊讶地问，"六爷有个园子。"

"是'鉴园'吗？"

"对！鉴园！大着呢，在后湖，大小凤翔胡同。鉴园中有一宝，就连宫里算上热河，都比下去了。"

"哦？"慈禧越发惊讶，"什么宝贝呀？"

"好大一面水晶镜子，搁在楼上，镜子里什么船呀、水呀、人呀都清清楚楚的，简直将后湖搬到鉴园中一样。"

"哼！又是王府，又是园子，给他双俸，却又不要，哪来那么多钱？"

"六爷要双俸也抵不了开销啊！不要名还好，来钱道是有的，要么怎能那么排场？"

慈禧知道他一定有下文，便使了一个小小的激将法，逼他将话倒出。

"你别听那些人乱嚼舌头。"

"真的！主子，恭亲王府门口'提门包充府用'谁都知道。"接着便添油加醋地形容了一遍。

"提门包充府用"是恭亲王老丈人桂良的主意。恭亲王开支很大，常常财力不足，才依了老丈人的主意，补助王府开支，这一来便成了变相纳贿。

慈禧虽对恭亲王的这件事原有耳闻，但经安德海一说，本来对恭亲王有的气，更加深了一些。

京城的许多官员看出了恭亲王与慈禧暗中的矛盾，多数人静观其变，少数人却已开始准备行动了。

蔡寿祺便是其中之一。自胜保被诛后，蔡寿祺一直因没有机会给他报仇而耿耿于怀，这次因机会绝好，便准备行动。不过，他不鲁莽，而是多方打听到安德海与恭亲王有过节，便通过宫中的熟人与安德海搭上了关系。此时安德海正苦于没有人出头替自己说话，如此便达成了一种默契，蔡寿祺上折参恭亲王，安德海设法暗中保护蔡寿祺。

折子是二月廿四送上的，事先安德海早已得到消息，所以格外小心。他寸步不离地站在慈禧身边，慈禧正看到昏昏沉沉处，猛然见"请振纲纪，以尊朝廷"，这一下睡意全无。安德海赶忙叫人拧了热毛巾，又捧上燕窝粥，伺候停当，垂手站立一边。

洋洋三千字的奏折，历数"纪纲坏"的事实，攻击云贵总督劳崇光，四川总督骆秉章，两江总督曾国藩，陕西巡抚刘蓉，总理衙门通商大臣，前任江苏巡抚薛焕、曾国荃、李元度等。指陈失职之处而朝廷"不肯罢斥""不加诘责""不及审察""未正典刑"，然后作了结论。

似此名器不贵，是非颠倒，纪纲由何而振？朝廷何由而尊？臣不避嫌怨，不畏诛殛，冒死直言，乞伏皇太后、皇上敕下群臣会议，择其极恶者主子逮问，置之于法；次则罢斥。其受排挤各员，择其贤而用之，以收遗才之效。抑臣更有请者，嗣后外省督抚及统兵大臣，举劾司道下大员，悉下六部九卿会议，众以为可，则任而试之；以为否，则立即罢斥，庶乎纪纲振而朝廷尊也。

看到这里，慈禧太后拿个镇纸将折子压好，随手端起茶碗，安德海敏捷地上前一步，伸手将碗盖揭去。

"你知道有个叫蔡寿祺的翰林吗？"

"奴才听说过，是江西人。"

"哦？"慈禧啜了口茶又问，"这个人怎么样？"

"挺方正，挺耿直的。"

"你怎么知道？"

这一问出乎安德海意外，不过他头脑灵活，随即答道："这人早年曾在多隆阿大人军营里做过文案，跟旗里的武官很熟，奴才是听他们说的。"安德海知道慈禧对胜保的印象不好，所以将蔡寿祺说成是多隆阿的人。

慈禧放下茶碗，点点头道："这个姓蔡的，倒是有点儿见识。不过，要是将折子发下去，恐怕有人饶不了他。"当然这是指恭亲王，因为蔡寿祺虽未提名道姓，但间接指责恭亲王的意思很明显。

见是时候了，安德海小心翼翼地说了一句："奴才不知道主子说的是谁的折子。不过，奴才劝主子，还是将折子发下去的好。"

"为什么？"

"奴才怕六爷来要留中的折子，那就不好了。"

"哦？"慈禧勃然大怒，"会有这种事？"

"奴才太过胆小了，其实六爷再怎么样，也不敢跟肃顺学呀！"

这句话激起慈禧的好奇心："他怎么样啊？"

"奴才不敢说。"安德海装出一副可怜兮兮的样子。

"有什么不敢说的？"慈禧逼视他，大声斥责道，"没出息的东西！"

安德海这才做出不得不申辩的神情，向前跨一步，躬着腰说："奴才挨六爷骂，不是一次了，奴才不敢跟主子说，怕惹您生气。主子要奴才说，奴才也不得不实说，实在说，六爷不是在骂奴才。"

"那、那是骂谁，难道骂我不成？"

安德海"扑通"一声跪下，诚惶诚恐地道："宰了奴才，奴才也不敢这样说。主子请想想，六爷是什么身份，奴才是什么身份，天上地下，六爷何苦老找奴才的麻烦？俗话说'打狗还得看主人'。奴才知道六爷的心思，所以挨了骂也就受点儿委屈，不敢跟主子说；一说，那就正好如了六爷的愿了。"

这几句话，将慈禧气得手脚冰凉："我哪点亏待他了，他处处跟我作对？"

"我该死！我该死！"安德海打着自己的嘴巴，"哎，我不该多嘴！既然忍了就忍到底，怎么又惹主子生气？"

"你起来！"慈禧强压了压怒气，"你倒说说，他到底说了我些什么？"

于是，安德海将恭亲王骂自己的话，添油加醋地都转到了慈禧身上，说恭亲王指责宫里靡费，任用私人，难怪当年肃顺不满。

安德海一边说，一边偷眼见慈禧冷笑，知道目的差不多达到了，便又攻击恭亲王门包收费等，彻底地触到了慈禧的痛处。

"行了，你先下去吧，记住，不许胡说。"

"奴才不敢。"

安德海退下后心中感到有无限的快意，将这个信通知到了蔡寿祺，告诉他见机再上折。

<h1 style="text-align:center">三</h1>

恭亲王还蒙在鼓里，依然我行我素。内外大政，该怎么办就怎么办，在两宫面前依然侃侃而谈，毫不逊让。

"陕西巡抚刘蓉甄别府、厅、州县人员，臣拟了奖惩的单子，请太后过目。"他将单子放到龙案上，只等两宫点头，便抽回来，所以一只手还伸着。

慈禧一看，陕西的地方官，革职的七名，勒令致休的三名，降职四名；觉得实在是有点儿过分，一下子革免这些人，实属罕见，不由得问了一句："太严厉了吧？"

"不严厉，"恭亲王接口道，"要不然怎么整饬吏治？"

"办得严是对的，可也要公平才行。"

"公平不公平，很难说，但求无愧于心，岂能尽如人意？"

这种态度，慈禧平日里看得惯了，不知怎的，今天却看得不大顺眼。

"话是这么说，可也要看看办事的人。像这个什么知县吧，为人偏了点儿，就指人家'气质乖张'，摘了人家的顶戴，这可能是得罪了谁吧？这样做可不能让人心服呀！"慈禧敲着单子说。

"回太后，朝廷倚重督抚，凡事不能太认真。臣的意思是说，就照刘蓉所请的办吧！"

这话又不对了！刘蓉只是甄别，并未说怎样处分，怎么说"照刘蓉所说的办"？分明是刘蓉暗中与恭亲王商量好了。慈禧想，如果当场揭案恐怕面子不好过，便转头向慈安道："姐姐，您看呢？"

慈安的看法与慈禧是一致的，办事不宜过苛，但口中却说不出严峻的话来，便想了想，毫无表情地说："这一次就照六爷的意思办吧！"

所有的军机大臣都听出了这是慈安太后从未有过的语气，这里含着"下不为例"的警告，尤其慈禧对"这一次"的敏感，更在他人之上。

回到西暖阁，吃罢午膳，慈禧叫安德海将蔡寿祺的奏折拿来，递给慈安太后，吩咐太监、宫女们都退下。

看完奏折，慈安道："这蔡寿祺是谁啊？我没听说过，不过，话说得也在理。要是发下去的话，恐怕六爷不会饶他。"

"他是个挺方正的翰林，我也是这么想的，所以才没有将折子发下去。原来以为六爷年轻气盛，爱耍骠劲儿，不过人还是能干的，又好面子，所以凡事也就让他去做了，不想我们姐妹都让他骗了。"见慈安皱着眉头愣在那里，慈禧接着说道，"就拿今天的事说吧，他说就照刘蓉所请办理，那是将话说漏了。刘蓉想革谁的职，降谁的官，早就私下写信给他了。咱们今天看到的那个单子，说穿了，就是刘蓉的意思，只不过是他重新拟了一下罢了。"

"老六这么帮刘蓉，收了他的好处吗？"

"你再看看这折子。"慈禧拍拍眼前蔡寿祺的奏折，"这样下去他还怎么领导枢密？"

"唉！老六也是，得找个机会劝劝他才好！"

"谁劝得了他呀？他又听谁的呢？以前老五太爷在的时候，深了浅了的他还听些，现在五太爷不在了，他可以横踢马槽了！"

"这倒是真的。五太爷在时他很听劝的，可现在，唉！"

"姐姐，现在只有你我二人可以劝他。"

"我？我不行，我这个人向来嘴笨，还是你找个机会劝他吧！"

慈禧微微点点头，表示谅解她的苦处，接着她踌躇地说："不光劝，还得保全他。"

"怎么？怎么保全他？"

"姐姐，我这阵常看本朝实录，觉得像雍正爷对年羹尧和隆科多，多好！到头来闹得凄惨收场，那都是雍正爷的错。倘若雍正爷在年羹尧最早有迹象时就好好教训他一下，不至于有后来的结果。姐姐，你以为如何？"

"嗯，话说得在理。老六这么年轻，也该让他磨炼一下，对他也有好处的。"

蔡寿祺见奏折没有动静，知道是没有发下来，加之安德海暗中派人通知他，心中有底，这晚，又抽毫挥墨，洋洋洒洒上千言，笔锋直指恭亲王奕䜣。

　　……臣愚以为议政王若于此时引为己过，归政朝廷，退居藩邸，请别择懿亲议政，多任老成，参赞密勿，方可保全名位，永荷天眷。即以为圣天冲龄，军务未竣，不敢自耽安逸，则当虚己省过，实力奉公，于外间物议数端，有则改之，无则加勉。

蔡寿祺在整个奏折中先历数恭亲王的不是，然后迎合两宫太后，写完奏折，蔡寿祺不禁自鸣得意，这个"炮弹"如果开了花，恭亲王非倒霉不可。

折子送到慈禧手中，她看后暗自笑了。自打北京政变以来，恭亲王越来越不把自己放在眼中了。自己是按原来商议好的，给他军权，又给他财、族两权，他集三权于一身，却越来越骄横，这样下去怎能驾驭得了呢？虽然国家刚有起色，急于用才，而且恭亲王又了解下情，本该更放手让他去管，可到头来将自己架空了呢！想到这里慈禧暗暗下了决心，抓个错先罢了他的议政王，杀杀他的威风。

第二日早朝，照例是恭亲王陈奏，等各项事都办完后，慈禧从御案抽斗中拿出一个白折在手中晃了晃："六爷，有人参你！"

听到这样的宣谕，一般臣下应该跪倒叩首表示惶恐，请明示其罪。慈禧本想今天教训教训他，没想到恭亲王却大声问："谁啊？"

慈禧见他这样无礼，变色道："你别管是谁，光说参你的条款好了——贪墨、骄盈、揽权徇情。"

"哦！是丁浩！"丁浩以前曾参劾过他。

慈安这时在帘后答了一句："不是他。"

"那是谁呢？"

见恭亲王执意要知道是谁参他，朝廷之上，哪有了宗庙礼仪，完全像家里叔嫂怄气，满朝军机大臣谁也不敢贸然劝解。

慈禧见恭亲王如此，索性答道："是蔡寿祺。"

"蔡寿祺？"恭亲王失声抗争道，"他不是好人！"

"哼！"慈禧微微冷笑一声。

这下勾起了恭亲王的无名火，把脸都涨红了。"这个人在四川招摇撞骗，有案还未消。"他声色俱厉地说，"应该拿问！"

慈安太后见此情景，刚要出言相劝，慈禧向她摆了摆手。越到这种时候，她越有决断。昨晚决定的事在刹那间定了下来，想到这里慈禧沉声道："你们都退下去吧！"说完，不等大臣们叩头，便拉着慈安从侧门出了养心殿。

回到西暖阁，慈禧坐在炕上喘粗气，慈安用手绢擦着眼泪。

"姐姐，我没说错吧！"

"唉！真叫人受不了，哪兴那样子呢？"

"那……"慈禧小声在慈安耳边道，"我可以按我的办法做了！"然后抬头略提高了声音，"小安子呢？"

"奴才在！"安德海一挑门帘，闪进屋中，朝上一跪，心中这个乐，他知道该恭亲王倒霉了。

"外面有谁在？"

这是问领侍卫内大臣、御前大臣，以及"内廷行走"的王公。安德海答道："八爷、九爷、六额驸都在。"指的是钟郡王奕詥、孚郡王奕譓和景寿。

"传旨，召见大学士周祖培、瑞常，上书房的师傅，再看看朝房里，六部的堂官有谁在，一起召见，快去！"

安德海应声飞奔出门外，他知道这是片刻耽误不得的事，告诉景寿通知其他人，他去找最紧要的人物——周祖培和瑞常。

两人一听太后召见，便不敢怠慢，他们都曾获赐"紫禁城骑马"，立刻传轿，直抬到隆宗门前。这时上书房总师傅、吏部尚书朱凤标，上书房师傅、内阁学士桑春荣、殷兆镛，户部侍郎吴廷栋，刑部侍郎王发柱都来了。

两太后开座，众人跪倒见礼。

"周祖培！"慈禧点名叫他出班。

周祖培偷偷瞥了一眼两宫太后，她们都是泪光莹莹。此刻军机大臣一个都不见，两宫伤心如此，看来风波一定不小，自己身为相国，居于调和位置，疏忽不得。

他正在自我警惕，慈禧含泪道："恭亲王的骄横，不是一天两天，你们都看到了，本来我们姐妹忍让一下，可现在越来越不像样子了，谁也受不了了！"接着，慈禧讲述了一遍刚才的经过："这还有君臣之礼吗？从前肃顺跋扈，可也不敢这样放肆，恭亲王该当何罪，你们说吧。"

没有一个人敢说话，周祖培更是觉得窘迫，满朝的官员中数他职位最高，资望最深，别人不吱声可以，他却不能不说话，所以，虽然是三月初的天气，却也汗流浃背。

"你们倒说话呀！"慈禧提高了声音，"你们都是大行皇帝提拔的人，不用怕他，他徇情、贪墨、骄盈，罪不轻，该怎么办，你们说！"

这一催，大家的目光都集中在了周祖培的身上。周祖培无可奈何，只得奏道："启奏两位太后，这事只有两位太后乾纲独断，臣等不敢有所主张。"

"那要你们这些人干什么？如果皇上将来成年，追究此事，你们怎么交代？"

这话说得很重，周祖培见躲不过去，只好说："请两位太后给臣等一个期限，查实蔡寿祺参劾恭亲王条款，再行决断。"说到这里，周祖培想，这案子关系这么大，自己一个人怎么办呢？对！拉上一个。"臣想请大学士倭仁来主持此事，他老成练达，办事极稳。"

"行！你下去吧！不过明天就得有回音！"

满朝王公大臣都听到风声，很多人都没有回去，静等周祖培等人出来。

恭亲王已回府，军机大臣们却都留下。两宫召见其他人等，没有见他们，等于抛了把泥在他们脸上，按李棠阶的意思要打道回府，静等其变。文祥、宝鋆、曹毓瑛坚持留下，探听一下变故，而且他们相信很快就会有消息。

周祖培像诛胜保那回一样，再次成为中心，一回内阁便被王公大臣团团围住。为了冲淡局势，他不得不敷衍一番，说两宫对恭亲王不满，到底这不满从何而起，自己也不知道。想来恭亲王属懿亲，纵有过失，一定能邀获宽免的恩典。这些话一方面是为恭亲王开脱，一方面安定人心，暗示绝不会闹出像诛肃顺那样严重的后果。

然后，周祖培去拜访大学士倭仁，见面时吴廷栋已然在座，便说："这省了我的事，想来艮翁已知道前因后果了。"

"是的。"倭仁指指吴廷栋，"我已经知道了。"

"此事奉懿旨，艮翁主持，应该如何处置，请教艮翁。"

"那无非遵旨办理。"倭仁慢吞吞地说。

周祖培大吃一惊，照倭仁的话似要治恭亲王的罪，忙道："此事还须从长计议，那蔡寿祺语甚暧昧，实据不足。"

"培翁，蔡寿祺不是小孩子，他敢无凭无实参劾亲贵？恐怕没这个胆子吧！"

周祖培见倭仁这样坚决，也就转了一下："艮翁，那就问一问蔡寿祺吧，也好有个口实。"

"那明早就在内阁吧！"倭仁点点头道。

告辞出来，周祖培本想回府休息，但一想到恭亲王的态度，便命从人直奔恭亲王府。

本来恭亲王府对外一概挡驾，但周中堂自然不同。侍从传进帖去不长时间，周信出门说，恭亲王留下话，如周中堂来访，请移到鉴园。

来到鉴园，恭亲王身着外国呢子夹袍，扶着周祖培出了轿，宝鋆、文祥、曹毓瑛和李棠阶也过来见礼。

落座后，见一群妙龄少女，手托瓷盘，盘中放着外国产葡萄酒和高脚杯，莺声燕语，给在座的人一一斟满。周祖培举起葡萄酒杯道："葡萄美酒夜光杯，这些洋玩意儿，害了王爷。"

文祥向爱开口的宝鋆递了个眼色，示意他不要插嘴。

"王爷起居饮食，都有些洋化，有人有想法嘛！对了！王爷，明天在内阁传问蔡寿祺。"

"想来老中堂主持这事，错不了。"宝鋆道。

"佩衡，你错了，主持此事的是艮翁。文园，"周祖培看了看李棠阶，"你与艮翁是讲学的朋友，劝劝他，不要推波助澜才是！"

原来如此，守旧派的倭仁主持此事，他是站在两宫一边的。

周祖培觉得话说得差不多了，起身告辞。恭亲王一直送到院中，其余人等一直送到二门，李棠阶拱手："各位，我就不回去向王爷辞行，这就去艮翁那里走一遭，告辞！"

李棠阶为人方正，与恭亲王关系不远不近。所以其他人也就没留他，送走李棠阶，携手回到了屋中。

"没想到栽这么大个跟头！"恭亲王恨恨地说。

文祥从怀中掏出一张纸："谈正经的吧！内阁抄来的，蔡寿祺的原底。"

众人看完后，恭亲王道："怎么？这意思还要革了我的爵不成？"

"蔡寿祺这小子口无遮拦，胡言乱语，王爷不必介意，倒是今天殿上的事，我看两宫很生气。"宝鋆道。

久未开口的曹毓瑛说道："如今之计，只有放出风去，说上头有意让七爷出来干，他为避嫌必然替王爷说话。佩衡，你再到万青藜那里去一趟，叫他压一压蔡寿祺。文园已去疏通艮翁，如果顺利通过明天这一关，就好办了。"

"好一个釜底抽薪之计。"文祥拍手赞成，"佩衡和万青藜是同年，话很好说，这样三管齐下，王爷大概可躲过此劫。"

最后就这样敲定，宝鋆告辞，因为他奉了本年正科会试的副主考，明天要和正主考、大学士贾桢一起入闱，早些回去休息。

然而，一切努力恐怕都是徒劳了，此时慈禧正在宫灯之下亲自起草诏书。本来她想依靠周祖培解决此事，从热河政变，到诛胜保，周祖培都是奉旨而办，格外巴结。没想到遇到办恭亲王却态度暧昧，而且大有回护之意。倭仁本来是个好帮手，如果殿议时他在，侃侃而谈，直接当场就将恭亲王撵出军机，这个下马威就厉害了。可时机错过了，没办法，只好自己动手。以前在热河时曾拟过查办肃顺等人的圣旨，那时时间充裕，可现在不行，忙了大半夜，总算对付着写完了，可总觉得语句偶尔不像那么回事，也顾不了那么多，反正意思是明朗的。

二更时分，恭亲王府中还未熄灯，外面有人报："五爷来了！"只见五爷奕誴甩着大袖子，"飘"进了屋中，面色特别红，眼见醉意十足。

"老六，你怎么搞的，西边得罪了，连东边老好人你也得罪？唉！"五爷打个酒嗝，接着说道，"西边也是，有什么大不了的？老六耍点儿倔，家事嘛。俗话怎么说来着？对！'家丑不可外扬'，怎么闹得满城风雨，不好收场嘛！"

五爷半醉半醒之间，说得在座各位啼笑皆非。文祥和曹毓瑛暗向恭亲王抛眼色，那意思是请恭亲王拉拢一下五爷，让他出面劝劝两宫，当作家事处理算了。

恭亲王会意，给五爷倒了点儿茶："麻烦是我自己惹的，反正在外有军机，有内阁，在内有咱们兄弟，五哥，你说我该怎么办？"

"我的意思是得把老七找回来。"

"可老七一两天赶不回来的，远水解不了近渴呀！"

文祥见时机成熟，说道："咱们派专人去告诉七爷尽快赶回，明天看看上头的意思，五爷亲贵中居长，该五爷说话的时候，五爷也不是怕事的人。"

这话恭维得恰到好处。五爷一拍桌子："对！我什么时候怕过事？有话一定要说，欺负人可不行！"

第二天，倭仁、周祖培和吴廷栋等人审问蔡寿祺，只得到蔡参劾恭亲王俱是闻听，并无实据，周祖培便匆匆地结束了审问，准备回报两宫。及来到殿前，刚要回奏审问的结果，慈禧却发话了。

"我昨晚拟了道旨，里面有些语句并不十分通，可能偶有白字，你们替我改一下。"说完，将圣谕放在了案上。

慈禧一边说，一边不好意思地笑了笑，她本来明丽可人，这羞涩一笑，更显妩媚。不过倭仁却视而不见，他是个大近视眼，几乎凑到鼻尖上，才看清字迹，自己觉得这样很难受，便奏请两宫让周祖培代念。

周祖培本来满心欢喜，希望恭亲王能脱此劫，但闻听慈禧亲自下诏，心中一沉。他取过诏书，不敢冒昧，点了标点，略做改动，深感通篇虽有语句不通，别字偶现，但暗藏雷霆之势，令人悚然，暗道恭亲王难免此劫！

周祖培站在御案旁，朗声将圣谕念了出来：

朕奉两宫太后懿旨：本月初五，据蔡寿祺奏，恭亲王办事徇情、贪墨、骄盈、揽权，多招物议。信此重情，何以能办公事？查办虽无实据，事出有因，究属暧昧，难以悬揣！恭亲王自议政以来，妄自尊大，诸多狂傲。倚仗爵高权重，目无君上，视朕冲龄，诸多挟制，往往暗使离间，不可细闻；每日召见，趾高气扬，言语之间许多取巧妄陈。若不及早宣示，朕亲政之时何以用人行政？凡此重大情形，姑免深究，正是朕宽大之恩。恭亲王毋庸在军机处议政，革去一切差使，不准干预公事，以示朕保全之意。至军机处政务殷烦，着责成该大臣等共矢公忠，尽力筹办。其总理通商事务衙门各事，宜责令文祥等和衷共济，妥协办理。以后召见引见等项，着派惇亲王、醇郡王、钟郡王、孚郡王轮流带领，特谕。

朗声念完，周祖培已是心惊肉跳，但还是壮了壮胆，返身奏道："臣请添入数语。"

"哦？"慈禧抬了抬身子，"你说吧。"

"臣请将'恭亲王自议政以来'改为'恭亲王自议政之初'，尚属谨慎。"周祖培意在缓冲一下。

慈禧想了想，觉得不碍大体，便说道："那好吧！就照你说的改一下，马上由内阁明发，尽快到各省，嗯！不必经过军机处！"

退朝后，周祖培匆匆赶到军机处，对文祥等人说了这桩意外。

"本以为蔡寿祺没拿出什么实据来，略加斥责也就过去了，哪承想……"

周祖培一摊双手，"哪承想西边动了真怒，亲自起稿，唉！"

文祥和曹毓瑛当然立刻赶到鉴园，见五爷在那里，文祥略微说了一下经过，恭亲王苦笑了一下。惇亲王忽地站了起来，拉着曹毓瑛的手："来，来，来！你替我写个折子，她说让谁不干谁就不能干了？事情总要大家商量，你就照我的意思写，语气重点儿！"

文祥和曹毓瑛知道他这是气话，便开口劝他："五爷，这事得从长计议，话总要说得婉转才行。"

"她懂吗，你婉转？"

恭亲王赶紧走过来拉住五爷的手："五哥，你消消气，听他们两位说，不妥的地方再斟酌。"

于是，文祥和曹毓瑛商量半天，以恭亲王议政以来，未尝闻有昭著的劣迹，被参各款查无实据为由，至于说奏对时语气不恭，到底不是天下臣民百姓共见的，如果骤然罢斥，恐怕引起议论，不宜革职。曹毓瑛加上五爷的语气，最后以"臣愚昧之见，请皇太后、皇上，恩施格外，饬下王公大臣集议，请旨施行"作结。

五爷粗粗看了一遍，未有异议。恭亲王却看得很仔细，提议改了一字，将"恐传闻于外"改为"恐传闻中外"。这是暗示慈禧，在京城的各国使节也在关心这次朝政。文祥心中虽不以为然，但没有说出来。

慈禧见到五爷的奏折，本想准了，因为她知道恭亲王与外国人关系密切，自己也不能独揽大权，外事还得靠恭亲王。但安德海却告诉慈禧说恭亲王暗中联络王公大臣，毫无悔改之意。这句简单的挑唆之话，使得慈禧坚定了罢黜恭亲王的决心。她站在另一个角度想：如果此事就这样简单了结，自己的威信就荡然无存了，别人会背后议论我多无能，奕䜣多么有势力。这样下去，用不了几年，恭亲王羽翼丰满，自己的儿子即便亲政，恐怕也难驾驭臣下。所以，第二天内阁会议，慈禧绷着脸，将五爷的奏折扔在桌子上，对满朝王公大臣大发议论。

"惇亲王也是，在热河那阵，说恭亲王造反，这回又替恭亲王说话。恭亲王的错儿是有目共睹的，怎么办大家和我们姐妹心中自有公断，他跟着蹚什么浑水？恭亲王有错，该怎么就怎么办，别人错了秉公办理，他是议政王就可免吗？哪有这个道理？你们大家，"慈禧用她那特有的、不怒而威的目光巡视了一遍在场的王公大臣，"你们可以公道地说话，谁认为我们姐妹做得不对尽可提出来。"

在场的王公大臣面面相觑，俱感慈禧话中的锋芒，哪个还敢为恭亲王说话？

四

到了三月二十，恭亲王身边的人，像盼救星似的，将七爷盼了回来。七爷奉命在东陵监工，星夜奔驰，风尘仆仆地回到了家中。还没来得及换衣服，曹毓瑛便到了。

曹毓瑛一到，七爷便大骂蔡寿祺不是东西，接着便道："我要上折子。"

曹毓瑛不动声色地说："七爷，这折子怎么说？"

"什么怎么说？没有六爷我们都没有今天，两宫念及旧情也该网开一面嘛！"

"是，那语言还要婉转些。"

"这我不管，这是你的事。对了！顺便带些六爷的不是，如果全都摆好，岂不成了两宫大错特错了？"

"是，七爷想得周到，这么说吧，六爷语有不检，望太后面加严饬，令其改过自新。"

"嗯，行！就照这意思写！"

曹毓瑛写完奏折，送到鉴园，给恭亲王和醇郡王看了看，便替七爷递了上去。

没承想此折却石沉大海，好几天没有动静。

醇郡王有些坐不住了，忙派了自己的福晋进宫"问安"。

慈禧的妹妹可不像自己的姐姐凡事精明，进宫后给两宫问过安后，闲谈了一会儿，忽然冒出一句话："七爷有个折子，不知两位太后看了没有？"

慈安一听，忙转向慈禧："老七有折子吗？"

"胡扯！"慈禧怒目瞪了一眼自己的妹妹，醇郡王福晋自知失言，心中懊悔，来时不将事情弄清楚，冒冒失失地问，惹得慈禧不高兴。

慈安见她姐妹话不投机，不便多说，岔开话题后，借口午睡，告辞回去了。等慈安走后慈禧才缓和一下，对醇郡王福晋说："老七怎么这样糊涂？"

"怎么了？"福晋迷惑地问，"我也不知道怎么回事，七爷让我进宫问问，奏折你们看了没有？"

"你回去告诉老七，六爷的事让他少夹在里边瞎起哄，你就说我说的，叫他好好当差，将来有他的好处，他这样，我也不放心让他办事啊！"

送走了妹妹，已是晚膳时刻。慈禧盛年寡居，时光难挨，天还未黑，便觉得无聊起来。吃罢晚饭，慈禧一边在廊间绕弯，心中一边思念从前的时光，那时读书赏月，和荣禄曾花前月下呢喃喁语，耳鬓厮磨，浓情蜜意，少女情窦初开，那种心跳的感觉，想起来便觉得面赤耳热，如今月色依旧，可人呢？不知他现在怎样？唉！

"主子是不是有什么心事？奴才刚才见主子紧皱双眉，可别愁坏了身子骨。"

这话说得句句入心，慈禧想起十多年前，自己初入宫闱，寂寞难挨，在思念旧情时，也是安德海给自己安慰。慈禧深情地看了一眼，算是奖励："没事，你扶我回宫休息吧！"

醇郡王福晋回家后，仔细地将慈禧的话告诉了醇郡王，醇郡王虽然心中不服，但也只好作罢。

接下来慈禧便命肃亲王华封查办蔡寿祺参劾薛焕一案。可蔡寿祺当堂承认无实据，另写了翻供，这出乎慈禧的意料，心中不免恨起蔡寿祺，于是命人查办，降了他的级。通过这阵折腾，慈禧也知道恭亲王确实势力不小，不过她自己的权威也逐渐建立起来了，加上文祥等人从中斡旋，慈禧想到他日后倘若不生异心，驾驭这些臣下还非他不可，便松开了掐在恭亲王脖子上的手。

文祥何等精明，自从恭亲王被罢免，自己身兼数职，日夜提心吊胆，恐遭猜疑，看到慈禧语气有所缓和，便去通知恭亲王。

此时已是四月天气，鸟语花香，生机盎然，恭亲王在鉴园内一人一杯酒，独自作诗赏花。想起一个月来凭栏独坐，闲愁无计，恍如春梦一场，便有两句诗涌上心头，悄然吟道："手拍阑干思往事，只愁春去不分明。"自己低声吟了一番，略感有些寄托，便望着满园争香斗妍的鲜花继续构思。

"文大人、曹大人到了！"周信对恭亲王轻轻耳语。

"嗯，请到这儿吧！"

文祥和曹毓瑛相携而入，一见面，文祥少了特有的沉稳："给王爷道喜。"

"我哪有什么喜事？你倒说说看。"

"今天散朝时，西边跟我说，薛焕的事澄清了，六爷在这事上也就没有责任了，西边还降了蔡寿祺的级，我看王爷此时上折认个错儿，这事就可过去。"说着转向曹毓瑛，"琢如，你来写个折子吧！"

此时恭亲王也不再言语，而是将文祥拉到身边，吟出刚才构思的诗，问他怎么样。文祥听后笑笑说："王爷，诗是心意写实，恐怕这两句略含伤愁。"说到这里，文祥神态肃然地对恭亲王说："此劫一过，王爷再补续两句吧。"

恭亲王知道文祥劝自己不要消沉。多年来，文祥对自己了解最深，也与自己相交最厚，这次事件中，千斤重担都落在文祥身上，他依然诚诚恳恳，尽心维持大局，既无悻悻之意，又无乘机揽权行为，是真正可信赖之人。想到这里，恭亲王站起身拍拍文祥的肩头："博川，这些日子你辛苦了，你们如此费心，我怎能消沉呢？来！琢如，先放下笔，你们俩陪我喝一杯去！"

第二天，由曹毓瑛拟好的"谢恩"折递了上去，这实在是一通悔过书，曹毓瑛拿出看家的本领，措词造句流畅，感人肺腑。其实恭亲王原本就最想这样做，通过一番暗中较劲，他知道自己虽有很多人拥护，但还是斗不过慈禧的。而且，自己年纪轻轻，如此颓废下去的话，那还怎样见人？大丈夫能屈能伸，谁让平日里也确有不检之处呢？只是碍于面子，才一直挺到今天。

清宫中多少年来的规矩，凡是谢恩的折子都夹在紧急军报的黄匣之中，一起送进宫中。等安德海递上膳桌，慈禧打开一看，不由得就说了句："六爷有折子了！"

慈安也了解办事的规矩："那是谢恩的折子吧？"

"不错。"慈禧一面看折子，一面脸上显露出得意的神情。

"都说什么呀？长篇大论似的。"慈安偏偏身子，看着长长的折子问道。

慈禧真想说，我到底把他降伏了，话到嘴边才改口道："老六知道错了。"

曹毓瑛的精心之作，文字不深，慈禧一边念，一边给慈安讲，字里行间悔意十足，听得老好人慈安直落泪。

"唉！何苦？宣宗当年最疼他，把他惯坏了，如今这一折腾，也够他受的，让他回军机吧。"

"迟早要他回军机的，等明天召见了再说吧。"

第二天一早，恭亲王进宫，没有到军机处，而是到南书房中坐等，跟值南书房翰林潘伯寅、许彭寿谈那些名士近况，偶尔也问起张之洞、黄体芳等那些快"散馆"的庶吉士，对朝政只字不提，神态气度依然雍容。

在养心殿，奏对完毕后，文祥踏上一步庄重地说："恭亲王想当面叩谢天恩，在外候旨。"

"那就叫他进来吧！"

在朝的大臣跪安退下，有人来通知恭亲王。

听到两宫召见，恭亲王神态自若地站起身来，笑着对潘伯寅说："我新得了两方好砚，回头请你看看，说不定能考证点儿什么出来！"

"是！回头我给王爷道喜。"

恭亲王仿佛没有听到，慢慢踱出了门，这一路都有侍卫和太监含笑给恭亲王行礼，恭亲王脚步却越来越沉重，心中好似塞了什么东西，也不知该说什么好。

念头没有转定，自己已进了养心殿。此时殿内只有两宫太后坐在那里，恭亲王顾不得多想，趋步跟跄行礼。

那略带惶恐的心情和唯恐失仪的举动，竟像初次瞻仰天颜的微末小臣，自觉屈辱，鼻子一酸，眼泪便在眼圈打转转。等站起身来，却也见两宫都用可怜巴巴的眼光看着自己，本来在眼中转着的泪水一滴滴流下来。

还是慈安先开了口："六爷，从今以后别这个样子吧，何苦？弄得大家撕破脸，划得来吗？"

这一句话说到恭亲王心底，多日来的郁闷，顷刻间迸发出来，于是一声长号，扑倒在地，眼泪像断线的珍珠，哭声震动庙宇，竟比在热河哭得还凄惨。新恨勾起旧怨，就连他没做皇帝的委屈都流进这热泪中了。

"好了，好了，别伤心了！"慈禧开口安慰着，随后向殿外的太监大声喝道，"你们怎么了？还不快把六爷扶起来！"

等恭亲王坐定，慈禧开口说道："六爷，不要怪我们姐妹，家事是家事，国事是国事，这一点你总该明白。"

"是！"恭亲王低头答道。

"能体谅就好了，你的才能我们姐妹是知道的，不过，也别耳根太软了。"

这是告诫恭亲王不可任用小人，恭亲王依然只能答应一声："是！"

"皇上念书的事，六爷还要多费心哪。唉！提起他念书我就头痛，出了书房，问他功课，一问三不知，简直是蒙混过关。六爷，你还是多到弘德殿走走，另外，给他找两个好一点儿的师傅。"

"是，翰林中人才甚多，臣慢慢物色。"

"定陵的工程怎么样了？你要多费心，算起来还有半年的工夫，能完事吗？"

"请两位太后放心，诸事早已妥当，绝不会耽误奉安的日子。"

话谈到此，该是告退的时候了，可恭亲王有所待，所以出现了短暂的沉默。

"你先回去吧。"慈禧说，"我和姐姐再商量商量。"

恭亲王虽有怏怏之意，却不敢露在脸上，起身告辞出了养心殿。

他一路回到了鉴园，拒见外客，正在想着刚才的情形，宝鋆、文祥、曹毓瑛进了门。宝鋆像是经过长途跋涉到达彼岸，脸上倦意浓浓却显无限欣悦；文祥虽保持着往日的沉稳，目光中也多了一份轻松；曹毓瑛手拿着上谕草稿，也有欣喜之色。

"王爷，给您道喜，您看这个！"曹毓瑛递给恭亲王上谕的草稿，"刚才两宫召见我们，命我等起草上谕。"

恭亲王接过草稿，是曹毓瑛的笔迹，上面略有改动，定是文祥手笔。他看得很仔细。

> 谕内阁：朕奉慈安皇太后、慈禧皇太后懿旨，本日恭亲王因谢恩召见，伏地痛哭，无以自容。……今恭亲王既能领悟此意，改过自新，朝廷于内外臣工，用舍进退，本皆廓然大公，毫无成见；况恭亲王为

亲信重臣，才堪佐理，朝廷相待，岂肯初终易辙，转令其自耽安逸
耶？恭亲王着仍在军机大臣上行走，毋庸复议政名目，以示裁抑。望
其毋忘此日愧悔之心，益矢靖共，力图报称；仍不得意存疑畏，稍涉
推诿以负厚望！钦此。

这道上谕，对恭亲王来说有开脱，有勉慰，而最后责成他"仍不得意存
疑畏，稍涉推诿"，则是明示内外臣工：恭亲王重领军机，虽没有了"议政王"
的头衔，但权力却未打折扣，朝廷仍旧全力支持。

一场风波落得如此结果，总算是化险为夷。但回顾历程，恭亲王倍感辛
酸，心里也就有了真正悔改之意，向文祥、宝鋆、曹毓瑛一拱手："各位辛苦、
辛苦，不知何以为谢？"

三人忙拱手相答，齐声道："王爷，言重了！"

文祥正色说："王爷，大局缺您不行啊！"

"嗯，我明天就到军机。"

"唉！"宝鋆这才抹了抹汗，叹了口欢喜气，说道，"我算是服了西边
了！"

第九章

文曲升　将星陨落

调曾李　远虑深谋

一

喧闹了一个多月的事件——恭亲王被慈禧太后逐出军机，一时成为人们讨论的话题。自天恩浩荡的上谕一发，迅即消寂。代之而起的是前科翰林"散馆"授职，和本科的状元落入谁家。

"散馆"大考，一等第一名是张之洞，他原来就是探花，不算意外。殿试照例是四月二十在保和殿由皇上亲试，天下人才都出于此。关系国运兴隆，贾桢和宝鋆主考，折腾了四天，到了四月二十四，两宫领着小皇帝御临养心殿点状元。慈禧曾亲手点过两次状元，所以打开放在御案上的第一本卷子，用长长的指甲挑开弥封，不禁惊讶地轻呼："是他！"接着便怔怔地望着慈安太后。

"谁啊？"

"赛尚阿的儿子崇绮。"

这一宣示，最感惊异的是军机大臣，但在这种场合只能保持沉默，静候两宫裁定。

为什么众人如此诧异呢？原来自满汉两榜以来，旗人不管是蒙、满，历来不入三鼎甲之列。因为旗人登进路子宽，或者袭爵，或者军功，胸无点墨亦可当到部院大臣；为了笼络汉人，特意将状元、榜眼、探花这前三名，列为唯汉人可得的特权，所以，今天点到崇绮，满殿的人俱感惊异。

"姐姐，你看该怎么办呢？"

"唉！出了这档子事，我看先让他们商量一下吧！"

于是，军机大臣和八位点圈的大臣共同回到军机处商量对策，众人相视无语，没人愿意打头炮。

到底是年轻人沉不住气，新提不久的内阁学士廷煦开口打破僵局："只论文字，何分旗汉？"

"不错！""对。"大家齐声附和，如释重负。

消息传遍九城，有人诧异，有人却认为是佳话一段，唯一号啕大哭的却是新科状元崇绮。

自赛尚阿在咸丰初年以大学士军机大臣授命为钦差大臣、督办广西军务、负责剿办太平天国起义失败被革职以后，崇绮家一直门庭冷落，今天大魁于天下，自然要喜极而泣。

接下来便是要上表谢恩，这就要拜访前科状元翁曾源。到了翁家，翁曾源正在床上口吐白沫，又不便挡驾，于是翁曾源的叔叔翁同龢代见。

见礼落座后，崇绮便谈起此次科考，神情激动异常，口沫横飞地说平时如何苦下功夫，殿试如何有如神助，那副得意扬扬的样子，把十几年的程朱理学忘得干干净净，翁同龢听来不免齿冷。

请教了上表谢恩的格式，崇绮告辞回家开贺，大宴宾客，兴奋得一夜未合眼。然而就在这天，蒙古文星升耀，将星陨落——科尔沁王僧格林沁在山东中伏阵亡了。

自湘军攻破金陵，建了大功后，朝廷曾命曾国藩移师山东助剿捻军，僧格林沁大受刺激。本来他认为自己的三千蒙古铁骑精锐勇猛，又有很多地方军配合作战，原指望在湘军攻占金陵前就消灭捻军于山东，哪承想贪功近利，屡次中伏。气得僧格林沁急火攻心，气恼异常，于是便率轻骑追剿捻军，常常是一天一夜走一两百里。宿营时，兵不解甲，马不卸鞍，席地而寝，天色微明便跃身上马，提鞭飞奔，随行的马队也顾不得疲劳，只把几十万步兵远远抛在了身后。

就这样，将捻军撵得上天无路，入地无门，从山东到河南，经开封又北回到山东，捻军表示只要僧王不再追赶，让他们喘口气，就可以投降。僧王不理那套，依旧星夜兼程，在曹州南面终于追上了捻军主力，这一仗打得异常残酷。初始官军勇猛，左突右冲，犹入无人之境，捻军十去四五。僧王杀红了眼，带着亲兵也冲了进来，没承想，等想再往外冲时，已被捻军团团围住，只好退守在一座空堡之中。捻军如斗困兽，在空堡四周开始掘挖长壕，一旦挖成，官军便成瓮中之鳖。

一看情形不对，官军有些将官便齐去见僧王，要求突围，僧王同意了。于是分头部署，僧王和他的亲兵在一起，派一个投降过来的捻军作前导，星夜突围。

心力交瘁的僧王，那时全靠酒来支撑着，喝得醉醺醺上了他那匹南宛名马，一下子被掀了下来——这倒不是僧王喝多了，而是那匹马的蹄掌不知何时跑掉，马足已受伤溃烂，只好换马。

那天晚上浓云密布，天上一点儿亮光都没有，四周一片漆黑，跌跌撞撞出了空堡，便向捻军冲去。哪知向导与捻军早已暗中勾结，他首先带着自己的一百多人，掉头冲击官军。黑夜里一场混战，人惊马嘶，乱成一片。到了天亮，各自收军，独不见了僧王。

当时大家乱哄哄地四处寻找，有个官军远远地见一个年纪不大的捻军头上戴着三眼花翎，那个战场上几十万人，三眼花翎只有一支，既然戴在了他的头上，僧王头上就没有了。全军恸哭："王爷阵亡了。"

提督陈国瑞收拾残兵，流涕而言，他个人为报答僧王知遇之恩，决意死战，溃兵齐声附和，一下子有几百人之多。人虽少，斗志昂扬，所谓"哀兵必胜"，个个红着眼睛，居然将大股捻军击退，杀出一条血路，同时也找到了僧王的遗体。

僧王就在一处麦田里，身受八处枪伤，和他一起死去的，只有一个马童。那一定是僧王力战不支，身上被扎了八个枪眼，死时双目圆睁，手还掐着一个捻军的脖子，半跪着，血块凝结在黄马褂上。陈国瑞亲自背着王爷的遗体，进了漕州府城，摘去红顶花翎，素服治丧。

六百里加急到京，朝野震惊。两宫太后破例于午后召见军机大臣，君臣相对，默默无语，治丧之事自不必费心，接下来的人选问题，令君臣大伤脑筋。朝廷军务上历来倚重三人：东南曾国藩，西北多隆阿，中原僧王。多隆阿在去年四月战殁于陕西，整整一年后，僧王阵亡。旗营宿将倒有几个，但论威名和才能，无出其右。而捻军如不派得力之人及时剿灭，乘此机会直扑京畿，那时更费手脚。

说了几个旗将，都不可心，慈禧不耐烦地说："那帮旗爷就别谈了，我看剿捻非曾国藩不可。"

曾国藩带兵入山东是每个人都想得到的，但刚刚发生蔡寿祺指责恭亲王植党，说曾国藩是恭亲王的余党，虽是风言，但无人敢保举曾国藩，怕给恭亲王添麻烦，加上曾国藩年岁已高，万一师老无功，这责任谁也不愿担。

恭亲王见大家都不作声，便慢吞吞地开口道："回奏两位太后，曾国藩今非昔比了，金陵克复后，湘军裁了很多，他手下也没有那么多兵了。"

"兵可以从别的地方调嘛，而且李鸿章不是练了兵吗？"慈禧看了看恭亲王，"就照去年秋天那个样子办好了。"

僧王战殁，人心有些浮动，但恭亲王和军机大臣们处心积虑，镇定自若，总算将一些无稽流言平息了下来。

最后商定，由曾国藩带兵进剿，李鸿章暂署两江总督。由于曾国藩的湘军裁减很多，军机处拟旨："钦差大臣协办大学士两江总督曾国藩，现赴山东一带督剿捻匪，所有直隶、山东、河南三省旗绿各营，及地方文武员弁，均着归曾国藩节制调遣，如该地方文武，不遵调度，即由该大臣指名严参。"

旨稿送上御案，慈禧拿着看了好长时间也没有开口，慈安看了看，不过才三五十字，何以如此费解？

还没等慈安开口，慈禧先说了："姐姐，有了这道旨意，曾国藩可就和'大将军'一样了！"

"大将军"唯有近支亲贵才能担任。当年年羹尧挂过这颗印，终因跋扈被诛。因为大将军可以指挥督抚，若有不臣之心，便可酿成巨患，所以有清以来，汉人从未有过此头衔。咸丰初年，"老五太爷"以惠亲王的身份，被授为"奉命大将军"，赐"锐捷刀"，其实是个虚衔。如今曾国藩受命节制三省，把直隶总督刘长佑、山东巡抚阎敬铭、河南巡抚吴昌寿都包括在内，才真正是有了大将军的职权。

慈安太后明白了慈禧踌躇的缘故，想想也是，江苏巡抚李鸿章是曾国藩的得意门生，陕甘总督杨岳斌替曾国藩办过水师，闽浙总督左宗棠虽与曾国藩不睦，但到底是一起共过难的同乡，加上陕西巡抚刘蓉、湖南巡抚李翰章、广东巡抚郭嵩焘，都与曾家有密切联系，如果曾国藩要造反，那一定能行！

曾国藩要造反？慈安自己都好笑，他造什么反？"盖章吧！"她催了催慈禧，带头钤了印，那气势显然没把这道上谕当回事。慈禧见她那轻松的样子，也略一迟疑，盖上了印。

刚刚办完这件事，直隶总督刘长佑的急报就到了京，说关外马贼居然由长城喜峰口窜入，过蓟州进了三河县，离梓宫暂时安放的隆福寺只有三四十里之遥。

多少年来，关外派军守卫只是虚应故事，官多于兵，而且多是八旗子弟，时常抽大烟，逛窑子，因此马贼才能来去自如。

接到奏报，慈禧又气又急，急的是马贼骚扰寝陵怕坏了风水。官兵无能，这还得了？马上召集军机大臣，语甚刻薄，严令早日清除此患。

找遍京城，实无将才可拔，最后文祥提出了让现任神机营"翼长"荣禄来挑选人马，自己亲自挂帅出征。

荣禄是正白旗人，以萌生补为工部主事，管理银库，后得罪肃顺，差点儿以贪污的罪名下狱。等文祥当上工部尚书，曾在北京帮恭亲王办过团军的荣禄被提拔，做了神机营的"翼长"，掌握着神机营一半的兵权。

京城校兵向来在南苑，离京城几十里路，安德海奉慈禧之命，便装出宫看个究竟，等安德海赶到，兵已挑选完毕。只见满街的八旗兵热闹异常，哪里有军队的肃纪？拿鹰的，提鸟笼的，或者三两扎堆谈鹰说鸟，或者三五成群在豆汁铺前大谈风月，个别有遛马、刷马的，也都光着膀子戴一顶红缨帽，形象越发难看。

"这个样子怎么能打仗？"听完安德海的汇报，慈禧皱起了眉头。

"奴才还听了两句诗，是挖苦咱们神机营的。"

"说什么？"

"相逢多下海，此去莫登山。"

"这是什么意思？"

"下海是指那些神机营的官兵很多人都蓄了胡子。"

"什么？都留了胡子？成何体统？"慈禧惊异地说。

"'此去莫登山'是告诉那些人，别到山海关外，如果去剿马贼就要小心点儿。"

"看来，八旗子弟实在是提不起来了，唉！怪不得当今各省督抚都是汉人，旗中子弟有几个出息的？出了个多隆阿，还死了。"慈禧不胜感慨地说。

等到殿议出兵，慈禧将心中的顾虑说了出来，像责备，又像牢骚，恭亲王没有出声，只有文祥越班陈奏，说旗营的恶习积存已久，京城无战事，这次有机会也好让他们习练一下。他保证，此去必捷。

果然，文祥领兵，一路上不断加强管制，等到了遵化，马贼早就望风而逃。他一面派兵镇守隆福寺，一面派荣禄带兵搜剿零星马贼，查明情况，参了直隶提督徐廷楷一本，然后才班师回朝。

慈禧对此役甚是关心，听了文祥的汇报之后，悬着的心才放下。

二

定陵终于竣工了，奉安大典迫在眉睫，京畿各地大为忙碌。直隶总督刘长佑、提督徐廷楷被弹劾，受到很严厉的惩处，所以大典未到之前便下了死命令，沿途大捕盗贼，抓到贼首，立即正法，原来乱哄哄的京畿一带，一时盗匪销声匿迹，颇为清静。

奉安大典，所有京城三品以上的文武百官以及福晋，俱随扈出京，前往蓟州。一路车水马龙，浩浩荡荡，等到奉安大典完毕，回到京师，身体多病的李棠阶经不起旅途辛劳，再加上公务的繁忙，终于病来如山倒，于十一月去世。

李棠阶一死，留下两个缺，一个是军机大臣，一个是礼部尚书。看似平常的缺补，算计起来却有很大关联，经过一番调配，恭亲王拟定了调动名单：军机大臣给了帝师李鸿藻，礼部尚书调万青藜来补任，将他的兵部尚书给了曹毓瑛，而曹毓瑛留下的左都御史给了董恂，董恂的总理衙门行走给了湖北巡抚敦谨。

对于这一番调动，两宫也感到满意。可是李鸿藻到军机，弘德殿少了位师傅，当两宫问及此事时，恭亲王胸有成竹地说："臣等已和醇郡王等议过，弘德殿添一位师傅，詹事府右中允翁同龢，品学端方，请旨派在弘德殿行走，必于圣学大有裨益。"

"啊！翁同龢，我知道。"慈禧转身对慈安说，"这个人是翁心存的儿子，咸丰六年的状元。"

"不就是那个叔侄状元吗？翁曾源是他侄子，想来学问也能不错，不知他为人怎样？"

"此人跟李鸿藻一样，纯孝谦和，为人谨慎。"

"那就好！"慈安转身对慈禧说，"择个日子，叫翁同龢进宫吧！皇上这阵子功课不好，贪玩成性，但愿有了这个翁同龢能有起色。"

等殿中有了决定，殿外的军机章京已经得到消息，方鼎锐跟翁同龢是换帖兄弟，立刻派人去翁府报信。

这个喜讯对翁同龢来说并不感到意外，其父翁心存几度充任上书房总师傅，自己又是恩科状元，而父子双双启沃一帝，更是一重佳话。所以，虽非意外，亦是大喜！

翁同龢连夜拜访了李鸿藻，听了李鸿藻的指点，回家后写了谢恩折，然后在九卿朝房坐候天明。

轮到翁同龢已九点多，翁同龢进殿后，被值班的醇郡王引入东暖阁，小皇帝也在座。

两宫太后等他磕完头，抬起脸时，仔细端详了一番，慈禧和慈安便问了家况及读什么书之类的话，最后是嘉勉一番。翁同龢自知自己责任重大，便叩头道："臣才识浅陋，蒙两位太后器重，深知责任重大，惶恐不安，臣唯有尽心尽力，启沃圣上，上报两位太后的恩典。"

"只要尽心尽力，没有教不好的。"慈禧太后说到这里，喊了一声，"皇上！"

坐在御案前的小皇帝载淳，小腰一挺，行动极快地从御榻上滑了下来，醇郡王忙用手扶住他，以防滑倒。

"记住，要听师傅的话，不准淘气，要用功。"慈禧顿了顿，然后提高了声音问，"听到了没有？"

"听到了！"小皇帝的回答也极为响亮。

等跪安出殿，翁同龢将奏对回味一遍，暗喜没有差错，到弘德殿拜见了一下徐桐，回到詹事府平日校书之处息足。

吃完午饭，徐桐来告诉他，李鸿藻因在军机上行走，怕他忙不过来，所以改派翁同龢进讲《治平宝鉴》。

"你准备一下，明天就是你的班！"

"明天？"翁同龢有些惊异，莫非两宫有面试之意？等送走了徐桐，翁同龢暗中忖量可能是两宫想试试自己的口才、仪节。怎样才能讲得好呢？最后翁同龢抱定一个宗旨：深入浅出，尽量用口语式讲解。

第二天一早，翁同龢很早就到了弘德殿，见倭仁、徐桐及满语教师奕庆已经到了，见过礼后刚刚坐定，安德海疾步而来，一进殿便大声道："传懿旨！"

大家都从座上起身，就地站着。翁同龢早打听过，平日两宫为皇帝功课传旨，毋庸跪礼，所以很从容地站在原处。

"两位太后交代，今天皇上'请平安脉'，书房撤！"说完便自顾走了。

翁同龢正有些纳闷，奕庆告诉他，小皇帝因为感冒，已有十多天没有到书房。

"皇上平日身体不太好吗？"

"皇上身体有些弱，常常患个感冒什么的。"徐桐像是很了解同治帝。

翁同龢在养心殿给两宫进讲《治平宝鉴》十分成功，得到两宫的一致嘉许。

翁同龢第一次给载淳上课是三天以后。君臣见过礼后，刚才还直打瞌睡的小皇帝，见翁同龢讲《帝鉴图说》，精神为之一振。说来也难怪，倭仁进讲"四书""五经"，他在这上面倒有四十余年的功夫，可十岁的小皇帝怎么会对三代以上的典谟感兴趣？加上倭仁深入不能浅出，载淳难免打瞌睡。徐桐讲的《大学》《中庸》也属枯燥之列，本来徐桐就没有什么真功夫，载淳也就只出人，不出耳朵。翁同龢讲的《帝鉴图说》是明朝张居正的手笔，每一段是一个小故事，加上工笔图画，难怪小皇帝感兴趣。

未曾讲解，翁同龢先自声明："皇上，臣是南方人，口音跟皇上不同，倘若听不懂，尽可问。"

"我听得懂，你不是翁心存的儿子吗？"

翁同龢忙站起身："是！"

"以前听得懂，现在一样能行。"

翁同龢凝神静气，讲得透彻而通俗，载淳始终全神贯注地听着，不时还插问几句。这次课上得很圆满。

当天宫中就知道了，翁同龢讲书讲得好，两宫问及小皇帝翁师傅讲课情形，载淳眉飞色舞地将今天学的"碎七宝器"的故事讲了一遍，听得两宫齐点头称许。

时间久了，载淳偶尔泡病号，躲上一两天清静。这天，春和日暖，正是百花争放时节，载淳故技重演，泡了病号和小太监张文亮偷偷跑到圆明园的长春园中游玩。载淳和张文亮一直玩到快传午膳的时刻，才匆匆往回跑，因为他要和两位母后共同进膳。毕竟年幼，跑几步载淳便上气不接下气，正低头跌跌撞撞往前赶，张文亮一拉小皇帝："万岁爷，你看，小安子！"

小安子是奉了慈禧的命令来请皇上的，到了宫中却不见人影，问及宫中小太监，说是和张文亮出去了。安德海知道载淳一定是又泡病号上哪儿玩去了，他已经抓了好几桩皇上泡病号的证据，等到合适的机会给他来个汇报，叫小皇帝好看，泄泄心头之恨。因为安德海还没有忘记小皇帝让他吃嘴啃泥的苦头，每想起那次事就觉得后脑勺疼，所以站在道边东张西望，只盼着别看到载淳的影子。心中正打着如意算盘，却见小皇帝和张文亮跌跌撞撞地往回跑，赶紧趋步上前见礼："奴才安德海给皇上请安。皇上，两位太后等了好长时间了，奴才找遍了前宫后院也没看到皇上。"

"行了！别啰唆了。"载淳甩了一句，便迈步进了宫门。

来到两宫面前，见过礼后，慈禧问道："皇上去哪儿了？"

"额娘，孩儿和张文亮去后宫花园晒晒太阳。"

"你不是有病吗？还到处跑？"慈禧带着责备的口气说。

"好了，好了，快吃饭吧，我饿了。"慈安见载淳无言以对，忙岔开话题。

今天午膳照例有慈禧爱吃的清炖肥鸭和烧乳猪。慈禧平日非常注意保养自己的身体，除节制饮食外，她还每天喝新鲜人乳，这些人乳都是从旗下兵丁妻妾中刚刚生产完的健壮而洁净的女子处取得的，所以慈禧虽年逾三十而光彩依旧。慈禧最爱吃的清炖肥鸭是将鸭子去毛及肝脏洗净后，加上调味品，装在罐中，放在锅里加紧盖封后文火蒸煮，得连续蒸上三天，才为清炖肥鸭，慈禧最喜欢吃鸭皮。

吃完午膳，慈禧照例散步。最近这阵朝里朝外也不太平，曾国藩虽然进驻徐州，却不见他向捻军放一枪一炮，捻匪流窜，京师人心有些浮动。昨天恭亲王说曾国藩来信的意思是自己坐镇徐州，打仗应另外派人前线督师，恭亲王保举李鸿章的淮军，命他派人乘船快速北上，会同崇厚的洋枪队截阻捻军北上。可慈禧却接到了情报，曾国藩离开江宁，便将妻小都安排住下，搬出了两江总督衙门，四月初便让妻妾到武昌他弟弟曾国荃那里，又和郭嵩焘结了儿女亲家，花轿是在船上抬出去的，陪嫁只有二百两银子，这不像曾国藩平日的为人。

想到这里，她吩咐身边的安德海："去请六爷到宫里来一趟，等'那边'醒了叫在东暖阁见。"

恭亲王一听太后召见，忙将准备睡下的念头打消，来到宫中，他隐约觉得可能是为了曾国藩的事。

果不其然，恭亲王刚坐下便听到慈禧开口说："六爷，今天就我们三个人，家里头好说话，你知道吗？湘淮有矛盾哪！"

"啊？"恭亲王不知她何出此言，但他知道李鸿章新练的淮军与未裁撤的湘军势如水火，却不知道他们师徒之间也有矛盾，一时无从答起。

"曾国藩一走就将家小搬出了江督衙门，回湖南了，看样子是不想回两江再任总督。现在虽各为督师，可调动不灵。刚才我想了想，他曾涤生又封侯又拜相，督师三四个省，却调动不灵，离任搬家，这里面恐怕是有什么内情吧？六爷，你统筹全局，想想看，我们是不是有什么地方疏忽了呢？曾国藩我是了解的，别把老实人惹急了，弄得不好收场。"

"我不明白为什么曾涤生搬出了江督衙门，难道他以为朝廷不会让他回任了？"恭亲王一副疑惑的神情。

"我看八成是他的学生不太稳吧？急于接他老师的缺，朝廷又一连重用李少荃，这事恐怕不宜拖下去。"慈禧望着半空，像是在自言自语。

"嗯！"恭亲王暗暗点点头，深以为是，想说那就调李鸿章去好了，曾国藩仍回两江。话到嘴边，忙收住，抬眼看看慈禧："太后，那么办呢？"

慈禧想了想，收回了望向半空中的目光断然地说："朝廷不能对功臣这个样子，拟旨让曾国藩回两江，叫李鸿章去打仗，曾国藩去给他筹饷，这才是正理！"

"叫曾国藩给李鸿章筹饷？"在一旁一直未插言的慈安疑惑地问了一句，但看到慈禧和恭亲王神态自若的样子，拍拍头想了想，忽地笑了，说道，"看我，怎么没转这个弯。"

三

两江总督回任与江苏巡抚李鸿章特授命为钦差大臣剿捻的上谕发到徐州时，曾国藩正和他的幕友钱应溥下棋，就在枰边拆了廷寄，看完后继续打棋盘上的一个"劫"。

下完棋，曾国藩抬头往外看了看，对钱应溥说："走，陪我出去走走。"

一边走，曾国藩一边问钱应溥："子密，你记得我将两江总督的印交给少荃的时候说过的话吗？"

"记得，大帅登船时说'决不回任'，现在看来朝廷好像有变动？"

"嗯！朝廷让我回任！"

"少荃自接了两江总督，越发有些不像以前那样谦和了，朝廷本来是让他暂署嘛，怎么连夫人回武昌也不挽留？那样子好像是他真做了两江总督一般。"

"子密，你不要怪他，少荃是大才，做个两江总督是可以的，他正在意气风发的时候，我不能不帮他一把，你帮我拟个折子，仍照原意递上去。"

钱应溥真想劝他别这样固执，本来朝廷挽回局面，用心良苦，他年事已高，应该回江宁静养才是。

"大帅，您应该接受朝廷的好意才是。"

"子密，你不要多说，就这样措辞，"曾国藩慢慢地念道，"自度病体，不能胜两江总督之任，如离营回署，恐不免畏难取巧之讥。所以请仍在军营照料一切，维系湘淮诸军军心，庶不乘古人鞠躬尽瘁之义。"

钱应溥见他心意已定，不好当场劝阻，便告辞去找曾纪鸿——曾国藩的二儿子。

曾纪鸿一听乃父不愿再回两江，便开口说："那怎么行？老人家不回任，李少荃来不了嘛！弄不好会成僵局的，到那时麻烦大了。"

"我看咱俩找几个人劝劝他吧！"

"不行啊，你不是不知道，老人家向来不准我们跟他谈公事的。"

"这不是公事，朝廷体恤大臣，处以善地，应该劝劝，你说说做后辈的想法也好嘛！"

于是两人商量好了，约了几个幕友一齐来见曾国藩。他人虽方正，却最喜欢谈天说笑话，所以平日里也经常和幕友们一起谈天说地，这一谈谈到正题，曾国藩才明白大家是有备而来，便静静地听着。

听他们讲完，曾国藩叉开五指，抚理着他那长长的花白胡子，慢慢地说："你们说得有道理，但不知我的苦衷，持原意绝不是负气。子密，我刚才拟了一段话，你可以把它编排在奏稿里。"说着拿出一页纸来，递给了钱应溥。

曾国藩写的是：

> 若为将帅则辞之，若为封疆则就之，则是去危而就安，避难而就易。臣平日教训部曲，每以坚忍尽忠为法，以畏难取巧为诫；今因病离营，安居金陵衙署，涉迹取巧，与平日教人之言自相矛盾，不特清议之交讥，亦恐为部曲所窃笑！臣内变病体，外度大义，轻减事权则可，竟回本任则不可。

部曲当然不会笑话，湘淮各军谁不知道"大帅"为人？交议则是为了他的真道学。曾纪鸿心想，义正辞严恐怕不起作用，看来得语走偏锋才是。

"孩儿觉得'每以坚忍尽忠为法'这句似乎还可斟酌。"

曾国藩最喜欢儿子跟他谈文学，老大曾纪泽文思开阔，气势展得开。老二曾纪鸿则欠火候，这本是一段说理圆满的文章，他却说可斟酌，也说明他有了一定的进展，所以曾国藩慈爱地望着曾纪鸿："你倒说说看，如何再斟酌？"

曾纪鸿本意是劝乃父归任江署，略一想，大着胆子说："忧谗畏讥，似非'坚忍'；而'尽忠'亦不在不避艰危。朝廷调度，照孩儿看，在后路筹饷，亦不比在前方打仗来得容易。"

曾国藩点点头，笑着对曾纪鸿说："前面的立意很好，可惜后面露了马脚，你须切记。"曾国藩正了正脸色说道："知之为知之，不知为不知，是知也。强论是不行的，你说朝廷调我回江陵是替李少荃筹饷，是少不更事，你仔细想想，李少荃用得着我替他筹饷吗？朝廷能想不到这层吗？上次递的坚辞两江总督折可能还没有到朝廷，我的宗旨是讲，统兵大员若非督抚有理财之权者，军饷必不能应手，士卒即难用命，所以才保他做两江总督，充任钦差大臣。"

"大帅，您为李少荃未雨绸缪如此，实属罕见。"钱应溥十分感慨。

"不然，我是为大局着想。纵观海内，西北非左季高不可，而东南也非少荃不能收功。朝廷命我回署两江，我怎能不知是恩典？一再坚辞，是因为李少荃有他的打算。唉，今天就让你们看看他给我来的信吧，其中原委一目了然。"说着从他存放密件的箱子中拿出一封信交给幕僚李鸿裔。李鸿裔拿过信一看，是同治四年九月的信，整整一年前，静静一想，去年这时候朝廷密谕李鸿章与曾国藩，彼此函商同不同意漕运总督吴棠署理两江总督、江宁藩司李宗羲署理漕运、两淮盐运司丁日昌署理江苏巡抚。

李鸿章写的这封信谈的就是这件事，他没等老师先发信函而抢先发表意见，首先谈到的是向曾国藩要回刘铭传、杨鼎勋。这两个人都是淮军的猛将，杨鼎勋原是鲍超的手下，后来作客淮军，作战勇猛，将这两个人要走，湘军实力大减。

接下来是谈饷，李鸿章提出江宁、淮安、徐州等地的归曾国藩，而苏州、松江、常州、镇江、太仓等地和上海的关税收入归他。

李鸿裔看到这里冷笑："李少荃每对人称师必提大帅，谁都以为他出于至诚，毋庸置疑，哪里能想到如此尊师重道，让大帅在徐州唱空城计不成？江南富庶地区的税都让与他，真真令人齿冷。"

"鸿裔，不要妄加评论，你才看到一半嘛，我此心天地可鉴，于心无愧，何必如此计较。"

李鸿章下面谈的是不同意吴棠署两江，但用了"朝中大政，密谘重臣"的传统手法，要曾国藩来讲这番话，又说丁日昌熟于洋务，才堪大用，但缺开苏抚似嫌资望不够；李宗羲的才具不过江宁藩司为宜，这些说法无非说吴棠不宜署两江，一旦署理恐局势多变，人心不和。

但他出征，非要有人接他，如果不用吴棠用谁呢？李鸿章信中使用"或谓"的语气给他老师提出了难题："或谓宜调筱兄"为江苏巡抚兼五口通商大臣；"或筱兄署江督、丁日昌兼署江苏巡抚"。

"哼！"李鸿裔将信扔在了桌子上，"李少荃真是内举不避亲哪！亏他想得出来，难道这江苏的督抚非他合肥李家来干不可？"

李鸿章信中提到的筱兄是李鸿章的长兄李瀚章，拔贡出身，早年在湖南当知县，同治元年做道员，由于李鸿章的"圣眷"擢拔到湖南巡抚，如果再当两江总督，那可叫人不服了。

看到这里，大家都明白了曾国藩的良苦用心，自己不能出面干涉朝中用人调配，这是曾国藩的一贯宗旨。而已调闽浙总督却迟迟不肯去接左宗棠的吴棠是慈禧的人，所以曾国藩才有此举——将恭亲王不得已推到自己身上的难题和李鸿章加在身上的重荷一齐推回给朝廷；反复推辞两江总督也是曾国藩另一层意思——自己为朝廷效力多年，该得到的都有了，又不想造反，回到家中，闲散而居，拥良田美妾，颐养天年，其乐融融，何苦还如此风餐露宿？所以他想从慈禧口中逼出这句话："既然曾国藩不干，那就让李鸿章去干！"自己是刀切豆腐两面光——既保了李鸿章，又落得个急流勇退的好名声。

"子密，你就照我的意思去办吧。"

拜折于第二天派人送出，曾国藩仍旧每天一局棋，寄情于黑白世界之中，静候消息。

没想到奉到的上谕措辞恳切而严峻："曾国藩为国家心臂之臣，诚信相孚已久，当此捻逆未平，后路粮饷军火，无人筹办，岂能无误事机？曾国藩仰体朝廷之意，为国分忧，岂可稍涉疑虑，固执己见？着即禀遵前旨，克期回任，俾李鸿章得以专意剿贼，迅奏肤功。该都回任以后，遇有湘淮军事，李鸿章仍当虚心谘商，以期联络，毋许再有固请，用慰谨念。"

这"毋许再有固请"六字表示再也没有商量的余地，否则面子上恐怕过不去。曾国藩看完廷寄长叹一声，不知是悲是喜，不过他倒很赏识两宫及恭亲王的做法。安排琐务，回到江宁，从李鸿章手中接过了两江大印。师徒二人细谈局势，陕甘总督左宗棠还未到任，西路捻军已逼近西安，且东路未平，局势不容乐观，两人依依惜别，李鸿章便登程到任去了。

深宫多暇，喜欢热闹的慈禧想起了该给大格格荣寿公主和醇郡王的长女指婚，经过几轮筛选，两个人成了中意人选：一个是六额驸景寿的儿子一品荫生志端，他是恭亲王同母的姐姐寿恩公主所生，跟大格格是嫡亲的表兄妹，生得文静。一个是僧格林沁的孙子多罗贝勒那尔苏，与志端正好相反，英武异常。

慈禧做主将志端配给大格格，将那尔苏指配给醇郡王长女——看中志端的才学，配给大格格可相伴无欺；看中那尔苏的门第，醇郡王与蒙古第一世家结亲，一是对稳定社稷有帮助，二是将来对自己也有所帮助。

大格格对慈禧的安排不甚满意，因为她平日里也接触过这位表兄，总嫌他太文弱无丈夫气，不过既然慈禧指配，心中委屈也只好往肚子里咽。小皇帝不知道她的心事，但十一岁的载淳也颇懂事，见大格格在低头绣花，便取笑地说："姐姐，你是不是在办嫁妆？"

"别胡闹，没看我绣的是什么？"

载淳一看，是明黄色的软缎上绣了一条火龙，明黄色是皇帝及太后才可用的颜色，便想起自己属龙，曾托大格格给自己绣个书包。

载淳见大格格眉头紧锁，便没话找话地说："姐姐，听说你要成亲了？"

"谁说的？"

"张文亮告诉我的，说把你许给了六额驸的儿子志端。"

"好了，你别说了！"大格格放下针，双手捂住了耳朵，"我不爱听，不爱听！"

小皇帝忽然机灵了，说："你一定是不喜欢志端。"

大格格让他一语道破心事，眼泪便流了下来。

"姐姐别哭，不喜欢就不喜欢嘛，干吗不说？我去找母后。"说完拔脚就要出屋。

"你回来！谁说我不喜欢了？"一向对皇帝最有办法的大格格叫了一声载淳。她怕小皇帝多管闲事挨骂，因为她在慈禧身边多年，深知慈禧喜怒无常，遇到不高兴时，不管你是谁，都别想好，至于违背她的意思，那更是不可能的事。

"那你真的喜欢志端吗？"

"你再提这事我可告诉太后说你不用功，来这儿捣乱。"大格格只好吓唬他一下。

"行了，行了，我不说了。"载淳直摆手，忽然想起了要说的话。

"姐姐，你跟六叔说说叫载澄进宫陪我读书。"

"不行！我不去说。"

"为什么？"

"载澄念书不用功，不能让他和你在一起。再说，这得有懿旨才行。"

"那你去求求皇额娘呗。"载淳摇着大格格的胳膊说。

"为什么要我去？也不是我的事。"

小皇帝觉得她说得不对，但没法反驳，只好叹了口气。就在这时，宫女来告诉小皇帝，太后传膳了。

来到长春宫，见过了礼，小皇帝刚拿起筷子，慈禧便又问到功课。

每天吃饭时慈禧都问他功课，一问他就先心慌，功课太多，回答得慢，慈禧就沉下脸，偏巧今天安德海讨好太后，装出一副非常关心的样子，劝小皇帝要记住太后的话，少泡病号到处闲逛，话里话外将小皇帝许多淘气的事都抖搂了出来。慈禧气得将筷子一摔，将小皇帝劈头盖脸一顿斥责。这顿饭没吃成，慈禧惹了一肚子气，载淳憋了一肚子火，等到出了长春宫，小皇帝恨恨地对张文亮说："等我长大了，亲政后第一个杀了小安子。"发了胸中的火，尤嫌不足，叫张文亮和了些泥，塑成了小人像，上面写了安德海的名字，小皇帝手拿一根绣花针，扎一下喊一句："杀死你，小安子；杀死你，小安子……"

第十章

报私怨　谗言惑主

争美差　走向深渊

一

斗转星移，转眼到了同治七年。

朝中变故甚多，足智多谋的军机大臣曹毓瑛得病猝死，英年早逝。补了个胡家玉却是不堪大用，后来免了，补进糊里糊涂的汪元方，只混个差事。东捻已平，李鸿章功高一筹，资望骤起。小皇帝载淳十四岁了，在翁同龢的教导下，虽无太大起色，却也学了些东西，随着时间的推移和载淳的逐渐长大，杀安德海的心也就越来越盛，只是苦于无机会下手，但暗中却不知将安德海"杀"多少回了。

这天早晨慈禧醒得特别早，由不得她不早起——直隶总督官文传来战报，捻军余部已流窜到了河北保定，而李鸿章手下的"铭军"还迟迟未见动静，慈禧心头一片烦乱，叫安德海传旨请恭亲王和军机大臣早一个钟头在养心殿见面。大冷的天，殿中生了四盆炭火都没有解决问题，君臣个个脸色铁青，慈禧脸色亦十分难看。

"一个年都没有过好，今天都初十了，怎么刘铭传还没有动静？他李鸿章打了胜仗，眼睛长到头顶上了吧，没有看到我们娘儿仨是不？"慈禧声音中带有明显的责备，跟殿上冰冷的空气混合，令人不寒而栗。

恭亲王本想回护李鸿章，但见她动怒如斯，也不敢替李鸿章辩解，只得说道："军机一再催促他，也限他着令铭军克日启程。"

"哼！"慈禧冷笑道，"照此看来，说好的是不行了，倒像是在求他，我不知道他有没有良心？东南膏腴之地都给了他，他还想要什么？朝廷哪点对不起他，反过来跟朝廷较劲，这样下去还得了？你告诉他，让他带兵来直隶，我倒要看看他李鸿章何许人也。现在捻匪已到了保定，你们说该怎么办吧？"

"自然要交部议处。"恭亲王说。

"要严议，不要敷衍了事！"慈禧加了一句。

军机议的结果是，给钦差大臣李鸿章和河南巡抚李瀚章"降三级留任"，李鸿章另外被褫夺双眼花翎和黄马褂，京里京外的官员原以为捻匪只不过在黄河南岸，没想到已到了保定，照这样三天就可到京城，也就不奇怪为什么刚刚平定东捻的李鸿章会获此严谴，都说朝廷这事处理得很好。

处理完这事的慈禧心情是一波刚平，一波又起。听安德海汇报说，最近小皇帝经常微服出宫，到北京城的大街小巷游逛，有时一玩就是半天。

"他不是有病了吗？怎么还到处跑？"

"主子，皇上身体是有些弱，可还没有病到连课都上不了的程度，奴才暗中看了，最近这阵子皇上和载澄经常出宫，有时他也自己出去，奴才是担心主子的一片心思都挂在皇上身上，到头来落得一场空！"

"嗯！你以后多留意，有什么情况马上告诉我，看来得严加管教他才是。"

"嗻！"

安德海所言不虚，载淳最近确实经常微服出宫。

这天照例是泡了病号，载澄请假回家照顾恭亲王去了，恭亲王偶感风寒，派人来将载澄叫了回去。

载淳出了宫门，一路东走西逛，不知不觉来到了琉璃厂。琉璃厂是为宫廷和王公贝勒制作首饰器物的地方，载淳在铺面前走来走去，看中了一个玉牌，雕刻精美，十分好看，便指着玉牌对低头在柜台内打算盘的账房先生说："你把那个给我拿来，我要买。"

账房先生抬头见一个十四五岁的小孩站在那里，回头看看他指的东西，见是玉牌，随即将那双近视眼瞪得大大的："小孩子，不要胡闹，那东西不是好玩的，很贵很贵。"说完便又继续低头打他的算盘。

"哼！我偏要买！你给我拿！"载淳双手拍着柜台。

喊声惊动了在里间屋喝酒的掌柜，听到外面有人叫喊，不知出了什么事，微晃着身子走出了屋，等到问清原委，掌柜的笑着喷出一口酒气："少爷，这东西你玩不了，喏。"掌柜的嘴一努："外面街上有很多卖泥人的，买两个回家玩去吧！"说完转身刚要回屋继续"享受"，"啪"的一声，掌柜的凭多年的经验，知道那是金属和木头撞击的声音，等一回头，那双微闭的眼早已瞪得大大的了。

柜台上是一块瓜子般大小的金子，看成色，那可是足赤之金。掌柜的正在惊异，耳畔响起载淳的声音："够不够？不够我这儿还有。"说完载淳从怀中又掏出三枚金瓜子。

掌柜的识货，这种金子在市面上是没有的，寻常百姓家更是没有。眼珠一转，便笑嘻嘻地对载淳说："少爷，这样吧，我们这儿不收这样的金子，这个玉牌我让伙计给您送回家，计了价银后再回来，您看如何？"

"好吧，叫人将它包好。"

店伙计送着载淳，心里直犯合计，从来也没有干过这种差事，而且掌柜的非让自己跟他到家，看看是哪家府第的贵公子之类，伙计暗笑掌柜的多事。等左转右拐，伙计一看那位少年径直向皇宫走去，眼见他进了午门，守门的卫士不但没拦，反而施礼，吓得伙计仓皇跑了，哪里还顾得算银价。

第二天张文亮拿着银子来到琉璃厂，掌柜的一问，方知昨日那位少爷是当今皇上同治帝，吓得哪里敢收银子，忙包了些银子"孝敬"张文亮买茶喝，心中才稍感安宁。

小皇帝载淳回到宫中，第一件事是去看看他养的"大福"和"二福"。那是两只活泼可爱的猴子，一见到载淳便嘶叫着行礼，然后跳到载淳的身上，讨吃的东西。喂完猴子，皇帝转身对张文亮说："你去把桂莲给我叫到书房，替我磨墨。"

桂莲是皇帝选秀女而入宫的，人长得可爱，大眼睛总是一闪一闪的，长长的睫毛。小皇帝载淳十分喜爱她，除去念书出游，总是让桂莲陪在身边。小皇帝不懂什么叫情，只是觉得身边若没桂莲便感到空空的，所以，连练字的时候也让她来磨墨。

"桂莲，来，给朕磨墨。"载淳装出一副老气横秋的样子说道。

平日里和载淳时而嬉戏的桂莲见他如此举动，"扑哧"一笑，露出两排洁白整齐的牙齿。

"你笑什么？"

"奴婢笑皇上刚才的样子像个老夫子似的。"平日里说笑惯了，所以桂莲并没有想到宫中礼仪。

"胡说！"载淳一拍桌子，"朕老吗？"

桂莲平日里见到的小皇帝总是嘻嘻哈哈的，哪知今天变了脸，想起入宫时总管太监教的礼仪，知道自己犯了错，赶忙跪倒："奴婢该死，奴婢冒犯了皇上，求皇上宽恕。"

载淳是成心吓唬她，没想到吓得桂莲脸色发白，眼中噙泪，心中老大不忍，忙绕过书案伸手抓着桂莲的胳膊将她拽了起来："我是跟你闹着玩的嘛！别哭了。"说着，用手擦了擦桂莲的眼泪。

桂莲站起身来，低着头。小皇帝载淳也觉得没趣，一时沉默起来。

过了好大一会儿，载淳才想起一个事，抬头问桂莲："你会刺绣吧？"

"嗯，奴婢小时候绣过。"

"你给我绣对枕套怎么样？"

"奴婢遵命，但不知皇上想要什么图案的？"

"随便，什么样的都没关系。"小皇帝装作大度的样子，其实让他说，一时也说不出个名堂。

话一说开，两人都觉自然多了，没了刚才的尴尬，桂莲也露出了平常的笑容。

皇帝练完字，桂莲像往常似的陪他转了一圈，两个人一边走一边说呀，乐呀，载淳每到此时都非常开心。

到了吃晚饭的时分，安德海晃着身子来请载淳，再有一阵子就是皇帝的生日了，这阵子安德海格外巴结，常常在慈禧面前说载淳的好话，称颂皇帝书读得好，前几天又提起皇帝万寿要大大庆祝一番，刚刚去过升平署，定了几出皇帝爱看的文武戏，便来报功。

"办得好！"载淳一听戏名，非常高兴，"我得赏你点儿什么！"

"奴才伺候皇上是应该的，哪敢邀赏，只要皇上高兴，奴才就比赏什么都好。"安德海虽然心中欢喜，但嘴上却很恭敬。

"总得赏点儿什么。"载淳一手托着下巴，眼珠飞快地转着，他在心中盘算着怎样才能借此机会在众人面前让他出出丑，想来想去心中忽地有了主意。

"小安子，你是几品呀？"

"回皇上，奴才是四品。"

"按规矩几品到头呢？"

安德海一听有门，便不慌不忙地说："按规矩是四品到头，有特旨那就例外了，规矩本来就是皇上定的。"

"嗯，"载淳故意沉吟了一会儿，踌躇地说，"你这样卖力，我就另外赏你一个顶戴，你说怎么样？"

"哎呀皇上，奴才绝不敢邀赏，皇上要另立规矩是行的，奴才这话可不是取巧儿。"

"我知道你不是取巧儿，"载淳指着安德海的头说，"你总戴蓝顶子，多难看，我给你换一个。"

世上真有如此巧事？安德海早就嫌自己戴的蓝顶子不好看，想换上三品的红顶子，那多威风，那就成了有清以来第一个突破四品的太监。安德海心中虽欢喜不尽，但还是装作诚惶诚恐的样子说："奴才受恩深重，实在不敢再邀恩典，请皇上体谅奴才的诚心，收回成命吧！"

小皇帝有些穷于应付，如果收回成命就没有好戏看了，他极力思索，想起上谕中常对大臣说的话，随口说出来："毋许固辞。"

"是！奴才受领。"安德海谢完恩，乐颠颠地回宫了。

望着安德海一摇三晃的背影，载淳恨恨地道："哼，有你好瞧的。"

回到书房，小皇帝载淳找出一块翡翠狮子的镇纸，把张文亮叫来，在他耳边低声说了几句，弄得张文亮一脸惊异表情。

三月二十三，到了载淳的万寿日。平日不容易早起的载淳，今天格外精神，上完书房后，来到漱芳斋传膳听戏。

宫中近侍的太监和宫女，就在这里给皇帝拜寿，皇帝有赏，每人一个荷包，里面有一两重的金锞子。到了安德海的时候，小皇帝响亮地喊了一声："安德海。"

"奴才在！"安德海潇洒地一撩袍子跪倒。

"朕万寿你出力最多，赏荷包太屈了你，朕决定给你换个顶子。来人啊！将安德海的顶子摘下。"

张文亮上前摘去安德海的亮蓝顶子。

只见载淳从怀中掏出一个顶子来。所有在场的人，都认为必是一个珊瑚红顶子，没想到却是另外一个。

"小安子，赏你一个绿顶子！"载淳庄重地将翡翠雕成的绿顶子放到了安德海的头上。

"胡闹!"慈禧大笑。

慈安也忍不住笑了,宫女和太监无不想笑,但这种场合只许主子笑。小皇帝说:"笑吧!逗两太后大笑一场也算是你们的孝心。"

这一下,在场的太监、宫女无不大笑出声,有弯腰的,有捂肚的,有的笑出了眼泪。

安德海也笑了,他是苦笑,以此来掩饰窘态。慈禧说小皇帝胡闹是说安德海自取其辱,本来太监四品是"极品",想戴三品红顶是法所不容的,这事没有成为口实,如果小皇帝抓住不放,自己非掉脑袋不可,当一场笑话,可消灾于无形,安德海暗暗怪自己不小心上了当。

事情很快过去了,大家都将这件事忘记了,小皇帝的心思都挂在桂莲身上,每天有事没事便往翊坤宫慈安太后那儿跑,因为桂莲在翊坤宫住。

安德海却没有忘记绿顶的事,他在寻找机会报复小皇帝,每天仍旧当差,而且格外巴结皇帝,心中却盘算着怎样找机会泄泄心头之恨。

很快,安德海发现了载淳与桂莲之间的微妙关系,这是一个极好的口实,安德海暗暗记在心里。

二

慢慢地,安德海在慈禧面前有意装作无意地说皇帝每天在长春宫时少,在翊坤宫时多,到这里来只不过是应个景而已。

一遍两遍,慈禧没有在意,等安德海把这话重复四五遍时,慈禧问道:"皇上每天在'那边'干什么?"

"奴才也不知道,反正皇上总往那边跑,他们那些人防奴才都跟防贼似的。"

"那是你人缘好嘛!"

安德海被抢白,虽然明知慈禧并非有意,却也半真半假地挤出几滴眼泪。

"怎么了?看你那副样子,哭个什么?"

"没哭,一粒沙子掉到眼睛里了。"

慈禧再没有言语，既没有暗示，也没有让安德海暗中查证据。这结果安德海有预料，他对慈禧太后的心思揣摩得很透彻，只有这样两三次蓄势才能引起一场轩然大波。

载淳一门心思都挂在桂莲身上，随着时间的推移，桂莲的一颦一笑、一举一动，载淳都觉得美妙无比。这天载淳将桂莲叫到书房，问她会不会写字，桂莲说小时候偷着在家写了几回，可没有练过，说着便拿起一支毛笔歪歪扭扭地在宣纸上写了个"桂"字。

"哎呀，你写的字怎么歪歪扭扭跟扭秧歌似的？来来来，我教你，以后啊，我每天教你写一个字。"

"奴婢不敢，皇上每天自己读书写字就够累的，奴婢怎敢如此？万万使不得。"

"没事，每天教你写一个字，又累不着我，来，"载淳拽过桂莲的手，转到她的身后，温香满怀，手把手地教桂莲运笔，出锋；一个字还没教完，载淳只觉得桂莲身上的香气直往鼻子里钻，痒痒的，浑身舒服。载淳的脸靠着桂莲的脸，身体几乎全趴在了她的身上。一股冲动来自心底，载淳搂住桂莲，在她面颊上轻轻亲了一下，羞得桂莲忙放下笔，捂着飞满红晕的脸躲到了一边。

良久，两人没有说话。到底是皇上，带头打破沉闷。

"桂莲，别闷着，对了！你猜猜我现在想什么呢？"载淳实在是没有话题可找了。

"奴婢怎么能猜得到？"桂莲已恢复如初。

"你胡乱猜猜嘛！"

"那好，"桂莲歪着头，嘴角含笑，大大的眼睛一闪一闪地看着载淳，"奴婢瞎猜皇上这会儿想的是要给奴婢一个宝石戒指。"说完，顽皮地对着载淳笑着。

对呀，怎么不送东西给她？一个宝石戒指到处都有，怎么就没想到要送她一个？想到这儿载淳抬头看看窗外，桂莲一下子明白载淳想干什么，忙制止说："皇上，奴婢刚才是想逗皇上开心，哪敢跟皇上讨赏。"

小皇帝一想，如果让张文亮取个宝石戒指，敬事房一定要"记档"，闹得人人都知道，传到慈禧太后的耳朵里可不得了，更何况师傅倭仁整天用他那戴着近视镜的眼睛盯着自己，他是个老古董，知道了免不了又要啰唆一番。转念一想，何不暗地里送她一个戒指，神不知、鬼不觉的。于是载淳自然地想到了大格格的首饰箱。

吃完晚膳，载淳陪慈安太后坐了一会儿，便匆匆地来到大格格的屋中。

"姐姐，你把首饰箱打开，我想要个戒指。"

大格格知道他与桂莲很好，明知道这位皇帝弟弟想送东西给桂莲，却明知故问地说："首饰是女孩家藏的，你要这玩意干吗？送给谁呀？"

"哼！向你要个戒指都不给，痛快地说，给不给，不给我就不要了。"载淳负气地站在那里。

"行了，我逗你的，谁不知道你那个小心眼？"大格格说着翻开首饰箱，挑了个色泽极纯的蓝宝石戒指，"怎么样？满箱中它最大、最纯。"载淳一看，那戒指的截面有蚕豆般大小，心中十分满意。但又有些犹豫地说："你得保证一件事，我才敢要。"

"什么事？"

"你保证不向任何人说起，即使看到它戴在谁的手上也装作不知道这回事。"

"行！"大格格爽快地说，"不过，你得告诉我这个戒指给谁。"大格格想证实一下自己的判断。

小皇帝略一踌躇，点点头说："你把手伸出来！"等大格格伸出手来，载淳在她手上写了"桂莲"两个字。

第二天，载淳找个机会将戒指送给了桂莲。看到她满心欢喜的样子，小皇帝心中有说不出的踏实，正暗中高兴，张文亮慌慌张张跑来。

"皇上，圣母皇太后找您！"

"什么事？"

"不知道为什么又发脾气，据说把东西都摔了。"

小皇帝本来到长春宫就害怕，张文亮这一说，越发提心吊胆，等到了长春宫，载淳硬着头皮进屋请安，怯怯地喊了一声："额娘！"

慈禧满面怒容，将载淳上下打量了一下，冷冷地说："哼！上书房的日子，倒见得着人，不上书房的日子，连个人影都没有。"

小皇帝不敢回话，只用脚在地上画着圈，晃着身子，背着手，低着头，心里面想着桂莲那姣好的面容。

"你，你看你，什么样子？一点儿威仪也没有，哪像个皇帝的样子。说多少遍了，要用功学习，要学规矩，你听进去了几句？满处乱逛，跟外面野孩子有什么两样？"

"野孩子"三字太伤载淳的自尊心，他虽不敢争辩，却将头扭向一边。

"你，你，你看你，我和你说话，你头扭到一边，跟我这个样子！"慈禧拍着炕几，"你心里放明白点儿，不要以为有人护着你，就可以爬到我的头上，就可以为所欲为！"

安德海知道载淳比较犟，便上前扶着载淳的身子："快向圣母皇太后道个歉，就说下次不敢了。"他本意是想引小皇帝往自己身上发怒，好加深慈禧对载淳的坏印象。

小皇帝最恨安德海这种仗势压制自己讨好太后的行径，双目圆睁，本想一巴掌扇在他的脸上再说。小皇帝常常跟宫中的太监摔跤，身体虽弱，但手劲十足，如果打在安德海的脸上，肯定把安德海的牙打掉，外带摔个跟头之类。但就在要出手的刹那，载淳忍住了，他想起慈禧正在气头上，说不定再受训斥，好教小安子快意，是无论如何划不来的，因而只瞪着眼睛问："你拉拉扯扯的干什么？放手！"

慈禧心中明白安德海如再不知趣，小皇帝正好将怨气都发到他身上，为了回护他，慈禧大声申斥："没你的事，走开！"

安德海讨了个老大没趣，但他脸皮厚，不动声色地答应着"嗻"，然后站在一边。

慈禧接下来继续教导载淳要好好读书之类的话，一直说到传午膳的时候。

吃完午膳，请了安，载淳回到西暖阁，张文亮密奏：已经打听到了，慈禧太后因为皇帝这阵子总在慈安太后那里盘桓，大为不悦。这天发脾气，完全是听了安德海的挑拨。

"我就知道又是这个王八蛋捣的鬼。"载淳气得将一个花瓶摔在了地上，"非杀了他不可！"

"皇上息怒，安德海坏事做绝，不会有好下场，可现在有人护着他，何况他又没犯杀头的罪，您这样容易打草惊蛇。"

"嗯！也是，你多叫几个人留意打探一下，有什么情况向我报告！"

张文亮机警地说："奴才先有意无意地跟王公接触一下，透露一下安德海的'好事'，好让那些人了解他在宫中的不法，等到有机会除掉他，也可争得上下支持。"

"这个主意很好，你马上行动，越快越好，我都等不及了。"

三

安德海尽管已成为使王公大臣们侧目的人物，但依旧扬扬自得。这怪不得他，趋炎附势的人太多了，只要他回家，顿时门庭若市，有送礼的，有请宴的，目的都瞄准的是即将到来的大工大差。

"大工大差"是指皇帝的大婚典礼，日子虽没有定，但少则两年，皇帝十六岁后，多则四载，又逢承平之世，怎能不好好热闹一番。

内务府自议修圆明园的计划流产以后，心中一直在琢磨题目，这回皇帝大婚典礼，乾清宫、坤宁官、养心殿自然要修，太后的慈宁宫和宁寿宫也必然要修，里面修了外面不能不修，光一座"大清门"就可报销十万两银子。

安德海是慈禧身边的红人，主意要慈禧拿，但慈禧必先问安德海，他随便安个名目，就有一笔油水可捞，所以安德海自然成了忙人。

恭亲王和宝鋆会同军机大臣、内务大臣拟个单子，由安德海转呈慈禧，谈到了筹办大婚事宜：第一是修宫殿，第二是制办衣物。安德海进言，民间大户为儿女筹办婚事得两三年，大婚期近，应该宽筹经费，及早着手。

慈禧深以为然，立即找来内务府大臣明善谈宫内修建之事。消息传到宝鋆那里，他大为着急，这单子开出来，光修宫殿就得几十万两，他是户部尚书，首先会遇到麻烦，急忙赶到恭亲王府去报信。

"岂有此理！那老小子敢开这些，我找他算账。"恭亲王略一沉吟，"你派人先将他给我找来。"

明善当然知道恭亲王派人找自己是什么事，所以见了礼后，先开口道："王爷，我这差可不好当啊！本想多开些，往上一报，打回来，这钱就省了，我可是做了挡箭牌。"

宝鋆和明善极熟，开玩笑地说："照你这样说，王爷还得领你个情？"

明善笑了笑，然后肃容说："说正经的吧，我家是内务世家，这大婚庆典，有《大清会典》在那儿，照章办事，也花冒不了多少。可现在，王爷、宝中堂，里面有个安德海在那儿胡搅，乱出主意，唉，提起他我脑仁都疼。"

这一说，恭亲王和宝鋆都不开口了。安德海现在已"成了气候"，相当难制，弄不好反惹一身骚。最后恭亲王顿了顿足："先不谈他，这样吧，这个数目，嗯。"恭亲王顿了顿，伸出一个指头："就给这个数，这都很难！你瞧着办吧，不够的话，你自己想办法。"

一个指头当然不是一千万而是一百万，这与内务府原来的打算三百万相差太多，明善虽大失所望，但满口答应："是！我那儿请王爷放心，该花的花，不该花的一个子儿都不花，就是该花的也得看看，能将就就将就过去。"言下之意，慈禧交代下来的，内务府没钱的话，只有将就，责任可不在己。

宝鋆笑了笑："这个地方就该找倭艮峰了。"

恭亲王会意地点了点头："你去跟老夫子说说，他肯定会义不容辞的。"

果然，倭仁满口答应了宝鋆的请求，他本来就是个方正的人，不过他因反对设立同文馆一案被免去一切差使，对政务已生疏，便向宝鋆询问了一下内务府近年来的开支情况，连夜写了奏折送上去。

慈禧这两天很忙，她在忙着审核内务府奏呈的大婚典礼采办单子。安德海围左围右地参谋，他看主子的眼色行事，一会儿说这款太寒碜，一会儿说那个不够好，尽其挑剔之能。慈禧有些倦了，打个哈欠，揉揉眼睛说："太多了，留着慢慢看吧！"

"时间可挺紧，"安德海一面收拾桌子，一面说，"东西要到江南、广东采办，主子如果看着不合适也来不及换，内务府就可以马虎过关了。"

"什么？这是什么话，还要脑袋不要？"

"大喜的事，主子能要人家脑袋吗？"

慈禧一想可也是，这样的大喜事，上上下下办事的都有恩典，最多责个办事不力。

安德海见时机成熟，忙趋身说道："主子，您最好派个信得过的人去一趟，要不然……"安德海指着单子说："要不然这里的水分可大着哪！"

"你说吧！"

"您派人先摸摸底儿。"

"摸什么底儿？"

"价码呀，心中有了底儿，水分才不至于太大，而且主要是要合适。"

"嗯！对！"慈禧不住点头。"可是——"她迟疑地说，"可你不能出京啊！"

唯一的障碍就在于此！清律规定，太监不准出京，违律者斩！安德海先不作声，然后才慢吞吞地说："这全得看主子的意思，主子说句话，谁敢驳回？"

"那也不是这么说，"慈禧踌躇了一下，"慢慢看看再说吧！"

等到上了灯，安德海心中正暗喜着有希望，忽见慈禧拿着道奏折，额上青筋跃动，这是慈禧生气的征兆，忙凑过去一看，原来是倭仁上的奏折。

倭仁的那道奏折，长长的引叙夹议，对皇帝大婚庆典提出了从简的希望。

> ……近闻内务府每年费用逐渐加增，去岁借部款百余万两。国家经费有常，宫廷之用多，则军国之用少；况内府金钱，增间阎膏血，任取求之便，踵事增华，而小民征比鞭敲之苦，上不得而见也！谘嗟愁叹之声，上下得而闻也！念及此而疴鹜右抱，必有恻然难安者矣。方今库款支绌，云贵陕甘，回氛犹炽；直隶、山东、河南、浙江等省，发捻虽平，民气未复。八旗兵饷折减，衣食不充，此正焦心劳思之时，非丰亨豫大之日也。大婚典礼繁重应备之处甚多，恐邪佞小人，欲图中饱，必有以铺张体面之说进者，所宜深察而严斥之也。夫制节谨度，遵祖训即以检皇躬，崇俭去奢，惜民财以培国脉。应请饬下总管内务府大臣，于备用之物，力为撙节，可省则省，可裁则裁。总以时事艰危为念，无以粉饰靡丽为工。则圣德昭而天下实受其福矣！

"哼，文章作得倒还不坏。"

但她转念一想，倭仁是个老夫子，便消了火，脸色即刻缓和下来。这边安德海一颗提着的心也跟着放下，因为慈禧生气的样子实在教人害怕。

第二天，安德海回到他刚刚大修过的家中。自打他得势后，便把他叔叔安邦太和姐姐及几个侄女都接到家中，加上父母，倒也像个大家庭，又找个叫王添福的人做管家。所以一进门，安德海便扯开嗓子大喊："添福，快给我沏壶茶！"

王添福是个机灵鬼，一听是安二爷的声音，马上脆响地应着："二爷，您老先坐一下，普洱茶马上就到！"

普洱茶当时是皇帝御用茶，安德海从宫中拿了很多，为的是回家摆谱。

安邦太这时从屋中走出来："德海呀，大热天也不到屋里坐？"

"安二爷，您去江南的事怎么样了，定下来没有？"王添福坐下说。

安德海在家向来是吹牛惯了的，喝口茶，眉飞色舞地说："快了，快了，再有十天半月就得动身。"那神情就像奉了懿旨般。

安邦太虽然是六十多岁的人，但人老心不老。以前安德海吹牛说要去江南置办龙衣，就在心底琢磨了千万回：那可是"钦差"，乖乖，多大官，那番风光，自己也沾边有份儿，也不枉活一回。

"德海呀，"安邦太想了想，小心翼翼地说，"你当了钦差，可不可以带我们去呀？"

"那当然，大家一起去，钦差嘛，总要带随员的喽！"

"哦！随员，随员！"安邦太睁大挂着眼屎的小眼睛，不住点头，在心中一遍遍地肯定着自己的随员"身份"。

谈了一会儿，安邦太转身进屋去了。王添福凑过来，几乎扒着安德海的耳朵，小心翼翼地说："二爷，您真的能去上吗？"

"刚才跟老头子不能讲真话，不过这事恐怕有七成账。"

"那可好了，这趟去江南可大赚一笔，至少这个数。"王添福一边说一边伸出张开的左手。

"能赚五万两？说说看，什么买卖能赚这么多？"

"珠宝啊！咱们那些珠宝在这儿脱不了手，那些商行的掌柜猴儿精，更何况是大内珍品，谁也不敢要。这些东西拿到江南，富家大户可不管你来路，成色足就行。"

"行，把那些东西趁机脱手，省得放在家里还担心。"安德海从宫中偷出许多珠宝玩器。

"二爷，您让我给您找个老婆，找了十几家，相中的有那么四五个，我叨叨咕咕您听听，中意呢就对八字，合了就买过来得了。"

太监娶妻古来已久，本来皇宫内院宫女太监极多，所以很早以前，皇帝就指派太监和宫女配对做夫妻，但只有饮食，未见男女。后来逐渐出现六根未净的太监，为乱后宫。明朝的大太监魏忠贤与皇帝的乳母客氏就是典例。所以，清朝统治者接受教训，禁止在皇宫内院做假夫妻，哥哥、姐姐这样的词都有严格约束，但皇宫外的事就不管了。

等王添福品头论足说讲一番后，安德海踌躇了一下："姓马的那个姑娘样子倒还合适。"

接下来对八字，也合。安德海对王添福说："你去拿一百两银子，叫她过来算了，我得先回宫两天，这趟差事跑定了。"

过了两天，等王添福再见到安德海的时候，安德海满面喜色，大讲了一番他是如何旁敲侧击叫慈禧太后动心的。

"那这事就成了？"

"八成多了吧！不过，主子交代说得跟皇上说一声。"

"您跟皇上说了吗？"

安德海略一迟疑："我不打算跟皇上说了。"

"哎呀二爷，这恐怕不行，"王添福想起小皇帝给他戴绿帽子的事，"我看皇上总跟您过不去，这事可不是儿戏，您可得当心点儿，还是跟他说一声吧！"

安德海认为王添福是小看了自己，冷冷一笑，说道："十多岁的一个毛孩子，怕什么？"

"话可不是这么说，二爷。"

"好了，好了，"安德海打断了王添福，摆了摆手，"你知道什么？这事我明白，用你来教训我？"

王添福知道安德海是"狗熊脾气"，便闭口不语，心中却合计：小安子这么干，早晚有一天得让皇上给杀了，到那时可是爹死娘嫁人，我得留一手，风声不对就开溜。

安德海回到宫中，琢磨着王添福的话也有道理。皇上虽然没亲政，可毕竟是皇上啊，他说话也有分量的，怎么办呢？直接跟他说肯定会被骂回来，安德海急得直拍脑门，忽地，他想起了张文亮，对！让他给皇上传个话。

张文亮一听，急忙摆手："安总管，这事您自己说才行，我说算怎么回事？"

"张文亮，你听明白了，这可是主子叫我去的，说跟皇上回一声，你是皇上身边的人，叫你回个话都不行？成不成你给我个信，快去！我在这儿等你。"

"安总管，这，这，唉！好吧！"张文亮装出一副无可奈何的样子，到了书房。

"什么？他好大胆子！不知道太监不许出京吗？"

"皇上，"张文亮凑过来，"小安子出京是西边的意思，他现在在京里可是炙手可热，出了京可就没那么大风雨了。"

小皇帝一点就透："对呀！等他出了京，告诉地方官抓起，就地正法。"但转念一想："哎呀，不行，我得表态呀，我让去的，谁还敢动手？"

小皇帝背着手在屋中踱着，猛然，对张文亮说："你去告诉小安子，我没工夫管他的闲事。"

"妙呀！皇上，这么回答可是滴水不漏。"

听完张文亮的回复，安德海以为皇帝真心实意地同意了，即便不同意也没关系，自己有慈禧给撑腰，怕谁？

小皇帝给桂莲戒指的事被安德海看了出来，这事马上就传到了慈禧的耳中，一场风雨即将来临。

安德海这几天特兴奋，忙着买老婆、准备大车，一副万事俱备的样子。

张文亮出了趟宫，到内务府见了明善，说安德海要出宫，明善听后笑了笑："张总管，他出他的宫好了，你去回皇上，内务府是齐了心的，随他去吧。不过，这事可别操之过急，得找个可靠的人才行。"

张文亮知道明善所指，他带着皇帝的意思来找恭亲王。

"嗯！张总管，你先去回奏皇上，我们研究一下。注意，千万可别走漏了风声。"

张文亮回到宫中已是掌灯时分，仔细跟载淳回奏了细节，另外将安德海的事也讲了一番。

"什么？一百两就买了个老婆？"小皇帝惊讶地问。

"现在是太平年月，荒年就更便宜了。"

"唉！这姑娘也是，嫁谁不好，偏要自己守活寡。对了！六叔他说研究一下，你明白是什么意思吗？"

"王爷可能是琢磨让谁来干这事，现在京外许多人都不敢动他，得找个托底的。"

"哦！我知道了。"

安德海不知道何时出现在门外，高声叫张文亮："圣母皇太后找。"

张文亮不知道出了什么事，跟着安德海来到了长春宫，一进宫就感到气氛不对，宫女太监个个表情严肃，不知是不是自己出宫的事让人家知道了。

"张文亮，你好逍遥自在。"一见面，慈禧就用揶揄的语气说道。

坏了！准又是安德海捣的鬼，张文亮迅速编了个理由："奴才是奉皇上的旨意去琉璃厂办事。"

慈禧似乎相信了他的话，慢吞吞地接着问："皇上是不是在别的地方经常召见桂莲？你要说实话。"

张文亮心中一紧，眼见这事可是瞒不住了，但张文亮还是硬着头皮挡了挡："皇上召见桂莲是有的，但无非是倒茶、磨墨，没有别的事。"

慈禧冷笑了一声："没有别的事是什么意思呀？"

张文亮暗中骂了自己一句，说话怎么这样不小心，漏嘴。

"奴才是说，皇上喜欢桂莲在身边，她人机灵，陪在皇上身边，皇上高兴，但并没有别的什么。"

"嗯！你倒诚实，行了，你下去吧！"

慈禧来到慈安的宫中，谈起桂莲的事。慈安知道桂莲很得小皇帝喜欢，本想替载淳说两句话，但见慈禧神态肃然，只好听她先说。

"皇上年幼，桂莲那丫头可灵着哪，把皇上迷惑住了可不得了。"

慈安觉得她的话很难听，皱皱眉："什么事？你又听到什么了？"

"多着哪，别的不说，就说桂莲向皇上要了个宝石戒指，你知道吗？"

"这——"慈安不大相信，"不可能吧？"

"本来我也不相信，宫中可没有这个规矩，你知不知道他向谁要的戒指？"

"谁呀？"

"大格格！"

"我真不知道。"慈安不得不相信她的话，但又不以为然地摇摇头。

"哼！那丫头片子可鬼得很，她可是拿着戒指做私情信物。"

"那么大点儿的人也懂这套？"

"皇上最近作诗都是风花雪月的。前两天让他念个奏折都结结巴巴，这样下去可怎么得了。"

慈安站起身来踱着："不行，果真有此事可留不住她！"

慈禧见自己的圈套套住了她，便冷声道："果真有私情的话，也不能将桂莲怎样。"

"你说这话是什么意思？"

"皇上现在是大了，管不了了，我的话也不听了，我可管不了了，这事姐姐看着办吧！他多少还听你的话。"

慈安见她将事儿推给自己，忙摆手说道："你可不能不管，等我查实了还是你来发落吧！"

"果真有此事可就没有打发出去的可能了。"

照清宫规矩，宫女如果受了雨露之恩，就绝不会放出宫去。那样一来就得有封号，最起码也要是常在或者答应，如果那样，正如皇帝所愿。

慈安太后一时没了主意，慈禧见时机成熟，道出了自己的真意："我看早点儿找个人家嫁出去，省得还得操心。"

慈安一时无言以对，最后，她说道："查出果真有此事，那定是留她不得！"

慈安派身边的宫女问到桂莲戒指一事，宫女回来复奏后，慈安摇摇头，叹了口气。"留不得"这话是她自己说的，说时容易做时难。尤其是撵桂莲，这一撵，桂莲伤心，皇帝也跟着伤心；不撵的话，还真怕皇帝分心，不好好念书，那关系可就大了。

最后还是决定撵了，先将桂莲挪到明善家，等找到好人家后再嫁出去。

一切准备都是暗中进行，桂莲根本不知道出了什么事，等到慈安身边的宫女跟她说明，才如木人般站在那里，久久没有言语。

"早晚都得走这条路，你早早就放出宫去，多幸运，又能找到好人家。唉，桂莲，别太傻了，快收拾东西吧，明儿个一早明大人家的车就来了。"

桂莲泪光盈盈，返身扑到被上，失声痛哭起来。

"桂莲，你别哭了，你自己应该知道是因为什么被挪出宫的，多保重。"说完那个宫女走了。

第二天一早，张文亮便知道了信儿，赶着来给桂莲收拾行李。一进门便见桂莲呆呆地坐在那里，两眼肿得像桃似的，忙过来劝桂莲。

"桂莲哪，出了宫，嫁了人就好了，明大人一定能替你找个好婆家，多保重。"

这时，慈安身边的宫女来到这儿，说："主子说了，叫不必去辞行，免得见着伤心，明大人家的车子已停在外面了，该走了。"

桂莲木然地站起身，朝翊坤宫的方向磕了个响头，慢慢地跟着那宫女出了门，张文亮目送着桂莲的背影，双目模糊，潸然泪下。

不见了桂莲来倒茶，载淳左顾右盼，一脸的困惑。等出了翊坤宫，便问张文亮："桂莲哪儿去了？"

"她死了！"张文亮极平静地说——这是他们研究好的话，省得让皇上伤心。

"死了？"

"是！急症！"

载淳觉得事有可疑之处，等回到宫里，才问张文亮。

"你跟我说实话，桂莲到底哪儿去了？"

张文亮磕头将事情的经过说了一遍。

载淳木然地坐在那里，愤愤地说："又是安德海搬弄是非！我非杀了他不可！"

"皇上，事已至此，无可挽回了，您可别急出病来。"

"哼，"载淳冷笑着，"皇帝，皇帝？我是皇帝，我连一个喜欢的人都留不住，你说我是什么皇帝？人说何必生于帝王家，真的，我怎么不是个普普通通的人，何须有这么多烦恼？唉！"

一直坐到晚膳后，载淳都没有作声，这一天滴水未进，张文亮正不知如何是好，慈安太后来了。

见过礼后，慈安说："皇上这一天都没吃东西，张文亮来说你病了，我来看看。"

"皇额娘，孩儿没事，"载淳肃容，"额娘，您说治理天下最要紧的是什么？"

慈安不明白他为何突然有此问，定了定神反问道："你的书念到哪儿去了？师傅没教你吗？"

"教过，"载淳站起身，"治理天下最要紧的是要用人，亲贤人远小人，谁该用，谁不该用，皇帝心中应有明鉴，您说是不是？"

慈安点点头，不明白他既然知道为何有此一问，便道："那你问我是什么意思呀？"

"贤人要近，小人要远，可现在却有这么个小人，连六叔都有些忌他，明知他坏，却不敢动他。"

慈安暮地会意了，轻声喝道："你别往下说了！"

载淳并没有住口："皇额娘明白孩儿的意思了？您说该怎么办？"

慈安并没有说怎么办，只是抓过小皇帝的手紧紧握了一下。

这一握，载淳立刻感觉到极大的鼓舞与安慰。他放心了，因为他感到了支持，不管怎样，慈安都会站在自己一边，他在心中一遍遍地念道："小安子，你的死期该到了。"

第十一章

自作孽　群情激愤

不可活　客死他乡

一

安德海出宫了。他带了一行人，有他叔叔安邦太、管家王添福以及新"娶"来的老婆马氏，还有几个家仆，浩浩荡荡，前呼后拥，那情景就跟钦差奉旨公干一般威风八面。

恭亲王府内，军机大臣们聚齐。恭亲王得到皇帝密谕，只等安德海离开直隶，便伺机拿住正法。他们正在商量谁来做这事较合适，选来选去，一齐都将目标放在了山东巡抚丁宝桢的身上。

"稚璜为人刚正不阿，而且安德海必路过山东，我看他是合适的人选。"文祥向来深谋远虑。

"博川，如果安德海走海路呢？"宝鋆顾虑地说。

"佩蘅，你多虑了。这一路上景致颇多，他小安子是不会放弃这个机会的。而且他带了十几口人、大小车辆，不会走海路的。"说到这儿，文祥笑笑道，"不信，咱们来打个赌。"

宝鋆搔搔头，笑着说："不赌了，不赌了，上次打赌输给了琢如，一直没兑现，唉！可惜他英年早逝。"

谈到了曹毓瑛，众人不免戚戚然。

还是沈桂芬打破了僵局："琢如英年早逝，着实是朝廷一大损失，可现在是讨论怎么拿问安德海，我们还是接着往下谈吧。是不是应该派个人给丁稚璜送个信儿？"

"不用，丁稚璜我很了解。小安子没有圣旨，太监不准出京，有悖祖制，他肯定会管的，到时候等消息就可以。"恭亲王胸有成竹地说。

安德海一离开直隶，便差王添福到镖局雇了几个镖师。这些镖师开始面有难色。本来，钦差奉旨，这一路沿途自有官兵保护，何用保镖？但经不住银子的诱惑，而且，王添福一口答应他保"暗镖"，这才动身相随，他们怎么也没有想到这位太监钦差会带很多奇珍异宝。

到了德州，驻足休息。两艘太平船泊在西门外，船上龙凤旗在风中猎猎作响，引来了许多看热闹的人，交相询问，弄不明白是谁在里面。

"二哥，这船上是龙凤旗，是不是钦差到了？"

"不对吧？钦差大臣的官船我也见过，总有官衔牌立在那儿，挂龙凤旗八成是宫里来的。"

"宫里来的？那一定是太后来泰山进香喽！"

"你怎么不说皇上南巡呢？太后进香的话，办皇差的早就忙坏了，知州老爷怎么不来迎接？"

"二哥，你看，那不是老公吗？怎么样，我说是太后进香吧！"

"按理，太后进香，知州大人也该来迎接才是，怎么不见人影？"

"行了，二哥，咱俩别争了，你看，船上下来个人，咱们打听打听。"

下来的人正是王添福，操着一口京腔来到那两人跟前，大模大样地问："你们知州叫什么名字？"

"知州大人姓赵，官印一个新字。"

"你们这位赵老爷，官声好不好啊？"

"好，好，非常能干，这德州在他手里治理得是路不拾遗，夜不闭户。"

"哼！胡说八道，他怎么不来接钦差大人？"

"啊！老爷，这事我们可不知道，我们穷百姓，不懂。"

王添福长这么大头一回这么威风："哼！他多大前程，敢端架子！"

两人见事不好，忙去找来地保，让他去城里通知赵新。

知州赵新其实早知安德海出京，他已接到在济南的丁宝桢的手令，让他注意小安子的行踪，遇有不法，立即抓住，再禀告。

"怎么叫'不法'呢？"赵新问文案，"按说挂龙凤旗就是不法，凭这点能抓他吗？"

"抓不得！"文案摇着头，"这个姓安的太监，当年诛肃顺那会儿，曾立下大功，连恭亲王都奈何不了他，大人去抓他，无异于鸡蛋碰石头。"

"嗯！话虽不错，可丁大人那里怎么交代呢？"

"大人，那有什么不好交代的，他没有骚扰地方，又没有不法行为，抓了可别惹身臊，犯不上。"

"这样吧，我们两个人去看看，有什么风吹草动再禀告丁大人，对上头也好有个交代。"

"嗯！"文案点头称是。两人乔装来到了西门，见两条很大的太平船泊在那里，船上热闹异常，女多于男，丝弦之声清晰可闻。

"怎么，还弄了班女戏子？"赵新问。

"可能这个太监爱听这口。大人，您看，那中央坐着的二十多岁的那个白净净的，就是安德海吧？"

"大概是他，他居中而坐，别人围着他，错不了！"

赵新看完，低声对文案耳语道："你派人监视着，有什么变化立刻通知我。"

第二天一早，文案便来到知州家中，没坐下就说："大人，那两条船上又挂起一面小旗，挂在了两面大旗之下。两面大旗上写着'奉旨钦差'和'采办龙袍'，那面小旗可大有说道。"

"什么形状？有什么说道？"

"小旗画的是一个太阳，太阳下面是一只乌鸦，这只乌鸦样子特别，是三只脚。"

"日中三足乌？哎呀！只怕他是真的奉旨钦差！"

"何以见得？"

赵新是举人出身，肚子里有墨水："你记不记得《春秋》中有句话叫'日中有三足乌'？"

"哦！这个典故我知道，不过，我记得《史记》'司马相如列传'中也有个典。"

两人翻开《史记》，找到"幸有三足乌为之使"，下面的注解是："三足乌，青鸟也，为西王母取食，在昆墟之北。"

"西王母暗指西太后，安德海自比三足乌。"

赵新低头不语，过了一会儿才缓缓地说："就凭这只日中三足乌旗，此人是罪不可逭！"

"何以见得？"

"西王母取食，不就是说奉了西太后的懿旨来打秋风，搜刮吗？本朝何有此先例？他必定是以西太后做幌子，罪不可饶，要满门抄斩的。"

"大人，我看可以禀明丁大人，就说出这面日中三足乌旗，丁大人是翰林出身，手下名人还多，这下非杀了他不可。"

"对！谁让他打着太后的旗号，办了安德海，我看西太后还得领丁大人的情呢！"

在济南的丁宝桢接到赵新的密报，便跟属下商量在什么地方抓人、怎样处置。

"只要不出山东，什么地方抓都行，可处置嘛，就看大人的啦。"文案说道。

"我看，抓住他就马上正法，免得夜长梦多，我这就写个折子，四百里加急递上去。"

"大人，尽量用浅显易懂的文字，据说西太后没念过多少书。"文案提醒道。

"嗯！这个我知道。"于是，丁宝桢思索一番，刷刷点点写了一份奏折：

> 臣接阅之下，不胜骇异。伏思我朝列圣相承，二百余年，从不准宦官与外人交结，亦未有差派太监赴各省之事。况龙袍系御用之衣，自有织造谨制，倘必应采办，但须一纸明谕，该织造等立即敬谨遵行，何用太监远涉靡费？自我皇太后、皇上崇尚节俭，普天钦仰，断不须太监出外采办……龙凤旗帜系御用之物，若果系太监，在内廷供使，自知礼法，何敢违制妄用？至其携妾带女乐，尤属不成体制！似此显然招摇煽惑，骇人听闻，所关非浅。现尚无骚扰撞骗之事，而或系假冒差使，或系捏词私出，真伪不辨。臣职守地方，不得不截拿审办，以昭慎重。现已密饬署东昌知府程绳武，暨署济宁知州王锡麟，一体跟踪，查拿解省，由臣亲审，请旨遵行。

发出奏折之后，丁宝桢马上派人通知程绳武，捉拿安德海。

程绳武是江苏常州人，当年剿捻时因守单县有功，而保开道员，因军功浮滥，所以才署理东昌知府，有"山东第一能吏"之称。

程绳武接到密札，便来找驻东昌府的总兵王心安。

"治平大哥，丁大人有令，捉拿安德海，押赴省城听候发落。"

"什么？抓太监，我不去。"王心安头摇得跟拨浪鼓一般。

程绳武知道王心安向来爱打仗，但叫他抓太监，肯定觉得有损威名。便笑着对王心安说："此人可不是一般的太监，他可是西太后身边的红人，这趟出采，雇了很多暗镖，抓他恐未肯就范，两下动手，有死伤的话，别人会笑掉大牙的！"

"那你打算怎么办？"

"当然是智取。"程绳武胸有成竹地说。

"现在安德海行踪未定，不知他要从哪条路走，在什么地方抓他较合适呢？"

"再往前，运河干涸，他必弃舟走旱路。我领一队人马暗中跟下去，此去泰安不远，安德海爱游玩，如去泰山的话，就在泰安好了。如不走泰安，再见机行事。"

"那怎么个智取法呢？"王心安问。

程绳武微微一笑，在桌上写了个"请"字。

果然如程绳武所料，安德海直奔了泰安，程绳武派手下的一个把总抢先一步到泰安，又如此这般地交代了几句。

安德海住到了泰安最大的客店，很巧，有两个大院空着，安德海洗过脸，王添福来告诉安德海，泰安县派人来了，见不见？

这一路都没人理，不想到这儿不同，于是安德海扬扬手："叫他进来。"

"小人张武，敝县说本该亲自来，但因未奉公事，恐有冒昧。但安钦差是太后派来的人，也不敢失礼，敝县预备了一桌酒席，请安钦差赏脸。"说完，递过来一份拜帖。

"既然你们知县知道我的身份，就叨扰他了。"安德海大模大样地说。

"对了！敝县说，这几位爷也请一块儿去。"

"好！你等一等。"

安德海带着王添福还有几个人坐车来到了泰安县衙门，请到花厅，有人捧上香茗，安德海一看，脸色立刻沉了下来。

"王添福，王添福！"他大喊道。

王添福不知哪儿去了，安德海来到廊下看，影影绰绰有几个人影。

"岂有此理！这哪里是待客的茶碗，也不见人来，耍花样吗？"

过了一会儿，有人掌上蜡烛，安德海傲然地问："你们何大人到哪里去了？是不是很忙啊？"

"安钦差，大人出去处理件公事，马上就会回来。"

县令何毓福回来了，他是刚从客店回来的。那座客店的屋子是故意腾出来的，等安德海一走，后赶到的王心安立刻派人围住。那些镖手不敢轻举妄动，等处置好了这些人，程绳武向何毓福说："我这就回东昌，王大人和你回衙门，由王大人'护送'安德海到济南。"

何毓福赶回衙门，一进花厅便抱拳施礼："失迎！城东出了盗案，去料理了一下，让钦差大人久等，抱歉。"接着，他大喊一声："来啊！快摆酒，只怕安钦差饿了，先上点心，请贵客用。"

这一连串的举动，将安德海的火消了大半。坐下来后，便跟何毓福拉近乎，接着说如何奉西太后懿旨，到苏州采办龙衣龙袍，又谈起许多宫中见闻，说得云山雾罩，口沫横飞。

酒过三巡，菜过五味，安德海脸渐渐地红起来，话也越来越多。

"老爷！"听差走进来，"省府有人来。"

"什么人？"

"是省抚台衙门的'戈什哈'，说有要事，跟老爷面回。"

"唔，安钦差不是外人，请他进来吧！"

王心安的卫士所扮的戈什哈，进门来行礼之后拿出一封信，何毓福匆匆看完后，对安德海说："安钦差，省府来信说，内务府派人来，有要紧的话要跟您当面说，请您连夜上省。"

"连夜上省？"安德海强作镇静，"可能是太后传办物件，不知信上说了没有，内务府派谁来的？"

"你看！"何毓福将信递了过去。

安德海接信一看，上面写的是：

　　分行东昌府、泰安州、济宁州暨所属各县：顷以内务府造办处
司官，驰驿到省，言有要公与该钦使面洽。奉宪台面谕：飞传本省各

县，转知其本人，并迅即护送到省！毋忽！合函录谕转知，请惠予照办为盼。

下面是一个条戳，字迹异常模糊不清，仔细辨认才看清是"山东巡抚衙门文案处"九字。

"信上虽然催得紧，但也不在这一晚，安钦差放量喝，明天我备车送你去。"

"不了，连夜就走，白天灰沙多，又热，夜里走凉快些。"

"那好，我马上叫人备车。"

何毓福一再叮嘱，车要干净，马要精壮，那神态似完全将安德海奉为上宾一般。

"安钦差，我看就不必回客店了，我派人通知他们一声，你们几位一同走，到了济南后，逛上一天，连夜再回来，两不耽误。"

安德海想了想，反正车路过客店，下去一趟交代一声，耽误不了多长时间。

"那好，你们听清楚没有？"他扬脸问手下人。

"听清了，大人放心，我们一定送到。"

马车出了衙门，便左一弯、右一拐地走起来，天上没有月亮，安德海酒劲直往上撞，等揭了帘，虽不辨东南西北，车子出了城是肯定的。

"喂！喂！"他在车中喊道，"停一下，停一下！"

赶车的老板一扬鞭，"啪"，拉车的马撒开四蹄，跑得更快了。接着，一支马队擎着火把，从后面赶了上来，夹着马车，直奔济南。

天一亮，济南城在望，王心安一马当先，直入南门，奔巡抚衙门而来。这个衙门在明洪武年间是齐王府，气势宏伟，楼亭相交，曲径幽回，可见当年齐王气势。

丁宝桢已接到程绳武派人送来的密报，知道安德海已落网。估算里程，天一亮就可到，于是派了中军参将守在南门口，等王心安押安德海一到，立即带他见自己。

王心安是丁宝桢的爱将，所以，丁宝桢亲自站在监押房廊前等候，见他进门，便先喊道："治平，你辛苦了！"

总兵和巡抚品级虽相同，但巡抚挂兵部侍郎衔，节制全省武官，因而王心安以属下见"堂官"的礼节，疾步单腿跪倒，请了个安。

"大人，人已带到，一共四个，安德海、他的管家王添福，还有两个仆人。我交给参将了。"

"好，你先别走，午间在这小酌，马上提小安子。"

参将把安德海安置在大院，奉为上宾一般招呼极为周到。等丁宝桢传令提审，才派人沿路戒备，将安德海"请"进去。

安德海依旧傲慢如常，这时他显得很沉着地迈着方步，大有放一番气派给人看的架势，那几步走得比亲王、中堂还安详，威严中还不失潇洒自如，不愧是宫里见过世面的人。

"安德海提到！"参将立即变了腔调。

有人打开门帘，安德海微微一低头，进屋一站，既不请安，也不正视丁宝桢。

王心安一见他如此，火往上撞，大喝一声："过来！你不过是蓝翎太监，见了巡抚大人还不请安，不懂规矩吗？"

"原来是丁大人。"安德海勉强上步微微一屈膝，垂手请了个安。

丁宝桢从头到脚打量了一遍，才开口说道："你就是安德海？"

"是的，我就是。"

"哪儿的人？"

"直隶！"

"多大了？"

"今年二十六岁。"

"你才二十六岁，气派可不小啊！"

"气派不敢说，不过我十八岁就办过大事。"

安德海所指是北京政变中他以苦肉计暗中联络恭亲王那件"大事"。丁宝桢当然知道，却不理他，接着问："你不在宫中当差，跑出来干什么？"

"奉旨钦差，采办龙衣。"

"嗯！你奉的是谁的旨？"

"是奉慈禧皇太后的懿旨。"

"好吧，你既是奉慈禧皇太后的懿旨，必有明发上谕，怎么我不知道？"

"丁大人不知道，我也不知道。"安德海轻松地说，"那得问军机。"

"哼！"丁宝桢冷笑一声，"把你的勘合拿出来我看看！"

问到勘合，安德海脸色变了："又不是兵部所派，哪来的勘合？"

"没有勘合你就是私自出京，不行！"

"丁大人，我是奉了懿旨，你老跟我要勘合根本两码事。"

"我管不了那么多，没有勘合，你就过不了这关！"

"哼！"安德海冷笑一声，"丁大人，我可是奉了懿旨，为皇上当差，要是误了事，恐怕大人也担待不起吧？再者说，我若不是奉旨能出得了顺天府、直隶吗？大人，识时务方为俊杰，您老别难为我。"

丁宝桢见他如此猖狂跋扈，在京外尚且如此，那在京里可不知要到什么程度。

丁宝桢一拍桌子："你出不出直隶不归我管，到了这里，我就不能放了你！"

"不放手？你想怎样？宰了我？"

王心安火早就在胸中烧着，见安德海脸往前凑，大有示威之意，便抡圆了常使大刀的胳膊，"啪"，一声脆响，安德海就地转了三圈，双手捂嘴，等张开手，牙已掉了两颗，这下，人立刻矮了一截。

"跟你说好的不行，看来就得动这个。"王心安挥着拳头向安德海示威，吓得他直往后退。

"哼！"丁宝桢冷笑一声，"你别想错了，你以为我真不敢杀你？"

"听到丁大人的话没有？"

"听到了，听到了，"安德海依然嘴硬，"上头交代我办龙衣，还有许多事情，我不便对大人明说。"他想抬出慈禧压一压丁宝桢。

"你还敢假传圣旨？你携妻带乐女，扯龙凤旗，难道是上头的意思？"

"这，这是我不对。"

"哼！你不对的地方多着呢！就说你挂的日中三足乌旗吧，就凭这条，你是死罪难逃。"

这回安德海彻底崩溃了，忙跪在地上磕头不止："丁大人，丁大人高抬贵手，放我过去吧！"

下跪亦无用，丁宝桢大喊一声："来人啊！"

廊下站着四五个亲兵，个个虎背熊腰，站在那里听候命令。

"将他先押起来！"

"嗻！"亲兵上前像抓小鸡般将安德海提起，随手在他身上搜出个布包，交给了丁宝桢。

看完包里的两张纸片，丁宝桢冷笑着说："太监不准结交官员，你胆子可不小，干预公务，这也是死罪一条。"

押下安德海，丁宝桢召集幕僚，神色凛然地说："安德海罪该万死！决不能让他从我手中跑掉，我想，先杀了他再说。"

四座皆惊，有个文案提醒他说："大人，安德海是死罪难逃，但朝廷如下旨，他可是钦命要犯，到时交不出人可不行啊！"

"我是不愿意交人，拼着这顶乌纱帽不要，也要杀他。"

大家都认为为了安德海自毁前程犯不上，苦苦相劝，无奈丁宝桢心意已决。

"大人，恕在下直言，"丁宝桢一个姓侯的幕僚说道，"安德海一定会处死，但到了该正典的时候，却提不出人来，那是莫大的憾事，更何况大人必能如愿，在济南解决他。"

"何以见得？"

"朝廷上下，杀安德海的呼声很高，只是苦于此人没有罪恶证据。退一步说，他人在济南，丁大人叫他三更死，不敢留人到五更。可别因为提前杀了他，给朝廷想替他报仇的人留下口实，倘若因此参本，可是犯不着。"

"唉！诸公如此爱我，我听从就是，那就让此獠延命数日。"

二

奏折到了京里已是三天后。小皇帝这几天特别留意山东、河南的奏折，今天看到丁宝桢的折子，心中一亮，偷偷地将这个折子藏在书页中，然后依然神态自若地批着其他折子。好在今天不多，匆匆批完，将其他折子依旧放回黄匣子，自己偷偷拿着丁宝桢的折子出了养心殿。等走到一个没人的地方，载淳在辇上招呼张文亮，附耳小声说："你马上出宫去六叔那里，还有内务大臣，叫在养心殿相见。"

"用不用告诉太后？"

"不用！要秘密点儿，别露出马脚。"

张文亮一见皇帝那神情，就知道肯定是安德海要玩儿完了！撒腿出了宫门，先奔明善家，说有旨意，叫在朝房等候，然后借了匹马，直奔凤翔胡同鉴园。

"六爷，"张文亮看看左右无人，低声说，"不知哪来个折子，看样子是小安子快完蛋了，皇上叫六爷和内务大臣进宫。"

"在哪儿见面？"

"养心殿。"

恭亲王略一迟疑："你先回去告诉皇上，请皇上也召见军机。哎，对了！太后知道不？"

"东边不知道怎样，西边大概还不知道。"

恭亲王把脸一沉："没规矩，下次不许这样！什么东边、西边的！"

"是！王爷恕罪。"

"来人！赏他二十两银子。"

"谢王爷！"

等张文亮一走，恭亲王将文祥和宝鋆请来，对他们说了皇帝要召见，然后悄声道："小安子快完了！一定是稚璜那边有消息！"

文祥很沉着，宝鋆则一拍大腿，大声说："太好了！"

"你们看，还有什么事没办？"

"内务府通知了，"文祥略一沉吟，"对！趁这会儿风声还没有走漏，先通知荣仲华预备着。"

恭亲王明白文祥是想到安德海会落得个抄家的罪名，先派步军统领衙门左翼总兵荣禄守住安家，不但防止有人走漏消息，而且要防止他们隐匿财产及罪证。别人倒好说，要治安德海的罪，非得有明确的证据不可。

"嗯！你的思虑很周密！"恭亲王嘉许地点点头，"那你就去一趟，回头再进宫，我和佩蘅先走。"

到了朝房，明善已等在那里。明善问恭亲王："到底什么事啊？"

"小安子的事，回头你少说话。"

只见张文亮气喘吁吁地跑来说："六爷，您可到了，皇上等得发脾气了！"

明善和恭亲王赶忙进了养心殿东暖阁见过礼后，小皇帝劈头问明善："小安子出宫你知不知道？"

明善一惊，但他反应较快，忙先答了再说，便回答道："臣略有耳闻。"

"什么叫略有耳闻？"

明善顿时起了恐惧之心，小皇帝年纪可不小了，事情可不能唬他，年轻人爽快，想到这儿，便很老实地答道："臣知道。"

"你知道为什么不拦着他？"

明善刚想说这事儿皇上也知道啊，但话到嘴边忙收了回来。小皇帝是在递给自己一支杆子，要自己顺着爬，那就"爬"好了。

"回皇上，安德海跟人说，他是奉懿旨出京，臣哪里敢拦。"

"他是假传懿旨，你难道不知道？两位太后那么圣明，怎么会连祖宗家法都忘了？"

恭亲王见明善"爬"得很好，便接口说道："皇上，臣还不知道是怎么回事，请皇上明示，臣等商议好恭请圣裁。"

"你自己看吧！"小皇帝将丁宝桢的奏折扔在御案上。

等恭亲王他们看完，小皇帝带着满面怒气，大声说："你们倒说说看，本朝二百四十多年，可出过这么胆大妄为的、混账到极点的太监？"

"请皇上息怒。"恭亲王接着说，"这事该如何处置，容臣等商议一下。"

"还商议什么？这样的人不杀，还该杀谁？"

明善虽暗中知道小皇帝要杀安德海，但这次是头一次听说，不禁浑身一颤。

小皇帝眼尖："你怎么了？小安子不该杀吗？"

"臣不敢违旨，不过……"

"不过什么？"

"他是圣母皇太后身边的人，还请皇上开恩。"

小皇帝恨不得上前踹明善一脚，他明明也盼安德海早死，但偏假仁假义求情，传到慈禧太后耳中好教她领情。

想到这儿，小皇帝一拍龙案，起身绕过龙案，手几乎触到明善的鼻尖，厉声说："你懂得保全圣母皇太后身边的人，那为什么不劝安德海少胡闹？为什么不拦着他出宫？你不是内务府大臣吗？管什么啦？"说完抬头看着恭亲王说："六叔！先办安德海，再办内务府大臣！"

这番雷霆之怒，吓得明善连连磕头。恭亲王怪他多嘴，也不求情，只是对皇帝道："臣通知军机大臣在外面候旨，可否召见入对？"

"嗯！六叔想得周全。"说完，小皇帝冲着明善吼了一声，"明善！下去！这里不用你！"

明善谢恩退下，虽然碰了个钉子，但他心里却感到很妥帖。安德海是死定了，慈禧那里也落不下什么，至于皇帝嘛，找个机会再哄他。

军机大臣悉数到齐，小皇帝逐一询问，宝鋆和沈桂芬表示遵旨办理，文祥和李鸿藻表示可趁此整肃官场和宦祸，无论怎么说，军机是支持小皇帝杀安德海的。

"那么小安子到底怎么办呢？"

恭亲王不愿在自己口中说"杀"字，便回头对宝鋆道："佩蘅，你跟皇上回奏。"

宝鋆奏道："这有三个办法可解决。第一，拿问到京；第二，就地审问；第三，就地正法，也别问那么多，免得又胡说八道。"

"对了！还问什么？就地正法，马上拟旨给丁宝桢。对了！还有，小安子平时爱假传懿旨，不知搂了多少昧心钱，趁现在还不知道，先抄他的家。"恭亲王和军机听了直点头，暗道皇上聪明。于是，一面由文祥通知荣禄抄家，一边由宝鋆执笔，就在殿上写了道圣旨给丁宝桢，大意是安德海罪不可恕，就地正法，毋庸拿解到京。

"六叔，用六百里加急，几天可到济南？"

恭亲王转身问文祥，文祥略一沉吟："明天晚上一定可以到。"

"好！告诉兵部，明晚一定送到。"

"是！"恭亲王答应一声，欲言又止的样子。

"六叔，有什么事尽管说。"

"臣请皇上这会儿就去给圣母皇太后请安，婉转陈奏这件事。"

一句话将兴奋异常的小皇帝说得立刻蔫了下去。杀安德海是痛快，可跟慈禧太后回奏是件难事。本来小皇帝想请六叔一块儿去，但又一想，别将六叔也拉进来，有什么事自己担着好了。想到这儿，便摆摆手道："我知道了，六叔，没事你们先下去吧！"

小皇帝坐在那里一时不知怎么回奏好，如今替自己出主意的只有张文亮。

"张文亮，张文亮！"

"奴才在！"张文亮从后门气喘吁吁地跑了进来。

"你去哪儿了？"

"奴才刚从内务府回来。"

"去那儿干吗？"

"奴才想到善后的事，便去了趟内务府，找高人给指点一下，皇上怎么回奏太后。"

"好！我现在正愁这事呢，你说说看。"

张文亮附在小皇帝的耳边如此这般说了一通："皇上，保准圣母皇太后不会生您的气。"

"嗯！你很能干，回头有赏。对了，小安子的家抄了没有？"

"早在抄了，听说六爷和文尚书听到皇上召见就派人先把他家包围起来了。"

"派的谁？"

"荣总兵。"

小皇帝脑海中立刻浮现出一个鲜明的影子，荣禄从仪态、服饰到语言无不得体漂亮，虽然还没有"内廷行走"的差使，但已为小皇帝压过一回马，小皇帝极为赏识他。

"嗯！他去了我就放心了。"

小皇帝十分高兴，叫张文亮传了两样爱吃的南笋，高高兴兴地吃了晚膳，正在喝茶，慈禧派人来召皇帝。

等到小皇帝一问，才知道慈禧已接到消息，皇帝派人抄安家，便特意叫人来请皇帝，自然是问这事。

说到要见慈禧太后，载淳不免心中打鼓。但事到如今，也只有硬着头皮，想到这儿，便挺了挺胸，装出一副理直气壮的样子，来到了长春宫。

慈禧太后这两天偶感风寒，凤体违和，靠在软榻上，正欣赏着自己最喜欢的兰花。花是刚摘下来的，阵阵幽香沁人心脾，虽然如此，也并没有使慈禧胸中的火熄灭，她见载淳有些怯怯地走进屋，便气不打一处来，面上很不好看。

一进门，载淳便见慈禧满脸怒气，头上青筋时隐时现，他知道这是慈禧急怒攻心所致，便忙轻轻地喊了一声："皇额娘！"

慈禧转过脸去，依旧看着兰花，过了好一会儿，倏地转过脸，本来因生病有些消瘦的脸，配上怒气，越发显得可怖。小皇帝还没有见过她如此动怒，不由得有些发抖，但一想自己有那么多人支持，便自心底产生一种奇妙的力量，脸倔犟地向上一扬。

这仿佛是反抗，慈禧越发生气，怒声问道："你翅膀长硬了，大了，眼中哪有我这个额娘？"

小皇帝也觉得自己的态度过于强硬，赶紧往前凑了凑："额娘，什么事生这么大气？可别气坏了身子。"

"哼！想趁我生病时候气我，别妄想了，我死不了！"

语气之中不光是骂皇帝，当然有弦外之音。小皇帝不敢多辩解，只是不住地说："皇额娘，皇额娘，有什么事您尽管说，孩儿有什么错尽管教训就是，千万别生气！"

小皇帝这样一味求饶，慈禧气略平了一些，但声音依旧高："我问你，你派人抄了小安子的家是不是？"

谈到小安子，小皇帝成竹在胸，胆子也大了起来，不慌不忙地说："我本来不想让皇额娘知道，您正有病。小安子一路招摆，无法无天，那真是气死人！丁宝桢上了个折子，说得详细，我怕皇额娘看了病上加病，所以没告诉您。"

"折子呢？"

小皇帝从怀中掏出折子递了上去，慈禧接过折子，说："来呀，给皇上搬个座。"有宫女搬过一紫檀矮凳，小皇帝此时心情也不那么恐慌了。

看完折子，慈禧说："日中三足乌我知道是怎么回事，小安子也是，怎么这么大胆子？"

"是呀，皇额娘，"小皇帝赶紧接口，"皇额娘这么宠小安子，他却在外面挂这么个打秋风的幌子，真叫人寒心！"

"听说你召见军机，他们怎么说啊？"

"六百里廷寄已经发出去了，小安子为法不容，廷寄一到，就地正法！"

忽地灯光一暗，有人惊呼。

是一个叫庆儿的宫女，她是安德海的干妹妹，她捂着嘴，眼睛瞪得大大的，吓傻了一般。

每个人心里都明白，庆儿是听皇帝说她干哥哥安德海要被处死，一惊失手。但她失手得不是时候，这在宫中可是极大的过失，每个宫女都为她捏了把汗。

慈禧闭着嘴，斜眼看着庆儿，阁中一片宁静，静得怕人。经过短暂的宁静，慈禧终于爆发了。

"又出去！活活给我打死！"

"皇额娘……"皇帝很可怜庆儿，想替她求情。

"你少管闲事！"慈禧威严的目光扫过每一个人，这样一来，庆儿只有死路一条了。

庆儿被拉了出去，慈禧的气发泄在她身上，神色也缓和多了："小安子是该死，可你也要告诉我一声啊，谁允许你私自召见军机？"

"本来我想跟皇额娘回奏，但怕皇额娘身子不爽，所以宁愿受您责罚，也暂时瞒着。"

"哼！看不出你还有一片孝心。"

小皇帝往下一跪，扬脸道："额娘，孩儿哪个地方不孝顺，皇额娘说，我一定改过。"

到底是母子，慈禧抬抬手，示意小皇帝起来："那边你回过没有？"

"没有！"小皇帝极快而坚定地答道。

这一回答使慈禧的心中好受了些："你六叔他怎么说？"

"六叔说这事他一个人做不了主，得大家商量着办。"

"原来召见军机是你六叔的主意。唉！罢了，罢了，小安子跟了我这么多年，也是立过大功的人，谁知道偏偏又福浅命薄，怪不得别人，自作孽，不可活。你也别担心了，我这心里没有什么的。"

见满天云彩散尽，小皇帝如释重负，告辞回到了养心殿，匆匆吃了点儿点心，又来到慈安太后这里。一见面，小皇帝就兴高采烈地说："这回好了，小安子可要死了！"

"别那样得意忘形！"慈安嗔怒地说，"来，坐下慢慢讲。"小皇帝坐下后将经过津津有味地讲了一遍。

"我还以为是曾国藩上的折子呢，敢情是丁宝桢。"

"曾国藩胆小，丁宝桢是好样的，将来——"

"将来！"慈安打断他的话，"等你亲政时再说吧，这话先放在心里。"

"是！额娘教训得是。"

娘儿俩又谈了一会儿，到了快落锁的时候，小皇帝才回到自己的寝宫，这一夜睡得极舒服。

可远在济南的丁宝桢却没有合眼。他提审了安邦太等人，知道安德海出京是太后默许的，如果朝廷一变卦，自己可就装进去不说，主要是安德海不死，再为害，凭自己刚正的性格，无论如何是受不了的。

第二天晚上，丁宝桢将臬司及济南府知府、历城县知县都叫了来，换好官服，专等廷寄到来，那边刽子手都已准备完毕。

刚预备完，只听銮铃大作，知道是廷寄到了。丁宝桢接过圣旨开读，不曾想到，朝廷如此英明。丁宝桢不禁热泪盈眶，向北京方向遥拜三拜："真是圣明独断，钦佩莫名！"

接下来便是验明正身，连夜押到刑场，一刀斩讫，横极一时的安德海，落得葬身异乡。

斗转星移，到了皇帝该大婚的时候了。

皇帝大婚的中心议题是立后，在这个问题上又引出一场风波来。

第十二章

立皇后　风波再起

曾侯缺　同治新婚

一

皇帝立后，上下关心。本来，上下看好的是崇绮的女儿，她为人端庄贤淑，写得一手好字，但她比皇帝大两岁。当谈及她时，皇帝载淳觉得自己年龄小，想有个类似大格格那样的皇后来帮助自己处理烦琐杂事，便对慈安太后说："大两岁怕什么？圣祖仁皇帝不就比孝诚仁皇后小一岁吗？"

慈安原来担心皇上嫌崇绮的女儿年龄大，但听载淳这样一说，便放心了，但一想到慈禧那边也正在物色皇后，心中不免难安。

慈禧太后确实也在物色皇后。她看中了刑部江西司员外郎凤秀的女儿，姓富察，正黄旗，是满洲八大贵族之一，论人品、长相确也是上上人选，慈禧心中盘算很多遍了。

"唉！"慈安叹了口气，"你额娘的意思不知道怎样？有时聊起她来，你额娘总挑她的不是，不知道她盘算什么。"

"皇额娘，这是我自己的事，得我看得上才行！您放心，我想我额娘不会不问我的。"载淳极有把握地说。

"但你要记住，你额娘脾气不好，有什么不同的意思慢慢来，别顶撞她，知道吗？"

"嗯，孩儿记下就是。"

到了选秀女的日子，照例是在钦安殿。十个经过千挑万选的秀女亭亭玉立站在那里，个个仪态万千。这次是复选，两位太后商量好了，要十四选四，一后、一妃、两嫔，此时所封妃嫔，只要不犯错误，尽可晋升为贵妃或妃。

慈禧胸有成竹，拿起第一支彩头签，念给慈安听："阿鲁特氏，赛尚阿之女。"

"留下吧？"慈禧问。

"好！留下吧。"

崇绮的女儿和凤秀的女儿站在一起。父亲的官职，都是从五品，但崇绮是翰林院日讲起注官侍讲，比员外郎身份高，所以该轮到崇绮的女儿。"阿鲁特氏——"还没等慈禧念完，慈安便开口了。

"这当然留下。"

慈安开口，慈禧当然没有不留的道理。但她心中产生警惕，所以接着选完凤秀的女儿后，便对太监说："都先带下去，回头再传。"

她已看出不妙，恐怕是自己的如意算盘要落空。休息时，她借故支走了皇帝，她想跟慈安谈一谈。

"姐姐！"她用试探性的口气说，"我看凤秀的姑娘不错，倒是福相，人也很稳重。"

"年纪太小了，皇上本来就小，再配上个十四岁的小皇后，不像话！我看还是崇绮的女儿好，相貌是不怎么样，但立后首要在德、才，貌在后。再说，她比皇上大两岁，懂事很多，不说别的，起码照料皇上念书，大有益处。"

慈禧提不出反驳的理由，但她不甘心，便道："皇上也不小了，那就问问他的意思吧。"

于是传进皇帝，慈禧徐徐地说："立后可是大事，我们选了两个人在这里，一个是凤秀的女儿富察氏，一个是崇绮的女儿阿鲁特氏，从康熙爷到现在，都没有出过蒙古皇后，皇后总是在满洲产生，你自己好好想想吧！"

这明明是暗示载淳不可破了二百多年的规矩，该选富察氏为后。皇帝当然不愿依从，但也不敢公开违拗生母的意思，便答道："还是请两位皇额娘斟酌，孩儿不敢擅作主张。"

一听这语气，慈禧倍感不妙，皇帝是没有听懂自己的意思，还是装糊涂？

"那两个人我们都看好了，就是定不下来，所以才问你。"

"皇上，这是你一辈子的大事，你自己说一句吧！"慈安略提了提声音说。

到了图穷匕见的时候了，反正就这一句，硬了头皮就可过去。再者，载淳也明显听出慈安语中有支持之意，所以便不再多想，跪下答道："孩儿愿选阿鲁特氏为后。"

接着便是死一般的沉寂，慈禧站起身，像边上没有两人似的望着一边："好吧！随你！"额上青筋又隐隐跳动起来。

"妹妹，外面等着喜信呢！"慈安小声说。

这是提醒慈禧不可失了仪态，有什么不满让外人看出来起疑。慈禧忙转过身，换了脸色命皇帝先出去，对慈安道："咱们也回钦安殿吧！"

最后一个入选的是个知府的女儿，姓赫舍里，论长相是这十人中的魁首。

到了发玉如意的时候了，这羊脂玉如意，小皇帝递给谁，谁就是皇后。

载淳拿着玉如意经过赫舍里氏身边时，见她明丽可人，楚楚仪态，恍惚想将玉如意递给她，虽未出错但也免不了心旌摇荡！

站在崇绮女儿面前，见她貌不甚美，但神态自若，谦恭中不失仪容，胸中似有经纬才气，见了叫人踏实，还犹豫什么？小皇帝在心中喊着："接着！"便将玉如意递给了她。

这一举动，彻底粉碎了慈禧的最后一丝希望。她便不再发出声响，而慈安早已抓了个荷包在手，回头对恭亲王福晋说："你把这个荷包给凤秀的女儿富察氏。"

"是！"恭亲王福晋接过荷包，笑盈盈地走到富察氏身旁，轻轻说了句，"恭喜你！"接着又提醒一句："谢恩！"

亏得她这一声，这位未来的妃子才不致失仪。等她谢过恩，慈禧太后便什么人也没理，径自回宫了。

慈安自然看着不舒服，但不能失仪，便朗声道："到养心殿去吧！"

军机早等在那里，程序自然是封号。慈禧隐去心中的不快："崇绮之女，端庄稳重，人品高贵，选为皇后。"

给妃嫔封号是在字典中找，只要不与以前的妃子重名就可。无非是些贤淑贞静之类，慈禧提起朱笔圈了慧、瑜、珣三字，富察氏的封号是慧妃，赛尚阿的女儿在先，为瑜嫔，赫舍里氏最后，为珣嫔。

消息传出，崇绮家门庭若市，比他中状元更热闹，赛尚阿更是感激涕零，口言皇恩浩荡。

两宫立后有争执，消息不胫而走。慈禧心态恶劣，发脾气常有。虽然定了九月里成婚，在宫中上下，太监宫女却没有多大笑模样，个个心中惴惴不安，怕万一有什么闪失，慈禧怪罪到自己头上，那可就要倒霉了。

二

这天夜里，慈禧蒙眬地刚睡下，宫女便捧着六百里加急的黄匣子跪在榻前，轻声喊着："主子！主子！"

喊了六七声，慈禧才悠悠转醒，在帐里问："干吗？"

"有要紧的折子。"

"是甘肃来的吗？"在她的印象中，左宗棠剿回未见动静，这六百里加急，可能是左宗棠打了胜仗或哪儿的城池失守之类。

"说是江宁来的。"

慈禧一听这话，睡意全无。翻身起来，连外衣都没穿，便吩咐："快掌灯！"

打开黄匣，慈禧借着灯火一看封口印花具名是江宁将军，倒吸了口凉气，失声道："坏了！曾国藩出缺了！"

等打开一看，确是曾国藩出缺了，是病死的——中风而死。

"唉！"慈禧长叹一声，两行热泪滚滚而下。

"你去看看，那边睡下没有，如果没睡下，将这个信儿告诉她。"慈禧流着泪说道。

慈安没有睡下，听到消息，想起去年还见了一面的那个精瘦小老头，却死了。曾国藩于国有功，做了这么大的官，却没有享一天清福，就连天津教案也为了顾全大局而甘愿自己挨骂。种种好处，涌上心头，慈安也落下泪来，喃喃地说："这么好的人，怎么偏偏死了，唉！"表情不胜凄然。

宫外也知道了消息。是江宁的折差传出来的，兵部尚书沈桂芬第一个知道信儿，便连夜赶往恭亲王府通知六爷，这等于朝廷没了根柱石。一见面，恭亲王不胜感慨，满面愁容："曾涤生是朝廷肱股，唉！让我到哪儿再找这个深孚众望的人坐镇东南？"

"王爷！"沈桂芬提醒说，"再过一会儿就天亮了，肯定要'见面'，那时得有整套办法才是。"

"嗯。"恭亲王转身出屋，派人将宝鋆和文祥及李鸿藻请来。

众军机大臣到来后，听到消息，无不痛心疾首。沈桂芬道："王爷，各位，事情很多，天亮前咱们总得有个方案才行。"

"好吧，先谈谥法。"文祥说。

拟谥号是内阁的职责，在座的只有文祥是协办大学士，所以恭亲王对他道："还是你说吧。"

"第一个字自然是'文'字，这不消说，接下来便是忠、襄、恭、端等字样，但曾涤生一生为国，有一个字，内阁不敢拟，得六爷说话。"文祥是请恭亲王出面拟"正"字。

文祥指的"正"字，按例必有特旨才行。内阁无权拟"正"字，所以恭亲王站起来，略微考虑一下才说道："可以，马上写个谘文送上去。"

谈到继任人的问题，大家都默不作声了。两江总督是大清朝第一要缺，资望浅不行，还要有才、德才可以。文祥怕京中有人活动，便说："两江情形与众不同，非久任外官、熟悉地方政务的不能胜任，咱们在现任督抚中找找吧。"

首先提出的是直隶总督李鸿章，这固然是合适人选，但李鸿章正在天津跟日本外务大臣柳原前光签订条约及通商章程，无法脱身。左宗棠在陕甘用兵，被排除。川督吴棠和广督瑞麟绝不会到两江，何况川督和广督向来是肥缺，动不如静。

接着谈到巡抚，众人一心都在丁宝桢身上，但谁也没开这个口，大家心中都明白因为什么。

正讨论着，僧格林沁的儿子、科尔沁王伯彦讷谟祜来到恭亲王府，他是王爵，所以连恭亲王在内，都起身相迎。

"上头叫起了，曾国藩死在任上。"

"嗯！"恭亲王拱拱手，"知道了。"

等伯彦讷谟祜一走，恭亲王一边穿朝服，一边对众人说："到底谁去两江？"

文祥道："现在来不及讨论了，到时再说吧，不过今天可别定。"

恭亲王想了想："好吧。"

到了养心殿，恭亲王见皇太后和皇帝眼圈通红，君臣相见，分外忧伤。慈禧长叹了一声："唉，国运不佳！"

恭亲王没有接着附和，而是直接谈到谥号。

"曾国藩老成谋国，不见丝毫之私，为国家栋梁之材，实乃朝廷肱股。如今不幸死去，臣等觉得谥忠、襄、端三字不足以评曾涤生的平生，是否请两位太后和皇上格外加恩，臣等不敢妄行奏请。"

两位太后都明白恭亲王是替曾国藩求赐"文正"，小皇帝却不太懂，问了一句："六叔，是不是要赐他'文正'啊？"

"皇上圣明！"

"我也想到了！"慈禧打断了载淳还想说的话，"那就赐'文正'好了，他也无愧于这个谥号！"

"多谢太后恩典，曾国藩在九泉之下也会感激天恩的。"恭亲王说。

"六爷，不知道曾国藩留下什么遗疏没有，推举谁来继任两江？"

"曾涤生向来不干预朝廷任派大员，他即便有遗疏，也不会推荐谁来接任的，何况他是死于中风，很可能没来得及留下遗疏。"恭亲王推测道。

"嗯！"慈禧点点头，"那么谁接他呢？这可是一等一的要职，得找个一等一的人才。"

"是！两江是国家命脉，不是德才俱望的人难胜此任。臣等在现任督抚中商议，竟没有找到合适的人选。"

"你们看丁宝桢怎么样？"慈禧平静地说。

此话一出口，在座的包括慈安在内都大感意外。因为自杀了安德海，慈禧常提起丁宝桢，说他为人刚正清廉，实堪大用。许多人都认为这是做表面文章，没想到今天慈禧第一个就想到了丁宝桢，这番度量不教人不佩服。

恭亲王正在沉吟，宝鋆却在马蹄袖下向他直摆手，这一小动作被慈禧看在眼中。

"宝鋆，有什么话尽管说。"

"臣觉得，大婚典礼，有两江传办事宜。"刚说到这儿，便被慈禧打断。

"啊！对，是不行。"

这当然是指丁宝桢不宜做两江总督。因为大婚典礼，各省有份均摊，而富甲天下的两广自然摊派最多，光制办龙衣等项经纲就二百多万两，丁宝桢向来是以廉洁刚正出名的，如果调任两江，必然有所推托。宝鋆想到这层，一提醒，慈禧也想到了，所以才有刚才的话。

接着又谈到沈葆桢、英翰，都不合适，于是慈禧便接受了恭亲王的建议，先叫江西巡抚何璟暂时署理。

曾国藩的丧事办得隆重。他死后的哀荣可谓前无古人，禄位之高，在汉人中首屈一指。他的故吏门生遍及天下，当总督的有两广总督瑞麟，巡抚中有云南的岑毓英，另外，现在的许多督抚都曾在曾国藩手下当过部属，像李鸿章、左宗棠、杨岳斌等，所以各地许多人来到江宁吊唁。

督抚的专差，第一个到的是直隶总督李鸿章督标中军副将史济源，送来一副挽联、两千两赙仪。挽联上联写着"师事三十年，火尽薪传，筑室忝为门生长"，公然以曾国藩的衣钵传人自命，而下联口气一转，"威震九万里，内安外攘，旷世难逢天下才"，表面上是为苍生惜斯人，但占尽了宰相语气。

曾国藩的幕僚、好朋友薛福成说："读少荃的联真是让人大开'眼界'呀，他哪里是当年大帅手下那个谦和能干、精明达练的李鸿章？变喽！人心不古啊！"

但令人感到欣慰的是陕甘总督左宗棠送来的挽联："知人之明，谋国之忠，自愧不如元辅；同心若金，攻错若石，相期无负平生。"语中透露出诚恳。左宗棠在陕甘用兵，曾国藩曾派刘松山帮忙，甚是得力，左宗棠因此常说不如元辅，足见钦服之意。下联则解释过去有不和之处，无非君子之争，不碍私交。

薛福成捻着胡须："左季高人虽有失鲁莽，但可是信人君子，大帅没有看错人，常常提及他，说他忠心天地可鉴，是难得的朋友，果不其然。"

陆续又有许多人来吊唁，一直拖了一个多月才下葬，一代功臣，就这样入土为安了。

三

秋风一起，宫中上下无不精神抖擞。慈禧太后亲自用朱笔点了礼部尚书灵桂、侍郎徐桐为大征礼的正副差使，讨个"桂子桐孙"的吉利。

"大征"是下聘礼，照例聘礼由内务府预备。照康熙年间的规矩，是二百两黄金、一万两白银、金银茶筒、银杯、一千匹贡缎，还有二十匹配了鞍辔的骏马。另外加上赐给皇后祖父、父母、兄弟姐妹的金银衣物，随聘礼一起送去。

崇绮家热闹非凡，又是中状元，又是嫁皇后，那一番盛景自不必细说。

兵部侍郎彭玉麟也到了京里，他奉命巡视大江南北军务。彭玉麟早年帮曾国藩办水师，对地方军务熟悉，这一次巡视，乔装打扮，狠狠刹了一下军营中的歪风，赶在大婚前回到了北京。

皇帝载淳是第一次见彭玉麟，听完他的汇报，暗暗点头，传言彭玉麟刚正廉洁，果然不错。

"看来你精神不坏！"载淳关心地说。

"臣有吐血的毛病，胃口也不是很好。"彭玉麟直率地答道。

"嗯，这一趟巡视长江，你很辛苦，国家都靠你们这些老成宿将。"皇帝说着，有些激动，"彭玉麟，你要帮朕把长江水师整顿好，对了，还要替我筹划海防。"

恭亲王在一旁暗暗着急，海防向来是由署理直隶总督的北洋大臣和署理两江总督的南洋大臣分别负责。尤其是现在北洋大臣李鸿章实际在一人筹划海防，倘若插进彭玉麟，事情很不好办，会平添无数麻烦。

幸亏，彭玉麟极有分寸："臣年老多病，不胜负荷。再说，筹划海防事宜，臣在天津与李鸿章见面时曾听他谈起，处置甚善，请皇上仍旧责成李鸿章办理，假以时日，必见成效。"

接下来，载淳又问到许多人，如曾国荃、杨岳斌等，兴致异常高。

彭玉麟回到住处，刚刚坐稳，沈桂芬来见。

彭玉麟在天津时曾听李鸿章谈起沈桂芬，一见如故。

"雪翁，我特来告诉你一声，皇上的意思可能是要让雪翁在京留任，不过眼前没有适当的缺，恐怕要先委屈一下雪翁，王爷叫我先来照会一声。"

"多谢！请转告王爷，雪翁深感铭谢。"

"对了！皇上今天拟了执事名单，派雪翁'宫门弹压大臣'的差使。这差使完全是为了方便雪翁观礼，大婚几十年不遇，雪翁能有此差，足见皇上恩泽。"

"是！皇上恩泽怎敢不受？我明早就去。"

刚刚送走沈桂芬，便有一位官员来拜，名帖上写的是工部侍郎兼步军统领衙门左翼总兵荣禄，自称"晚生"。彭玉麟也是久闻其名，据说他与慈禧是同乡，将门虎子，办事干练得力。早年曾帮恭亲王办过京城防卫，在北边剿过响马贼，升迁很快。

等迎出门来，见眼前站着位玉树临风、俊美异常的后生，一袭白衣，服饰华贵却不失气度，似乎还不到三十岁，揖手迎阶，华贵中更生潇洒，让人生羡。

进屋后，彼此寒暄，荣禄左一个老前辈，右一个老前辈，把来意道明。说是接到内务府通知，彭玉麟是"宫门弹压大臣"，而大婚典礼弹压地面，维持秩序归他负责，所以"特来伺候老前辈当差"。

"不敢！不敢！常闻仲华兄英年干练，果然不差。长江后浪推前浪，我们这些人都老喽，大清社稷还得靠你们。"

"老前辈抬爱了。"

坐了一会儿，荣禄告辞回府。

九月十五，是大婚典礼最热闹的一天，这天一早，宫里宫外忙碌非凡。

满洲婚礼风俗异常繁杂，等唱完"合卺歌"后寝宫中便是一片寂静。

"……王侯第宅皆新主，文武衣冠异昔时。直北关山金鼓振，征西车马羽书迟。鱼龙寂寞秋江冷，故国平居有所思！"

"蓬莱宫阙对南山，承露金茎霄汉间……"

在殿角站着的恭亲王福晋一推惇亲王福晋，掩口笑着说："皇上在考皇后呢！"

惇亲王福晋道："亏得是状元家小姐！"说着指了指西边："换了那边那位，这洞房花烛可就要露出乖丑了！"

这是指慧妃而言，只因当初输了一着，没坐上正宫的位子，不过让她感到欣慰的是，她比皇后先见到了"婆婆"。

这位婆婆自然是慈禧太后。按规矩，拜完天地，第二天才觐谒太后，但慈禧等慧妃进宫赐过喜筵，便迫不及待地召见慧妃。

慈禧召见慧妃是为了安慰她，而主要的还是要争口气。所以当慧妃开始行三拜九叩大礼时，便道："行了，行了！磕个头就行了。"

慧妃受宠若惊，感激地说："太后天恩，臣妾铭感肺腑！"

"嗯，你过来，我好好看看你！"

慧妃很稳重地走过来，慈禧伸出手握住她的手偏偏头，含着笑，上下打量着，那可是一副慈母的神情。

"嗯！"慈禧越看越喜欢，把长春宫的老太监秦祥找来，问道，"秦祥，你看慧妃像谁？"

秦祥在宫中多年，等仔细端看一番后，跪着叩首说："奴才不敢说。"

"没什么，赐你无罪。"

"那奴才斗胆，慧妃很像当年太后入宫时的样子。"

慧妃一听，赶紧跪倒："臣妾怎敢跟太后比！"

"你起来。"慈禧叫人搬过个矮凳，慧妃坐在炕几边，那情景就像承欢膝下，其乐融融。慈禧此时心中亦不平静，十一年的风风雨雨，可谓历尽坎坷。可儿子大了，不仅与自己相隔很远似的，还将要带走自己苦心经营多年的权力！如今自己可是两手空空，还有什么？看来慧妃倒像自己。想到这里，不禁紧紧握了一下慧妃的手。

慧妃仰首看着慈禧眺望远处的灯彩，心中不知想什么，一手的汗，不知太后怎么了，仿佛筹备三年的大婚盛典，鼓吹喧闹，跟她一点儿关系都没有，怪了。

大婚典礼随着东方日出而终于告成。论功行赏，凡沾喜事边儿的无不升迁，惇亲王赏了紫禁城坐四人轿，恭亲王恢复了王爵"世袭罔替"，总之都有恩典，可谓普沛恩施。

大婚过后，宫中也恢复了往日的宁静。一个月来，皇帝载淳与皇后在一起共度了很长时间，色冠后宫的瑜嫔也常承恩泽，至于慧妃才被临幸一次，可怜珣嫔却是独守空房一个月。

慧妃虽没有陪榜，但在慈禧的眼中，觉得太委屈了她，慈禧决定插手管管。

"皇上，你瘦了！"

婚后的皇帝已显得老成多了，他不动声色地摸摸脸："是！孩儿每天读书，很晚才睡，可能是瘦了些。"

"哼！别骗我了，你是每天很晚才睡。"

话外有音，载淳听起来很不舒服，便又上来倔劲："孩儿是读书到很晚，用不着骗皇额娘！"

"你，你就这样跟我说话？"慈禧抬直了身子，凤目渐渐立起。

皇帝本来不知道错在哪里，回想一遍才发现自己态度不好，但不愿认错，只是站着不声响。

"你说话呀！翅膀硬了是不？你哪里把皇额娘放在心上？"提及此话，慈禧不禁又想起十一年来的坎坷，"你什么时候听过我一句话？这十一年来的风雨，不是我给你挡着，你能有今天的日子？才几天的工夫就不把我放在眼中了！"

听到最后这句话，载淳也是又气又恼。这明明是指皇后在暗中说她什么、教他什么了，没影的事！这无端猜忌，起于何因？这猜忌出自生母之口，皇帝觉得遍体发凉！

"孩儿不敢！"载淳跪下来，"没有人敢教唆孩儿什么，孩儿也决不会听，额娘如此说孩儿，叫孩儿如何为君？"

"这么说你是觉得委屈，我冤枉你了是不？"

"冤枉儿子不要紧——"皇帝突然觉得话说错了，下面的话说不得，然而晚了！

慈禧往前一探身，眼睛瞪了起来，早没了往日柔和的目光，皇帝一看吓得心一跳。"怎么着？冤枉你不要紧，冤枉谁是要紧的？你倒告诉我，我好向她赔个不是。"

皇帝知道这下坏了，忙扬起脸："皇额娘别生气，孩儿错了，孩儿不孝，求额娘宽恕。"说着，眼里已亮盈盈噙着泪花。

赔了好些不是，好话说尽，皇帝载淳才得以出了长春宫。回到了乾清宫，独自一人斜倚窗下，很长时间没有言语。

张文亮见载淳脸色阴沉，刚才又去了长春宫，知道又是挨骂了不高兴。等见他情绪稍有好转，才轻声提醒他该去慈安太后那里了。

皇帝被提醒了，每当自己在慈安身边的时候，总觉得一天云彩全散，心情很愉快，没想到今天却遭到了慈安的责备。

"听说你跟你额娘顶嘴了？"

"也不是顶嘴，我不知道我额娘为什么生那么大的气。"

"你总有不对的地方，想想你额娘也不容易，你凡事要多顺着她点儿。"

"唉！"载淳重重叹了口气，"每次我都是小心翼翼的，可差不多每次哪句话没弄明白，她就把脸一放，我这里就开始不知怎办好，谁要是能教我个法子哄老人家高兴，我给他（她）磕头都行。"

"何必如此？"慈安笑笑说，"你给我磕个头，我告诉你一个法子。"

这是开玩笑的话，而皇帝载淳却认真地跪下来磕头。慈安拉起载淳，想了想，才开口道："你额娘不像我，没事了，看看书，到处走走，摸摸纸牌也就能打发时光。她是闲不住的人，要哄她高兴必须得找件事让她做才行，那就天下太平了。"

"对呀！"载淳飞快地转着脑筋，"嗯，法子倒有一个，把园子修起来，请两位太后颐养天年。"

慈安没有声响，好半天，才慢慢地说："谈何容易，修园子要比你大婚费得多，天下刚刚太平，百废待兴，难哪！"

"哼！婚礼的钱大半落到别人的荷包里，将来若要修园子，可得好好管管。"

"等你亲政了再说吧。"慈安顿了一下，"不过我倒想起件事。"

"什么事，皇额娘？"

"自你阿玛下葬之后，还没有到陵上去看过。外面穷家小户也讲究个按时扫祭的，所以明年春天我想去定陵看看。"

"是！孩儿也该去拜祭父皇，反正也花不了多少钱，明儿个早朝就议。"

第二天早朝，载淳首先提出此事，慈禧听后嘉许地点点头："这么多年了，尽是在打仗，如今天下太平，也该到祖宗陵上拜谒一下。这么办吧，先去东陵，再去定陵，一举两得，时间呢，就定在明年清明吧。"

等退了朝，载淳叫住刚想往外走的载澄。

载澄自皇帝大婚后，得了个"御前行走"的差事。这个自小和载淳一同长大的顽皮孩子，读书不长进，却是逛窑子的老手，经常在外面整夜不回家。按说王公贝勒进妓院是常事，可恭亲王对他要求极严，常常因此事骂他不争气。不过自得了"御前行走"的差事后，恭亲王也不怎么过问他的行踪了。

"载澄，你站在朕身边怎么老是乱动，学什么不好，偏学伯彦讷谟祜的样！"

伯彦讷谟祜生来就爱动，即便在御前值班也是隔不多长时间就得提脚扭肩的。

"不是，我，我是内急！"

"内急？"载淳惊异地问，"这早朝的工夫，你请了三趟假，这几天就有些不对劲，总不能天天内急吧？你实说，是不是有病啊？"载淳知道他总出外野逛。

载澄脸立刻红了起来，看看左右无人，才小声说："这病自古就有，就是民间常说的'淋病'。"载澄侃侃而谈："搞女人时间久了，就会得这病，只要一累，就会发病的。"

载淳一皱眉："你怎么搞的，染上这窝囊病？"继而见载澄那可怜的样子，说："你先回家休息两天吧！"

"谢皇上。对了，皇上，这事你可别跟我阿玛说，他知道了会扒了我的皮！"

载淳看着他怕的那样子，笑笑说："你放心，我会替你保密的，不过，今后可要小心！"

"是！"载澄捂着肚子急匆匆奔了出去。

载淳下朝回到乾清宫，一个人坐在那里冥思。他很想皇后，两天不见如隔三秋，这两天到瑜嫔那里缠绵，一想起她那可人的身材、动听的莺语，载淳总禁不住有些冲动。

吃完午膳，皇帝载淳忙不迭地来到皇后这里。小夫妻一见面，恍如隔世，载淳拉着她的手，眼睛盯着她的脸，由心底生出一种远行游子回到家的感觉。

皇后比他稳重得多，虽然也是心中朝思暮想，但她在告诫自己要做出表率来。毕竟是六宫之主，不能丢失礼仪。因此，她用清朗的声音说："伺候皇上更衣！"

　　更过衣的载淳似乎有些迫不及待地拥着皇后进了闹帐，黄幔落下，司床、司帐的官女和太监算是完成了任务，退到了一边……

　　到了年关，京城内外一片热闹的景象。今年是个好年头，剿洪平捻早已收功，适逢同治皇帝大婚庆典，过了年又要亲政。所以，宫里宫外，张灯结彩，燃放鞭炮，搭台唱戏，京中的官员照例是互拜走串，都沉浸在一片喜庆之中。

　　"唉！"有人发出一声长叹，"全看他的啦！"

第十三章

图快活　少不更事

染恶疾　初露端倪

一

同治十二年正月初一，宫中过年的气氛正浓，有个人却在暗自叹息。

叹息之人是深居后宫的慈禧太后。眼见着自己的亲生儿子就要亲政了，慈禧的心中却是喜忧参半。喜的是，这十几年来的风风雨雨，多少个不眠之夜，有多少次梦中惊醒，不是城池失守，就是守将阵亡。总算是殚精竭虑，平定了天下，交给自己儿子一个完整的江山。十几年来的坎坎坷坷，斗肃顺，惩胜保，与恭亲王明争暗斗，总是涉险过关。她感到有些累了，可这心中总有不安的忧愁。自己的儿子和慈安太后感情过深，多年来自己严加管教，换来的却是载淳那天生倔犟和后天的反抗精神。还没有亲政就不把自己放在心上，这十几年的苦是否要白熬？自己已经见老，载淳年幼不懂事，偏偏慈安又为人忠厚，这样下去，大权旁落的局面如果形成，还能争什么？

想到这里，慈禧便暗暗下了决心，不管自己的儿子怎么想，自己还是要常过问一下朝政，等到载淳真正能够像自己一样树立起威信，才能放心地去颐养天年。

过了"破五"，内务府、礼部及太常寺、鸿胪寺便开始为载淳亲政大典忙碌起来，日子定在正月二十六。载淳开始躬亲大政，两宫"同治"的时期结束了。

皇帝载淳正式在养心殿亲政，黄幔珠帘撤去是正月廿七的事。恭亲王与文祥等人早就看出两宫归政后，一定会有许多奢费的举动，内务府的开支也将增加。经过商议，决定趁政权转手之机，以裁抑内务府为手段，希望达成节用的目的。所以，在同治帝亲政的第一天，便授意户部上奏折，宗旨是节用。

同治看完奏折，便问起内务府的烂账。头一天亲政，同治有些激动，他声称要清理内务府的烂账，恭亲王在一旁听得直发慌。内务府的烂账，沉积很长时间，而且许多烂账涉及慈禧。因而，恭亲王不得不出面干涉。

"内务府积重难返，许多流弊不是一年半载的事。靡费自然是很多，臣以为，皇上亲政伊始，相与更新，内务府上上下下，必能洗心革面，谨慎当差。"

同治明白恭亲王的意思是内务府的事不宜深究，便换了个话题："六叔，每年内务府给太后的'交进银'是多少？"

"每年十万两，端午、中秋各三万两，还有四万两下年交齐。"

"六叔！两位太后优游颐养，费银的地方很多，朕看这交进银也该添了，虽不能说'以天下养'，可也不能让两位太后觉得委屈。"

恭亲王立刻体会到了同治的用意，此举是希望慈禧以后少叫内务府当差。而且，同治不想在这上面有什么事情发生，这样做可说是既做到了诚表孝心，又所费无几。想到这儿，恭亲王进前一步："这是皇上对两位太后的一片孝心，就算再紧，也决不能少了两位太后的用途，请皇上拟个数，臣等遵旨办理。"

"朕看加一倍吧！"

"是！"恭亲王回头对宝鋆说，"你记着，马上叫户部补进去。"

消息传到后宫，两位太后对皇帝的一片孝心深感欣慰。慈安觉得钱太多了，慈禧虽没嫌多，但感觉到应该谦抑为怀，便在漱芳斋午膳时表示不必增加，同治却是极力相劝，最后定两太后每年交进银为十八万两。

接下来谈到醇亲王的一个折子。醇亲王管了神机营十年，忽然上折说请将神机营操练的禁军仍归旧旗，同治很觉得困惑："七叔怎么了？"

"还不是为了饷银吗？"慈禧虽已归政，但每天仍在看上谕，户部奏请"部库空虚"的折子中说各衙门挪用的银子，除去内务府就数神机营最多，想来是醇亲王因此而不快。

这一点，同治心中明白了。醇亲王必是预先知道户部的原奏，所以才"摔耙子"。同治对这位七叔本来就不怎么佩服，但因为他是慈禧太后的亲妹夫，既是自己的叔父，又是姨夫，不得不另眼相看，但脸色已表现得很是不耐烦。

慈禧看在眼里急在心中，她知道同治并未理解自己培植醇亲王的深意——那是为了对抗恭亲王。自同治四年后，恭亲王处处谨慎，收敛了许多。慈禧知道，自己掌权可以降住他，可皇帝还年轻，经验不足，日子久了，说不定恭亲王旧态重萌，骄矜之心再起，就会越来越跋扈。看来还得尽快培植醇亲王，这一点很要紧，也必须让同治知道。所以，等到慈安回宫后，慈禧决定同载淳谈谈醇亲王。

"你七叔的才智是怎么也比不上你六叔的，不过，他为人忠厚正直，交办的事，不会走样。另外，他待人诚恳，属下都肯替他办事，像荣禄那样的人，都是顶能干的，有这些人在那里他就是才智稍差一点儿，也不碍事的。"

"是！"同治很恭敬地答道，"将来办海军还要借重七叔！"

"对了！叫你七叔办军务，你六叔办政务。这就好比两只手，你是头脑，头脑指挥手，用得明白，包管天下太平无事。"

话只能说到这一层，不能再说下去了。靠兵权来看住政务，这样才是正理。不过这样说同治会起疑心的，慢慢来吧。

小皇帝载淳可没想那么深，只是记住了"像荣禄那样，都是顶能干的"这句话，便连着几天召见荣禄，问拜谒帝陵的事准备得怎么样了。荣禄从容答对，部署井井有条，皇帝相当满意。

三月初五，皇帝侍奉两宫前往东陵。醇亲王带着荣禄打前站，恭亲王和军机大臣相伴左右，每天晚膳后见同治帝，照常处理军国大事。

每天是坐轿多于骑马，同治帝在轿子里感到特闷，总想找个消遣的办法。

本来想下轿骑马，一路观光。但春雨如油，地面很滑，载澄说什么也不敢答应，最后请来恭亲王劝其了事。

"载澄，"休息时，同治对自己的这位儿时的伙伴说，"轿子里实在是闷得慌，你想办法找两本闲书来给我。"

"臣专差人去京里取《太平广记》来呈阅。"

"那书？"载淳摇头，"太枯燥无味了，没有别的吗？你应该有很多的。"

"闲书倒是有，不过，臣不敢进呈。"

"怕什么？我在轿子里看，别人又不知道，看完交给张文亮收着，他敢不当心？"

载澄想了想："臣这就去办。"

到了晚上，驻跸隆福寺行宫。隆福寺就在东陵边上，春夜透冷，同治拥着被，身边是三大盆炭火。只见载澄神色怡然地踱进屋中，看到他手中的油布包，同治便知是闲书到了，便吩咐太监都退下，只留了张文亮伺候。

同治打开油布包，见封皮上写着"贞观政要"，便皱眉道："你怎么办事的？"说完将书推到一边。

载澄一言不发，默默地打开书页，屈膝递到同治眼前，映入眼帘的是一幅春宫图画，工笔绘成，形态逼真。

这一眼看得同治心跳加速，一把抢过书来，先藏于枕下。拿起另一部书，看着书题问载澄，"这《品花宝鉴》是说什么的？我怎么连名字都没有听说过？"

载澄上前，小声说："这可是部奇书，写的是那事儿的体会，嘿！绝了！那描述，保管皇上看了爱不释手。"

等到载澄离去，同治先将《品花宝鉴》藏好，拿起那本"《贞观政要》"，仔细看起。这本书无名工笔，字画俱佳，系手抄笔画而成。书页早已发黄，不知是哪个朝代存留下来的遗物，也不知道载澄是从哪里得来的。书上画尽男欢女爱的各种姿势，说解详细，看得同治是如醉如痴，不觉已快到了东方破晓。

张文亮见皇帝看书看到这番时刻，便明白了那不是什么"《贞观政要》"。本来嘛，载澄他是了解的，从小与皇帝一同读书的时候就经常借由偷偷出宫，上了十四五岁就开始进赌场、逛窑子，就差抽大烟，否则是五毒俱全。恭亲王拿他是一点儿办法也没有。今天给皇帝进书，肯定不是什么正路货，同治刚刚亲政，可别因此而废业，自己跟随多年，应该劝劝他。想到这儿，张文亮进身道："皇上，奴才斗胆，这样的书不宜多看，可能要误事的。"

载淳看得头晕眼花，听张文亮一说，放下书，伸了个懒腰："张文亮，你别多管闲事！朕只不过是看看嘛！又没有去做什么，别大惊小怪的，对了！你把这书藏好，可别让别人知道！"

"是，奴才照办，皇上先休息一会儿吧！"

"嗯！什么时辰了？"

"大概是寅时已经过了，卯时要动身，您闭目养会儿神吧！"

这次谒陵，费时一个多月才回到京师，同治这一路上却再也没有感到寂寞，两本书被他看得烂熟，了然于胸，于是眼前总是晃动着那些春宫图画和《品花宝鉴》中的文字。同治的心也渐渐地随着野了起来，师傅教的那些理道之学，统统被抛在脑后。于是他又想起小的时候自己偷偷出宫的情景，那番自由和快活，记忆犹新。

这日早朝散后，同治将载澄留了下来，叫左右退下，小声地问："你晚上都干些什么？"

"回皇上，臣每天读书到很晚。"载澄狡黠地看着同治。

"你别唬我！"同治瞪了他一眼，"你是不是每天晚上都出去'那个'？"同治将声音放小。

载澄神秘地一笑，附着载淳的耳朵小声说："每天晚上是我的快乐时候，温香满怀，那感觉可真是平生享受，有机会我带你去一趟！"

"在哪儿？"

"不远，出了前门，往左一拐，一连串十多家，那里有几个跟剥了皮的葱似的，又白又嫩……"

"那不是下九流常去的地方吗？你怎么往那儿跑？我看你这病八成是在那儿招上的吧？"

"不碍事，几服药，满灵！有名的妓院不能去，那儿认识的人太多。开始我可不是去了，有一回差点儿给一个侍郎撞上，所以我再也不敢去那儿，专挑旮旯胡同的。嘿，你猜怎么着？那些娘儿们真骚！让她们怎么做就怎么做，我给你看的书上的姿势都让我做遍了，那些娘儿们是给钱就行，也不像大妓院那样还跟你套套话、弹个曲儿什么的，痛快极了！"

载澄说得口沫横飞，神情极具感染力，说得同治浑身燥热，春宫图画在眼前转来转去，鼓了鼓勇气，小声说："你今晚二更天在宫门外等我！"

载澄会意地一笑，躬身退了出去。

一整天，同治都在恍惚中度过。到了晚上，提出说自己很困，先自睡下，谁的宫中也没有去。

心中有事，同治辗转反侧，哪里睡得着？听得梆敲两声，便偷偷地一跃而起，一个人来到了宫门口，门已上锁——这是宫中的规矩，载淳叫起起更太监，小太监一见是同治，忙跪倒施礼，同治拉起他，小声说："朕闷得慌，想出去走走，记住，精神点儿，等我回来，千万不要告诉敬事房，如果走漏了消息，小心你的脑袋！"

起更太监姓张，见同治神秘兮兮的，也不知道为什么这三更半夜出去。以前听人说过，同治小的时候常偷偷出宫，转念一想，自己跟着瞎猜什么？他是皇上，想怎么办就怎么办呗！

起更太监开锁起栓，门刚一欠缝，同治便侧身挤了出去。刚出门，便看见载澄正怡然地在那里慢慢地遛着。见了面，载澄一边走一边说："吃完晚饭，我去安排了一下，今儿个到一个姓李的家里，他们家有一个叫'小红'的姑娘，人长得标致，那模样，看了叫人可疼！"载澄一边说一边比画，不觉已走到前门，来到后边的一片矮房前。

"哎哟！这不是大爷吗？说好了二更来的，怎么晚了？"随着声音飘过来一缕香粉的气味，同治定睛看去，只见一家门口斜倚着一个二十岁左右的姑娘，一身的大红衣裙，在微弱的灯笼光下显得妖冶动人。

"今天我给你带来个人，他可是有钱的贵公子，你好好伺候着。"说着，在同治的耳边小声说，"她就是'小红'，你跟她走就行了，我去旁边那间。"

"哎！"同治刚想叫住载澄，没想到香气一袭，一双温玉般的手已搂住了他的脖子："哎哟大爷，你跟我来吧，甭管他，他是常客，来呀！到屋里面我给你暖暖脚……"连拉带拽，将同治拉到了屋里。

满屋都是香粉气息，炕上放个小桌，几盘小菜，还有一壶酒。同治被按到炕上，那个叫小红的给他倒了杯酒，倚在载淳的怀里，扬脸将酒杯送到他的唇边："大爷，外头冷，先喝杯酒暖暖身子。"

到了这步，同治也管不了许多，端起酒杯一饮而尽，然后用眼睛看着她。

不一会儿，一壶酒被两人喝得干干净净，小红醉眼迷离，衣服早就不知什么时候解开了……

小红让他倍感新鲜刺激，想起多年的循规蹈矩，同治似乎感觉枉活了这么长时间。

梆敲四下，载淳一跃而起，匆匆地穿好衣服，准备回宫。

"大爷，怎么这么快就走？"小红用她那妖冶的眼神望着同治说。

"改天吧，我要回去了！"说完，同治从怀中掏出一粒金豆放在了桌上。

刚出门，便迎面看到载澄一边系着衣服，一边往这边跑。

"怎么样？够不够味？"载澄问道。

"那小娘儿们，够劲！"同治不知什么时候学会了这话，说出口后才觉得有些失态。

载澄却没有想这么多，得意地说："今晚我吃了个饱，真过瘾！"

一边走一边说，不知不觉回到了宫门口，同治和载澄告了别，敲开宫门，一再叮嘱小张不许向外人说起，偷偷地溜回了乾清宫。

一连两个多月，同治帝是隔三岔五地出去风流快活，时间一长，便觉得体虚力亏，偷偷开了鹿茸、人参之类的暗补。

二

过了皇帝万寿，一件事情发生于叔侄之间。

事情的起因是有一个叫李光昭的木材商，听说京城要修圆明园，便拉亲扯戚地套进内务府，说是有大批上好的木材，可孝敬上用，价格便宜。李光昭本来是个大骗子，在南方与洋人做木材生意，收了钱款，不给货物，等到洋人追查，他溜之大吉，来到了北京。他在家乡的时候曾捐了个候补知府，内务府的人被他蒙骗，他持着印有内务府大印的批文到处行诈使骗，以几船中下等木料以次充好，想骗朝廷几十万两银子，后来骗局被揭穿，恭亲王和军机奏请重责。

李光昭的事，同治也是略知一二。因为急着修园子好让慈禧休养，同治是急不择良莠，内务府报来，便批了下去，这次恭亲王谈及要重责内务府，觉得自己面子上有些过不去。

"六叔！我已派李鸿章查问此事，李光昭是要人头落地的，这件事情就这样过去吧！"

"皇上，内务府上下都有蒙蔽皇上的行为，臣等不敢不据实陈奏，这些人不严责，恐皇上亲政后的业绩荡然无存。如果传出去，于天颜无利，遭人耻笑。所以臣等拟了个处分的奏折，请皇上看看。"

同治看了一遍，抬头说："六叔！这处分有些重了吧？崇伦、明善和春佑都革去内务府大臣的职务，似乎有些严厉。"同治尽量装出自然的神情。

"皇上，"恭亲王扬了扬脸，"李光昭一案，贻笑中外，外国使臣每问及此事，臣无地自容。"恭亲王见同治没有反应，坚持着说："内务府大臣蒙混入奏，咎有应得，臣请皇上无论如何也要准奏。"

这哪里是商量的口气？同治感到不快，认为恭亲王是在命令自己，但想想，终于忍住了胸中的不快，把御案上的奏折一推，冷声道："你说怎么办就怎么办吧，我不依也不行！"

恭亲王虽听出他语中的不快，但为了大局也就没有计较更多，而是由吏部议奏，革了三人的职。

时间一久，同治帝在外面闲逛的事开始传扬开来。恰巧钦天监的官员发现西北出现彗星，在民间俗称"扫帚星"的彗星一现，人传不祥。本来那些反对修园的人包括恭亲王在内，共同商定上言力劝停议园工和少出游，由惇亲王领衔加上恭亲王和醇亲王，五位御前大臣及军机大臣，共议六款。

第一款是"畏天命"，以彗星出现，天象示警，说到洋人盘踞都城，患在心腹，日本滋扰台湾，深恐患生不测，"劝皇帝常求敬畏之心，以弥灾异"。

第二款是"遵祖制"，提出皇帝要务崇俭朴。

第三款说得相当"露骨"，公开指责同治微行民间。

接下来的三款是全文重心，由奕劻起草，李鸿藻润色，言词流畅而透彻。

　　中外大小臣工，呈递封奏，向来皆发交军机大臣阅看，请旨办理。近来封口折件，往往留中不发，于政事得失，所关非细。若有忠言议论，一概屏置，不几开拒谏之风乎？嗣后遇有封奏，伏愿皇上仍照旧发下。近来内廷工多，用款浩繁，内务府每向户部借款支发，以有数之钱粮，安能供无穷之靡费？现在急宜停止者，乃在园工一事。伏思咸丰十年，文宗显皇帝由圆明园巡视热河，至今中外臣民，言之无不痛心疾首。两宫皇太后、皇上皆亲见其事，念及当时情景，何忍复至其地乎？即以工程而论，约非一两千万不办，此时物力艰难，何以筹此巨款？愿皇上将臣等所奏，在两宫皇太后前，委婉上陈。若亲奉懿旨，将园工即行停止，则两宫皇太后之圣德与皇上之孝思，皆超越千古矣！

折子递上去了两天，未见动静，在底下署名的十重臣很是着急。那边谈判正紧，日本索要赔款，如果园工不停，势必狮子大张口，狠要没完。

等到第三次递牌子，同治坐不住了，知道这道难关非过不可，便吩咐：

"传！"

一进殿，恭亲王便对养心殿的总管太监说："拿十个垫子来！"

总管太监一愣，惇亲王、恭亲王和醇亲王是皇帝的胞叔，早就奉旨"召对宴赉，免行跪礼"，何用拜垫？心中存疑，嘴上却飞快地应着："嗻！"便准备了十个草垫子，并密嘱小太监："今儿个恐怕要有风波，你们可要当心点儿。"

不久，便听到了沙沙的脚步声，同治帝背着手踱进了养心殿。等他升了座，惇亲王领头跪下，接下去是恭亲王、醇亲王、袭科尔沁王伯彦讷谟祜、袭一等勇毅公额驸景寿；第二排是郡王贝勒奕劻，军机大臣体仁阁大学士文祥，军机大臣协办大学士、户部尚书宝鋆，军机大臣兵部尚书沈桂芬，军机大臣工部尚书李鸿藻。

一见这阵势，同治心中警惕立生，等十重臣行了礼，道："都起来！"

"是！"惇亲王应了一声，却仍旧跪着不动，"臣等十人联名的奏折，恭请皇上俯纳，明降谕旨，诏告天下。"

"哦！"同治说，"我还没看呢！"

说着，亲手挑开口封，拿出来匆匆地看了几行，便放下奏章，等把奏章放下，脸色已经变了。

"我停工如何？你们何至于如此啰唆！"皇帝负气地说。

惇亲王没有开口，而是拿眼睛看了看恭亲王，恭亲王直了直身："臣等所奏，不只停工一事，容臣面奏。"说完，便从怀中掏出底稿，朗声读了起来，侃侃而读，到了最后，讲到"勤学问"，口气中略带了叔父责训侄子的口气。

同治脸色越来越难看，而恭亲王他们谁也看不到。恭亲王正说到激昂的时候，只听到"啪"的一声，那是用手拍击龙案的声音，十人一惊，抬头才看到同治的脸色已铁青。

同治的底火一燃，血往上涌，指着恭亲王大声说道："这个位子你来坐好不好？"

十人均没想到同治会说出这样负气的话，在后排的文祥一声长号，当场昏倒在地。

同治一见此景，心中大惊，深悔自己失言。殿外的太监顾不得礼仪，赶紧跑进来，捏人中推后背，文祥才发出呻吟之声。皇帝望着文祥花白的胡须，想到他一辈子为国呕心沥血，深感此举鲁莽，便吩咐道："先搀下去，叫太医来给他看看，要快！"

醇亲王见到此情此景，万分激动，提高声音说道："文祥公忠体国，力疾从公，似刚才的情景，皇上岂能无动于衷？倘或拒谏饰非，圣德不修，诚恐亡国不远矣！"

"唉！不要说了，罪在朕躬！"同治心烦意乱，气馁地说。

最后也没见皇帝说出什么，九大臣个个都侃侃而谈其奏折的重要，同治被逼得没办法，只好说声："别的都好说，至于停园，我得面奏太后，散朝！"便将奏折揣进怀中，一个人走出了养心殿。

养心殿内的情景，早有人报到了慈禧太后那里，慈禧听后并没有表示什么，而是平静地说："等皇上回来，叫他到我这里来一趟。"

"听说军机跟御前有个折子，说的什么呀？"见到同治，慈禧不紧不慢地开口问道。

"都是些老生常谈。"同治下意识地探手入怀。

"怎么叫老生常谈？里面没有要紧的话，何至于约齐了来见你？"慈禧一伸手，"折子呢？"

同治本想说不曾带来，又怕慈禧抓住不放派人去取，那可是落个不孝的罪名，想到这里便从怀中将奏折拿了出来。

慈禧看折可比皇帝快多了，一面看，一面冷笑。看完后将折子往炕上一扔："有些事，我还真的不知道！"语锋甚是冰冷。

慈禧一边看，同治在一边发抖，怕自己微行的事被揭出来，于是心虚地说："朕就是看了几次工程，外面就起谣言，真可恨！"

"你好好的，谁敢造谣？你知道吗？这六款说的中心是一件事！"

这自然是修园的事，同治心中暗暗想，这事最好让慈禧太后亲自说出来才好办。他上前一步："求皇额娘开导。"

"说穿了吧，里头外头都不服你，嘴上应的是，心里头都不知在想什么，你以为看折子、召军机是那么容易的吗？你还差得远呢！"

同治被莫名抢白，心灰意冷。慈禧没有谈到园子的事，而是训责自己，心中不免悲凉，于是答道："额娘说得是，朕以后多用功就是！"

慈禧也觉得话说得重了些，便放缓了声音说："你呀！要多动动脑筋，勤学些东西，亲政可不是件容易的事。"说到这儿，慈禧望了望窗外："园子的事先暂时放一放，以后再说吧。"

三

同治回到宫中，感到烦得很。大热的天，蝉儿在树上鸣叫，一身的汗，同治便吩咐张文亮准备洗澡用具，来到了淋浴室。早在乾隆年间，大清便从西洋那里得到敬送的淋浴器，一改以往的汤盆泡浴。张文亮伺候同治洗澡已不是第一次，当拿起毛巾擦同治的背时，发现两肩及背部有许多斑点，其色淡红，艳如蔷薇，不觉失声惊呼："咦？"

"怎么了？"同治见他大惊小怪，本来就心烦，因而斥责着问。

这是不用瞒也不敢瞒的事。"皇上身上……"张文亮说着转身往外走，"奴才取面镜子来看。"

张文亮取来一面大镜子，跪着往上一举，同治背身扭头一看，才发现自己身上的异样。"这是什么玩意儿？"他有些慌，"快传李德立！"

李德立是宫中太医，医道很深，同治解衣诊视，李德立用手摸了摸："皇上，您感觉身上痒不痒？"

"一点儿不痒。"

李德立面上瞬间闪过惊恐的表情，但随即便恢复了常态，接口说："不痒就不要紧，给皇上配一服清火败毒的药，吃着看。"

"怎么叫吃着看？什么病？"

"能让红斑消掉便没事了，很多病有这种症状，不好说。"

"那要是消不掉呢？"同治的声音提高了。

李德立久给同治看病，知道他的脾气，赶紧跪倒说："皇上放心，臣一定让红斑消掉就是。"

于是，李德立开了个方子，不过轻描淡写开了金银花之类，表面看是轻描淡写，但李德立心中着实大为紧张。

　　两天后，李德立被召进宫，见同治正在抱着只狮子狗玩，看到他来，同治高兴地说："你的药很灵，我身上的斑都消失了，你看再需服什么药不？"

　　李德立仔细检查了一遍，果然不见了红斑，便给同治道喜："皇上身子好，什么药也不用服。"

　　同治帝很高兴，当场赐赏了两匹丝绸和赏银，同僚听后纷纷前来道贺。李德立含笑敷衍了一阵，将一个有名的外科大夫叫张本仁的，留了下来。

　　"留下你是想跟你琢磨一种皮肤病，"李德立一边比画一边说，"肩上、背上、脖子上，大大小小红斑，有圆的，有腰子形的，不痒，这是什么症候？"

　　张本仁略微思索了一下："这很难说，鼓不鼓？"

　　"不鼓！"李德立极肯定地答复说，"我摸了，是平的。"

　　"连不连在一块儿？"

　　"不连，一个是一个。"

　　"不好！"张本仁摇着头，"恐怕是杨梅！"

　　这虽在意料之中，李德立的一颗心却猛然下沉，但他稳了稳情绪，缓缓地说："这杨梅疹多长时间才能消掉？"

　　"不好说，慢则几个月，快则几天，但要是梅毒的话，恐怕不能去根儿！"

　　"坏了！"李德立颓然倒在椅子上，两眼发呆。

　　"怎么回事？是不是贝勒载澄？"

　　"不是！是他倒不要紧了。"

　　张本仁一惊，失口道："莫非——"

　　李德立点点头，存着希望地问："这病多长时间才发？"

　　"不一定，少则几个月，多则一年半载，不过，也有一辈子不发的可能性。"

　　李德立双手合十："谢天谢地，但愿一辈子别发，我可就阿弥陀佛了！"

　　张本仁叹了口气："唉！就是一辈子不发，将来的皇子也会有胎毒，大清气数快到了。"

　　李德立没有那么深谋远虑，他现在考虑的只是眼前。这病是医家讳疾，何况他是万乘之尊的天子，怎么会生这种病？通过利害权衡，他决定装糊涂！

　　于是同治的病被隐瞒下来，载淳本人没觉得什么，红斑消失，也没感到身体不适，每日照常办事，召见军机，批阅奏章。

十重臣递折无果而归，耐心等待了几天，还是未见动静。恭亲王约齐了人在鉴园商议，众人七嘴八舌。最后，不得已决定走最后一着棋——请两宫出面干预，这才是釜底抽薪，打开僵局的唯一办法。

"我看就烦兰荪拟个密折，呈递两宫，你们看怎么样？"

宝鋆拍手称好："兰荪来较合适。"

李鸿藻笑了笑，他已有了腹稿，但在这种场合他不能先说，而是用征询的口气道："如何措辞，还请先商量定规。"

"你看呢？"恭亲王反问一句。

"这事我觉得应从理与势上来论，细说园工不得不停的缘由。"

"好！"恭亲王点点头，"那你就先写出来，看了稿子再斟酌。"

于是有人设了笔砚，李鸿藻坐在一边，边思边写，不一会儿，便完成了草稿，为了便于大家知道，他朗声念道：

> 园工一事，皇上承欢两宫太后，孝思纯笃，未肯收回成命，而此时事艰难，论理论势皆有必须停之者，敬为皇太后陈之：咸丰十年，文宗显皇帝巡幸热河，为我朝二百余年非常之变，至今天下臣民，无不痛心疾首。……皇上当以宵旰勤劳，乂安寰宇，仰慰两宫皇太后之心，为孝之大者。若竭天下脂膏，供园庭之工作，以皇太后之至圣至仁，当必有所不忍也！……臣等以为与其徒敛众怨，徒伤国体，于万事难有成，不如及早停工，以安天下之人心。伏愿皇太后明降懿旨，停止园工，则皇太后之威德、皇上之孝思均超越千古矣！

静静听完，大家都说婉转恳切，是大手笔。李鸿藻拱手道："但愿两宫能从谏如流。"

沈桂芬沉吟一下说："圆明园费工巨大，如果非圆明园工，款项又不巨大，该如何说？"

"着！"宝鋆与沈桂芬想法一致，"总得给自己留个后路才是，就这样令其砍了，可是有些不妥，修个什么地方，颐养两宫，也好有个交代。"

"嗯，如果皇上说修三海，也不算苛求。"恭亲王看了看宝鋆他们，"如果允许，那就修三海吧，总得给点儿什么，以示皇上诚孝。"

"我看可以拿修三海作退步。"文祥开口道。

"那就烦劳七福晋进宫一趟吧！"恭亲王看着醇亲王说。

醇亲王知道皇帝微行，载澄也常常在外面胡闹，恭亲王福晋进宫不好说皇帝什么，便答应了恭亲王的请求。

慈禧见是妹妹来访，屏退左右宫女，姐妹密语。醇亲王福晋先将皇帝夜间出行和以视察园工为由微服私行的事略说了一遍，边说边看慈禧的脸色，见她面部青筋跳动，便知道不好。

慈禧又惊又怒，心中涌起无限的忧伤和失望。皇帝怎么会这个样子？少年不想成大业，却偏偏去下三滥的地方，着实让慈禧感到伤心与失望。

"姐姐也别太责备他，怎么说他也是成人了，慢慢劝他，道理他都懂，一定会听的。"

"唉，总是不听话，皇上从小就倔犟，大婚的事也是我的不好，早知如此，何必当初。"

慈禧认为这件事的起因是当初自己没有在选皇后的事情上早些警惕，游移之间铸成大错，要不然皇帝也不至于跟自己赌气不理慧妃，自己独宿乾清宫，宫闱之中本来乐趣就少，推论原始，慈禧才有上面的话。

醇亲王福晋将十重臣的折子递给了慈禧，她没有立即打开看，而是又继续陪福晋谈了一会儿。谈及醇亲王的儿子载湉，福晋喜上眉梢，大讲自己的儿子怎样聪明、活泼可爱，慈禧也舒眉笑着说："你看你，一谈到他就乐得合不拢嘴，哪天抱来让我看看。"

"是，姐姐！"福晋见自己的使命已完成，便起身告辞。

送走了醇亲王福晋，慈禧叫人采了几朵新鲜的兰花放在屋中，拿起奏折，看了没有几行，脸色便难看起来。旁边伺候的宫女开始提心吊胆，不长时间，慈禧将奏折从头到尾看了一遍，来回在屋中走着，木屐踏地的声音格外响。

"去把皇上给我叫来！"慈禧喊道。

第十四章

风波平　恶疾渐深
英年折　同治归天

一

同治在书房看着载澄敬献的又一本"奇书"，名字叫《肉蒲团》，正看得津津有味的时候，张文亮在旁边轻声道："皇上，圣母皇太后叫。"

"啊？啊！"同治好容易从书中抽出脑子来，又问了句，"什么事？"

"圣母皇太后叫。"

同治来到长春宫，一进门见慈安也在座，忙上前请安。趁机看看两宫脸色，知道今天又不一定是什么事，反正是不妙！

慈禧指了指桌上放的奏折，示意同治去看。

看了不到两行，同治就"啪"地将折子摔到了桌上："岂有此理！这事怎么要惊动两位太后？"

"人家没错！"慈安冷冷地说。

慈安很少用这种语气和表情同载淳说话，所以一听这语气，同治心中很难过，越发觉得十人上疏给已撤帘的两宫不合理。

"再看下去！"慈禧开口道，声音也很冷。

"这叫什么话，陈芝麻、烂谷子都搬出来了！"同治愤愤地说，"日本人在台湾闹事，外国人的军舰在我们海边儿乱窜，办洋务办成什么样子？不引咎自责，反而摆出一副忠臣的面孔，真是岂有此理！"

慈禧对于停工一事并不太热心，但对他微行却觉得必须追究。刚才先将慈安请来，商量了一下，两人都同意要好好斥责同治，防危杜渐。慈禧想，只要同治能有所悔改，可以不谈园工，银子慢慢凑齐再说。

于是她微微冷笑道："是岂有此理！有些话不好见于笔墨，你也太不像话了，自己做了什么自己该知道吧？"

同治一听，八成是自己微行的事暴露了，但为了遮掩一下，低头道："不过去了两趟海淀嘛，那没有什么大不了的。"

"光是海淀吗？"慈禧竖起眉毛，"前门你去了没有？在外面吃过饭没有？碰到过谁没有？"

"没有！"同治硬着头皮抵赖，"谁在皇额娘面前造谣？"

这句话勾起了慈禧的气："谁敢在我面前造谣？七福晋难道也冤枉你不成？"她厉声说。

这一下皇帝不作声了，但心里却在暗下决心，一定要揪出那个多嘴的人！

挨了一顿斥责后，第二天早朝刚散，同治便将恭亲王留了下来："说朕在外面闲逛，六叔，你是听谁说的？"

恭亲王脱口答道："臣子载澄。"

同治冷笑几声，转身回到了乾清宫。

其实最早发现皇帝私行的人是荣禄。他负责禁卫军，消息灵通，接到报告后，又仔细地暗中跟了几回，摸清了实据，报给了醇亲王。醇亲王转告恭亲王，意在一方面想办法劝劝皇帝，另一方面让恭亲王教训一下他那不争气的儿子。

恭亲王连唬带诈，彻底掌握了实情。对自己这个儿子已没有办法，滚刀肉，又不能宰了他。当今天皇帝问及此事，恭亲王是下意识说出的，反正也保全了荣禄等人，至于载澄，就让他自己去消灾，也好借此接受教训。

同治回到宫中便差张文亮将载澄叫了来，载澄听说同治受了诘责，便知大事不好，忙用鞭子在自己身上抽了十几道血痕，进了宫。

"混账东西！"同治奔了过去，想上前一脚踹向刚刚跪倒的载澄。载澄忙说："皇上因何发这么大火？"

"你说！"同治手点着载澄的脑袋，"谁将那事抖搂出去的？"

"皇上，臣该死，臣父用皮鞭打微臣，"说着，解衣露膀。载淳一看，果有十几道血痕，"打得臣死去活来，父王一边打一边诈，还说了许多事儿，他事先可能知道些，所以……"

同治一看到血痕，怒气消了，扶起他，叹了口气："唉！"他心中也有不忍，自己愿意，又有事实，连累着载澄挨打，这事就不能再怪他了。于是，又安慰了几句，一切不如意齐涌上心头，眼中不觉泪光点点。终于，愤怒、窝火、不如意爆发，接着同治失声痛哭起来。

吃罢晚膳，载淳越想越气，觉得自己这皇帝当得窝囊。别人都拿自己当孩子看，母后又常常逼着自己去慧妃那里，外乱乍起，来势凶猛。越想越气，便将这一切都归罪到恭亲王身上，认为没有他就不会出这么多事儿。

"非好好出这口气不可！"同治暗暗下决心。

第二天早朝时，同治的脑袋还有些昏昏沉沉的。恭亲王陈述沈葆桢赴台，大久保利通已自天津启程，如何交涉等有关总理各国衙门的事务后，递上一张草稿，同治一看，是调补崇纶等人的名单。

第一行写着：户部左侍郎魁龄授工部尚书。刚看完，同治的无名火就上来了："没道理，同是内务府大臣，一个革职，一个升迁。"

"臣等公议，循次推迁，实在不知皇上所指。"

同治冷笑："魁龄有些什么资历？"

"他是同治二年进士，四年就升到内阁学士兼礼部侍郎。"

恭亲王的意思是说他早已是二品大员，此时升迁一品也不为过。

"朕即位时，他是什么官衔？"

"那时他是工部郎中。"

"嗯！四年的工夫由郎中升到侍郎，升迁好快呀！"

"那是天恩浩荡。"恭亲王见皇帝语气不妙，赶紧这样回答。

"哼！"皇帝一拍龙案，"他与你老丈人桂良是同宗不是？"

这是瞒不了的事实，桂良和魁龄都是瓜尔佳氏，满洲正红旗人。所以恭亲王应了声："是！"

"好！好！"同治越想越不舒服，把前后经过参照对比，认为魁龄先是被派了去修园工，随后告假，全是受了恭亲王的指使。如今崇纶被革了职，正好补他的熟人，居心何等阴险？这一想，多少天来的积怨一下子发作，咬咬牙决定痛快地干一场。

同治面色铁青，抓起朱笔，刷刷点点写好了一张上谕，大声说："把御前大臣都找来！"

御前五大臣日日当班，一听宣召，不敢怠慢，全班叩见。同治一面递给醇亲王圣谕，一面激动地大声说："恭亲王无人臣之礼，朕要处置他。"

醇亲王接到手中一看，大惊失色，朱笔写的是：

传谕在廷诸王大臣等，朕自去岁正月二十六亲政以来，每逢召对

恭亲王时，辄无人臣之礼，且把持政事，离间母子，种种不法情事，殊难缕述，着即革去亲王世袭罔替，降为不入八分辅国公，并撤出军机，开去一切差使，交宗人府严议具奏。其所遗各项差使，应如何分简公忠干练之员，着御前五大臣及军机大臣会议奏闻。并其子载澄革去贝勒郡王衔，毋庸在御前行走，以示惩儆。钦此！

醇亲王一看，惊异地瞪大了眼睛，用干涩发抖的声音说："臣不敢奉诏！"

众人一听，知道必是恭亲王受了严责，齐都跪倒。同治也是心中激荡，自知难以维持常态，唯有不顾而起，径自下了御座，头也不回地出了大殿。

醇亲王站起身，大家都不顾仪体地围过来看，无不惊愤，五内俱焚。

恭亲王倒显得较冷静，开口说："怎么处置我都没有意见，唯有这'无人臣之礼，把持政事，离间母子'我是说什么也不能认同的。"

"王爷，您先消消火，咱们请五爷牵头，想个办法请皇上收回成命！"宝鋆急着说。

"怎么办？是不是咱们顶上去，请皇帝收回成命？"文祥道。

"两宫能出面就好了，皇上不过是一时之气嘛！"宝鋆摊手说。

"现在万万不可惊动两宫！"恭亲王插口道，"如果搬出两宫的话，可真是'离间母子'了。"

同治帝回到宫中，一路上火已消了些，觉得这样做也有点儿过激，便写了个朱谕先放了起来。

除去恭亲王之外的重臣，由惇亲王领头，递了三次牌子，才见到了同治。此时同治语气也有所缓和，言辞中也承认了昨天的做法过激，抛下写好的朱谕回到了宫中。

文祥接过朱谕，同军机大臣们退回到军机处，打开一看，上面写着：

传谕在廷诸王大臣，朕自去岁正月二十六亲政以来，每逢召对恭亲王时，言语之间，多失检点，着加恩改为革去亲王世袭罔替，降为郡王，仍在军机大臣上行走，并载澄革去贝勒郡王衔，以示惩儆。钦此！

"唉！"宝鋆摇摇头，"到底还是饶不过六爷！"

文祥望望窗外："至亲骨肉，何至于此？"

"递牌子！"宝鋆握着拳头，"我要见皇上，理论一下，这是什么道理嘛！"

牌子是递上去了，两奏事处的太监却传下话来："不见！"

没有办法，宝鋆将心一横，对文祥说："博川，我看这道上谕交内阁明发！"

文祥略一怔，立刻明白了他的意思——与其苦求皇帝赏还奕䜣亲王衔及世袭罔替，不如明发，见了明谕，两宫一定会知道，当然会有所表示。想到这儿，文祥点点头，让沈桂芬拟旨呈阅明发。

同治看到拟的明发谕旨，清楚这是以退为进，心中焚乱。想起朝对时，这些人都将自己看成是孩子，越想越火，横下一条心，一切都不顾了，亲手写了张指五军机、五御前"朋比为奸，谋为不轨"的朱谕，"着尽皆革职"。第二天一早便叫太监传旨，召见六部堂官、五都御史内阁学士。

召见在京一二品大员，独无军机和御前，这是山雨欲来风满楼，众人心中惴惴不安，不知平地又要起什么风波。

消息传到慈禧耳中，她正抱着养的一条司克哀猎犬玩，一听，大惊失色，抛了心爱的猎犬，吩咐立即请慈安太后。

"皇上要闹大乱子！"慈禧略述了一下经过，"这一下什么也不用干了，等着亡国吧！"

"太不像话，叫人看了多笑话，怎么办，妹妹？"慈安急着说，"多不容易才有今天，一下子又让他给毁了。"

"别难过，姐姐。"慈禧安慰了慈安一声，便向外面喊了一声，"来人啊！"指着小太监说，"你传我的懿旨，先到皇上那儿，叫他不要召见六部堂官及御史，传完后，召军机和御前在弘德殿见。"

来到弘德殿，见皇帝已等在那儿，十重臣都一齐跪倒，慈禧开口便问同治，六部的起撤了没有？

同治答道："撤了！"其实还没有撤。同治见慈禧面色铁青，青筋跳动，怎敢说还没撤。

"十三年来，可以说没有恭亲王就没有今天，昨天的事我们姐妹不知道，恭亲王和载澄的爵位照旧，文祥！"

"臣在。"

"你写个旨来看！"

"嗻！"文祥磕个头，退了出去。

慈禧转向恭亲王，恭亲王谢恩："臣实在惶恐，皇上责备，臣不敢不受，但心危所虑，不敢不言，如今对日交涉，日本有索赔兵费的打算，如果园工不停，他们势必狮子大张口，这交涉就难办了。"

"嗯！"慈禧点点头，"哪天开议呀？"

"还没有定，不过臣打算在圣母皇太后万寿之期，一定办出个名堂来。"

"嗯！三海的工程你交给谁去办了？"

"臣想先请派勘估大臣，核查清楚后，再请旨办理。"

慈禧点点头："总要节省些才好，皇上不妨再下道上谕，申明这层意思。"

"是！"同治答道。

文祥此时步入殿内，谕旨是军机章京拟的，慈安对同治说："你念念吧。"

同治拿起来念道：

谕内阁：朕奉慈安端裕康庆皇太后、慈禧端佑康颐皇太后懿旨：昨经降旨，将恭亲王革去亲王世袭罔替，降为郡王，并载澄革去贝勒郡王衔。恭亲王于召对时，言语失仪，原属咎有应得，唯念该亲王自辅政以来，不无劳绩足余，着加恩赏还亲王世袭罔替，载澄贝勒郡王衔，一并赏还。该亲王当仰体朝廷训诫之意，嗣后益加勤慎，宏济艰难，用副委任，钦此！

"臣叩谢天恩。"恭亲王向着两宫和皇帝磕了个头。

慈禧站起身道："总之两句话，时势艰难，总要靠上下同心才可维持，千万别存什么芥蒂。"

皇帝闹得满天星斗，结果落个清风白月，心中不是滋味，在待膳的时候闷闷不乐。慈安了解他，特意将他叫到身边，劝了些好话，同治满心的抑郁委屈总算消融了大半。

二

第二天，同治去了趟三海，察看了一下工程须备的地方。回到宫中便感受了凉，发寒发热，立刻召了李德立，一服药下去就见好。可第二天，同治的颈项背肩等部，出现了紫红色的斑块，另一个太医庄守和认为是发疹子，李德立看看也是。

慈禧急在心里。同治体弱多病，但每次总不外乎外感之类，一服药下去，立刻见效。但这次似乎有些不太对劲，便找来李德立问。

"回太后，皇上是发疹子，内热盛，口渴便结。如今用清热解毒之剂，只要内热发透就好了。"

"不是麻疹吧？"慈禧不安地问。

"不是麻疹。"李德立回答得极其干脆，接着比着手势说，"麻疹的颗粒小、匀净、颜色鲜红，最好辨不过。"

"你有把握没有？"

"是疹子就必有把握。"

慈禧一听，这不成话！听他的口气有弦外之音，但宫中有不成文的规矩，对谁发火都可以，就是不能对太医发火。倒不是怕他们下毒，而是怕心中恐惧用错药，所以慈禧虽心中不满但嘴上却说："你要用心，多费点儿神，治好了我给你换顶子。"

"嗻！臣一定尽力！"

庄守和与李德立又请了脉，定为天花症候。往外走的时候，新任内务府大臣荣禄对李德立说："看症候可是不轻，怎么样？"

"荣大人，你亲眼见的，来势不轻。"

"这个我知道，要不要紧？"

"不日之间，死生反掌。"李德立用了《内经》的话说，"怎么能不要紧呢？"

荣禄想再问，但终于没有开口。李德立这边开了方子，用的是芦根、元参、蝉衣、桔梗、牛蒡子以及金银花之类。方子拟好交给了御前大臣伯彦讷谟祜。

"仲华，你看怎么办？是交给六爷看还是交给两宫？"

"我看双管齐下。"

"嗯，我看录个副，那就劳你驾了。"

恭亲王得到方子，想要探个究竟，便找来李德立问根源，李德立依旧坚持天花之说，恭亲王急急地问："什么时候出？"

"总在这十几天吧，我已开了方子，前后十八天的时间，但天天有险，如果按部就班，日有起色，熬过这十八天便没事了。"

"但你的脉案上写着'重症'，到底重到什么程度？"

"重不要紧，只怕出现逆症，不过王爷请宽心，现在未见逆症出现。"

"如果见了逆症怎么样呢？"

"那——"李德立肃然垂手，"我不敢说。"

恭亲王明白下面的话，倏然起立："李卓轩！这十八天你要时刻在皇上身边，无论如何也不能见逆症，过了十八天，我保你个京堂。"

太医院的官员，是不入流的官儿，做到首脑才不过五品。如果以京堂候补，由小九卿到大九卿，进一步就是学士、侍郎的红顶子，李德立自然感恩戴德，连连应声道："王爷面谕，我必尽心尽力。"

李德立刚走，两宫便差人来请恭亲王等人到漱芳斋见面。

"这几天皇上天花之喜，不能见风，有什么事你们商量着办，要同舟共济，不能闹意气。我们姐妹俩这几天心情也很烦乱，不便过问，也照顾不到，六爷，你多费心吧！"慈禧说。

"是！"恭亲王答道，"臣今天召了李德立来，问了症候，虽重不险，两位太后请放宽心。"

过了几天，慈禧将值班太监叫到屋中，问了问同治的病情。

"回太后，皇上这两天精神好多了，昨晚上进了半碗多鸭粥和三鲜元宝汤。"

"'花'发得怎么样了？"

"'花'挺密，比昨儿个多得多了。李大夫说'花'是密，但发得还不透，要看明天怎么样。"太监又说，"奴才是一天念三遍佛，皇上洪福齐天，一定能平安顺利的。"

"等平安过去了，我自然有赏。"但话锋一转，慈禧提高了声音说，"如果你们懒惰大意误了事儿，我可不饶你们！"

"奴才万万不敢。"

"皇后今天来看过皇上没有？"

"今天没来，昨天来看过，歇了一个时辰才回去。"

"皇后说什么了没有？"

"皇后吩咐奴才尽心伺候，说皇上胃口不开，若是想吃什么，传皇后的小厨房预备。"

"嗯！"慈禧略一迟疑，"皇后待了那么长时间跟皇上说了什么？"

"皇上跟皇后说话，奴才不在身边，不过——"

小太监自觉失言，不过已无法挽回，想缩口已来不及。慈禧太后自然放不过这个细节，厉声问："都说什么啦？"

小太监知道慈禧发起脾气可不得了，便答道："皇后好像流过眼泪。"

"嗯！"慈禧像是没有听到这句话，"你先下去吧。"

皇后流过泪，这不能不引起慈禧的警觉。她猜想一定是皇后觉得自己对待皇上不公，才至于有今天，心中有不满，向皇上提及。本来慈禧就不喜欢皇后阿鲁特氏，有了这事儿，更加深了两人之间的隔膜。

慈禧正在坐着胡思乱想，慈安派人来请，说是同治已醒过来，叫一同前去探望。

同治的脸上、手上、肩项等处，都是紫色的斑疱，"花"发得果然很密，但不是鼓起来的，也不是颗粒分明的，而是乱糟糟地连成一片。慈禧和慈安少不了一番安慰，劝他静心安养，同治表示烦劳两宫忧虑，深感不安，自己不能看折子，颇为着急。

慈禧转脸向慈安道："我看也该让他们看看。"

"他们"自然是指十重臣，恰好翁同龢请示可否觐见，于是慈禧命传军机、御前与翁同龢一起进殿。

进了东暖阁，光线甚暗，什么也看不清。慈禧命人取来两根巨蜡，伸手将同治的衣服撩起，见同治帝双目微闭，跟醉了酒一般，始终没有开口。当着病人什么话都不能说，群臣跪安回到了军机处，刚刚坐定，小太监来说，圣母皇太后宣入。

召见在养心殿正屋，屋中只有慈禧一人在座。恭亲王立刻警觉，向来召见，不是皇上便是两宫，又不曾闻慈安有病，是慈禧有意避开慈安，还是慈安根本就不同意，不愿出见了？奏对要自己代表大家发言，所以他格外凝神静听。

"皇上的病情，你们都看见了。"慈禧用她那低沉的声音说，她措辞很慢，"现在上上下下都急，这几天，各衙门的折子很多，许多大事还没办，皇上不能亲自批阅，养病要紧，万一分了心，本来要好的病也可能恶化。昨天晚上我问了李德立，他又说要过了百日，才能复原。你们要想办法，事情明摆在那儿，该怎么办？"

恭亲王一字不漏地灌进了耳中，细细咀嚼，很快品出来她的意思——慈禧是要亲自接管大政，但又怕再度垂帘为清仪所不容，要想办法就是要这些人想一个"教外面自有公论"的办法。这明摆着是想让恭亲王这些人多多联络人等上折请她再度垂帘。

"再有一层，"慈禧接着说，"等过了十天八天皇上病好些了，也不能静静闲闷着，总要找点儿消遣，如果偶尔传传戏什么的，想来外头能够体谅。"

慈禧的意思是，皇帝静心调养，以丝竹来陶冶性情，这一百多天无人理政，所以垂帘之举必不可少。

偏偏恭亲王没有体会她的意思，管不住自己的性子，向前几步跪拜："臣请皇太后好好劝管皇上，消遣的方法很多，种花养鸟，干什么不行，哪样都能消遣老半天，宫里三天两头传戏，外头早有议论。"

一听这话慈禧感到刺耳，她爱听戏是宫内宫外都知道的，所以脸色难看起来。

"外头议论什么？"

"外面议论很多，臣只愿皇太后常念祖训。"这明明是对着自己来的，慈禧负气答道："祖训我都记着，没有哪一条不允许看戏。"

恭亲王语塞，便转口道："臣听得很多，皇上微行，是皇上跟皇后难得亲近的缘故。皇上大婚才两年，这在民间是少夫少妻，正是恩爱如蜜的时候，皇上跟皇后这样，有人奇怪。"

"我觉得你的话才叫人奇怪。"慈禧截口说道，"照你的意思是我们这些当老人的没有教导好儿子、儿媳妇，是不是？"

"臣不是这个意思。"

"那是什么意思？"慈禧提高了声音，"你们是御前大臣，皇上的起居行动归你们照料。他一个人出去逛，我还没有怪你们疏忽，你们反过来怪我，这不昧良心吗？"

这一指责相当严厉，五位御前大臣一齐叩头，军机也不能说没有责任，也都跟着跪下，这一来，翁同龢也就只好陪着。

"我们的苦心有谁体谅？无怪乎外头有议论。"慈禧一半做作，一半伤心地说，"皇上自小体弱，我们姐妹俩想，先帝就这么一根苗，不敢管得太紧，但又不敢放松，轻不得重不得地将他拉扯大，容易吗？外头有议论，是不明白情况，现在连你们也这样对我们，教我们怎么办？"说着，泪如泉涌。

群臣不知是惭愧，还是惶恐，个个伏着不敢出声。最后还是恭亲王打破了僵局："太后所言，臣等无地自容，如今圣躬正值喜事，一切奏章，凡必须请旨的事件，拟请两宫权代皇上训示。"

这几句话如药到病除，立刻止住了慈禧的眼泪："你们的意思最好写个折子来，我和姐姐商量商量。"

出了大殿回到军机处，众人面色凝重。文祥看了看群臣："军机、御前，再加上弘德殿诸公是不是也要列名，还有六部，大家商量一下。"

慈禧主张垂帘，虽说是短短的百天，但终为清仪所不认同。这折子一上，肯定会引起议论，既然如此，分谤的人越多越好，所以宝鋆接着大声说："这该当家务办，最好也拉上九爷。"

"九爷"是孝郡王。按家务办，惇亲王领衔，接下去是恭亲王、醇亲王、孝郡王、伯彦讷谟祜、额驸景寿、贝勒奕劻、四军机、四弘德殿行走，按照官位以左都御史、翁同龢的把兄弟广寿为首，其次为徐桐、翁同龢。

沈桂芬起草奏折，"合词吁恳静心调摄，俟过百日之期，再照常办事"。几句话的事，写完后交给太监递了上去。

这时已到了午后，众人开始散去，刚刚走出门，小太监极快跑来："上头叫起。"

慈禧回去后先和慈安略一商量，没想到慈安对此事并不热心，并且隐约暗示，这样做恐怕会伤皇帝的心，以打消为妙。慈禧也觉得此事不可冒失，因为皇帝的意向难以把握。很显然，如果同治接到群臣的奏折，稍有迟疑，慈安一定会帮他说话，自己可就里外不是人了，有损于威严。

当然，对于群臣，她有自己的托词。"此事体大，总该先申明利害才是。"慈禧将原奏留了下来，"你们先口头奏明皇上，这样恐怕是不妥。"

"是！"恭亲王慢慢地答道，他知道慈禧是怕碰钉子，如果真碰了钉子，倒霉的还是这些人。因此，他答道："圣躬未安，不宜过劳，容臣明天请脉时面奏请旨。"

"嗯！该怎么跟皇上说，你们要好好想想。"

恭亲王觉得她的话说得很露骨，但没有办法，谁让她是太后。

退了朝，恭亲王一言不发，回到了鉴园。李德立来请过脉案，问及同治的病情，李德立摇摇头："不如以前顺。"

不顺即逆，恭亲王想起以前李德立说的话，大吃一惊，问李德立："你照实讲，皇上的身子怎么样？"

"肾亏！"李德立摇摇头，"本元不足，现在连凉药都不敢用。"

"肾亏？出天花跟这有关系吗？年纪轻轻肾亏什么？"恭亲王似乎有点儿警觉。

"王爷。"李德立面有难色，心里不知道该不该说出同治的梅毒之症。恭亲王见他有难言之隐，便招了招手："你跟我来！"

鉴园内有一座新的小洋楼，其中有一间是恭亲王平日里静思的密室，来到屋中，恭亲王带上门正色地说："卓轩！在这里你有话尽管说，没有外人会知道。"

恭亲王特意领李德立到密室，李德立见恭亲王如此，便将同治"大疮"的秘密吐露了出来。

"你不会看错吧？"恭亲王谨慎地问道。

"王爷，这是天大的事，没有把握我怎么敢说。"

此时恭亲王两眼发直，泪光盈盈，他尽力忍住："这个病怎么治？"

"缓症或有结毒肿块，用'化毒散'，以大黄为主；急症用攫风解毒汤，不过，"李德立叹了口气，"这病不能去根的。"

"还谈什么断根？能不发，或者轻一点儿就万幸了。"恭亲王踱了几步，"卓轩，该怎么治？"

"自然是先治天花，先保住元气，能帮助皇上灌浆起顶，成顺症，以后就稍容易了。"

恭亲王点点头："先把天花治了再说，听说那种病多发于春天，眼前大概不要紧，对了，这事你还跟谁说过？"

"我只敢禀告王爷，剩下的就是外科张本仁。"

"嗯！此事你别声张。"

李德立的方子很见效，过了两天，同治的天花果然"灌浆起顶"，发得相当饱满，精神也好多了。见军机时，皇帝挽起袖子："你们看，发得很好。"

群臣见"花"发得确实很好，个个鼓了出来，前两天那种皱皮的现象消失了。恭亲王道过喜后上前道："臣等公具奏折，请皇上俯纳。"

"什么折子，拿来我看看。"

于是，恭亲王将从慈禧那里拿回来的折子递了上去，张文亮秉烛，同治匆匆看完，放在了一边，看看群臣，缓慢地说："朕知道了，你们先下去，容我想想再说。"

退下来不久，复又叫起。这次召见列名的十五个人，恭亲王猜想一定是同治准奏了。果然，两宫分坐于皇帝两边，面色沉静。

"天下之事不敢一日松懈，李师傅代为缮折是权宜之计，这百日之内，我想请两宫太后代阅批折，百日之后，再照常办事。"

"是！"恭亲王等人齐声回答。

"前天你们上的折子，我因兹事体大，不便答应，要你们先奏明皇上，"慈禧慢慢地将脸转向同治，"你有病，我怕你心烦，所以召见军机和御前没有告诉你！"

这是当面撒谎，好在没有人敢揭穿，同治信以为真，连连点头，仿佛感激她的体恤。

两宫听政后，第一件事就是瑞麟的遗缺。两广总督由安徽巡抚英翰继任，文华殿大学士由资历稍浅的大学士迁升，宝鋆也由协办大学士升为体仁阁大学士，空出吏部尚书缺由兵部尚书英桂调任，英桂的空缺由左都御史广寿接任，剩下的左都御史是八卿之一，关于这一品官给谁，慈禧看了看恭亲王："你看谁合适？"

恭亲王因保魁龄遭到重责，记忆犹新，这次格外小心，所以答道："臣没有想好合适人选，请懿旨办理。"

"左都御史是新补，照规矩应在侍郎里面挑，侍郎太多了，都有谁呀？宝鋆，你说呢？"

宝鋆是吏部尚书，对侍郎名字如数家珍，便随口答道："吏部左侍郎魁龄。"

"对了！"宝鋆刚念了个头便被慈禧打断，"就让魁龄去吧！"

这是间接示惠于恭亲王，在七月时恭亲王因保魁龄升内务大臣而遭痛责，这回魁龄到底当上了一品官儿。

自皇帝出天花的那天起，慈禧便根据内务府的建议供奉"痘神娘娘"，每日里很虔诚地祷拜，希望同治早些痊愈。

同治天花发出后，又得"送娘娘"。慈禧用皇太后的全副仪驾前导，引着九条纸扎龙船，无数的金银玉帛，送到大清门外。那里已搭好一座土坛，龙船送上去，然后焚烧，算是送娘娘"回去"，一时间烈焰飞腾，纸灰四散，那样子很像是"祖送"。

"祖送"是满族的旧俗，包括"小丢纸""大丢纸"。当皇帝初崩，百官哭临，首先烧大行皇帝的龙衣龙袍、器用珍玩，称为"小丢纸"；等奉安后，皇帝生前所用之物一齐焚净，称"大丢纸"。"送娘娘"的景象，与"小丢纸"很像，底下人便窃窃议论，认为是不祥之兆。

果然，第十六天那日，奏事处既没有脉象，又没有药方。每天的起居单他人并不在意。翁同龢心很细，看出其中大有蹊跷，仔细想了一番，莫非有不便示人之处？想到这儿，便来找新补了内务府大臣的荣禄。翁同龢与他很谈得来，来到养心殿，没有碰到面，却看到了李鸿藻，见他面有异色，便问起病情。

李鸿藻顿了顿足，"唉，说实话吧，天花是不要紧了。"

翁同龢一听，便证实了自己的猜测，果然还有别情："兰翁，究竟——"

"是……"

一波未平，一波又起，这到底是骇人听闻的事："兰翁，你听谁说的？"

"李卓轩。"

"他不会弄错吧？"

"这事他怎么敢瞎说。"

"我早听仲华说起，皇上不但到过八大胡同的清吟小班，还有那些下三滥的地方，当时我心里就嘀咕。李卓轩说，早在八月里就有症候了，想来想去，实在是自有来由的。"

"李卓轩怎么不早说？"

"他不敢，前几天跟恭亲王偷偷说了，现在看瞒不住，才不能不实说。"李鸿藻沮丧地说，"这种病是去不了根的。"

"症候怎么样？"

"腰上、背上都有脓汁毒液，口舌溃烂，胳膊也出现肿块，唉！"李鸿藻长长叹了口气。

"那能瞒得了多久？两宫是不是不知道？"

李鸿藻点点头："还瞒着。"

"不能再瞒了。"翁同龢急着说。

"大家也是这个意思，不过这话由谁去说呢？"

"李卓轩如何？现在只有他才能说得清楚。"

商量半天，决定请李德立转告两宫。慈禧正为天花病落而欢喜，一听李德立如此这般一说，一下子怔在了那里，泪水不知什么时候涌了出来，久久没有言语。李德立跪在那里，心里寒意直往上蹿，生怕慈禧怪罪自己。

良久，慈禧用她那特有的、缓慢而带有威严的口气说："你先下去吧。"

李德立如逢大赦，赶紧叩头退了出来，十一月的天气，却早已汗流浃背。

三

皇后阿鲁特氏自同治一病便提着一颗心。这日用过晚膳，听说皇上病情有变，太医也很为难，便起身来到东暖阁。见阁内灯光昏暗，浓重的药味满屋飘着，屋中异常阴森，不禁打了个哆嗦，问张文亮："皇上的病怎么样？"

"这会儿刚歇着，今儿个的光景还不如昨天，腮边起了个肿块，抓破了，流了血水，太医说怕是要穿腮。"

"穿腮？"皇后瞪大了眼睛，那不就是在腮上烂个洞吗？"这，这么厉害？"

张文亮此时已无话可答，跪着磕头："皇后请回宫休息吧。"

阿鲁特氏知道张文亮是怕自己见到皇上病情会伤心，但来了一趟连面都没见，便道："不！我一定要看看！"

来到榻前，一股刺鼻的气息扑面而来，皇后掀起帐幕，一闻之下，几欲呕吐。

"这儿这么大味，怎么不找香来熏熏？"

"原来是用香的，但皇上说难闻，吩咐撤了。"

他们对话，惊醒了同治，他在帐中用微弱的声音说："谁呀？"

张文亮赶紧答道："是皇后来看皇上。"

同治吃力地睁开眼睛，在昏暗的灯光下，皇后看清了同治，见他脸上、腮上肿得很厉害，许多地方抓破了正渗着血水，两唇都向外鼓着，牙齿发黑，面色赤红。这可怖的面容，教皇后看得直发抖，想象着万一皇帝有个三长两短，六宫号啕的情景，几乎支持不住了。

"你看我这病！连我自己都没有信心了。"

"皇上请放宽心，"皇后尽量维持着平静，"病来如山倒，病去如抽丝，病全靠自己养，心静才能好得快。"

"我心怎么能静下来？"同治叹口气，"李德立简直是废物，越治病越多，唉！"

两人对坐无语，凄然相望。好长时间，皇后才安慰了几句，起身要告辞。

同治精神忽地好了起来，忙说："你先别走，这会儿我感到精神一下子轻松多了，你再陪我说会儿话吧！"

皇后心有不忍，答应一声："是！"

"趁我这会儿能说话，我问你，圣母皇太后这段时间有没有问过你什么？"

皇后神情黯淡，知道皇帝是关心自己，怕慈禧对自己不好，看来他知道自己行将就木，关心后嗣问题。但皇后怎么对他说慈禧压根就没提此事，而且有几次将自己骂了一顿，说皇帝有病是自己的过失，提这些无异于雪上加霜。

"没有，皇额娘没有提什么。"

"皇上，该进粥了。"张文亮不知什么时候进来，皇后一看他满脸的警戒神色，便知道宫中尽是慈禧太后的耳目，不宜多谈正事，但皇帝不太了解张文亮的苦心，斥责地说："不要，谁让你进来的？"

皇后站起身："皇上，快落锁了，我该回去了，明天再来看你。"

同治惘然地望着皇后走出了暖阁，但没有再留。不过这一夜同治特别兴奋，问到新任的两江总督刘坤一、两广总督英翰，也问到奉诏来京的曾国荃、郭嵩焘等人。

这些情景第二天一早便传了出去，有人认为是大疾初愈，也有人窃窃私语，怕是"回光返照"。

"卓轩！你看这是怎么回事，何以一夜之间奇迹般地好了？"荣禄找到李德立问。

"荣中堂，我刚刚看了，皇上是由精神又转到恍惚，恐怕……"李德立直挺挺地跪在了荣禄面前。

"咦，你怎么这样？"荣禄上前拉他。

李德立赖着不起身："荣中堂，有句话我先陈明，万一有什么情况，还望王爷和中堂能为我主持公道。"

荣禄微微一怔，约略猜出了他说的意思："圣躬违和，只要你没有粗心大意，王爷和我们大家自然主持公道。"把他扶起来，荣禄急急地问："皇上病情到底到了什么程度？你照实说！"

"中堂既然能主持公道，我就实话实说，皇上恐怕已到了油尽灯枯的程度。"

"怎么这么快？何至于此，你为什么没早防？"

李德立忙引用了一段医书上的话："外症虽有一定之形，而毒气流行，亦无定位，故毒入于心则昏迷，入于肝则痉厥，入于脾则腹疼胀，入于肺则喘嗽，入于肾则目暗，手足冷，亦皆各有变端。"然后指了指自己的额角："心就是脑，皇上的毒到了这里，大人，你听没听说过'梅疯入脑'？"

荣禄听得手足冰凉，俯首长吁，用嘶哑的声音道："你快说，到底有没有救？"

"很难了，皇上怕是已出现回光返照之相……"李德立踌躇了一下，吃力地说，"拖日子而已。"

"能拖几天？"

"很难说。"

荣禄听到此，摆了摆手，转身出了门，直奔长春宫而来。宫门太监见是荣禄到来，忙高声通报："内务府荣大人到。"

荣禄也不等里面传话，满脑子都是皇上的病情，匆匆地进了门跪在了慈禧面前。

"太后，"荣禄一失往日的潇洒，结结巴巴地说，"皇上病情不妙！"

"怎，怎么了？"慈禧赶紧俯首问。

荣禄略一述说，慈禧一下子昏厥在榻上。宫女七手八脚掐人中，慈禧才悠悠缓过来，挣开宫女的手，穿上木屐，连头都没来得及梳理一下，冲出了门外。

下午，皇帝病情剧变，荣禄赶紧通知亲贵、御前、军机、弘德殿行走的师傅们，此时哪有礼仪，一齐聚在了养心殿，静候消息。时近晚饭，李德立满头大汗地从东暖阁奔了出来，一边走一边说："不行了，不行了！连人都不认得了！"

群臣赶紧拥入西暖阁，两宫在里面流泪，此时慈禧也结结巴巴地说："怎，怎么办？"

翁同龢跪在最后，抬头问李德立："为什么不用'回阳汤'？"

"没有用，只能用'麦参散'。"

庄守和也是太医，也从里面出来。"牙关都撬不开了。"他惊恐地说。

一听这话，群臣一窝蜂似的进了闱幕，哪里有宗庙礼仪。只见同治帝由一个小太监抱坐着，旁边放着明黄彩龙的药碗，另外一个御医像傻了似的不知该怎么办，有的跪下磕头，有的想探问究竟，独有一人上前，瞻礼圣容，他就是翁同龢。

这一看，翁同龢心一下子悬了起来，他伸出一只手，往同治鼻口之间一探，随即一顿足，抱头放声大哭起来。

第十五章

立新君　再度垂帘
绝后患　皇后殉情

一

翁同龢抱头痛哭，这等于是报丧。这一下殿内殿外哭声震天，太监和宫女便开始办丧事，摘缨子、卸宫灯、换椅披，将所有能看到的鲜艳颜色都撤掉，一切忙碌都不是大事，现在摆在众人面前的问题是嗣皇帝在哪里。

同治无子，所以也就没有"金匮遗命"藏于"正大光明"匾额后的遗诏，大清父崩子继的帝系，到此画上了个句号。

"两位太后请节哀，国不可一日无君，如今还有大事要办！"荣禄见缝插针对慈禧和慈安说。

慈禧慢慢放下李德立进呈的"六脉俱脱，酉刻崩逝"的最后一张脉案，慢慢地收住眼泪对太监说："统统都出去！"

太监、宫女一律回避，西暖阁内只留下慈禧、慈安和荣禄三人密商大计。

"如今皇上龙驭上宾，姐姐，你看谁来承袭大统较合适？"慈禧不慌不忙地问。

"这个……唉！我现在心里头乱糟糟，皇上这么快就……我怎么也没有事先想过，妹妹，按说应该是'溥'字辈的接吧？"

"'溥'字辈只有载治的两个儿子，载治是远亲，我看不宜继承大统。"其实慈禧在同治病重的时候就想好了继承大统的人选，她想到了醇亲王的儿子、今年刚刚四岁的载湉。载湉是醇亲王之子，亦是自己的外甥，与同治是亲叔伯兄弟，这样一来，可保证大清天下不落旁支。再者，慈禧觉得载湉继位，可更好地控制住局势。

"那你是不是有合适的人选？"慈安拭泪问道。

"有是有，不过他可不是'溥'字辈。"

"说说看。"

"我想说的是七爷的儿子载湉。"

慈安大摇其头："载湉怎么能继位，辈分不合嘛！"

"姐姐，这个我想好了，将载湉过继给文宗做次子，不就解决了吗？"

"是呀！"荣禄站在一旁，"载湉怎么说也可算是文宗的次子，这样论比哪支都近，由他来承袭大统是最合适的了。"

慈安沉吟了好长时间，事到如今，只好这么办了，她定了定神："就依你吧。"然后向荣禄点了点头。

荣禄会意，走出西暖阁，来到朝房，用蓝笔开了一张单子，首先是近支亲贵：惇亲王奕誴、恭亲王奕䜣、醇亲王奕譞、孝郡王奕譓、惠郡王奕详、贝勒载治、贝勒载澄、奕谟、军机、御前内务府大臣、南书房翰林、弘德殿行走的徐桐、翁同龢。

群臣进了养心殿，见两宫庄容肃穆，不消说，召集这么多人，一定是嗣立新君的事，一个个都在心中猜测谁可在顷刻之间一步登天，看起来载治的儿子可能性极大。

西暖阁内一片素白，西北风透过缝隙吹得白烛摇晃不定，阁内甚是寒冷，众人都有点儿哆嗦，一半是寒冷，一半是激动。

恭亲王领头行礼，慈禧未语先哭，群臣也无不掩面流泪。

慈禧在一片哭声中开口："事到如今，皇上去了，剩下的事怎么办，你们拿个主意来。"

恭亲王正在想该怎么回答，伏在垫子上正因生病而喘气的文祥首先开了口："邦家不幸，唯有请两位太后择贤而立新君，然后恳请垂帘。"

文祥的意思是在"溥"字辈的人中挑选一人，承袭大统。

"臣启奏太后。"恭亲王开口了。在刚才，他和众大臣商量过了，反复推敲，为了维持统治，替同治立嗣，只有在载治的两个儿子中择一而定。所以恭亲王先磕了个头："溥伦、溥侃为宣宗成皇帝的曾孙，请两位太后做主，择其一而为大行皇帝嗣子……"

恭亲王的话还没有讲完，五爷惇亲王便打断了他的话："溥伦、溥侃不是宣宗成皇帝的嫡曾孙，不该立！"惇亲王想到说到，不计后果，这一说恰恰正合了慈禧的心意。

"既然'溥'字辈没有合适人选，遭此大变，就要为文宗过继个儿子才是。年纪最好小一点儿。现在，当着大家的面儿，一句话就定了，永不变更。"慈禧说到这里停了下来，转头看了看慈安，慈安微微点了点头，于是慈禧又提高了声音说，"我们姐妹商量好了，我现在就说，你们听清楚了！"

慈禧说着，双眼中射出异常威严的目光，扫视群臣。被扫到的，无不感到如芒在背，伏首静听。

"醇亲王的儿子载湉，今年四岁，承继为文宗显皇帝次子，你们马上拟诏，商量办奉迎入宫。"

话音刚落，群臣马上开始窃窃私语，一声长号，只见醇亲王磕头不止，继以失声痛哭，一下子昏厥于殿上。

醇亲王本性忠厚，一听到这种消息，不亚于受到迎头痛击。他一直认为家大业大祸也大，瞬间成了"太上皇"对他来说这祸可太大了。

醇亲王想的不无道理，他知道自己这位大姨子的手段，本来自己现在手握兵权，自己的儿子又当皇帝，必遭猜妒，弄不好会落个可悲的下场，急火攻心，才出现刚才的一幕。

孝郡王忙上前扶起醇亲王，他是醇亲王的同母弟，休戚相关。但醇亲王形同瘫痪，怎么也立直不了身子。

于是匆匆散朝，众人都跟着恭亲王来到军机处。一面准备将载湉迎入宫，一面商量这诏怎么写，最后定为既以懿旨的名义，又该在"遗诏"中体现出来。

"一定要说明白，新君承继文宗为子，这样统绪就分明了。"恭亲王对文祥说。

大家心里都清楚，大行皇帝临终一句话也没说，这样做是永除后患的办法。

于是分头动笔，翁同龢、潘祖荫动笔写遗诏，文祥动笔写懿旨。

"王爷，不行！"文祥摇摇头，病中的文祥身体虚弱，站着都直摇晃，"我现在连笔都拿不动了。"

荣禄自告奋勇："我来写，您来念。"

时间不长，翁同龢与潘祖荫的遗诏定了稿，为大行皇帝留下的话是：

朕蒙皇考文宗显皇帝复载隆恩，付畀神器；冲龄践祚，寅绍丕基。临御以来，仰蒙两宫皇太后垂帘听政，宵旰忧劳，嗣奉懿旨，命朕亲裁大政，仰维到圣家法，一以敬天法祖，勤政爱民为本，自维德薄，敢不朝乾夕惕，惟日孜孜？

十余年来，禀承慈训，勤求上理，虽幸官军所至，粤捻各匪，次第削平！滇黔关陇苗匪回乱，分别剿抚，俱臻安靖，而兵燹之余，吾民疮痍未复，每一念及，寤寐难安，各直省遇有水旱偏灾，凡疆臣请蠲清赈，无不立沛恩施。深宫兢惕之怀，当为中外臣民所共见。

朕体气素强，本年十一月适出天花，加意调摄，乃逾日以来，元气日亏，以致弥留不起，岂非天乎！

顾念统绪至重，亟宜传付得人。兹钦奉两宫皇太后懿旨：醇亲王奕譞之子载湉，着承继文宗显皇帝为子，入承大统，为嗣皇帝。特谕！嗣皇帝仁孝聪明，必能钦承付托。"天生民而立之君，使司牧之。"惟日矢忧，勤惕易励，予以知人安民，永保我丕基；并孝养两宫皇太后，仰慰慈怀。兼愿中外文武臣僚，共矢公忠，各勤厥职，思辅嗣皇帝郅隆之治，则朕怀藉慰矣。

丧服仍依旧制，二十七日而除，布告天下，咸使闻知。

遗诏和懿旨重在为文宗过继次子，为国立新君，算是喜事，所以用明黄匣子递了进去。

侍奉嗣皇帝的礼仪也定好了，"嗣皇帝穿蟒袍褂进大清门，由正路入乾清宫，到养心殿拜见两宫，然后在后殿成服"。

慈禧听完恭亲王的话，说："嗯，可以。派谁去接你们定了没有？"

"臣等商量定了，派孝郡王领御前大臣去接。"

"那就快去吧！天气很冷，让孩子多穿点儿，当心别着凉。"

迎驾的队伍是午夜时分起程的，来到了太平湖畔的醇亲王府。醇亲王府灯火辉煌，大门洞开。孝郡王奉诏而入，身后是御前大臣，先宣旨，后叙情。

"七嫂，大喜！"孝郡王上前道了个喜。

醇亲王福晋不知说什么好，一时间竟语塞。

"皇上呢？"孝郡王不敢耽搁，放下茶碗问。

"还睡着。"醇亲王福晋答道，"对了，九爷，奶妈是不是也跟着？这孩子怕打雷，没了奶妈不行的。"

"你瞎说什么，什么孩子？是皇上！"醇亲王一跺脚，说道。

"你看我，一时还改不了口。"醇亲王福晋自责地说。

载湉在睡梦中被奶妈抱起来，一摇一晃，惊醒了，不知道发生了什么事，一看这么多人，口中喊着额娘，吓得直往奶妈怀里藏。

一路上，奶妈抱着孩子，连摇带哄，在轿中好歹又将载湉弄睡了。

到了宫中，载湉熟睡未醒，见面也就免了。抱到慈安太后那里抚养，奶妈也就留在了身边。

这一夜，宫中灯火错落，许多太监忙碌着料理丧事。事情虽然多，但很快就一切就绪，枯坐待命，只好闲谈来打发时光，于是有个离奇的传说便在太监们的闲谈中传播开来。

传说有一天午后，皇后到西暖阁看望皇帝，皇帝见她泪流满面，忙问究竟。皇后便将慈禧太后责怪她的经过，哭诉给皇帝。哪知道慈禧接到报告尾随皇后来到西暖阁，太监刚要喊太后驾到，被慈禧摇手制止，偷偷地听他们俩说些什么，当听到皇帝安慰皇后说"你暂且忍耐，总有出头之日"时，勃然大怒。

据说当时慈禧掀开幕帘进去了，与民间无知的妇女一般，径直走到皇后跟前，一把揪住她的头发，劈面就是一巴掌。

皇后统率六宫，为了维持尊严，免于侮辱，抗声争道："你不能打我，我是从大清门入宫的。"

这句话犹如火上添油。慈禧平生的恨事就是不能位正中宫，皇后的抗议正触动了她的大忌，于是一不做二不休，厉声而喝："传杖！"

"传杖"是命内务府行杖，是对犯了重大过错的太监和宫女的刑罚，岂能施于皇后？同治当时大惊，顿时昏厥，这一来免去了皇后一顿刑罚，而皇帝也因此而病势急转直下，终于不起。

这个传说，悄悄地在各殿传开，没有人去证实它的真伪，所以真情如何，谁也不知道。但在立嗣一事上，慈禧始终没有让皇后插手，这是有目共睹的。今后，皇后作为新君的寡嫂住在宫中，是什么身份？统摄六宫的职权还在不在？仪制上怎么处理？都是极大的疑问。

而外面的传闻议论更多。前朝皇帝英年驾崩的事也不少，新寡的皇后一般都能得到相当的尊重，而像阿鲁特氏这样仿佛被打入冷宫般的待遇，则是没有过的。再有，另一个疑问是，文宗显皇帝的胞侄很多，何以偏偏选上了醇亲王的儿子？慈禧和醇亲王是不是早有联络？居中传信的自然是荣禄，谁都知道荣禄与慈禧是同乡，与醇亲王更是关系密切，于是许多王公大臣开始迁怒、嫉妒醇亲王。

这些传闻、疑虑别人想得到，醇亲王自然也想得到。从西暖阁闻听到懿旨的那一刻起，醇亲王就想到了，因此才会震惊而昏厥。所以等送走了自己的儿子，醇亲王便连夜写好了情愿闲废终生、不闻政事的奏折，一来避流言，二来打消慈禧可能以后防范自己的疑虑。奏折是这样写的：

> 臣侍从大行皇帝十年有三，时值天下多故，尝以整军经武，期睹中兴盛事，虽肝脑涂地，亦所甘心。何图昊天不吊，龙驭上宾，臣前日瞻仰遗容，五内崩裂，已觉气体难支，犹思力济艰难，尽事听命。忽蒙懿旨下降，择定嗣皇帝，仓猝间昏迷，罔知所措。迨异回家，身战心摇，如痴如梦，致触犯旧有肝疾等病，委顿成废。惟有衷恩皇太后恩施格外，洞照无遗，曲赐予全，许乞骸骨，为天地容一虚縻爵位之人，为宣宗成皇帝留一庸钝无才之子，使臣受幨幪于此日，正邱首于他年，则生生世世，感戴高厚鸿施于无既矣。

慈禧看到奏折，明白了醇亲王的意思，批了句："着王公大学士、六部九卿悉心妥议具奏。"交到军机，转告内阁。

从十二月初六起，内阁天天会议，首先是议垂帘章程，这有规可循，不费什么事。议到醇亲王的折子，恭亲王爽快地说："醇亲王所有的差使，宜都开去，以亲王世袭罔替。"

大家心中都明白，所以都表示同意。只有礼部尚书万黎青说了句："醇亲王的称谓如何？"

这一问是绝不多余的，只有这么一问，才能让恭亲王将意思说透，有个表达的机会。恭亲王加重了语气："醇亲王永远是醇亲王，但愿千百年不变。"

这就是说，醇亲王生前是亲王，不能用"皇父"的称号，死后更不能称为皇帝。

"醇亲王开去别的差使可以，但神机营可是他一手经办起来的，如果改派他人的话，资望不够不能孚众，资望够未必了解情况，我看还是请醇亲王留在神机营，是否妥当，大家斟酌。"翁同龢拱手道。

他在这里面可以说资望最浅，但自从皇帝一病，慈禧每召军机、御前必带上他，俨然把他看成"自己人"，因此翁同龢觉得不能妄自菲薄，才有刚才的发论。

"醇亲王决意开去一切差使，我看咱们也别跟着添乱，就照王爷的意思拟奏吧。"宝鋆对着众人说。

翁同龢一见宝鋆没有同意自己的提议，本想争辩一下，但见众人点头称是，也只好作罢。

神机营是禁军，醇亲王与慈禧的关系众所周知。如今两宫再度垂帘，本已是国家大忌，如再用她的人掌握禁军，少不得又要无端生非，在座的只有翁同龢一时还没有想到那么深。

此时深宫内的慈禧也在一个人冥思苦想，她伤心。伤心的是这么多年，可谓费尽了心血，终于将同治拉扯大，为他遮风挡雨，好不容易渡过了难关，将一个平安的天下交到他手中，谁知不到两年就弄成这样子。他撒手而去，留给自己的是诸多的遗憾与更为复杂的局面。好在天遂人愿，到此时事情都是按照自己的想法发展的，不过眼前却有一件要紧的事，那就是收拾民心，安抚住重臣。还有，解决皇后的事。皇后本来就不被喜欢，见到她，慈禧就莫名其妙地感到烦，是当初埋下的祸种还是出于一种什么心理，慈禧自己也说不清。不过，有一点是明确的，皇后的存在肯定对自己大大不利，为了避免以后出现什么难测的局面，慈禧决定不放过她！

二

召见群臣自然还是在养心殿。同治已驾崩有日，众人也都从悲痛中脱了出来，只是看到满殿玄素，不免使人触景生情。

"嗣皇帝马上要登基，年号用什么，你们议过了没有？"

"臣等公议具奏，大行皇帝即位以来，行中兴之政，大有起色，盛世初开，不幸英年早逝。臣等拟以'光绪'为号，取意重开盛世，皇恩光泽四海，绪以永存。"恭亲王侃侃而谈，提到大行皇帝，不免惺惺泪下。

慈禧点点头。提及同治，两宫都有伤感在心，于是又一番掩面而泣。

哭了一会儿，慈禧接下话头："大行皇帝龙驭上宾，想想我们也有责任，修园、修三海我是同意的，没有此事，也许大行皇帝不会有今日。"慈禧用眼睛先扫了一扫群臣，又看看恭亲王："六爷，如今天下也不太平，国库日空，我看这三海工程停了吧。"说着，又看了看慈安："姐姐，你说呢？"

"唉！闹出这么大乱子，都是修园子而起，三海停了我是没意见，早该停了，要不，也许不会有今天。"说着，慈安又痛哭起来。

慈禧没等恭亲王开口，又说："进贡也停了吧，等三年再说。"

恭亲王跪行两步，泪流叩首："两位太后体恤民心，圣心仁厚，臣等铭感肺腑！"

恭亲王虽然知道慈禧有此一步是为了收拾民心，而免遭人议其垂帘，但毕竟这是个好消息，恭亲王以后领导群臣，诸事也好开个局面，心中不禁佩服慈禧棋高一着。

这一天要谈的大事是醇亲王交出神机营，恭亲王拿出个单子，奏道："醇亲王奏请开去一切差使，请两位太后准请。"

"七爷干吗这样？干得好好的，为什么要开去差使？"慈安没及细想便脱口而出。

"嗯？"慈禧拿着醇亲王的折子，"就依他吧，不过……"慈禧看了看慈安，"神机营是七爷一手操办起来的，是顶要紧的差使，你们看是不是找个人来管，资望什么的都要够。"慈禧心中在飞快地转着：神机营是禁军，以后可得找个自己人来管，目前这种局势不宜留醇亲王，恐遭人议，等稳定一阵再说，反正她下好了决心——绝不能用恭亲王的人。

"我看不如六爷接了吧。"慈安冒出了一句。

恭亲王忙抢着答道："臣分不开身，而且军务方面亦有隔膜，臣等公议由科尔沁王伯彦讷谟祜与景寿管理神机营，伯彦讷谟祜掌管印钥。"

伯彦讷谟祜是僧格林沁的儿子，家世及资望还够，而且隶籍蒙古，一则他地位超然，二来对蒙古也是个安慰。

慈禧见大家一致推举伯彦讷谟祜，觉得是较恰当的人选，便当即表示同意，不过却给醇亲王留下了东山再起的余地。

"醇亲王经营神机营多年，一切情形都熟悉，以后神机营应兴应革，凡有关系的事，多找他商量商量，这一层意思也写在上谕中吧。"

恭亲王口中应诺，心中冷笑。醇亲王好武，自诩会带兵，但不明白刚柔相济的道理，一味地恩施，以至于那些旗下大爷连出操都有人侍候着牵马、架鹰、拿烟枪，一时传为笑柄。

诏谕一下，自然有一番谦让。伯彦讷谟祜上折奏请简派近支亲王佩带印钥，这当然是指惇亲王。别人倒可考虑，唯有这位五爷不行。想当年诛肃顺那会儿，有一次惇亲王与肃顺在一起吃饭，惇亲王酒酣时，揪着肃顺的大辫子说："有人要杀你的头！"幸亏当时肃顺没在意，否则有没有今天都不好说，连忠厚的慈安都感到头疼，他脑子总像是少根弦，所以慈禧批了"毋庸固辞"。

外面的事处理完后，接下来就是寡居后宫的皇后怎么办。臣下原有议及，但见慈禧反应冷漠，只好等同治尊谥和庙号定了再说。

一番商议，最后由徐桐提出庙号用"穆"字，尊谥则用"毅"。于是同治死后称"清穆宗毅皇帝"。

接下来便是给皇后定号，群臣没有参赞，慈禧直接圈了"嘉顺"二字。熟悉宫闱的人说，这是对"嘉顺皇后"的警告，顺则嘉，也有人说，即使顺，也要等到慈禧宾天，皇后方可有出头之日。

然而谁也料不到，慈禧心中却想着怎样才能让嘉顺皇后从此消寂，省得见着心烦，看不到时总觉得是块心病。

嘉顺皇后在后宫体顺堂日日以泪洗面，想起两年来的夫妻恩爱，想起同皇帝度过的美好时光、如今面对的凄惨事实，怎能不伤心流泪？这一切能怪谁呢？嘉顺皇后也自然想到慈禧从中作梗，束缚皇帝，才有今天的结局，满腔悲愤也只能咽到肚中。

同治宾天两个多月后，慈禧已开始行动。她的本意再明确不过，那便是置嘉顺皇后于死地。一来是以前有诸多想法，二来经过这么长时间的考虑，认为光绪帝有这么位寡居皇嫂，不伦不类。再者，同治帝将梅毒带进宫中，最可能染上的就是皇后，虽没见任何兆头，但同治的隐私传播开去，已经弄得她灰头土脸，她不想再出现类似的事情。决定下来的事，在慈禧这里向来不会耽搁很长时间。

这日嘉顺皇后正在呆呆出神，闻听圣母皇太后驾到，忙整衣出迎，叩头请安。

"你哭过了？"慈禧问道。

"是！"皇后掩面而答。

"唉，大行皇帝早逝，抛下我们都不管了，你每日以泪洗面，我来看看你。人都死了这么长时间了，你也节哀吧。"慈禧掏出手帕也抹了抹眼泪，继续说道，"其实皇上出了这么大乱子，你也有责任。当初选你为皇后时，都说你能好好照顾他，没承想你也没有尽心尽力，否则怎么会出这么大乱子？"

"大行皇帝私行，我不知道，那段时间大行皇帝自己睡在乾清宫，谁也不见，不知为了什么。"嘉顺皇后越说越气，这一切都可以说是慈禧一手造成的，反过来又将罪名安到自己头上。她年轻气盛，虽是状元家的女儿，知书达理，此时却也顶了上去，一吐为快。

"为了什么？你把话说清楚些！"慈禧竖起了眉毛。

"大行皇帝新婚燕尔，本该巡幸嫔妃，却独自一个人宿于乾清宫，那是为什么？那是因为他不愿意听人摆布，他有自己的好恶。而偏偏有人强加于他，索性谁也不见，于是便有以后的事。自入宫以来，臣妾虽称不上知书达理，但也可谓尽心尽力，自认没有做出什么不符仪制的事，伺候大行皇帝尽心尽力。"

"听你的口气，错是我的喽？"慈禧面上青筋隐隐跃动，面色异常可怖，"哼！我看你与大行皇帝感情甚笃，如此以泪洗面，不如随大行皇帝去吧！"

说完，慈禧踩着花盆底走了出去。

崇绮进宫求见，他是来看望女儿的，但按仪自然要先看看自己这位手掌大清实权的"亲家母"。

"太后，臣崇绮给太后请安。"

"崇绮，你先起来，"慈禧等他站起身，用低沉的声音说，"皇后每日以泪洗面，她与皇上感情甚笃，大行皇帝宾天，她悲痛欲绝。我看，也让她随大行皇帝去吧，你当父亲的劝劝她。"

崇绮听到如五雷轰顶，强撑着跪安，然后直奔体顺堂，父女见面，抱头痛哭。

"阿玛，太后懿旨叫我随大行皇帝去，你说我该怎么办？"嘉顺皇后此时只好求救于生父。

崇绮岂会不知道慈禧的手段，看来即使现在不死，也会在某一天被她以什么名义置于死地，还不如现在就随大行皇帝一起去，也落得个好名声。想到此，崇绮"扑通"跪下："皇后圣明。"

嘉顺皇后一下子崩溃了。连自己的生父都没有办法，自己真正是孤立无援，长叹一声，泪如泉涌，摆摆手，让崇绮回去了。

光绪登基后的一个月，这天宫中传出消息，说嘉顺皇后因大行皇帝宾天，哀伤过甚，缠绵病榻已久，在这天寅初，也就是半夜三更时分，香消玉殒。死因不甚明了，有人说是被毒死，有人说是自尽而亡，总之没有人敢追其真伪。不过，传说却慢慢地传播开来。

丧事责成恭亲王办理，可见嘉顺皇后受泽甚隆。真是生前悲歌死后颂，莫可追究的是宫闱秘闻，而宫闱秘闻也是永远不会终止的，终止的只有一个——"同治"的年号，代之而起的是"光绪"。

光绪帝被抱进宫，第二天一早醒来便喊额娘，奶妈一直哄着，等到登基大典完毕，四岁的小皇帝被叫到了慈禧的跟前。

"快叫皇额娘！"太监小声地提醒。

"皇额娘。"载湉怯怯地叫着。

"嗯！"慈禧一边答应一边挥手示意太监退下，伸手拉过光绪帝，慈爱顿现脸上，"今后你不要再叫我皇额娘，知道吗？"

光绪摇摇头，不知道该怎样回答。

"今后见到我你就叫我'亲爸爸'，听到了没有？"

光绪点点头，表示听见了。

"现在就叫！"

"亲爸爸！"

"嗯!"慈禧拍着小光绪的肩头说,"乖!记住了,无论在什么地方见到我,都要叫'亲爸爸'。"

四岁的光绪不明白"亲爸爸"与"皇额娘"有什么区别,他只知道在家的时候,如果不听额娘和阿玛的话他们就不高兴。慈禧看着自己挑选的孩子这样听话顺从,长长地吁了口气,一种快意涌上心头。

时间飞快流转,光绪登基已一年有余。这一年里,恭亲王主持外局,新政颇有起色,同治奉安完毕,左宗棠也收功陕西,入阁拜相,上下呈现出一派欣欣向荣的局面。

这天清晨,慈禧照例起得很早,昨天的气还没消——梳头房的一个小太监在给她梳头时,一不小心,竟然梳掉了十几根心爱的头发,一怒之下,慈禧命人重杖四十,打得那小太监死去活来。

早起后的第一件事自然是洗面打粉,多少年来如一日。慈禧总是用泡满新鲜玫瑰花瓣的温凉之水洗脸,花瓣擦在脸上,柔滑顺畅,让人有说不出的舒适。一向讲究仪容的慈禧每次都是自己涂胭脂,她常对宫女说,胭脂不要涂得过浓,先在手掌上磨透之后,均净地擦在脸上,以淡为宜,点唇更不要多。每当她传经布道时,太监宫女便感到无比轻松,甚至可以参加议论。这时的慈禧像个妈妈似的给他们讲保养之法,他们完全似融洽的家庭主仆一般。这天早起第一句话就是问起昨日梳头房的太监伤势怎样。

"主子,昨儿个那小太监告了假,趴在炕上养伤呢。"

"嗯!重了点儿。"慈禧有点儿内疚,"梳头房又派人来没有?"

"有,派个叫寇连材的小太监,是新来的,原来在奏事处,今年十六岁。"宫女如报户口般介绍了寇连材。

"叫他进来。"

寇连材进宫将近一年,还是头一次看到慈禧太后,请完安,静候听旨。

"寇连材,听说你很会梳头,今天先试试。"

"是!奴才愿侍奉主子,不过,奴才斗胆,有个要求,想请主子……"

"什么事,你尽管说吧。"

"奴才在梳头的时候请主子闭目静思。"

这个想法倒很奇特,慈禧不免提起了兴趣。

寇连材打开慈禧的发髻，四十岁的人了，头发依旧柔黑发亮，心中暗赞太后保养有方。他拿起雕花木梳，手挽着发髻，先不接触头顶，而是先慢慢地梳理别的地方，等到顺畅时，才用木梳触到头皮。木梳是精心特备的，齿尖是圆形的，以避免伤头皮。寇连材小心翼翼地先用木梳将慈禧头皮全方位梳到，这是活血的主要步骤，最后用尖齿木梳再梳理成形，挽起一个高高的髻子，慢慢插上头饰，整个梳头工序算完毕。

慈禧睁开眼睛，嘉许地说："梳得很好，手劲用得也恰到好处，从今天起，你就别再回梳头房了，跟在我身边。"

太监、宫女齐为寇连材道喜，他可是一步登天，将来得到宠爱，自有一番荣耀，怎不让人羡慕？

慈禧盛年寡居，有了养花养狗的爱好。尤其是安德海被杀后，她常常是夜深人静都睡不着觉。闲来无事便常常想起过去的岁月，自荣禄升任内务府大臣后，能够经常出入宫闱。于是，两人又重叙前情，慈禧也如鱼得水。

"内务府荣大人到！"慈禧正在静思，闻听荣禄到了，精神一振，只见荣禄形态潇洒地迈步而入，请了安后，肃手站在一旁。

"有什么事吗？"慈禧挥挥手，太监和宫女都退下，屋中只剩下慈禧和荣禄两人。

"太后，臣匆匆赶来，是文尚书他……"

"什么？"慈禧一惊，猜到了他想继续说的话。"难道？"慈禧颓然坐在了椅子上。

好长时间，慈禧才缓过神来，长叹一声："国运不兴！文祥是朝廷的肱股，派六爷去办吧。"

文祥死于病中，一来年纪很大了，二来病中的文祥经历一场变更，便一病不起。

丧事隆重，恭亲王悲伤过度，几欲昏厥，想起文祥的一生，着实感到敬佩。

大清朝经此变更，衰相立呈。所幸恭亲王等人尚在，也只是维持局面而已，变革正在悄悄地孕育着。

第十六章

巧安排 一厢情愿

皮硝李 入宫得宠

一

光绪三年六月二十八。

皇宫中张灯结彩，内外一片忙碌，今天是光绪皇帝七岁的万寿，时逢盛世，怎么能不很好地庆祝一番？

清晨，光绪帝照常起床，先到弘德殿读书写字，师傅还是翁同龢。这天翁同龢讲的是《帝鉴图说》。翁同龢觉得光绪似乎要比同治来得聪明些，而且肯用功，经常提一些较为关键的问题，学习一年多来，长进非凡。

慈禧对光绪的学业更加关心，有时甚至亲临弘德殿观看光绪学习，使她更加欣慰的是，光绪非常听话，事事顺从自己。

离开书房，光绪和两宫来到养心殿，接受群臣朝拜，递如意。

"总算完事了。"光绪等百官朝拜完，长吁了一口气，回到宫中换下朝服，与两宫一齐来到漱芳斋待膳。一进屋，他便发现有十几个小孩在座，有的认识，有的不认识。光绪肚子饿得直叫，但两宫似乎都没有马上动筷的意思，只好等，忍住腹内的饥渴。

"皇上，"慈禧叫了声，"你过来。"

"是！"光绪站起身来到慈禧跟前。

慈禧看了慈安一眼，对光绪肃容道："从今天开始你就七岁了，今后你要好好读书，将来天下百姓都交给你掌管。我听说这两天你身体不舒服，但无论如何，你已算是成人了，凡事都要考虑了再说，你看！"慈禧指了指坐在一桌的小孩："我怕你一个人没意思，给你找了几个伴儿。"

有伴自然是好事，光绪正愁读书压得他抬不起头来。吃完饭，慈禧指了指桌边站着的十几个小孩中长得最高的一个女孩说："皇上看到了没有，她叫静芬，是你舅舅家的，也是你的表姐，今后就由她来陪着你。"

光绪循着慈禧手指的方向看去，见一个小女孩正往这边看，不知为什么，光绪头一眼看到她就不喜欢，因为他觉得静芬好像比自己大很多，那以后什么事都甭想再出头。

"亲爸爸，我，我……"光绪扭扭身子，支吾着半天也没有说出下文。

"皇上，就这么定了。"慈禧觉得不必再跟他多费口舌，然后领着光绪和静芬到戏台下看戏。

光绪身边坐的就是静芬，他感到浑身不自在，一遍遍地拿眼睛斜视着她，见她入迷般伸着脖子看戏，觉得很傻。戏演到一半，光绪实在觉得难受，起身向慈禧道："亲爸爸，我先回去了。"

"咦？怎么不看完呢？"慈安在旁边诧异地问，"才刚刚演一半嘛，你身子不舒服？"

光绪一经提醒，马上回答说："我头有些痛，想先回去休息一下。"

慈安没有再言语，慈禧正看得入迷，不愿因此而扫了雅兴，尤其是那个演马超的武生，英俊而潇洒，念、做、翻、打，身手不凡，便挥挥手示意他可以退下。

光绪离开后，如逢大赦，领着太监王商来到后花园，拿起弓箭，便射了起来。

静芬开始与光绪一同受教于翁同龢。静芬是那种很听话的女孩子，学习也很用功，长进很快，但无论如何却跟光绪合不来。

这天，吃罢早膳，慈禧叫了声："寇连材！"

"奴才在！"

"你去将皇上叫来。"

光绪刚刚回到乾清宫，摊开宣纸准备写大字，一听是慈禧叫，忙放下手中的笔，来到长春宫。

"皇上，今天不用练字了，我看天气晴朗，你也松松筋骨，去花园教静芬练练射箭。"

"是！亲爸爸！"光绪嘴上答应得极快。

御花园和长春宫相隔不远，光绪一路上走得极快，急得静芬直喊："皇上，我，我跟不上啦。"

"哎呀！你看你，路都走不动，那你在后面慢慢走吧。"光绪帝说完便先走了。

正是百花齐放的季节，满园花香四溢，令人陶醉。光绪来到花园，躺在草地上，阳光照在身上，暖洋洋的，感到十分惬意。太监王商走过来："皇上，小心着凉，还是起来吧。"

光绪刚站起身，便看到静芬慢慢地走来。也不知为什么，在一起待了好长时间，光绪就是不喜欢与她在一起。

"你过来，"光绪向静芬招招手，"看我射，这么拉弓，前腿弓、后腿绷，站稳啦！"说完，拈箭搭弓，射向靶子。

静芬拿起一支箭，费尽吃奶的劲儿，只拉了一半弓，箭还没有到靶，便落在了地上。

"你怎么这么笨？"光绪拿着弓指着静芬说，"看着！再教你一次！"说完又射了一支。

静芬心里着急，但胳膊不听使唤，距离倒比上一次还近。

"王商！"光绪在宫中已有三年多，很知道自己的威严，"你把她领回去！"说完头也不回地走了。

王商站在那里发呆，不知如何是好。慈禧交代下来的没有办成，别人倒没有什么，自己可怎么说？碰上她情绪好时还行，若赶上情绪恶劣，最少是一顿板子。

"皇上教得怎么样啊？"慈禧问王商。

"回太后，今天皇上教得格外用心，手把手地教格格射箭。她学得很快，还射中了好几支呢，皇上还夸她进步很快。"王商硬着头皮开始扯谎。

"我倒担心静芬力气不够，连箭靶都射不到，没想到能这样。"慈禧露出笑容。

"太后，格格非常聪明，一学就会，皇上也很喜欢和她在一起。"

"怎么就练了这么一会儿？"

"格格练得累了，皇上还在练。"

"嗯，你勤看着点，有什么事告诉我。"

"嗻！"

吃午膳的时候，光绪似乎胃口大开，慈禧看着他的样子，不由得从心底升起一股爱意。

"皇上，今天是不是练得太多了？"慈禧关切地问。

"没有,今天我去后花园抓蟋蟀去了。"光绪一边吃一边说。

不对!慈禧马上有所警觉:"你不是教静芬练箭来着吗?"

"亲爸爸,"光绪放下筷子,比画着说,"她太笨了,教她两遍都不会,射出的箭跟喝醉了酒的人似的,摇摇晃晃,还没到靶子便落了下来。我看她这么笨,就没再教她,叫王商领她回来了。"

慈禧一听,脸色便有些难看。而站在一旁伺候的王商头上直冒冷汗,骗谁都行,怎么骗到慈禧头上又被揭了底?无限恐惧立刻涌了上来,把头低得不能再低,只等慈禧发怒,挨罚。

直到吃完饭,王商也没有听到慈禧责怪的声音。她对光绪说:"嗯!皇上,你很诚实,今后有什么事都要诚实地告诉亲爸爸,知道吗?"

"是,亲爸爸。"

"王商!"慈禧抬头。王商不由自主地"扑通"跪了下来,刚要承认欺骗太后,请求责罚,没承想慈禧笑笑说:"这是干什么?我又没有责罚你,你今后要好好伺候皇上,不许偷懒。"

"嗻!"王商明白地听出慈禧是在暗示自己。

出了漱芳斋,光绪去坤宁宫看望慈安太后。

这几天慈安偶感风寒,卧榻不起,身体本来就弱,看上去整个人瘦了一圈。

"皇额娘!"光绪进门请了安,坐在榻前。

慈安拉过光绪的手:"皇上,这几天有没有听话?书读得怎么样?"

"书读得还用心,只是,只是……"光绪帝支吾着半天说不出话。

"怎么啦?"慈安握着光绪的手问,"有什么事?"

"亲爸爸叫我教静芬射箭,我不愿意嘛。"

"为什么?"慈安诧异地问,"格格很聪明啊!"

"她很笨,连弓步都不会,力气又小,我不高兴教她,回去跟亲爸爸说了,她脸色很难看。"

慈安笑了,这么大的孩子就会看脸色了,真是不可思议。"皇上,你要听亲爸爸的话,师傅没教过你要遵从长者的命令吗?"

"教过。"

"那你就要听话，但不愿意的事也可以说出来，只要是合理的就行了。"

从坤宁宫出来，光绪觉得十分轻松，一边走一边在想是不是要再去问问师傅。

"皇上。"王商在后面小声叫着。

"什么事？"光绪驻足，回头问了一句。

"皇上，奴才有话跟您回。"王商瞧瞧左右无人，这才小声说，"皇上不愿意教格格射箭，怎么能向太后说呢？"

"为什么？"光绪奇怪地问。

"当太后问起时，皇上应该说教得用心，格格学得很快，大家玩得很高兴。"

"这不是撒谎吗？"

"不错，皇上，这是谎话。"王商想了想，决定"开导"光绪一番，"皇上，您不知道，有些谎话是可以说的，像今天这事儿，如果皇上说很高兴与格格在一起，太后一定高兴，皇上说了真话，太后就不高兴了，您说是不是？"

光绪思前想后，觉得可也对，一时不知如何是好，只得来到弘德殿求教于师傅。

"皇上，这些太监都很聪明，他们劝皇上说谎完全是忠于皇上的缘故，所以，皇上听他们的可以，而且，这种撒谎可以博得太后欢心，所以这样做是对的。不过，孔圣人教导：必须服从长者的命令，所以你要听话，遵从太后。就像这件事，既然答应了，那就只有回去不说真话了，免得太后不高兴。"

翁同龢滔滔不绝地讲了好长时间，光绪只记住了两件事：第一，要遵从长者；第二，必要时一定要撒谎。

两宫再度垂帘三载有余，恭亲王用心尽力，内外交困的局面大有缓解，天下又太平起来。

深居后宫的慈禧这几天心情特烦。烦的是长夜独守，寂寞难挨，虽说这几年与荣禄重续前情，但荣禄来她这里毕竟次数很少，多数的时间是抱着狮子狗眼望窗外发呆。

"寇连材，你去把荣禄叫来。"

"嗻！"

荣禄正在吃晚饭，听有懿旨宣召，不敢怠慢，匆匆换了衣服来到长春宫。

"荣禄，前一阵你告假回家省亲，不知道那边怎么样了？"

"回太后，那里正闹水灾，不过地方官却很用命，基本控制了灾情。"

"家门前的那条小溪还在吗？"

"还在，依旧那样明澈见底。"

提起小溪，慈禧的思绪又回到了二十多年前，她和荣禄常在溪边嬉戏，也就在小溪边将少女的初吻献给了荣禄。

"唉！"慈禧长叹一声，慢慢地回忆着说，"想起二十多年前的许多事，恍如梦中一般。那时候多自在，想干什么就干什么，如今我却老了，你看，"说着侧了侧头，"头发也有灰白的啦，可叹岁月无情！"说着，脸上微微泛起红晕。

"太后，过去的就过去吧，现在您依然光彩照人，人最重要的是心不老。"

"嗯！想不到你这么多年活得还这么年轻，也是心不老吧？"慈禧望着荣禄说。

荣禄没有言语，抬头看了看慈禧，见她正用辣辣的目光看着自己，赶忙又低下了头。

"你记不记得有一次我被阿玛骂了一顿，偷偷地跑到小溪边哭，那是个晚上，月亮很亮，我正在那儿哭，突然被你吓了一跳。"

"是！"荣禄脸有些红，"臣当时正在洗澡，那天天气闷热，臣特意找到泉眼的地方，那里没人，没想到……"

慈禧笑了笑："没想到撞上了我，当时还真被你吓了一跳。"说着捂了捂胸口，似乎还心有余悸。接着又指着荣禄说："当时你，你……"

当时，荣禄正泡在凉爽的水中，迷迷糊糊地要睡着，不知什么时候听到了哭泣声。他是特意躺在一从草后面的，怕被人看到。没及多想，站起来看个究竟，见杏贞一捂脸，才意识到自己一丝不挂，被一览无余，忙穿上衣服，来到她身边问："你怎么啦？大黑天跑到这儿哭什么？"

"阿玛说我光知道读书，我跟他顶了一句……"

"你看你，自小就这脾气，"荣禄替她擦了擦泪，"以后可别这样，这么晚跑出来，世伯会担心的。"

月光下的荣禄仪态潇洒，脸看上去棱角分明，一双炯炯有神的眼睛深情地望着杏贞，目光中含着关切。月光如洗，两情脉脉，如在诗画中一般，杏贞控制不住自己，一下子扑到了荣禄的怀中，靠着他温暖的胸膛，仿佛远行游子回到了安全的港湾。

这一对情窦初开的少男少女，坐在溪边，杏贞头枕着荣禄的胸膛，一双凤目含情望着荣禄，四只手紧紧地握在一起。荣禄低下头，闻着她身上特有的兰花般的清香，心醉神荡，杏贞更是情态万千。终于，四片嘴唇紧紧地合在了一处……

"唉！那天晚上回去又被阿玛骂了一顿，"慈禧收回记忆，"幸亏有你在，很快就过去了。"说完，深情地望了荣禄一眼。

荣禄何尝会忘记第一次吻女孩子的记忆，像是自言自语："二十多年了，往事成烟啊！"

慈禧站起身，来到荣禄跟前，伸出手扶着荣禄英俊的脸："怎么能忘记呢？这么多年，我常常想起咱们在一起的美好时光，如果没有那次大选，我现在可能……"慈禧没有说下去，眼神依旧脉脉地看着荣禄。

二

直隶河间府是盛产太监的地方，清朝大多数的太监出于此地。河间府有一户李姓人家，落魄不堪，住户只有一人，他就是以后在大清朝历史上臭名昭著的权阉李莲英。

李莲英自小父母双亡，一个人游荡于市井之间，经常是饥一顿饱一顿，而相隔不远的陈三却过得很好。陈三是贩硝磺的，一笔买卖总有几十两银子进账，他和李莲英很熟，常夸他机警、能言善辩，多次想拉他入伙，但李莲英没有答应，他知道这是犯法的事。

这一年时逢庄稼收成不好，属灾年。李莲英的日子雪上加霜，连饥一顿饱一顿都保证不了，一狠心，决定铤而走险。

"三哥，我这回可是下了决心。"李莲英猛灌一口酒，抓过一把油炸花生米，一颗颗地很小心地扔进嘴中，"刀山火海都敢干，反正我是朝不保夕，与其饿死，不如豁出命去闯闯。"

"好，"陈三拍拍他的肩膀，"三哥我不为难你，今儿个你找上门来，哥哥我不能见死不救，这几天就有笔大买卖，你望风就行，事成后给你这个数。"陈三张开手掌。

"五十两？乖乖，"李莲英一吐舌头，"我这辈子还没见过这么多钱。三哥，你说吧，干什么我都听你的。"李莲英将酒杯重重一放，眼睛通红地看着陈三。

第一次有惊无险，五十两银子着实让李莲英阔了一把，下馆子，逛妓院，很快便又囊中空空。

第二次、第三次、第四次，李莲英仿佛受老天照应，次次涉险而过，慢慢地他开始阔起来。

然而不是天天出门摔跟头都能捡着钱，在一次更大量的贩硝磺买卖时，连精明的李莲英也没有漏网，全部被抓进了县大牢。好在他不是主犯，交了赎金便被放了出来。可这一折腾，李莲英又开始流浪街头。

当人们再看到他时，他已经干起补修皮鞋的行当。风吹日晒都不怕，可那年头能穿得起皮鞋的少得可怜，生意惨淡。这天李莲英正在垂头丧气低头钉着铁钉，一个熟悉的声音飘了过来。

"这不是小李子吗？"

李莲英一看，见一个太监笑眯眯地看着自己。李莲英饿得头昏眼花，努力地睁大眼睛才看清是前两年入宫的同乡、太监沈兰玉。

"兰大哥，你怎么回来了？"说完，饿得昏了过去。

等他醒来，发现自己坐在一家饭馆中，修鞋的工具放在旁边，他有很长时间没有到饭馆来了，见身在屋中，拔腿就想走。

"哎！"沈兰玉拉住他，"你干什么？"

"兰大哥，我……唉！"李莲英一跺脚。

沈兰玉微微一笑："怎么？怕哥哥我请不起你？"说着从怀中摸出一锭银子，足有四两重。

不大一会儿，鸡鸭鱼肉摆满了桌，沈兰玉一边呷着酒，一边问李莲英："兄弟，这几年不见你怎么落到这地步？"

"唉！哥哥，一言难尽，"李莲英猛灌了口酒，"兄弟我是生不逢时。"接着略讲了一遍经过。

"兄弟，"沈兰玉靠了靠身子，"你落到今天这地步哥哥我不能不管，眼下有能吃饱饭的差事，你干不干？"

"干什么？"李莲英不禁瞪大了眼睛。

"入宫。"

"入宫？这……"他有些踌躇。

"哥哥我话说到家了，干不干随你。"

"干！干！"李莲英毫不犹豫地点头，"只是，哥哥你肯为我引荐吗？"

"那当然，哥哥我知道你从小就机灵到家，正合适干这个。"

就这样，一个月后，李莲英经沈兰玉介绍入宫当了太监，在梳头房做事。李莲英从此过上了温饱的日子，对沈兰玉感激涕零。

这天吃完晚饭，坐在一起闲聊，沈兰玉叹口气说起，慈禧太后不知从什么地方听说，京城最近流行一种新的盘头方法，去了几个人都相不中，说跟以前的老路子一样。

"寇公公不是梳头房出去的吗？"李莲英虽进宫时间不长，但对掌故很熟，"他怎么不出去学学？"

"寇公公现在给太后管账，说来也怪，"沈兰玉奇怪地说，"寇公公只给太后梳过一次头就被重用，一步登天。"说完摇摇头，表示不可理解。

说者无意，听者有心，李莲英暗暗觉得机会到了，他笑嘻嘻地对沈兰玉说："兰大哥，你能不能借我点儿银子？"

"干什么？"沈兰玉怕他胡花。

"家里的叔叔来了个信，说他那里最近很紧，希望我帮帮他。"

"嗯，好吧。"沈兰玉拿出块银子，等李莲英转身才反应过来，"哎！小李子，我怎么没听说你有个叔叔？"

"是远房的。"李莲英语气坚定，一副肃然的表情，由不得沈兰玉不信。

李莲英怀揣着银子偷偷溜出了宫，来到前门有名的"春满楼"妓院，进门便被一顿耻笑：太监进妓院，还头一次听说过！

"妈妈在哪儿？"李莲英一脚跷在桌子上，用一双小三角眼扫视着满屋姑娘的脑袋。姑娘们个个是云鬓高耸，旁逸斜出，格外漂亮。

"哎哟，我们这里可是头一次接您这样的贵客，您想哪位姑娘陪呀？"一阵香风扑过，胖墩墩的老妈妈满脸堆笑地走过来。

"啪！"李莲英将从沈兰玉那里借来的银子摔在了桌子上。

"妈妈，我来这儿不为别的，听说现在正流行一种新的盘头法，找个会的姑娘教会我，这银子就是她的。"

"我会"。"我会"。"我会。"顷刻间围过来一群姑娘，争先恐后地想争得这锭足有十两重的银子。

李莲英小眼珠一转，大声说："先别吵！听我说。"他拈了拈桌上的银子："差不多有十两重，这样吧，谁教会我一种盘法，赏一两银子。"

一连五天晚上，李莲英盘桓在春满楼妓院，学会了十种盘头方法，什么"丹凤朝阳""凤凰展翅"，等等，实践自然先在妓女头上，结果受到齐声赞叹，说李莲英心灵手巧，妈妈差点儿没把李莲英就此留在妓院专门伺候妓女盘头。

"这几天你跑哪儿去了？"李莲英学艺归来便被沈兰玉叫到一边。

"大哥，实不相瞒，我拿了你的银子去'春满楼'了，想……"

"啪！"沈兰玉一巴掌便抡到了他的脸上，气急败坏地说，"你说借银子救急，拿了银子却去逛妓院，你，你……"沈兰玉气得指着李莲英的鼻子说不出话。

"大哥，"李莲英拉住沈兰玉的手，"大哥，你把我从火坑里救出来，兄弟我能给你丢脸吗？"说完附着沈兰玉的耳朵一阵嘀咕。

"果真如此？"沈兰玉瞪大了眼睛，"你有没有把握？这几天我可是挨够了骂。"

"大哥放心，我也知道太后不高兴会怎么样，好歹你让我去试试，说不定从此就过上好日子了呢。"

"嗯！"沈兰玉点了点头，慈禧这几天催得他焦头烂额，正走投无路，没承想李莲英倒是个有心人。

第二天，李莲英跟着沈兰玉进了长春宫，他是头一次见慈禧，心中不免惴惴然，进宫一个多月听得不少，知道她喜怒无常。

听完沈兰玉介绍，慈禧用眼睛看了看跪在地上的李莲英，慢慢地说："抬起头来回话。"

"嗻！"

"小李子，你说你学了很多盘头的方法，可是真的？"

"回太后，奴才访遍京城，用心揣摩，京城眼下流行的方式都了然在胸。"

"咦？你手上戴着什么？"

"回太后，奴才戴的是一种棉的手套，为了保持手温。梳头最忌手凉不听使唤，何况太后万金之躯，梳头时手是万万凉不得的。"

"好吧，你来试试。"

李莲英答应一声，迅速地摘下手套，刚才进屋时他就想好了，今天先梳一个"凤凰展翅"，不仅名字好听，而且也是他最熟的。

慈禧闭目养神，李莲英温暖的手触到她的头皮，令人感到舒服，心中慢慢地有些喜欢上这个小太监。细一想，总觉得他好像哪点有些像死去多年的安德海。想起安德海，慈禧不禁暗暗叹了口气，在她初入官闱时，是他给了她极大的安慰，也陪伴她度过了多少个不眠之夜。诛肃顺那阵子又肯用苦肉计为自己传递消息，忠心耿耿地效忠于自己，可如今已是九泉之下的人啦。寇连材虽然忠于自己，可慈禧总觉得他似乎过于正直，敢说敢做，有时甚至敢直言谏上。正想着，只听得李莲英小声说："太后，您睁眼看看。"

慈禧慢慢睁开眼睛，透过镜子反射，看到的仿佛是另一个人的面孔，云鬓高挽，两旁逸出，一改往日的呆板，一下子好像年轻了十岁似的。

"好，好，真不错！"慈禧很少这么夸人。李莲英忙跪倒磕头："太后，奴才能博得您的欢心真是荣幸之至，这鬓名叫'凤凰展翅'，梳在太后的头上真是名副其实，奴才愿太后青春永驻。"

慈禧很高兴，这个小太监能说会道，人又机灵："来呀，赏！"

有宫女端来个盘子，里面盛的是十两金子。

"沈兰玉。"慈禧转身叫了声。

"奴才在。"

"你推荐有功，擢升你为敬事房总管，小李子也不必再回梳头房了，就跟在我身边吧。"

李莲英连连磕头："奴才有幸能伺候太后真是天大的造化，此生虽死无憾。"

回到梳头房，李莲英将十两金子二一添作五，分给了沈兰玉五两，拉着沈兰玉的手说："兰大哥，没有你，兄弟就没有今天，这点儿小意思你先收下，他日兄弟必有厚报。"

沈兰玉亦激动异常。从太监熬到总管，非三五载之工夫不可，而自己进宫才三年便升到总管，全是有了这位兄弟的缘故，看此情景李莲英他日必大红大紫，自己也该放下恩人的架子。

"兄弟，"沈兰玉正色道，"哥哥我领你入宫那是老天爷有眼，叫我那天碰到你，能有今天全是你自己的造化，哥哥我也是借了你的光才升了总管，谢你还来不及呢，他日你得势别忘了我这个穷哥哥就行了。"

李莲英拉住沈兰玉的手，用了句不伦不类、道听途说的话正色说："苟富贵，勿相忘！"

三

隆冬初过，冰雪慢慢开始消融，但天气依旧寒冷。

二月初二是旧历"龙抬头"的日子，喜庆的气氛并未弥漫在宫中。是夜，李莲英捂着大被睡得正香，被小太监王四推醒。

"快起来，快起来！有匣子到了！"

李莲英入宫半年多，自然知道这种匣子是"六百里加急"限期送到，披衣起来，打开门一看，送匣子的是沈兰玉。

"大哥，这么冷的天你怎么跑来了？派一个人来就是了。"

"兄弟，这是新疆来的，恰巧我还没睡，便来了。你快递进去，恐怕是新疆收复了。"

李莲英接过匣子问沈兰玉："左宗棠真这么快就收复了？"

"很有可能。"

李莲英不敢怠慢，急匆匆地和沈兰玉告了别，穿过正房来到阁内，叫宫女开了门，来到榻前。

"主子，主子。"李莲英小心翼翼地轻轻叫着。

"谁呀？"帐内传出慈禧低沉的声音。

"主子大喜，新疆有折子来了。"李莲英刚想说新疆收复了，但怕万一是哪座城池收复，自己岂不是犯下欺君之罪？

"左宗棠？"慈禧披衣而起，宫女拉起黄幔，端过宫灯，慈禧就在榻上拆了黄匣，一看上面确是钦差大臣、陕甘总督左宗棠的大印。慈禧长长地吁了口气，不用再往下看，肯定是新疆收复的消息。

"三四年了，左宗棠果然不负众望，也不枉我当年支持他。"慈禧自言自语地说。

在光绪刚继位的时候，浩罕国头目阿古柏占据了新疆大片领土，久窥新疆的沙俄出兵占领了伊犁。伊犁将军八百里加急告急，时逢左宗棠刚刚收功陕甘不久，廷议时，请求带兵收复新疆。直隶总督、北洋大臣李鸿章认为还是以外交手段解决为好，养心殿内，二人相持不下。本来李鸿章出道比左宗棠晚，却早于他平定捻乱而先暂署两江，而后又署直隶总督兼北洋大臣，入阁拜相，补了"格赏"的协办大学士。而左宗棠一直看不起他，认为李鸿章只不过是借了曾国藩之力一步登天，即便平定捻乱，也是在僧格林沁打得捻军大伤元气后坐收渔利。自己是凭着实力来平定陕甘之乱，在李鸿章之后升任陕甘总督的。这不平的心理使两人在殿上争论异常激烈，最后还是恭亲王出面，请两宫圣裁。慈禧支持了左宗棠，任命他为钦差大臣督办新疆军务，率军西征。

"左宗棠收复新疆，足见主子当年的圣明，奴才给主子道喜！"李莲英不失时机地进言。

"小李子，"慈禧面带笑容，"天一亮就把折子送到'那边'去，今天早点儿叫起。"

"嗻！"

"还有两个钟头才天亮，奴才叫厨房备了燕窝莲子粥。天冷，主子先暖暖身子。"说完便对宫女说，"去把主子的粥端来。"

这一说，慈禧还真感到腹内空空，吃下莲子粥顿觉精神百倍，对李莲英笑着说："你可真是个机灵鬼！想得真周到。"

"这是奴才分内的事。奴才斗胆，看主子恐怕是睡不着觉了，奴才讲几个笑话给主子听，不知主子可否准奏？"

"嗯，算你机灵，说吧。"

"说从前有个员外有三个美貌的女儿，可是却嫁了三个残疾人。老大女婿是一只眼外带罗圈腿，老二女婿是个跛脚，老三女婿是一条腿长一条腿短。平时还没什么，这一年正赶上老员外五十大寿，老员外对三个女婿说：'你们听着，今天我请了很多客人，谁要是给我丢了脸，就别进这个大门。'"说着，李莲英一手做捋胡子状，故意粗了声音，肚子向前一挺，指着一个宫女说。

"那他们去了没有？"一个叫二妞的宫女问。

"去了，你听我接着说。三个女婿一齐来到了老员外家大门口，客人都到齐了，都说想看看老员外的三个女婿到底什么样。只见老大头一个迈进了大门，在门口一站，立刻捂住了那只瞎眼，一手指着墙，"李莲英一边说一边学着，"他大叫了一声：'哎呀爹，你这墙该拆了，我看有的地方斜，等哪天我找几个人来修修。'说完他又低头看看院子，用脚在地上画着圈，说，这里该扫了，那里该扫了，画着圈便进了屋。"李莲英弯起双腿，在阁中画着圈，逗得宫女直乐。慈禧也露出笑容。"这回该轮到老二了，他一进门便嚷嚷：'爹，你看这院子这么大，该这儿种棵树，这儿种棵树，这儿种棵树。'"李莲英一边走，一边学着跛脚在阁中的地上点着。"这样，他也过了关。到老三的时候，他比前两位嗓门更大，进大门便喊：'你们俩怎么着，这院子多敞亮，还种什么树？我给你们都划拉喽！'说完便拖着那条长腿，在老二点过的地方全划拉一遍。"李莲英学得惟妙惟肖，逗得满阁子都是笑声，慈禧更是乐不可支，连连说："笑死了，笑死了！"

很快，东方破晓，天边露出鱼肚白。

恭亲王是在天刚亮时得到消息的，忙召了军机商议，遇到这种事最忙的就是他，别的倒好办，就是这个赏赐该怎么给颇为挠头。

"左季高功不亚曾涤生当年，曾国藩赐了一等毅勇侯，想来上面也不会降等的。"沈桂芬对比一下，开口说道。

"左季高果然不负众望，这回收复新疆可给李少荃一个哑巴亏吃。"宝鋆口无遮拦。

正说着，伯彦讷谟祜匆匆地走了进来："上头叫起。"

"今天怎么提前了？"恭亲王一边换衣服一边问。

"左季高打了胜仗，'西边'接到折子一夜没睡，还不早点儿？"

"王爷，该递如意吧？"沈桂芬提醒。

"对，对，不是经笙提醒我倒忘了。"

来到养心殿见过礼，两宫面上喜色盎然，慈禧扬扬手中的折子："想必你们也知道了，左宗棠收复了新疆。"

"臣等是早晨听说的。"

"善后的事你们去办吧。六爷！"慈禧看了看恭亲王，"左宗棠收复有功，怎么个赏法，你们议了没有？"

"回太后，左宗棠收复新疆，又平定回乱，臣等以为功不亚曾涤生当年，以赐侯为爵妥，臣拟了个单子，请太后圣裁。"

慈禧拿过单子看了一眼，扬声道："三等侯是不是小了点儿？"然后转脸看了看慈安。

"左宗棠为朝廷征战数十年，再加一格吧。"

"是，臣等这就拟旨进呈。"

回到军机，恭亲王对沈桂芬说："这回左季高可以平衡了。"

沈桂芬明白，恭亲王是指左宗棠见李鸿章早年升协办大学士、入阁拜相极其不满，这回借收复新疆之机赐二等侯爵，也算去了一桩心事。

第十七章

变故生　慈安暴薨

撤珠帘　归政骗局

一

光绪六年七月。

慈禧这几天卧病在床，浑身无力，太医使尽解数，亦未见其好转，心中虽急于病愈，无奈天不遂人愿，一向争强好胜的慈禧只能看着慈安一个人临朝听政。

"小李子！"慈禧在榻上虚弱地问，"什么时候啦？"

"回主子，现在是三更时分，您睡了一天了。"

慈禧睁开眼睛，看了看瘦了一圈的李莲英，说道："这几天够你受的，歇着去吧。"

"主子，您圣躬违和，奴才怎么能歇着呢？奴才叫厨房备着莲子粥，主子是否想吃点儿东西？"

慈禧摆摆手："这几天朝里有什么动静没有？"

"这个……"李莲英略一踌躇。

"快说！"慈禧努力挣扎了一下，虽在病中，但双目依然有神而威严。

"'那边'这几天临朝，有人趁主子不在，说，说……"

"干吗吞吞吐吐的？快说！"慈禧有些急了。

"嗻！"李莲英一哆嗦，"有人说主子大权独揽，树党结羽，还说您独断专行。"

"哼！趁我不在嚼舌头，都是谁？"

"无非是军机们，话虽不是这么说的，但意思是这样子的。"

"'那边'怎么说？"

"'那边'据说点了头，说劝劝主子。"

"哼！我独断？我揽权？没有我他们能有今天？黑了心哪！"慈禧越说越气，急火攻心，又倒在了榻上。

到了九月初，慈禧总算是大病痊愈，慈安置酒钟粹宫，请慈禧来赴宴庆祝。

"总算是过来了，妹妹，亏了你身子好，能挺过来，要换了我可不知道会怎么样呢。"

"多谢姐姐关怀，自妹妹一病，朝上朝下多亏了你，来，妹妹敬你一杯。"

"唉！"慈安长叹一声，"时间过得可真快，想起当年你我姐妹困于热河，先帝宾天，那时的日子，难！"慈安说着，抹了抹眼泪，"哪能想到有今天的日子，他要是能挺过来，看看今天的好日子该多好。"

"姐姐，快二十年了，都过去了，身子要紧。"

"可我总是想起那时候，日子多难。肃顺跋扈专权，内忧外乱的，搞得人心不定。幸亏有六爷他们，我们孤儿寡母才得以重见天日，这十多年来，也总是在担惊受怕中过日子，好在内外用命，来之不易呀！"

慈禧低头看着酒杯，心中明白慈安在婉言劝自己不要学肃顺那样专权。此时能说什么呢？恭亲王一伙势力又有滋生的态势，如果不专断一点儿，恐怕被人架空也还蒙在鼓中，自己的精心设计岂不竹篮打水一场空？

"妹妹，你我都已经年老了，皇上长进倒快，等什么时候他亲政，咱们也好安享晚年。这日子也快了，我现在真是盼着那天早点儿到。"

酒罢人散，回到长春宫中，慈禧细细品味慈安说过的话，觉得事态并非表面那样平淡。慈安经验不足，为人过于忠厚，让人卖了都不知道，自己若再不清醒，说不定哪天局面就不可收拾了。慈安动不得，十余年来，每当慈禧想起咸丰留给她的那道诏书，内心就隐隐作痛，它像一道符咒贴在慈禧身上，使慈安的地位总是超然在上。虽然内政外交都是自己处理，但在大臣们的心中慈安总是比自己地位高。唉！慈禧长叹一声，想起当年共同的利益将她们俩捏合到一起，和平共处了十几年，大的方面还没有冲突。可同治大婚及诛杀安德海这两件事，慈安肯定是后台支柱，否则怎么会有这种事情发生呢？

到了年关，京城内外一派节日的喜庆，宫中也像往常那样搭台唱戏。

慈禧爱看戏宫内宫外人人皆知，说起此事，慈禧与一代京剧名家杨月楼还有一番故事。

当年，杨月楼曾为慈禧演出，得到赏识而声名鹊起。

后来，杨月楼遭遇是非，被押入大牢，重判充军。及至同治生日，慈禧想起曾给自己唱戏的杨月楼，过问之下，杨月楼得以杖刑后释放，后加入京剧鼻祖程长庚的三庆班。此番际遇也是清末一段奇事，自不必细说。

慈禧病情逐渐好转，年关一过，也可以随意走动了。

人有旦夕祸福，一直操劳的慈安也病倒了，太医诊断为风寒之症，开了清热解毒的方子，交了进去。

第二天，慈禧便来看望慈安，见面礼甚恭，等坐下后，吩咐李莲英把药碗拿来。

"咦？"慈安见慈禧左胳膊上缠着纱布，惊异地问，"怎么啦？"

"回太后话，"李莲英抢着说，"太后圣躬违和，主子日夜焦虑，听说人血加药能使病迅速痊愈，便割腕献血，这碗中就有主子的血。"

慈安往碗中一看，果然有鲜血滴浮于药上，心中甚是感动，拉着慈禧的手说："妹妹何至于此？我不过是微疴在身。"

慈禧笑笑说："若能使姐姐痊愈，流点儿血算什么。"

服完药后，慈安觉得精神好些了，便劝慈禧临朝听政。

慈禧想了想对慈安说："反正这几天也没什么大事，我就在这儿陪你说说话儿。"说着对李莲英道："你传我的旨，今天事情均交六爷代为处理。"

"嗻！"

"你看你，我不过得了点儿小病嘛，何必兴师动众地来陪我？"

"姐姐，这么多年忙来忙去，咱们姐妹也没在一起好好唠唠，我现在常常想起当年诛肃顺那会儿，一天不见你面就觉得这心里空空的。"

"是啊！这么多年风风雨雨，咱们姐妹俩总算是挺过来了。"慈安感慨地说。

也不知谈了多久，慈禧亲自下厨做了几样南式小菜，坐在榻边亲自喂慈安，与亲姐妹一般无二。

夕阳西下，天边映出火烧云，慈禧扶着慈安在花园散步，微风吹来，不免生起一丝寒意。

"姐姐，外面冷，回去吧。"

回到屋中，慈安翻出一个黄缎小包，拿出咸丰帝的遗诏给慈禧看，慈禧拿起遗诏看了一遍，"扑通"跪在了慈安面前。

"姐姐，妹妹有什么失仪之处，姐姐尽可按诏行事。"

"哎，你多心了，我们姐妹情深，你刚才提到这件事我才拿出来给你看看，并无他意，如今妹妹并无失仪之处，我们姐妹相处融洽，留它何用？"说着，慈安命人拿过一个铜盆，将咸丰的遗诏在盆中焚了。

望着蓝色的火苗，慈禧一颗始终悬着的心终于落了地。

光绪七年三月十一。

左宗棠从新疆回来已经三天了，他终于如愿以偿以协办大学士补缺，正式入阁拜相。

早朝散后，慈安和慈禧各自回到宫中，慈禧命人送了一盒甜饼到钟粹宫，言说慈安大病初愈，胃口不开，特献小食以充饥。

恭亲王府内热闹非常。恭亲王为左宗棠接风洗尘，席间，恭亲王对左宗棠说："季高，如今两江出缺，我和几位研究了，坐镇东南非公莫属。"

"王爷言重，想俺本是一介武夫，能得恩朝廷，全是天恩浩荡，督抚两江还是另派他人为妥。"左宗棠捋捋花白的胡子，"王爷，您看我这把年纪，恐有负朝廷重托。"

"哎，季高，你是朝廷肱股之臣，论资望，这天下第一总督之任非公不可。两江可是国家命脉，我们这些人第一个想到的就是你，不要再推辞了。"宝鋆端起酒杯笑着对左宗棠说。

"季高，"沈桂芬也站了起来，"当年你西征，两宫和皇上极力支持，如今朝廷请你再挑重担，如果固辞，那可不是你的性格哟！"

"好，承蒙诸公看得起我，我就干了这杯以示谢意。"说完一饮而尽。

酒过三巡，墙上的自鸣钟敲了十二下，左宗棠起身告辞："各位，下午侍值午门，先走一步。"

左宗棠来到午朝门，等着宫中的太监叫起。

时钟过了两点，仍未见叫起，左宗棠不知道发生了什么事，刚想派人打听一下，总管太监沈兰玉红着眼出来，见到左宗棠道："中堂，慈安太后已殂，今日辍朝。"

左宗棠一听，呆然地颓坐在椅子上，良久没有发出声响。过了好大一会儿，老泪纵横，伏在地上朝皇宫的方向叩拜，失声痛哭起来。太监忙上前将他扶起来，左宗棠哭着说："怎么今天早朝还好好的，突然就……昨日怎么没有见传太医，太后是何病症？"

沈兰玉含着泪摇摇头："中堂，奴才也不知道，只是奉命传旨。"

正说着，只见李莲英匆匆走了过来，手捧着黄缎圣旨大声说："左宗棠接旨。""着钦差大臣、协办大学士、陕甘总督左宗棠速赴任两江总督，钦此。"

"臣遵旨。"左宗棠摇摇晃晃站起身吩咐随从备马，早在平定"回乱"时他就受赏了紫禁城骑马，一路直到凤翔胡同鉴园。

恭亲王正和宝鋆、李鸿藻及沈桂芬谈着，见左宗棠满面泪痕地走了进来，大吃一惊。

"'东边'宾天了。"左宗棠艰难地吐出这几个字。"啪"，恭亲王手中的茶碗落在地上，摔得粉碎。这消息太突然了，谁能想到早晨还好好的人，下午就暴薨，恭亲王怔怔地坐在那里如雕像一般。"王爷，王爷！"沈桂芬上前叫了两声，"咱们是不是进宫看看？"

"对，对。"恭亲王缓过神来，一边换上素服，一边叫沈桂芬递牌子。

钟粹宫一片玄素，慈禧在榻前哭成泪人一般，慈安神态安详地死去。军机、御前及醇亲王奕譞、孝郡王、礼亲王世铎等亲王贝勒，来到钟粹宫，群臣匆匆看了一遍，便退回到军机处。

"去把太医叫来。"恭亲王吩咐一个军机章京叫来太医。

"太后这几天的脉案在哪里？"

"王爷，太后这几天没有脉案，初三那天偶感风寒，小人开了一个清热解毒的方子，一直到今天没再传过请脉。"

"什么？这几天一直没有请脉？"恭亲王瞪大了眼睛。

"是的，这几天没有。"太医回答得极肯定。

恭亲王摆了摆手叫太医退下，没有再说什么，一个人默默无语地上了轿，回到了鉴园。

二

转眼便到了春暖花开的季节，百花争妍，万芳吐香，人们已从慈安暴薨的悲痛中解脱出来。

这天早起，光绪帝照常到弘德殿，开始一天的学习。师傅翁同龢虽已擢任工部尚书，但仍在弘德殿行走。天气转暖，讲到半途中，光绪帝看到翁同龢冒出虚汗，便吩咐备座，没承想这件小小的事情被李莲英看到了。

李莲英是奉命来监视光绪读书的。李莲英同光绪的关系如当年同治与安德海的关系一样，十分紧张。光绪十分痛恨李莲英的狐假虎威，总想借机发发胸中的闷气。

有一次，光绪在花园中骑马射箭，李莲英前来传膳，光绪一看到他就恶心，便当着许多太监的面对李莲英说："我说小李子，你怎么长得这么丑，一看你我就想吐，总吃不下饭，以后最好换别人来传膳，免得我吃不下饭，快滚！"

"嗻！"李莲英起身便走，身后传来一串笑声。

事情过后，光绪早将它忘了，可李莲英没忘。他知道这事如果直接告到慈禧那里肯定还会被讥笑一顿，便暗暗藏在心中伺机报复，这回机会来了，李莲英飞快地跑回了长春宫。

"主子，翁同龢越来越不像话了。"

"怎么啦，气喘吁吁的？"

"翁同龢事值书房，竟然坐着教皇上，这不是明摆着没把祖宗家法放在眼里吗？"

"有这等事？"慈禧不禁竖起眉毛。

"千真万确！奴才刚才经过南书房看到的。"

"去，把翁同龢给我叫来。"

翁同龢不知道为什么太后要在教书时召见，来到长春宫，跪倒磕头："臣给太后请安。"

"哼！翁同龢，你也是老臣了，怎么连规矩都忘了吗？"

一句话问得翁同龢丈二和尚摸不着头脑，忙问："臣不知犯了哪条规矩？"

"你教书时竟然坐着，难道不是犯了家法？"

清制规定，师傅教皇帝念书必须要站着讲授，以示对天子的尊重。翁同龢是两朝元老，岂能不知？但他并没有多加辩解，而是伏首听着慈禧的责骂。

约莫一刻工夫，慈禧才住口，叫翁同龢退下。

光绪很快知道了这件事，怎么能忍心师傅受这不白之冤？于是晚膳后来到长春宫。

"亲爸爸，孩儿禀明一件事儿。今早是孩儿见翁师傅年事已高，不忍心他受苦才赐座的，要怪就怪孩儿吧。"

"哦，原来是这样，那好吧，我就饶他一次。"

回到乾清宫，光绪问王商："你知道是谁搬弄是非不？"

"奴才猜想一定是李莲英，皇上记不记得您曾经在我们大伙面前羞辱过他？"

"好哇！他竟敢如此报复我，我找亲爸爸去告他一状。"光绪说完拔脚就走。

"皇上，"王商拉住了他，"现在不行。"

"为什么？"

"小李子正是得宠的时候，太后是听他不听你的，暂且忍耐几年吧，好在再过五六年皇上就要亲政了，到时候再惩治他不迟。"

"可，可我这口气实在难咽。"光绪恨恨地说。

"皇上，奴才在宫中多年，亲眼看过大行皇帝（同治）是怎么诛安德海的，开始也像皇上一样拿他没办法，有太后护着，大行皇帝一亲政，第一件大事儿就是杀了安德海，皇上不妨学大行皇帝的做法。"

"那好，就先留着他的狗头。"

李莲英非常高兴，这两天总被一种报复后的快感包围着，伺候慈禧也格外用心。

自慈安死后，慈禧每天念佛烧香的次数越来越多，可以说是一个虔诚的佛教信徒。

这天晚上，慈禧照例上香拜佛，在一旁伺候的李莲英突然冒出一句："太后的神态可真像'老佛爷'。"

慈禧睁开眼睛，看了看李莲英："小李子，真的吗？"

"奴才见太后端坐念佛，那样子可真与老佛爷一般无二，干脆以后称太后为'老佛爷'吧。"

"嗯！很好。"

从这天起，"圣母皇太后"的称谓不见了，宫中人皆称慈禧为"老佛爷"。

转眼到了光绪十年。

这天晚上，宫中刚落下锁，云南的折差送来刘永福的六百里加急折。

李莲英这两天提心吊胆，上个月他因为中法海战失利的战折在手里耽搁了一晚上，被慈禧狠狠地斥责了一顿，一听是"六百里加急"，连外衣都没有穿便捧着匣子进了暖阁。

"镇南关失守！"慈禧打开折子一看，脸色登时难看起来。自中法开战以来，她就没有一天晚上接到喜讯。看到又是失守的加急，慈禧不禁大骂刘永福无能。

"老佛爷，这镇南关一失守，咱们的南大门可是洞开。得赶快想个辙才行，光骂刘永福也没用。"李莲英端过茶碗递了上去。

"要我怎么办？我打开战那天起就主张以安抚为主，可谁想连六爷也支持他们打，这回倒好，多年辛辛苦苦经营的南洋舰队也给葬送了。这阵子六爷他们好像成心跟我作对，看来他是老毛病又犯了，军机处没一个好人！"

早朝时，军机全体成员及群臣都在窃窃议论。

"刘永福怎么搞的，他向来是能征惯战出了名的，怎么连镇南关都丢了？"宝鋆搔搔头道。

"佩蘅，别埋怨了，刘永福也不容易，以少对多，而且人家又是火枪火炮，咱们的武器不行啊。"沈桂芬身为兵部尚书，比较了解情况。

慈禧和光绪此时来到殿上，慈禧用低沉的声音说："刘永福告急呢，镇南关失守，你们说怎么办？"

"如今之计唯有再派精兵良将，收复镇南关，方可挽回大局。"恭亲王答道。

慈禧并没有看他，而是扫了扫群臣，希望他们提出点儿别的不同意见。

"臣以为，外夷小邦，应以安抚为主，虽然他们屡犯边境，但只要稍加安抚必能挽回战局，免动刀戈，亦能显示我天朝神威。"户部尚书额勒和布出班奏道。

"不可，"翁同龢闪出班列，"想我大清天下也曾有过外患的局面，结果安抚来、安抚去，不是割地就是赔款，如今之计就应如恭亲王所言，再派精兵良将收复失地，即使将来坐在谈判桌前，这也是一个重要的筹码。"

李鸿藻也出班奏道："时值多乱之秋，宜内整饬朝纲而外攘夷，何况法兰西远离我国，增兵困难，只要厚集兵力，必可一战而收复镇南关。"

兵部尚书景廉亦随声附和："太后，出兵收复镇南关是正解，法兰西是外邦小国，如果就此安抚议和，必损我大清威仪，此战是势在必行。"

"对！"坐在御榻的光绪站起身来，"边防不靖，封疆大吏都明哲保身，指挥无方，被动挨打，竟然窝囊到叫人家堵到港口里面打个彻底，也竟然有人临阵脱逃，投降求和，我大清如此下去岂不亡矣？这仗是一定要打的！但要找能人，不行的该调就调，不要顾及什么，具体事宜军机商量着办，大家一条心，朕就不信收复不了镇南关！"

十四岁的小皇帝在众多及元老群臣面前侃侃而言，犹如一针强心剂注入主战派的身体中。

"亲爸爸，"光绪转身看了看慈禧，"孩儿说得可对？"

慈禧想想，笑笑说："皇上长大了，可以处理国家大事啦。"

光绪非常高兴："孩儿要学康熙爷的文治武功，再振我大清千秋祖业！"

慈禧的脸上掠过一丝不被人察觉的惊异，随即恢复如常，夸奖光绪很有志气。

光绪不经意的一句话引起了慈禧的极度恐慌，光绪将来学康熙，那诛鳌拜的事第一个可能就落到自己的头上，还有自己的亲信额勒和布、张之万及孙毓汶等人身上。她常听李莲英告诉自己，翁同龢经常给皇帝讲朝中谁是忠、谁是奸，假以时日，自己必被别人架空。恭亲王现在又萌生骄恣之态，如果光绪一亲政，朝中无人支持，那恭亲王一伙岂不是跟唬孩子似的唬皇上，可以为所欲为？不行！慈禧那根神经又绷了起来。

慈禧在长春宫中屈指一算，光绪入宫已有十年，弹指一挥间，自己也是五十岁的人了，有时真想撒手不管这些烂事，却像是铁遇磁石般，拿不开，放不下。

斗转星移，转眼就到了光绪十四年，到了皇帝大婚和选妃的时候，按照惯例，选尽天下旗人美女，最终留到终选的是步军副统领桂祥之女静芬，也就是光绪的表姐，她比光绪大三岁，次选是江西巡抚德馨的两个女儿，末列是礼部左侍郎长叙的两个女儿。

早在初选时，德馨的小女儿就被光绪看好。她不仅仪态端庄，而且风情万种，明丽可人。

钦点仍旧在钦安殿，这是决定秀女命运的时刻，老佛爷慈禧安坐在龙椅之上，看着自己的侄女静芬。

静芬今天经过一番精心的打扮，身着银色裘皮领大衣，袖口特大，款式也很新颖，可在光绪的眼中却怎么看怎么别扭，这期间他的目光没有离开过德馨的两个女儿。

"皇上，皇上！"慈禧叫了两声，"该按祖宗的家法立后，"说着拿起如意递给光绪，"你中意谁就把它给谁，自己做主。"

静芬在自己身边多年，相处这么长时间，光绪总是觉得她有些窝囊。另外，因为她是慈禧的侄女，而前年慈禧改组军机处一下子打破了光绪亲政后大大作为一番的打算，让光绪憋着口气。

但转念一想，此事还得由慈禧做主，这一点光绪心中明白。

"朕的终身大事应该由亲爸爸做主，朕怎敢擅作主张？"

"你也不小了，明年就亲政了，这是你的终身大事，还是自选为好，免得将来后悔。"

光绪拿起玉如意，走到静芬的身边，连看都没看便低头走了过去，径直来到德馨的小女儿身边，刚想抬手把玉如意交到她手上，慈禧的声音慢慢地传来："皇上，这可是终身大事，皇后一定要端庄而贤淑，才能统领后宫，你要慎重行事。"

光绪回身再看慈禧的脸，已经拉得很长。

每当自己小时候犯错误，慈禧总是摆出这种难看的脸色，光绪一下子明白了慈禧的意图，想起来之前慈禧曾叮嘱自己一定要"慎重"。

光绪快快地回到了静芬的身旁，把如意塞到她的手上，准备回来再取荷包赏给德馨的两个女儿，却见慈禧对大公主耳语了几句，大公主拿起荷包含笑来到长叙的两个女儿身边，低声道："恭喜！"

"撤桌！"李莲英高声喊道。

"撤桌？"光绪一惊，这明明意味着德馨的两个女儿落选，心中很是沮丧。"这哪里是我选后妃，明明是她在选嘛！"

回到宫中，光绪对王商发着牢骚。"皇上忍了吧，"太监王商虽然同情光绪，但爱莫能助，也只得好言相劝，"好在皇上明年就亲政了，到那时再说吧。"

在光绪大婚前，他借机狠狠报复了一下李莲英。

归政大典和新婚大典在即，按照清仪的规矩，首先要演练一下大典程序，以免日后出差错。

练习的时间定于初三的午后。吃罢午饭，光绪便早早地来到了花园，看演练。宫女和太监都到齐了，却不见他们演练，光绪奇怪地问敬事房总管为什么不开始。

"李总管还没有来。"敬事房总管说。

光绪心中暗暗冷笑，心道：李莲英，看我怎么收拾你！

约莫过了一刻钟，李莲英迈着方步一摇三晃地走来。昨天李莲英耍尽了威风，足足让这些人等了近一个时辰才来，接着又指手画脚地吆五喝六，一副总管太监的嘴脸。今天他心情挺好，便"提前"来到了花园。他正眯着三角眼扬着脖，手拿着一个紫砂茶壶，一步一口地走着，猛然看到了光绪正满面怒气地站在那儿冲自己直运气，心中一惊，两手一捂肚子，一溜小跑来到跟前。

"皇上，奴才闹肚子，来晚了，请皇上恕罪。"

"哼！李莲英，你当朕是瞎子吗？把手张开！"李莲英张开手，紫砂壶掉在地上，茶水洒了一地。

"哼！告诉你，别以为有人护着，我就不敢动你，你身为总管太监，却领头迟到，这样还如何约束属下？而且目无尊上，竟然在朕面前撒谎，这是欺君罔上之罪，你不会不知道吧？"

"奴才确实是闹肚子，皇上若不信可以问问他们。"李莲英一指太监们。

"不用问了，我看你是自讨苦吃！"光绪略平了一下气，"来呀，家法伺候。"

"家法"是一种漆了红黑两色的圆扁相糅的木杖。打人时，只要会打，打得轻，虽血流不止但很快就会痊愈。可要是打成闷响，看似不重，肯定要伤及股骨，那可不是十天半月能缓过来的。

光绪想了想："扒下裤子，重责四十，以示惩戒。"

行杖房小太监不知道在底下练过多少回了。他们平时被李莲英吆五喝六惯了，这回总算有解气的机会，其中一个小太监悄悄对李莲英说："李公公，别担心，不会出多少血的，很快就会好。"

"开打！"光绪一声大喊，并上前两步，"我来数杖数。"

这回李莲英是彻底断了念头，被打得哭爹喊娘，皮开肉绽，自娘胎出来也没受过这个罪，打到第三十九下时便昏了过去。

三

李莲英趴了一个多月才能下炕，这期间心中不知道想过多少次，一定要报复光绪。

皇帝大婚即意味着要亲政，对于慈禧来说这似乎是一个比较严酷的现实，她不放心的是怕光绪重蹈同治的覆辙，把国家搞得一团糟，于是在光绪大婚典礼定下来后，便将醇亲王奕譞和礼亲王世铎找了来。

"七爷，皇上大婚日期已定，我看归政也应该早议为好，唉！"慈禧叹了口气，"如今天下大乱，内困外扰，政事尤难，朝廷还得靠你们这些老臣。皇上虽然亲政了，可他毕竟还是孩子，看到他我不禁想起穆宗，在位十多年，亲政后闹得一团糟，如今时事比那时艰难得多，今后的日子难料啊！"说着，拿出一份准备好的懿旨，交给了醇亲王。

醇亲王接过懿旨一看，上面写着：

前因皇帝冲龄践祚，一切用人行政，王大臣等不能无所秉承。因准廷臣之请，垂帘听政。并谕自皇帝典学有成，即行亲政。十余年来，皇帝孜孜念典，德业日新。近来抵阅奏章，论断古今剖决是非，权衡允当。……自应亲遵同治十三年十二月初七日懿旨，即行亲政，以慰深宫期望之意。坛庙大祀，均应亲诣行礼，以昭诚敬。即本年冬至大祀圜丘为始，躬亲政祭。并着钦天监于明年正月选择吉期，举行亲政礼典。

醇亲王看后，跪在地上磕头道："太后垂帘数年，内外肃然，此国之福也，皇上年纪尚小，臣以为，再训政一段时间为宜。"

"臣也是这样想的，皇上经验不足，国家正值多事之秋，太后'训政'数年是甚合民意的。"礼亲王世铎附和着说。

"皇上虽是年纪尚小，可事事也都像个样子了，再加上你们辅佐，我大可放心。训政之事，不要提了，你们回去商量一下，懿旨明天就交内阁明发。"

出了皇宫，世铎对醇亲王说："是不是到鉴园走一趟？"

"嗯！"醇亲王略一沉吟，然后吩咐随从，"去凤翔胡同。"

自光绪十年被罢了军机后，恭亲王每日赋闲在家中饮酒吟诗、观砚赏墨，乐得其所。二人进门时他正和潘祖荫拿着两块古砚比较着。

"老七？来来，你来看看这两块砚，哪个更古一些？"

醇亲王摆摆手："六哥，你也知道我不爱好文墨，还是你和潘大人研究吧。"

潘祖荫见是醇亲王来访，知道必有重大的事情，便起身告辞。

"六哥，如今皇上即将亲政，可现在正值多事之秋，太后召见我们申明即将归政皇上。可皇上年幼，我和礼亲王商议还是奏请太后训政数年，等局面稳定，皇上亲政经验成熟时再撤训政，六哥以为如何？"

恭亲王眼睛依旧未离开那方古砚，过了一会儿，才慢吞吞地说："老七，我已不问政事四年有余，于局势不甚明了，此事不宜过问，恐误正听，还是你们酌情商议为好。"说着，端起了茶杯。

"送客！"仆人高声说道。

醇亲王不得要领，怏怏地和世铎各自回府。

两人刚刚离去，从内房中闪出原军机大臣沈桂芬，他本来也在府中，听说两位亲王到来，为了免于烦琐的客套而躲了起来。

"王爷，您为什么没有答应他们？这明显是老佛爷的意思嘛！"沈桂芬带着嘲弄的口吻说。

"经笙，你也不是不明白，他们想拉着我来牵这个头，万一有什么风吹草动，我就是首当其冲。局势不明，这个险我可不冒。"恭亲王将两手一摊，"我是无官一身轻嘛！"两人相视而笑。

第二天散朝，醇亲王留下了御前大臣、老亲家伯彦讷谟祜，两人到朝房又坐了将近一个时辰方才各自回家。

老佛爷的懿旨明发第二天，醇亲王奕譞、世袭科尔沁王伯彦讷谟祜、礼亲王世铎等王公亲贵分别上疏"吁恳皇太后训政"，醇亲王在奏折中说："……宫廷政治，内外并重，归政后应永照现制，凡宫内一切事宜，先请懿旨，再于皇帝前奏闻，俾皇帝专心大政……"

廷议时，慈禧说："你们吁恳训政的折子我已经看到了，皇上既然亲政，我就不必再训政了，以免影响皇帝的决策。"

"臣启奏太后，臣等以为，训政是应时而生，时值多事之秋，皇上尚不足应大局，太后常在身边训政，俾于国事有益，实乃我大清之福也，臣等恳请太后准臣等所请。"醇亲王奕譞奏道。

"你们再三恳请，那好吧，你们商量个办法奏上来。"慈禧一直绷着的脸终于露出了笑容。

两天后，由礼亲王世铎所拟的"训政细则"下发，其要点是，凡重大决策，均需请示慈禧太后。

"朕即将亲政，何要太后来训政，也不知道这些人是怎么想的。"回到乾清宫，光绪发牢骚。

"皇上，您看不出来吗？训政肯定是老佛爷的意思，七爷他们只不过是秉承旨意罢了。"王商小声地说。

"亲爸爸都五十二岁了，怎么……"光绪刚想说怎么越老越糊涂，话到嘴边立即住口。

"唉！"光绪长叹一声，心中涌起无限的悲凉。

第十八章

误战机 一败再败
赴马关 丧权辱国

一

皇帝大婚典礼终于在光绪十五年正月于故宫太和殿举行，大婚后的光绪随即举行了"亲政"大典，慈禧也不得不迫于形势而于二月宣布归政于光绪。

"师傅，你看是不是应顺水推舟？太后为国操劳多年，也应颐养天年了。"光绪对翁同龢说。

"臣以为，颐和园修筑工程应及早完成才是。"

"对，朕也是这么想的。圆明园暂时修不上，国难当头，但怎么也得找个地方使太后安享晚年，明儿个早朝我就跟荣禄说。"

光绪在太和殿召见荣禄。

"颐和园暂定为太后颐养之所，你派人勘察一下，在年底一定要修补完毕。"

"皇上，户部现在银款很少，拨得不多，修颐和园恐怕要特拨款项。"

"你是内务府大臣嘛，多想想办法。无论如何一定要在年底修补完毕。"

回到乾清宫，长叙的小女珍嫔派人送来亲手做的糕点，光绪是吃在嘴中甜在心里。

珍嫔不仅相貌出众，而且遇事极有主见，顺水推舟之计就是她帮光绪想出的。自大婚后两人柔情蜜意，几乎天天晚上光绪都驾临珍嫔寝宫，倒把皇后和瑾嫔晾到一边。

颐和园在光绪的再三督促下修补一新，老佛爷慈禧搬了进去，正式开始"颐养天年"。临走前皇后和瑾妃都争着去陪伴老佛爷慈禧，珍嫔没办法，也开口说道："臣妾也愿伺候太后。"

"行了，我一个老太婆用得着你们这些人伺候吗？珍嫔，你留下伺候皇上，她们俩先跟我住一段，皇上总不能没有陪伴，你要尽心尽力服侍皇上。"

"是！"珍嫔心中无限欢喜，这回可以和光绪无拘无束地在一起了。

……

光绪二十年四月，春和景明，亲政五载有余的光绪帝正是意气风发、踌躇满志的时候。自亲政以来，光绪逐渐起用翁同龢和李鸿藻等老臣，身边又多了志锐和文廷式等一批年富力强的官员，眼见"欣欣向荣"的局面形成。军机处虽然还是光绪十年换的孙毓汶、李鸿章等人，但并没怎么妨碍光绪的步子。

"皇上，"太监王商远远地跑来，"李鸿章有折子送来。"

光绪匆匆看完，虽然正午的阳光照得御花园暖洋洋的，但心中仍不免发冷。

"李鸿章是老糊涂了，怎么就派了两艘军舰和一千五百人去朝鲜？顶个屁用！"光绪说完对王商说，"去把翁师傅和李鸿藻叫来。"

"李少荃太轻敌了，皇上，日本久已虎视朝鲜，增加对朝的兵力不止一天，明摆着是要据为己有。唇亡齿寒，皇上，应早下决心，厚集兵力以防不测。"翁同龢看看李鸿藻说，"兰翁，你怎么说？"

"皇上，翁师傅所言极是，如今之计应命李鸿章增兵朝鲜，以期扼住日本的虎狼之心，如果现在开战的话，对于我们极为不利。"

"嗯！"光绪点点头，"应及早电令李鸿章增兵朝鲜，内乱易平，提醒他注意日本的动向。另外，告诉袁世凯，叫他通知汪凤藻（驻日公使）照会日本政府，我们增兵朝鲜是应请保护属邦，别无他意。"

事情并没有光绪想象的那样容易，李鸿章暗中接触英、法、美等公使，"恳请出面调停"，并没有执行光绪的命令。

消息传到京师，光绪帝气得在太和殿大骂李鸿章糊涂，电令李鸿章"迅速增兵牙山，厚集兵力……倘有观望不前，致有贻误，定将该大臣等重惩"。

然而为时已晚，噩讯不断传来，牙山失守，丰岛海域遭日军伏击，聂士成、叶志超在成欢驿遭伏，败退平壤。

"李鸿章欺骗朝廷，畏敌如虎，应将该大臣交部议处。"殿上，文廷式奏道。

"李鸿章公然抗拒朝廷旨意，应交部议处，臣等恭请皇上准奏。"御史志锐手捧一奏折，"这是臣等联名弹劾李鸿章的奏折，请皇上圣裁。"

光绪亦是怒火难平，但想到李鸿章一手创办北洋海军，许多带兵大员又是他的旧部，而且最重要的是他有老佛爷这棵大树护着，难办。想到这儿，光绪开口道："李鸿章贻误战机，本应交部议处，但前面打仗也得靠他。拔去三眼花翎，褫去黄马褂，以示薄惩，电令他督促各军将领，务必挽回战局。"

天不遂人愿，到年底的时候，平壤战役失败，黄海海战北洋舰队元气大伤，光绪手拿着电稿失声痛哭。

"皇上，如今局势于我极为不利，军机处奉了老佛爷的旨，力主求和，我们是孤掌难鸣。"

"师傅，如今到了这步田地，你说该怎么办？"

"还是请六爷出来吧，改组军机，或可挽回败局。"

恭亲王奕䜣无时无刻不在关心战局的进展，当听到黄海海战失利的消息后，长叹一声："皇上虽然英明，无奈大臣不尽心用命，奈何？"心中很不是滋味，明知这一切的发生都与在颐和园颐养天年的老佛爷有关，但也没有办法。

光绪在太和殿召见恭亲王，君臣相对无语。良久，光绪才开口说："现在事情到了这步，不得不请你出来主持军务，还望你能尽心尽力，不负朕所托。"

"皇上，国事如此，外面将帅不能尽命是其原因之一，但内部也须整饬才能上下同心，扭转局势。"

"嗯！朕即刻着手整饬军机处，像孙毓汶、徐桐、张之万这样的庸才早该驱出枢廷。"

"皇上，此事还须慎重，不宜过快，以免造成混乱。"

光绪明白恭亲王所指，怕因此事牵动老佛爷出面干涉，想了想，"好吧，朕命你节制全国各海陆统帅、主持战局，如有怠慢者，重惩不赦！"

此时颐和园内，慈禧正荡舟湖中，一边欣赏湖景，一边问李莲英：

"外面的情况怎么样了？"

"回主子，奴才听说皇上摘了李鸿章的三眼花翎，还褫了黄马褂，另外平壤失守，黄海海战失利。"

"别说了，别说了！"慈禧不耐烦地打断了李莲英，"刚亲政才几年，国家搞成这个样子，我早就说过，不要打嘛，我们现在不如人家船坚炮利，打下去只能吃亏，可就是不听。"

"老佛爷，奴才刚才听说皇上召见六爷。"

"什么？"慈禧惊异地问，"他召见六爷干什么？"

"具体奴才也不知，不过奴才猜想必是与战局有关。"

"皇上也是，朝鲜的战事与我们有什么关系？尽瞎操心，结果弄到今天这地步，也难怪，他身边那些人也跟着起哄，现在抚和是重要的。"慈禧提高声音说。

"老佛爷说得极是，刚刚过上两天太平日子，有些人就忘乎所以，拿老佛爷的话当耳旁风，如今闹到不可收拾，反而没有人体谅老佛爷的良苦用心。"

"孙毓汶他们怎么说？"

"他们主张安抚，息事宁人，但皇上不听，也没办法。"

"好了，不谈了，让他闹去吧，我倒要看看他能闹到什么时候。"

光绪二十一年正月，李鸿章来到北洋水师的大本营——威海卫，这是他十多年的心血，虽在黄海海战中伤了元气，但由于光绪又拨了三百万两军费，基本上恢复了原来的战斗力，看着几十艘铁甲战舰，李鸿章深感来之不易。

"中堂，"统帅丁汝昌开口说，"日军近日频繁在成山一带游弋，全体官兵一致请求予以痛击。"

"不要轻举妄动，派人加强成山的防守，不要给他们造成出兵的口实，我已和英美公使联络过，他们答应出面调停。"

"中堂，成山炮台可是命根，万一失守，我们就像瓮中之鳖，只有挨打的份儿，还是派舰出击是上策，何况日舰有时进入我们的海域。"

"没有我的命令谁也不许出去，我自有主张。"

"中堂！"有个海军将领站起来说，"日军兵舰游弋于我领海，意在寻找进攻的机会，如果不示惩戒，万一被日舰封在威海，那可有全军覆灭的危险。"

"哎，你多虑了，想我北洋水师乃亚洲第一，区区一日本小国不足为虑。只是若要给他们找到口实，英法美等国一齐施加压力，事情就不好办了，我也想一打为快，但那可不是解决问题的要领所在。"

可事实正好相反，就在李鸿章这话说完不到一个月，威海一战，北洋水师全军覆灭，日军攻陷刘公岛。旅顺、大连也相继失守。

消息一到京师，满朝震惊，嗟嗟不已，李鸿章也被叫了回来。

太和殿内，光绪拍着御案指着李鸿章暴跳如雷。

"李鸿章，你，你，"光绪气得连话都说不出来，停了好半天，才又说道，

"朕命你厚集兵力于朝鲜，你说日军不足为虑，黄海一战又是你轻敌所致，这回呢？人家打到门口了，你怎么说？你的北洋舰队呢？不是亚洲第一吗？怎么全军覆没了？你无能！"光绪背着手在御案前来回走着，"现在日军已到了辽东，这一切全是你无能的结果，干脆你来做这个皇帝，我领一支军队上前线，我就不信他小日本都长着三头六臂？哼！"

李鸿章磕头不止，此时他没有什么好辩解的，唯有伏首静听发落。

"皇上息怒，如今日军已进山东，北面的日军又过了鸭绿江，还是想办法应付局面才是。"恭亲王说。

"想办法，想什么办法？你们议吧，奏个折子上来。"光绪说完，冲着跪在地上的李鸿章哼了一声，头也不回地走了。

回到军机处，恭亲王对众人说："时势如此艰难，各位还是想个办法，以解皇上之忧。"

孙毓汶清了清嗓子："事到如今，只有派人求和，免动兵戈，使日本退兵方是上策。"

"此言差矣，战局于我不利，如果现在谈和，日本必狮子大张口。割地赔款，那是丧权辱国之举，万万不可，如今应选派精兵良将，驱日本于本土之外，那时再谈和才不至于丧权辱国。我们肩负朝廷重托，不可轻言求和影响士气。"

"那派谁呢？"李鸿藻接过话茬，"国内良将也不多了。"

"两江刘坤一怎么样？"翁同龢想起两江总督刘坤一，"他可是湘军老将，领兵打仗很有方略。"

"行，立即拟旨，派刘坤一去吧。"恭亲王不愿再扯皮，毅然定了下来。

可事与愿违，清政府内部的腐败决定了此举亦是枉费心机，将帅不和，调动不灵在这场战争中暴露无遗，很快清军就溃退回到山海关一线。

二

老佛爷慈禧虽身在颐和园，但大事小情悉知无遗，再也坐不住了。

"看看，这事闹得收拾不了了，再打呀，恐怕又要重蹈二十多年前的覆辙。"

"老佛爷，事到如今主子不出面是不行的了，皇上一意孤行，再这样下去更难办了。"

"嗯，你去叫军机和六爷，叫在养心殿见。"

"那皇上？"

"不用告诉他，回头我跟他说。"

众军机和恭亲王来到养心殿，慈禧满面怒容地坐在那里，见过礼后，慈禧开口说："事情闹到今天，得想个法子收拾。"

孙毓汶一听，立刻来了精神："太后，如今之计只有安抚以求和局，再打下去局面更难收拾。"

"是啊！"徐用仪附和说，"和谈是上策，眼看日军快到了陪都（沈阳），列祖列宗的陵寝都在那儿，再打下去恐怕陪都都不保。"

"俄国不是说过日本如不撤兵，他们也要动兵吗？"慈禧想起李鸿章对自己说过，便对恭亲王说，"派李鸿章去跟俄国人联系一下，越快越好。"

回到府邸，恭亲王对一起来的翁同龢说："这事太后一插手就不好办了，少荃是戴罪之人，想要起用，恐怕皇上不能应允，怎么办？"

翁同龢摇摇头，叹口气："皇上现在不想罢兵，如果提及此事他肯定要大动肝火，唉，我现在也难以决定了。"

"看来还得找老朋友帮帮忙了。"恭亲王用目光在征询翁同龢的意思。

"王爷是说田贝？"翁同龢问道。

"嗯！"恭亲王点点头，"如果他能出面，再和英驻华公使联手压制一下日本，或许有望。"

恭亲王所说"有望"是不割地而只赔款，翁同龢会意，这是没有办法的办法，如果真到了这步，身为枢臣的他或许可免遭世人唾骂。

"只好如此了，我先向皇上透露一下意思。"翁同龢想起件事，"李鸿章已回天津，怎么办？"

恭亲王苦笑一下："那还得听老佛爷的意思，不过这一趟非你莫属。"

果然，慈禧第二天又召见枢臣于养心殿，对翁同龢说："主和局非李鸿章不可，此事也宜暗中进行。外面嚷嚷得挺厉害，明发谕旨会闹乱子，你去一趟天津，叫李鸿章一面联系俄国人，一面速速回京来见我。"

离了养心殿，翁同龢对恭亲王和庆亲王奕劻说："两位王爷，我深蒙皇恩，实不愿做违背圣意之事，如今太后命我去天津，情非得已，还请两位王爷转告圣上，翁某只传述懿旨，不会言及其他。"

恭亲王明白翁同龢的意思，说道："叔平，你放心去就是，皇上那里我们去说。"

光绪帝听完恭亲王和庆亲王的汇报后，脸色异常阴沉："李鸿章贻误战机，局面才到今天这个地步，时值隆冬，倭寇怕冷，正是我军进击的良机，只要将帅用命即可收复失地。现在言及停战议和，岂不误我大清社稷？我怎么向列祖列宗交代？"

"可这是老佛爷的意思，恐怕……"奕诉留了余地。

"哼！就是总有那么一帮人在太后面前危言耸听，着实可恨，早晚有一天我要叫他们好瞧！"

光绪果然说到做到，第二天便罢了军机大臣徐用仪和张之万，命恭亲王和李鸿藻重入军机主持事务。

"老佛爷，"李莲英快步来到慈禧的住处，一边走一边用慌张的声音说，"皇上刚刚下了旨，将徐用仪和张之万赶出了军机处。"

"什么？"慈禧一惊，没想到光绪如此迅速地做出了反应，真是儿大不由娘，如果主和不成继续打下去，早晚有一天日本人会打到京师的。慈禧想着，如果这样的话，局面就会复杂起来。

"李鸿章几天能回来？"

"从天津到这儿，总得七八天吧。"

"哦，"慈禧觉得七八天内不会有什么太大的变化，便放心地说，"随他去吧，他爱罢谁罢谁，对了，谁进了军机？"

"是六爷和李鸿藻。"

"嗯，知道了。"

恭亲王暗托的美国驻华公使田贝传来消息，日本愿意议和，但要求派十足全权、名位最尊、素有声望的人方可开议，潜意非常明显，谈判代表非恭亲王奕䜣和北洋大臣李鸿章不可。恭亲王将此意转达给了慈禧，慈禧听后随口说道："那就派李鸿章去吧。"

"太后，李鸿章已拔去花翎，摘去顶戴，况且皇上对此事亦不甚了解，是否再酌情奏请皇上再议？"

"皇上那边我去说，李鸿章这两天就回来了，明谕一切开复，任命他为全权大臣，去日本谈判，你们请旨吧。"说完吩咐李莲英传轿乾清宫。

光绪见慈禧到来，忙出门相迎，请过安后开口问道："亲爸爸这些日子身体如何？孩儿忙于处理政务，也没抽空去请安。"

"不用啦，身子倒是好好的，可心里这气顺不下。"

"是谁又惹亲爸爸生气了？"

"哼！皇上，外面发生了这么大的事，我这气能顺吗？才亲政几年就搞成这个样子，我看这仗也没有打下去的必要了，李鸿章久办洋务，派他去日本议和，也免了兵戈。"

"李鸿章抗旨不遵，贻误战机，才有今天的局面，朕若不念他曾为朝廷出力，早就将他革职查办了。亲爸爸，"光绪上前继续说，"如今倭寇虽犯我边疆，但只要上下同心，必可收复失地，如即谈议和，必丧权辱国，朕恳请亲爸爸收回成命。"

"哼！你就知道打，打，"慈禧拍着炕几说，"打到今天，朝鲜丢了，旅大也丢了，日本人都快到陪都了！再打下去恐怕我们都得卷铺盖走人。"

"不会的，亲爸爸，朕已派人集结兵力。"

"不要再说了！"慈禧厉声打断了光绪的话，"你想气死我不成？"

"朕不敢。"光绪的头慢慢低了下来。

李鸿章回到了北京，他所有的处分一律开复，在朝房见到恭亲王等人时谈起和谈一事很感到为难。

"王爷，此一和谈鸿章实难从命。日本人胃口特别大，赔款尚在其次，割地才是其真正目的。时事紧迫，如果皇上不能授我全权处理，没有答应割地求和之权，恐怕难以开议。"

"少荃，事到如今，哪怕多赔些银两也不能割地求和，国家大计全靠你一张嘴了。"翁同龢道。

"叔平，你哪里知道，日本人野心很大，想称霸亚洲，只要赔款绝不是目的，鸿章对此很清楚。"

"不好办，"恭亲王摇摇头，"见了面再说吧。"

光绪虽不愿求和，但迫于慈禧的压力，不得不装个样子，安慰李鸿章两句。

"如今时局发展到今天，朕奉太后懿旨，对日停战议和，汝当尽心尽力。"

"是！不过臣有本启奏。"

"说吧。"

"皇上，此次议和，日本必提出割地赔款之要求，臣奉命前去和谈，如果不能全权处理，和谈必不成，这割地……"

"割地万万不可！"光绪急着说，"哪怕多赔些银子也不要割地。"

"可如果日本方面提出此项要求，臣等不能全权处理，势必重新开战，如日军仍照旧进兵，京师不保。"

"要你去谈判干什么？如果日本人提出要求，你权衡利害处理，统筹全局之责都在你身上，到时电商。"

"如此臣万万不敢前往，如不能授割地之权，恐战事再起，臣难辞其咎。"

光绪想了想，派王商去了趟颐和园，君臣面面相觑坐等消息，约莫一个时辰，王商回奏说："老佛爷昨日肝气发作，腹泻不能见群臣，吩咐一切事宜遵照皇上圣意即可。"

这次廷议无果而散，在京的一些王爷生怕日军再进兵京师，便联名上折，催促不肯起程赴日的李鸿章，但李鸿章却不急不躁，坐等光绪点头。

王公大臣的奏折用意明显，只怕京师不保，打乱养尊处优的安逸生活。

"平时养尊处优，到了这个时候就知道明哲保身，朝廷养这帮人干什么用？"光绪看着奏折发牢骚，"我这个皇帝当不当还有什么用？到了真章叫硬的时候都跑了，朕倒真成了孤家寡人，真恨不得亲率六军同倭寇血战一场！"

"皇上，"老太监王商端过一杯茶，开口说道，"奴才跟了皇上十多年，太监本不该论国事，可今天奴才斗胆说两句。皇上为我大清心力交瘁，天地可鉴，无奈我大清就像一个病人，外面看起来是好的，病疾在内，上上下下都不能用命，这局面一时也挽回不了。就是皇上不答应这事，老佛爷恐怕也早就暗许，莫不如顺水推舟，图谋良策。"

"唉！我何尝不想兴利除弊，可眼前这事，叫我怎么对得起祖宗？"

良久，光绪才慢慢地又抬起头，对王商说："你去派人将李鸿章叫来。"

两天后，李鸿章带着儿子李经芳和美国顾问科士达起程去日本马关谈判。

这几天最忙的是军机处。不断有电文从日本越洋传来，日本果然提出割让辽东半岛、台湾及澎湖列岛。接到电文，翁同龢气得手直抖："日本欺我太甚，此款万万不可答应！"

孙毓汶在旁边说道："叔平，如今之举，实乃迫不得已，李中堂承太后和皇上的旨意行事，必能变通应付，我草拟了圣谕，你看看吧。"

翁同龢接过圣谕草稿，见上面有"秉笔者直欲以海疆拱手让人"的字句，忙说："万万不可，这不明明是允许李鸿章割地吗？"

李鸿藻接过一看，顿足捶胸，凄然说道："我大清祖业拱手让人，怎么对得起祖宗？此句不妥，删去，删去！"

"两位大人，如果和谈不成，战事重起，令圣上蒙尘，谁担得起？"孙毓汶说完令军机章京，"快速回电给日本。"

军机章京一愣，心道：还没有经过皇上怎么就要发下去？

"愣什么？快去呀！"

翁同龢泪如泉涌，连声长叹："可恨，可恨。"诘问孙毓汶道："你怎能如此行事？"

孙毓汶微微一笑："叔平，我也不愿看到这种事，无奈太后交办，我是秉承太后旨意行事，还请体谅。"

将近一个月的中日马关谈判终于结束，双方签订了《马关条约》。

条约进呈到光绪的手中时，李鸿章也起程离日归国。光绪看到条约的款项，顿时惊异地瞪大了眼睛，他惊异的是：

> 辽东半岛和台湾全岛及所附属各岛屿包括澎湖列岛割让日本。
> 赔偿日本军费白银两万万两。
> 湖北沙市、四川重庆、江苏苏州、浙江杭州开设通商口岸。

光绪把条约全文扔在御案上，大声说："倭寇欺我太甚！朕怎能对得起祖宗和黎民百姓？这约万万签不得！"

《马关条约》在朝中亦引起极大震动，这是大清有史以来最屈辱的不平等条约，一时间上自王公大臣，下到督抚将帅、黎民百姓，无不群情激昂，首先发难的是两江总督刘坤一和湖广总督张之洞。

"叙平，刘坤一和张之洞都来电请战，你看。"李鸿藻递过张之洞的电传奏折，可谓字字血泪：

> ……宣示中外，奉皇太后西幸，命恭亲王留守京师，如战而不胜，赔款割地尚未为迟……如因或迁守而贻误大局，请先诛微臣以谢天下。

京师内也有一百多人上疏要求光绪废约开战。在一片抗战声中，光绪踌躇不前。

慈禧出面了，在拒签《马关条约》的第二天，慈禧把光绪叫到颐和园，开口便问光绪为什么不签约。

"亲爸爸，您看到条约了吗？丧权辱国，丧权辱国呀！"光绪流着泪说，"日本人要我们割台湾、辽东半岛，赔款二万万两，我大清何时曾遭此大辱？朕怎么能对得起列祖列宗？这约是万万签不得，如今之计只有重新开战，挽回败局。"

"哼！说得容易，你拿什么跟人家打？京师能保得住吗？"

"朕想奉亲爸爸西巡，命恭亲王留守京师，厚集兵力和倭寇血战到底！"

"不要再啰唆了！西行我是不去的，如果你不签约，我就坐在这儿等着日本人攻破京师。"

光绪再无话可说，怏怏回到宫中，眼看期限日近，难以决断。

四月初八，是签约的最后期限，群臣齐聚太和殿，等待光绪决断。

"皇上，不要再犹豫了，如今签约是迫不得已，暂忍一时之痛乃为上策，如废约开战，京师空虚，宗庙不保，太后和皇上蒙尘，此中关系甚大，还望皇上早下决断。"孙毓汶出班奏道。

光绪正有一肚子火，对着孙毓汶大声斥责说："尔身居要职，不思为朝廷分忧，尤以谬言扰乱人心，是何居心？来人，着孙毓汶逐出军机，降三级留用！"

发泄完胸中的怒火，光绪眼望着条约，泪如雨下，走下御座，默默无语绕殿柱而行，群臣跪在那里无声无息。

良久，光绪对天长叹一声："朕是大清罪人！"走到御案边，挥笔签了条约。泪水滴在纸上，声音清晰可闻。

李鸿章是六月初九回到北京的，未及休息，便入宫觐见光绪。光绪还没有从签约的悲愤中解脱出来，连月来的郁愤在看到李鸿章时终于爆发，勾起前因后果，厉声斥责。

"李鸿章，你身为朝廷重臣，深蒙朝廷倚重。战局初始，战机一误再误，想亡我大清天下不成？两万万两从何处筹措，你倒出个办法给我听听！割让台湾、辽东，这是什么？丧权辱国！要遭千古唾骂！民心怎收？国体何在？……"

一直骂了一个多时辰，光绪觉得很累，喘着粗气，对在地上跪着唯唯引咎的李鸿章大声说："朕不愿再见到你，你先退下吧。"

光绪回到宫中，立即召来珍贵人。

本来在大婚第二年珍嫔晋为妃，但由于光绪罢了张之万和徐用仪的军机，被慈禧找个借口降为贵人，光绪诸多的苦闷与烦恼只有到了珍贵人这里才能稍稍平息。

"皇上，事到如今再叹气也没用，臣妾最近看了许多书，明白了很多道理。如今时事艰难不是皇上的过错。"

"那是什么？"光绪颇感兴趣，"你说下去。"

"依臣妾看，我大清时至今日，乃是守制不变的结果，旧的体制使人墨守成规，得过且过，致使官场腐败不堪，人人自顾，要想重振朝纲，必得从变制开始。"

"嗯，想不到你很有见地，只是说得还不够透彻，不过朕倒觉得十分有理。"

"臣妾这阵总想，日本原是蕞尔小邦，为什么一夜之间竟然有如此强的国力和我们抗衡，皇上想过没有？"

"这我倒没想过，不过听师傅说过，现在的日本天皇明治当了皇帝以后干了许多事，国力日渐强大起来，究竟因为什么，我还不清楚。"

两人一直谈到很晚才睡去。

中日甲午战争的失败给光绪帝以极大的震动，使他认识到了清朝内部的腐败和虽亲政但无实权的残酷现实，于是一场轰轰烈烈的维新变法运动慢慢在酝酿之中形成。

第十九章

求强国　维新变法

囚光绪　狼狈为奸

一

自甲午战败后，光绪一直寝食难安，连发卧薪尝胆、奋发图强的上谕，也同时接纳了一些地方改革派官僚的建议，兴办铁路，开矿山，造机器，减兵额，创邮政，朝内朝外一片洋务的局面。

这天早朝刚散，光绪帝将师傅翁同龢留下继续商谈创办邮政的事情。

"皇上，今天先不谈邮政，臣给你看一个布衣进士所写的奏章。"

光绪拿过来一看，上面写着"请及时变法富国养民教士治兵呈"，光绪一口气读到完，上面写道：

> 伏乞特诏行海内，令士民公举博古今，通中外，明政律，方正直言之士，略分府县，约十万户而举一人，不论已仕未仕，皆得充选。因用汉制，名曰议郎。皇上开武英殿，广悬图书，俾轮班入直，以备顾问，并准其随时请对上驳诏出，下达民词。凡内外兴革大政，筹饷事宜，皆令会议，三占从二，下部施行。所有人员，岁一更换，若民心推服，留者领班，着为定例，宣示天下。上广皇上之圣聪，可坐一定而照四海；下启天下之心志，可同忧乐而忘公私。

"好！"光绪拍案而起，"师傅何处得此奏章，这康有为是什么人？"

"皇上，康有为是今年的恩科进士，布衣出身，这道奏章是都察院转呈的。据他们说，这是康有为第三次上书，前两次不知被什么地方给扣下了。"

"这些混账东西！师傅，你告诉都察院，凡是直言上书给朕的一律转呈，如果谁给耽搁了严惩不贷。"

"是！"

"另外，教上书房誊录三个副本，一本送太后阅，一本送军机，一本存在乾清宫。"

康有为不久又进《上清帝第四书》交都察院，不幸正值递到孙毓汶的一个亲信那里，这封上书被扣了下来，康有为连续四次上书未果，怏怏长叹一声，离京返回了广东。

光绪二十三年冬，沙俄强占旅顺口大连湾，德国没放一枪一炮强占了山东胶州湾，消息传到京师，又是一次极大的震动。

"瓜分豆剖，危机四伏，我大清若再不变法，必被列强所吞。"已任工部主事的康有为对同僚说。

"是呀，眼见着我大清被人瓜分，自强才能立于天下。"一个同僚颇为欣赏康有为的做法。

"上书！"康有为握紧拳头，"若不变法图强，我大清亡矣！"于是就坐在工部值班房内写了《上清帝第五书》。

写好后，康有为给同僚看了看，都觉得没什么可挑剔之处，便来拜见工部尚书淞溎，请求上呈光绪帝。

"康有为，你一个小小的主事，怎么左一次右一次上书给皇上？"

"中堂大人，上书给皇上，提求变法图强是康某生平大愿，眼见国势日衰，不变法图强，恐亡国不日。"

"大胆！"淞溎放下鼻烟壶，指着康有为说，"你怎么敢蛊惑人心？我大清圣圣相传二百余年，自是强盛无比。"

康有为冷冷一笑："请问大人，签《马关条约》，被人强占胶州湾，北洋水师不复存在，这又怎么说？"

"这个……哼！小疾不足以乱大谋！"

"小疾吗？请问大人什么是大疾？被人家四分五裂才是大疾吗？"

淞溎哑口无言，康有为拱手退了下去。

康有为《上清帝第五书》在淞溎这儿一压就是三天，给事中高燮曾知道了此事，特意来拜访康有为，恰值康有为准备回原籍。

"万万不可，君乃国家栋梁之材，时值艰难，怎可放弃而归？你且暂时忍耐一下，我去找个人来见你。"说完匆匆离开了南海会馆。

约摸有两个时辰，高燮曾跟着一个白胡子老者进了屋，康有为一见老者的红顶戴便知此人定是入阁拜相的一品大员。

"康有为，还不见过户部尚书翁大人。"

原来此人就是帝师翁同龢，刚刚补了协办大学士李鸿藻的缺。康有为忙跪倒见礼。

翁同龢伸手相扶："不必多礼，久闻你的大名，今日相见，三生有幸。"

康有为素闻翁同龢是朝廷中少有的能礼贤下士的大员，今日一见果然不虚，拱手道："中堂大人，小人曾五次上书皇上，总是未果，甚觉心灰意冷，今日中堂屈尊到舍下，康某惶恐，不知有何见教？"

"谁说未果？"翁同龢笑着对康有为说，"你的第三次上书，圣上御览后颇以为是，听燮曾说你要回籍，不要走了，如今国家正值用人之际，皇上求贤若渴，我为你代呈上书，皇上必会重用你。"

"康某何德何能，蒙老中堂如此抬爱！"

"我不过身为臣子，替皇上分忧亦本分之事。你的变法图强之说我也颇有耳闻，很透彻，切中时弊，国家如果多有你们这样的人才，何愁国不兴、民不强？"

"是呀，老中堂，想我大清传业二百余年，陈规旧制弊端毕现，以致内而人人自顾，外而将帅不用命，民不关心国是，此国家衰亡之兆也。如不兴新革旧，变法图强，康某以为国家将亡，此存乎一念之间矣。"

"为何兴利除弊，非变祖宗之法不可？"翁同龢问道。

"老中堂，康某曾周游日本、英国和俄国。眼见耳闻，国之将兴，必自图强变法始。日本的明治维新、沙俄的彼得革制，都是我们的榜样。试想，与我们近邻的日本，原是蕞尔小国，何以有今日之强盛？无他，在明治登上天皇的宝座后，便开始大刀阔斧推行变法，很快就强大起来。由此看来，变则通，不变则亡！……"

"真是听君一席话，胜读十年书。"翁同龢站起身，对康有为说，"君才胜我十倍，你暂且等待，我一定将此书上呈皇上。"

早朝时，光绪帝扬扬康有为的上书，对众军机说："一个六品的工部主事论时势如此透彻，真乃我大清之福，朕准备召对，你们看如何？"

"皇上，"恭亲王闪了出来，"皇上求贤若渴，臣等心中亦焦急万分，可我大清有制，非四品以上官员，皇上不能亲见。"

"王爷说得是。"军机大臣刚毅也转班出奏。

"哼！陈规陋习！"光绪嘟囔一句，高声问道，"那又如何办？"

恭亲王垂手而答："臣以为，皇上若有所垂询，可命王大臣代为传语。"

"好吧，叫总理衙门王大臣接见康有为，询问天下大计、变法之宜，如有什么政见，均具奏报。"

"问话"是在总理衙门西花厅内进行的，参加问话的有总理衙门大臣李鸿章、大学士荣禄、协办大学士翁同龢、总理衙门廖寿恒和张荫桓。

康有为神态自若地迈进花厅，见过礼后，静气凝神等待发问。

在座以荣禄官职最高，于是他首先开口便力图先发制人。

"康有为，似你说变更我大清二百余年来的祖宗家法，这岂不是要亡我大清？祖宗之法怎可轻易改变，你作何说？"

"荣中堂，祖宗之法是治祖宗的江山基业，现在我大清内忧外患之情，妇孺皆知，祖宗的基业几不可保，还要守祖宗之法只会加速我大清覆灭。此一时彼一时，因时制宜乃为不得已而为之。古人云：变则通，通则久。此乃相辅相成的道理，不兴利除弊则不能政通人和，不能政通人和，我大清江山则不久矣。"

"这个……"荣禄一时想不出如何驳斥康有为的论点，向坐在身旁的廖寿恒递了个眼色。

廖寿恒清清嗓子："本官问你，变法非施不可，应该如何变法？你倒说个章程。"

"大人，康某以为，变法以变法律为本，尤以更变官制为先，使人负其责，将得其所，上下用命，何愁我大清不兴？变法为本，就以西方列国变法为蓝本，推行新法以代祖宗之法，使人人知法，不敢越法而行事，有规矩然后才能成方圆。近年来，我大清所承之屈辱，其根源就在于无法约束，以致人人自顾，所谓维新变法就是要使人人都承担守法的责任，简单说，若要有法可依，哪个将帅还敢临阵脱逃？谁人还敢人人自顾而忘国？此变法之根基也。"

李鸿章听到这里，怒声问道："如你说法，六部尽撤，那成例也要全废了？"

"李中堂所言极是，当今是列国并立之时，并非哪个国家可以一统天下。如除弊新政，吾国亦可立于世界。康某以为，弱亡中国的正是祖宗的家法，六部等体制亦应该撤去，即便一时难以撤尽，也应斟酌改变。不弃旧法，何以新政？我大清又怎能强大起来？想日本原一偏邦小国，因何一夜之间崛起？这都是变法的结果。"康有为侃侃而谈。

翁同龢见康有为驳斥群臣毫无惧色，心中甚是佩服他的胆识。但变法最重要的一个问题——钱款何处来？这是能否使变法不至于因财力枯竭而半途而废的基础保证。想到这里，翁同龢问康有为："变法之根基在于钱款，如今国运不兴，府库空虚，此款何处筹措？"

"中堂大人，这不妨仿照日本和法国的做法。日本变法后，在全国各府设银行、发行纸币，法国亦发行印花币，纸币及印花币与金银等值。想中国之大，若改革旧有制度，广设银行，必能大量筹集民间散银，以民之财兴利除弊，这样做必能广开财源，区区变法之款，实九牛一毛也。"

"问话"直至日落西边才结束，康有为系统地阐述了维新的观点，涉及政治、经济、文化、军事等领域。翁同龢欣喜异常，等到结束后，连晚饭都没来得及吃，便来到平时教光绪读书的毓庆宫面见光绪，细细陈说此次"问话"的细节。

光绪端着茶碗仔细地听翁同龢讲，以至于茶碗微斜，茶水洒到了身上都浑然不觉，听毕光绪开口赞道："非忠肝义胆、不顾生死之人，怎敢如此直言？此诚大丈夫也！"

时值光绪二十四年大年初三，光绪帝打破成规，破例在初五前令大臣召见康有为办公，可见维新之心急切，翁同龢很体谅这位多灾多难的皇帝，看看墙上的自鸣钟："皇上，时候不早，请皇上以身体为重，早些休息吧。"

"师傅，您还没有吃晚饭呢，王商！"光绪回头对他说，"去叫厨房端两盒点心。"

"皇上，臣为皇上分忧属分内之事，蒙皇上关心，臣惶恐之至。"

"师傅，今日只你我君臣二人，不必如此。"说完拉起跪在地上的翁同龢，"朕还有话问你。"

"朕打算择适当机会见见康有为，你帮朕筹划一下。另外，你择机告诉康有为，再有任何奏疏均由师傅转呈，以免那些人阳奉阴违。"

"是，臣一定遵旨照办。"

翁同龢在宫中吃完点心，才拖着疲惫的身子回到家中。

光绪帝很兴奋，找来已恢复名号的珍妃大讲康有为，直说得神采飞扬，珍妃掩嘴而笑："皇上，看把你高兴的。"

"朕怎能不高兴？我大清如再多几个康有为，朕就更高兴了，朕怎么也忘不了签约那天的心情，"光绪肃容，"当时恨不得干脆退位算了。如今好了，有了这些维新志士，维新变法，重振祖宗基业，再也不怕列强的欺负，朕这皇帝也做得心甘情愿，百年以后，九泉之下也可向列祖列宗有个交代。"

"皇上英明！对了，那个叫什么康有为的，皇上为什么不召见他？"

"唉！这也是祖宗家法的陈规陋习，皇帝不准见四品以下的官员。"

"皇上也别急，既然要维新，这个法革了不就是了？到那时皇上总会如愿以偿的。"

二

此时在颐和园内的老佛爷慈禧不断听到李莲英传来的"小报告"，心中不免恐慌。

"什么？越闹越不像话了，连祖宗的家法也要变？"

"是呀，老佛爷！"李莲英凑近慈禧说，"听说皇上还要召见那个叫康有为的工部主事，廷议时被六爷阻拦了，但皇上不甘心，这不，今儿个才大年初三，就叫总理衙门'问话'。也不知道皇上是怎么想的，据说康有为六次上书给皇上，今天又在总理衙门妖言蛊惑人心，说什么祖宗之法不变就要亡国，还说要设银行发纸票子，这不全乱套了吗？翁同龢也连晚饭都没吃就到了宫里，和皇上密谈了两个时辰才走。"

"越来越不像话！"慈禧拍着椅子说，"眼里还有没有我？"

"皇上早把老佛爷给忘了，现在皇上除了想见康有为等人就是天天和珍妃在一起。奴才听说珍妃言来语去对皇上的做法极力附和，老佛爷，奴才斗胆说一句，如果您再不出面，恐怕局势就难收拾了。"

"说说看。"慈禧微微闭目说道。

"老佛爷，奴才看，皇上这会儿都不把老佛爷放在眼里，如果将来有一天他们推行什么维新的事有了结果，皇上恐怕就更不会把主子放在眼里，主子这辈子为国操劳，什么风浪没见过，不能再让皇上这样闹下去了。"

"嗯！说得也是，明儿个散朝把六爷、荣禄、奕劻和刚毅都给我叫来。"

"嗻！"李莲英暗中露出笑容。

第二日一散朝，李莲英便在军机处等着众位军机大臣，恭亲王近日来年老体弱，身体多病，由家人搀着上了轿，一齐来到颐和园。

请过安后，众大臣落座，慈禧环视一圈，用她那特有的细慢长声说："皇上这些日子闹得不像话，你们身为国家重臣，是朝廷的元老，不能任他这样下去，今儿个找你们来是想和你们商量商量，看这事儿怎么办好。"说完慈禧用目光看了看恭亲王。

恭亲王这几天闹病，整个人都昏昏沉沉的，见老佛爷看着自己，不说话是不行的，于是低头说道："皇上这阵子变法图强，全是那个条约给闹的，如今臣等亦不能劝阻，此事如何解决，臣一时无良策，臣愿聆听太后懿旨。"

"唉！怎么说我大清也有二百多年的基业，祖宗家法废不得，事到如今只好重新立大阿哥，绝了他的念头方可奏效，你们以为如何？"

一听说要废皇上，众军机大臣谁也不敢言语，一个个低头思量着是否合适。过了一会儿，齐用目光看着恭亲王。

"太后，臣以为，皇上虽有过失，但不宜废立，此举恐遭人猜忌。朝中上下、地方督抚很多人同情皇上，若果真行此举必有人上疏，实乃我大清之不幸，望太后三思。"

荣禄和奕劻没有言语，但表情中亦有认同。刚毅在众人中资望最浅，看他人行事，亦微微点头表示赞同。

此次会见无果而散，谁也没想到，这是恭亲王最后一次参议国政。这一路回到家中，偶感风寒，带起原有的病症，卧床不起，到了四月初十病死在鉴园。

奕䜣病死在家中的消息于当晚便传到了颐和园。慈禧闻听亦是伤感倍增，想起当年携手共进，辅佐同治、光绪，兴办洋务，内政外交，多亏了奕䜣才能渡过一道道险关，心中不免怅然若失。

"前几天还好好的，怎么就这么快……"慈禧一边抹泪一边说。

"老佛爷，恭亲王为国操劳一生，亦是古今少有，是否大加厚葬？"

"嗯！恭亲王为国鞠躬尽瘁，理应厚葬。"

恭亲王的葬礼隆重，光绪也亲往府中吊唁，足见皇恩甚隆。

恭亲王的死使慈禧没有了阻碍，于是废立光绪之举便又暗中进行。

这边，维新变法正在轰轰烈烈地展开，四月二十三，光绪帝颁布《明定国是》诏：

> 谕内阁：数年以来，中外臣工讲求时务，多主变法自强，迩者诏书数下，如开特科，裁冗兵，改武科制度，立大小学堂，皆经再三审定，筹之至熟，甫议施行。唯是风气尚未大开，论说莫衷一是，或托于老成忧国，以为旧章必应墨守，新法必当摈除……

> 朕惟国是不定，则号令不行，极其流弊，必至门户纷争，互相水火，徒蹈宋明积习，于时政毫无裨益……以圣贤义理之学，植其根本，又须博采西学之切于时务者，实力讲求，以救空疏迂谬之弊。专心致志，精益求精，毋徒袭其皮毛，毋竞腾其口说，总期化无用为有用，以成通经济变之才。

> 京师大学堂为各行省之倡，尤应首先举办，着军机大臣、总理各国事务王大臣，会同妥速议奏，所有翰林院编检，各部院司员，大门侍卫，候补选道、府、州、县以下官，大员子弟，八旗世职，各省武职后裔，其愿入学堂者，均准入学肄业，以期人才辈出，共济时艰，不得敷衍因循，徇私援引，致负朝廷谆谆告诫之至意，特此通谕知之。

《明定国是》诏颁布时，庆亲王奕劻请旨，是否先奏明太后再行颁布。

太和殿上静悄悄，群臣都哑口无声，光绪看了看站在御案前的奕劻，一时没有回答。

"皇上，此诏牵扯甚多，臣请皇上三思而行，太后虽已归政皇上，但臣以为颁行的诏书先请懿旨为宜。"奕劻再次声明须先经老佛爷同意再下诏。

"哼！"光绪指着奕劻说，"太后懿旨自然要请，那你就去一趟颐和园跟太后回奏此事，如若太后仍不给我决定之权，朕愿退让此位请有德者居之，朕怎么也不想当这亡国之君，只有如此以谢天下。"

奕劻面色微变，没想到平日对慈禧唯唯诺诺的光绪能说出如此公然抗拒的话，不敢怠慢，忙起轿到颐和园，向慈禧面奏。

"真是越大越不听话，竟然要以退位要挟我！他不愿当皇上，哼！我也不想让他坐这个位子，儿大不由娘啊！"慈禧站起身，在屋内慢慢地踱着，一会儿摇摇头，自言自语地说，"总是有一帮人在怂恿他，唉！由他去吧，等闹出乱子看我能饶了他？"

这算是回话？奕劻不敢确定，小心翼翼地补问了一句："太后，怎么回皇上？"

"跟他说，我不管他的事，他爱怎么干就怎么干，哼！"

到了四月二十八，光绪在颐和园的勤政殿召见了工部主事康有为和刑部主事张元济，细问变法事宜，直至传午膳时刻方结束。

刚刚吃罢午膳，光绪帝在书房看着康有为刚刚进呈的《日本变政考》，李莲英匆匆来到传慈禧懿旨："老佛爷叫皇上。"

来到颐和园请完安，光绪垂手站在一旁，低声问道："亲爸爸叫朕来此，不知发生了什么事？"

"有人弹劾翁同龢，你自己看看吧。"说完将弹劾奏折扔到了光绪面前。

不用看，光绪心里非常清楚是怎么回事，如今只有力保。

"亲爸爸，翁师傅公忠体国，是朕的左膀右臂，时值维新之际，定是那些阴恶之人诽谤翁师傅，朕请亲爸爸明察。"

"照你这么说是我冤枉翁同龢了？"

"朕不敢！只是朕想，亲爸爸身居颐和园，本应怡心养性，这些琐事交朕处理就行了，亲爸爸不宜过多操劳。"

"想不到你很有'孝心'，这事儿我不能不管，这里有个诏书，你拿去发了吧。"

光绪接过一看，顿时目瞪口呆，上面写着：

协办大学士户部尚书翁同龢，近来办事多未允协，以致众论不服，屡经有人参奏。且每于召对时咨询事件，任意与否，喜怒见于词色，渐露揽权狂悖情状，断难胜机之任，本应查明究办，予以重惩，翁同龢着即开缺回籍，以示保全。

"亲爸爸，朕求求您将翁师傅留下吧，怎么说他也为朝廷效力三十多年，曾为大行皇帝和朕的师傅，没有功劳亦有苦劳。"

"我就是念及他曾为帝师才如此保全他，我意已决，你不要再多说了。直隶总督王文韶素有才干，翁同龢开缺，就把他调到军机处吧，直隶就改派荣禄兼着，你看合不合适呀？"

光绪还能再说什么？只好含泪离开了颐和园，当天便颁旨免了翁同龢，君臣在太和殿上默默相对，情景凄然。

光绪走下御座，拉起跪在地上的翁同龢。见他业已满面泪痕，安慰道："师傅，情非得已，师傅暂且忍耐，等有时机再请师傅回到朕的身边。"

翁同龢忙又跪倒："皇上，臣老矣，虽死不足惜。只是臣自愧在皇上身边多年，没有能够替皇上分忧解难，实难心安。臣走后，皇上一定要亲贤臣，远小人。时事艰难，臣在家乡遥祝皇上洪福齐天，渡过此关。"说着已泣不成声。

光绪仰天长叹一声，泪如泉涌，背过身去不忍看到师傅伤心的样子，泣声道："师傅，多保重！"

"谢皇上。"翁同龢站起身，摇摇晃晃转身离开大殿，光绪望着他的背影，悲怆顿生，呆然坐着直到晚膳。

三

荣禄即将去天津赴任直隶总督兼北洋大臣，临行前，来到颐和园乐寿堂向慈禧辞行。

"此去天津，你要注意身子，新兵招募得怎么样了？"

"回太后，新兵招募完毕，臣到天津即开始操练，准备恭请太后九月至天津阅操。"

慈禧微微一笑，心道还是荣禄深明吾心，天津阅操实际上是对光绪的示威之举。慈禧点点头，慢慢说道："记得常通信，属下也要多加爱护，兵权交给你我放心！"

到了六月二十八光绪万寿的时候，新政已大有规模。光绪在乾清宫接受文武百官朝贺，随后移诣大高殿举行贺寿典礼，唯有慈禧没有到场，说是圣躬违和，群臣亦不免私下窃窃议论一番。

消息不断传到颐和园，京师开办大中小学堂，礼部尚书许应骙等六部尚书尽被罢免，光绪秘密召见袁世凯授予兵部侍郎……

慈禧依旧不动声色，荣禄已密电来报，北洋三军俱布在京畿附近，有荣禄坐镇，慈禧心中有底，所以当光绪来请安时谈及开懋勤殿以议政事时，慈禧闭目养神，并没有回答。

光绪偷偷抬眼看慈禧，心中不免倒抽口凉气。见她面色异常，额上青筋隐隐跳动，光绪便将重申一遍的念头打消，跪安出了乐寿堂。

光绪离开颐和园，吩咐即召军机章京杨锐晋见。

召见是秘密进行的，光绪拿出手书的诏谕亲手交给了杨锐，并对他说："事情紧迫，朕见太后之意，不愿变法，更不愿罢黜那些昏庸的老臣，恐朕此位不保，你速回会馆见康有为和谭嗣同、梁启超等人，叫他们速速离京，以图长久之计，切切。"

杨锐怀揣密诏一路心情万分紧张，回到南海会馆，众人见他面色煞白，不知出了什么事。杨锐结结巴巴说："皇，皇上有诏。"

"大哥，你还是速速离京去上海为好。"康广仁看着康有为说。

"皇上在危难之时，我怎能坐视不顾而离京避祸？"

"话不能这样说，留得青山在，不怕没柴烧，你和梁兄是维新大旗，自应保重，皇上此举可见苦心！"谭嗣同道。

事到如今，看来是福不是祸，是祸躲不过，阻碍变法的头子就是慈禧太后和荣禄，康广仁握紧拳头："杀荣禄，除旧党！"

"广仁兄说得极是。"谭嗣同接过话茬，"如今之计只有兵变。"

"可你我谁手中又有兵权呢？"杨锐颇有顾虑。

"可以借重带兵大员。"

"可带兵大员都是荣禄的手下，聂士诚、董福祥哪个不是？"

"有一个人不是。"谭嗣同说。

"谁？"大家齐声问道。

"袁世凯。"

"你是说刚由直隶按察使提了侍郎候补的袁世凯？"

"对，据我了解，袁世凯很支持新政，而且他手下像冯国璋、曹锟等人亦是能征惯战之辈，如果他肯举事，必成！"

康有为想了想："是不是派个人前去探探口风？"

"小弟曾与他有一面之缘，我今晚就去趟法华寺。"

"好！我在金顶庙等你的消息。"

袁世凯自光绪召见之后便闭门不出，他在静观时局的变化。现在虽是明若观火，但老奸巨猾的袁世凯还是不敢轻举妄动，听说谭嗣同来见，袁世凯忙降阶相迎。

"袁大人，谭某特来恭贺大人。"

"世兄说的哪里话，袁某深蒙皇恩，如此重用，心中甚是惶恐，素闻世兄智虑过人，还望见教一二。"

"大人言重，纵观天下支持变法者多，眼见新政大有起色，袁大人能深明大义，支持变法，谭某佩服之至，可现在有人却阻挠皇上变法革新，实为谭某等人不齿。"

"袁某深蒙皇恩，圣上英明，革新乃顺应天下之举，实乃大清之福，谁敢阻挠皇上，袁某应为皇上分忧，立诛该佞！"

"好！袁大人不愧忠肝义胆，可这阻挠变法之人却是手握兵权的大学士荣禄。"

袁世凯拍案而起："杀荣禄如同杀一狗，袁某还没把他放在眼中，何况他已如同朽木，何足惧哉？"

"有袁大人这一句话，谭某就放心了。皇上洪福齐天，得袁大人忠心耿耿，但不知袁大人有何打算？"

袁世凯面露难色："袁某手下官兵皆在天津小站，而且枪弹火药也俱在荣禄那里，此去天津二百余里，恐运兵进京事情泄露，袁某想立即回天津告知属下，待天津阅操时，皇上只须到袁某大营，发诏声讨，则必可成事。"

"好，一切有托袁大人，谭某先在此谢过。"说完深深一躬到地，袁世凯忙离座相搀，惶恐地说："替皇上分忧本袁某分内之事，世兄何至于如此大礼谢我，袁某深感不安。"

回到金顶庙，谭嗣同细细讲了经过，众君子无限欢喜。次日一早康有为就要奔赴上海，梁启超亦在众人劝说下准备离京，回到会馆收拾东西，自不必细说。

慈禧这两天总是心神不定，前两年的六十大寿时正值签订《马关条约》，不得不降低规格，显得冷冷清清，对此她一直耿耿于怀。国家到了今天这步是始料未及的。那边光绪变法沸沸扬扬，一些心腹不受重用，总感觉自己被架空了，心情特烦的时候她便抱着狮子狗在廊下绕弯儿，毕竟是六十多岁的人了，脚步异常沉重。

"老佛爷，庆亲王求见。"李莲英见慈禧面色不好，不敢多言。

"就在这儿见吧"。

"嗻！"

庆亲王奕劻带来了一份奏折，是御史杨崇伊奏请太后"训政"的。

看完奏折，慈禧转头问："你们怎么看？"

这当然是问奕劻及其他元老们的意思。奕劻本来想要滑头，在杨崇伊联名上书时犹豫不决，两边都不想得罪，所以才没有同意联名具奏。现在慈禧问到头上，权衡一番，他缓缓开口说："臣等觉得杨崇伊的奏请合乎时宜，多事之秋，太后训政实为当务之急。还有，近些日子，皇上的一些做法也有些急切，见了很多人，提升了些人。"说到这里，奕劻停顿，偷瞄了一眼，见慈禧头上青筋隐隐跳动，知道她决心已下，便静候着。

"我觉得杨崇伊的话还是有些道理的，儿大不由娘啊，该管管了，你们准备准备。另外，让荣禄尽快回京。"

光绪和珍妃正在梦乡之中，忽听耳边有人急促地叫着："皇上、皇上！"

光绪睁开眼睛一看，是老太监王商，见他此时已面色惨白，呼吸急促，便问："什么事这么慌张？"

"皇上，老佛爷起驾回宫了，快到宫门了！"

珍妃也一惊而起，忙帮着光绪穿了衣服。两人来到宫门外，见远处灯火闪烁，一时也看不清有多少人，及到近前，见李莲英扶着御辇上面坐着的杀气腾腾的慈禧。两人在石阶上跪倒请安，光绪见慈禧走到跟前忙问："亲爸爸，出了什么事？"

慈禧哼了一声，头也没回，越过两个人进了宫中，光绪无奈，只好和珍妃尾随而行。

进了暖阁，慈禧伸手便抓过御案上的奏折批章，递给李莲英，转身坐在榻上，用她特有的威严目光看着跪在地上的光绪和珍妃，厉声质问光绪："我来问你，这个变法要变到什么时候？我的话还管不管用？有些事你是不是应该解释解释？"

光绪一听，知道必是有人又进谗言，跪爬两步，"亲爸爸，朕从小至今，没有违背过亲爸爸的意思，此心天地可鉴，定是有人在您老人家面前进谗言，还请亲爸爸明察。"

"哼！说得好听，你的心思都被鬼子国的什么思想给迷住了，哪里还有尊卑长幼？我看你连最起码的孝道都忘了。"

"亲爸爸，朕从未违背您的意思。朕现在只有一个心思，那就是想为国家、为百姓做点儿事，一切新政的策划，俱是从良心出发，祖宗家法变了，可我大清统治未变。"光绪还要往下说，被慈禧打断。

"行了，别再花言巧语骗我，我什么都不懂，只知道祖宗立的规矩不可变！似你这样变下去，天下早晚要乱套，大清江山也得断送在你的手里，这么大乱子怎么收拾才好？"

这明摆着是要光绪归政，无奈，光绪含泪道："朕实是无德无能，明天就昭告天下，仍请您再次听政。"

"我看你也该歇歇了，来人哪。"

"奴才在。"李莲英闪身转了出来。

"皇上圣躬违和，操劳过度，请到中南海瀛台养病，你要尽心侍候皇上。"

"嗻！"

"太后，奴才也要侍候皇上。"珍妃心中不服，又无力改变，也只能用这种办法表示一下抗争。

"哼！你侍候得够周到了，我看你也别在乾清宫了，来人，请珍妃到钟粹宫，没有我的旨意谁也不许见。"说完，转身出了乾清宫。

八月初六早朝时，慈禧来到太和殿，将"皇上的圣谕"昭告天下：

> 现在国事艰难，庶务待理。朕勤劳宵旰，日综万几，兢业之余，时虞丛脞。恭溯同治年间以来，慈禧端佑康颐昭豫庄诚寿恭钦献崇熙皇太后两次垂帘听政，办理朝政，宏济时艰，无不尽善尽美。因念宗社为重，再三吁恳慈恩训政，仰蒙俯如所请，此乃天下臣民之福。由今日始，在便殿办事。本月初八日，朕率王、大臣在勤政殿行礼，一切应行礼节，著各该衙门敬谨预备。

上谕发出之后，朝野震动。袁世凯此时正在回天津的路上，权衡得失，他决定回到天津后先静观其变，看看局势走向再定。但太后训政的消息很快就传到了这里，局势已经明显，光绪的变法已经注定失败。惊出一身冷汗的袁世凯再也坐不住了，立即拜访荣禄。

荣禄早接到报告，袁世凯候补了侍郎，本应办理新军训练诸多事宜，却突然来访，知道必有大事，很热情地将他迎入屋中，屏退了左右。

"荣相，下官有事特回天津向荣相禀报，也想听听荣相指教。"

"噢，不知什么事这样匆忙回来？"

"下官特蒙皇上召见了三次，昨日……"

当袁世凯和盘托出，荣禄面上掠过一丝不易察觉的惊异表情，但随即恢复如常，伸开双臂打个哈欠，闭目听袁世凯说下去。

"荣相，这些人的意思在下官看来就是皇上的意思，要囚禁太后，下官一时不知如何是好，还望荣相指点迷津。"

袁世凯虽略去杀荣禄一节，编造说皇上要囚禁慈禧，但荣禄心中明白肯定不会这么简单。不过事情说到这步就没有再深究的必要了。毕竟大局已定，不会翻起大浪。但袁世凯的消息还是爆炸性的，待回京向慈禧说明，毕竟要剪草除根。

荣禄慢慢睁开眼睛，将身子靠在大皮椅子里，说道："指点迷津倒不敢当，我总觉得有这么两方面。"

"敢问荣相哪两方面？"

"一嘛，你我皆是朝廷的大臣，忠于皇上是我们的本分。但另一方面，尽忠于太后也是我们做臣子的本分。太后训政上谕已发，你说的情况对朝局稳定很重要，我会向太后禀明情况。"

袁世凯心领神会，探出荣禄的赞许和回护之意，知其避过一劫，千恩万谢后即刻告辞。

荣禄回到了北京见过慈禧，随即派兵严守北京城门，在城内开始搜捕所谓逆党。至九日止，谭嗣同、刘光第、杨锐、林旭、杨深秀、康广仁等先后入狱。

名单具呈至慈禧案前，她拿过纸看了看，问道："怎么没有康有为和梁启超？"

"康有为早在初二就跑到上海去了，臣已派人去拿问，这梁启超据说还在京里。"荣禄回奏。

"那为什么不拿了？"

"据传可能是在日本使馆，派人前去搜查，全给撺了出来。"

"哼！想不到梁启超还跟日本人有来往。"

"不只是他，听说是谭嗣同把他送进去的。"

"这倒怪了，那他为什么没一块儿躲起来？"

"这个……"

"支吾什么，快说！"

"是！谭嗣同说：'各国变法无不是以流血而成，而我中国未闻有因变法而流血者，此国之所以不昌也，有之，请自谭嗣同始！'"

"哼！骨头倒挺硬，他不是要流血吗？好，我就成全他们！"说着，慈禧提起朱笔在谭嗣同等人下面画了重重的"×"，慢声说："叫刚毅去办吧。"

八月十三凌晨，刑部衙门的提牢官送来较丰盛的早餐，没有更多的言语，只是略带悲意地对六人说："各位还有什么吩咐，下官如能办到，定尽力。"

谭嗣同站起身，铁镣之声穿过厅廊传得很远，他傲笑着对提牢官说："多谢！这里不再需要你了。"转身看看监牢雪白的墙壁，将右手食指含在嘴中咬破，鲜血滴滴流了下来，略一思忖，在墙上题了一首诗。

> 望门投止思张俭，
> 忍死须臾待杜根。
> 我自横刀向天笑，
> 去留肝胆两昆仑。

写毕，转身哈哈大笑，大声说："痛快、痛快，来，咱们喝一杯！"

菜市口周围人山人海，刑部已贴出告示今日斩杀"大逆不道"的维新派，人们争相观望，都想一睹"戊戌六君子"风采。

囚车缓缓停下，六人昂首下了车，康广仁哈哈大笑，对谭嗣同说："今八股已废，人才必将辈出，我辈虽死，中国强矣。"

杨锐虽未有豪言壮语，却对站在身旁的刽子手说："待会儿可别手软哆嗦，哈哈哈哈！"

在监斩官台居中就座的大学士刚毅，见众人如此谈笑风生，心中亦不免恐慌，不等午时三刻到，便吩咐擂鼓。

鼓声响过，谭嗣同仰天长笑："有心杀贼，无力回天，死得其所。快哉！"

第二十章

重开战　背井离乡

预立宪　一命归西

一

光绪二十六年五月。

两乘八抬大轿穿过紫禁城直到了隆宗门，自轿上下来两人，皆是珊瑚红顶、云鹤补褂，一看便知是一品的大员，位尊职高。

两人正是奉慈禧之命赴河北涿州考察义和团的协办大学士刚毅和刑部尚书赵舒翘。

慈禧自正月将端王载漪之子溥儁迎入宫中立为大阿哥之后，便遭到了各国的抵制，就连久办洋务与外国人很熟的李鸿章出面相劝都无果而归。而且英公使公开说要慈禧归政于光绪，并不惜以武力相要挟。时值国内义和团如星火燎原，发展很快，将慈禧弄得焦头烂额，先是派袁世凯等镇压，后便想利用义和团对付外国人，但她毕竟还没老糊涂，不相信传说的义和神拳打人于无形，并且不畏枪炮，由此才派了刚毅和赵舒翘前往探查，所以二人一回到京城便来回奏老佛爷。

"老佛爷，义和拳果然厉害！"赵舒翘开口便入正题。

"真的吗？"慈禧心中虽喜，但面有不信之色。

刚毅站起身，比画着说："臣看到义和拳的厉害，似此长矛顶在喉处，两人对着用力，一杆杨木大枪竟然弯了，臣亲自掂了掂，确是杨木无疑！"

"还有，臣亲眼见一义和团勇站在那儿，有人用大铁锤击其前胸、后背等处，数十下完好无损，如不亲见，教人不能相信。"

"如此说来，传闻是真的？"

"臣等不敢欺瞒太后。"

"好！上下齐心，我大清朝有此神兵，天助我也，再也不用怕洋鬼子了。"

"太后，此事也宜慎重才是，洋人总是穿一条裤子的，臣听说徐桐建议太后利用义和团灭洋，可有此事？"刚毅问道。

"洋人欺我太甚，连我们的家事都管，实在教人不能忍受！"

"现在国力财力皆是不足之时，还是避免与洋人冲突为好。"

"怎么忍？哼！"慈禧脸色沉了下来。

两人见慈禧与洋人开战决心已定，便不再谈及此事，跪安退出。

第二日早朝传在仪鸾殿东暖阁，光绪也从瀛台被"请"了出来。

光绪面对满朝的军机、御前、六部九卿大臣厉声诘问："义和团都到了京师，你们是干什么吃的？越剿离京师越近，山东巡抚毓贤已交部议处，现在的山东巡抚是谁？"

有人答道："袁世凯。"

"哼！他不是很会带兵打仗吗？怎么连匪乱都弹压不了？全是废物！"

侍读大学士刘永亨出班奏道："臣即刻去见董福祥，请皇上降旨令其驱逐民乱。"

"好，"端王载漪站了出来，大声奏道，"此即失人心第一法！"

刘永亨默默地退下，他本想争辩，但慑于端王的淫威，话到嘴边咽了下去。

"臣袁昶有本启奏！"袁昶见无人敢于驳斥端王，便出班列奏道，"义和团实是民乱，不可依靠他们，即便是有神拳威猛无比，但自古及今还未听说过有因此而成事的。嘉庆年间的白莲教和后来上海的小刀会以及洪乱，都言称自己有神助，不也都未成其事？所以臣以为，义和民乱应剿抚为上。"

"哼！"慈禧哼了一声，慢慢地开口问道，"法术不足恃，难道人心也不足恃吗？现在中国积弱已极，还能存在，全仗人心，如果连人心都失了，国家还怎么保？现在京城附近有洋人调兵的说法，你们说怎么办？"

众人哑口，谁也不敢公开在殿上反驳老佛爷。

慈禧从怀中掏出一张纸："洋人欺我太甚，我给各位念念洋人的照会四条。一、指明一地令中国皇帝居住；二、代收各省钱粮；三、代掌天下兵权。"念到这里，慈禧没有再念下去，而是激动地说："我堂堂大清要洋人来代收钱粮？兵权交给他们，那我们成什么了？我们皇上爱住哪儿住哪儿，何用他们指定地方？洋人骑到我们脖子上了，眼看就要亡国了，再剿义和团，那你们谁又能去带兵打仗？失去民心的话，我看咱们君臣就等着做亡国奴好了！"

慈禧话音刚落，闪出一群大臣，齐声道："臣等愿以死效力于朝廷。"

"本来国家弄成今天这个样子，不宜再开战，可如果你不打他，他就让你拱手让出江山，你们肯我也不肯！那样我死也没脸见列祖列宗，如果战不胜而亡，我是虽死无憾。"

"亲爸爸，此事是否缓缓再说，看看是否还有商量的余地？"

"哼！还商量什么？来呀，立即昭告天下，正式向各国宣战，拨十万两银子给义和团。各省的新旧武器都拿出来，供给他们一部分，再发两万石糯米，把董福祥的甘军也调来。"

仗很快就转移到北京的东交民巷使馆区，在义和团看来，所有的洋人都不是好东西，等一进了京，便蜂拥似的将使馆区围了起来，各自为战，分拨包院，倒像今天的承包制度。脱了天王管，有些拳勇便本性难移，反正不是自己的家，抢劫、烧杀的事便一桩接一桩地发生，不仅抢外国人，连中国人也抢，教堂、使馆被烧的很多，甚至连正阳门也给烧了。

时隔不久，八国联军的炮声便在北京城外响起，此时正值黎明，李莲英慌慌张张跑了进来，摇醒慈禧。

慈禧听到炮声极近，便急急问："怎么了？"

"老、老佛爷，夷兵已攻到东华门了。"

"什么？"慈禧呆呆怔在那里，过了一会儿，才顿足道，"唉！事已至此，我留着这条老命还干什么？还不如死了算了。"说完急急地往外走。

李莲英一见慈禧要寻短见，忙上前拉着衣襟"扑通"一声跪下："老佛爷，还是暂时避避吧，以图后计。"

此时，光绪和皇后静芬，载漪，大阿哥溥儁，奕劻、善耆、载泽、溥泽、载勋、溥兴等王公及刚毅、赵舒翘、英年陆续来到宫中，纷纷请求避难。

"唉！"慈禧叹了口气，"好吧，李莲英，快些备车。"

李莲英安排完后，在慈禧耳边悄声说："奴才将所有人的车驾安排好了，现在就剩下珍妃，奴才不知如何是好。"

慈禧心中烦乱，没有吱声。

"老佛爷，我们现在多带一个人就多一些麻烦，何况珍妃又体弱多病，留在京里也不太合适。"

光绪听到了李莲英的话，寒意陡生，忙拉着慈禧的衣襟，说道："亲爸爸，求求您，别把她一个人丢下，反正也不多她一个人，求求您，亲爸爸。"

众王公和群臣心中亦是酸楚，但爱莫能助。只听到慈禧急急地说："把她带来！"

珍妃久不见天日，脸色煞白，衣服也又破又脏。一见她，慈禧心中的火就有了发泄的地方："这个天下都让你给搅坏了，你不是素有谋断吗？现在洋人杀进来了，我倒要问问你，你有什么主见没有？"

"老佛爷，这不妨事，如今只要找几个懂洋务的人出来，去跟外国人讲和，一定可以平安无事的。"

"好，好，你平日总是大讲康有为、梁启超一班人，那你就留下吧。"

"老佛爷，来不及了，请移驾上车，珍妃的事就交给奴才去办吧！"

"嗯，"慈禧由宫女搀着上了车，转身对站在那里未动的光绪大吼一声，"愣什么？快上车！"

李莲英一使眼色，两个太监将光绪"扶"上了车，鞭声响过，车马穿过德胜门，一路向西而去。

李莲英等车马一离开视线，便吩咐总管太监崔玉贵："洋人快打到宫里来了，珍妃不能出宫，死于乱军中也有失大清尊严，珍妃贞烈，投井而亡。"说完转身离开。

崔玉贵心领神会，将珍妃略用绳子一绑，推到宁寿宫后院的一口枯井中，可怜珍妃惨死于太监之手。后来有人以诗记之：

金井一叶坠，凄凉瑶殿旁。

残枝未零落，映日有余光。

沟水空流恨，霓裳与断肠。

何如泽畔草，犹得宿鸳鸯。

慈禧等人一路逃得甚是凄惨。到怀来境内时竟未见一人出没于官道，慈禧身着蓝布衣服，仪容亦不整，很像民间逃难的妇女。这日歇息于山脚，闻报怀来县令吴永来迎接皇驾，似茫茫大海中见到浮木，赶快传见。

崔玉贵已经饿得前腔贴后背，但还是在走出民宅空屋时挺了挺身子，毕竟是二总管的身份，大呼："谁是怀来县知县？"

"我是。"吴永起身答道。

"上头叫起，你随我来吧。"

吴永请过安后，慈禧似唠家常般询问他的身世，当得知他是曾国藩孙婿时，不禁流下眼泪，边抹泪边说："想不到曾国藩身后俱是忠心为国之人，唉！国运不兴，再也找不出像曾国藩那样能为朝廷分忧的人了。"说完，话题一转，凄然说："这一路来未看到一人，连井中都是人头，只好嚼秫秸汁解渴，两天多没吃饭了，你可有准备？"

"臣已准备肴席，可被溃兵所掠，连煮了三锅的绿豆小米粥也给抢了两锅，如今只剩下一锅，但唯恐粗粝不敢进上。"

"有小米粥？"慈禧高兴地说，"好，好，患难之中还讲什么好坏？"

吴永将自己随身的佩刀和牙筷进献给慈禧，剩下的人只好以秫秸当筷，见他们的吃相，吴永实在是不忍心看，便退了出来。

过了一会儿，李莲英高兴地走了出来，对吴永说："太后甚是喜欢，不知道哪里能找到鸡蛋，太后很想吃。"

"兵荒马乱的，难以找到，不过，我去试试。"

"嗯！你用心伺候，将来必有好处！"

吴永派人四下寻找，终于在一空屋中发现了五个鸡蛋，煮熟后吩咐人送去，自己又派人回家将亡妻的衣服悉数拿来献给慈禧，自己便先回怀来县城安排迎驾事宜。

到太原时，已不像初逃时那样寒酸。山西巡抚毓贤亲率大小官吏出迎二十里，进献金银帛物，应有尽有，逐渐一行人又恢复了大内排场。

本来走到太原，慈禧就想不再西行，但闻听德法联军又过了石家庄西进，便只得启程到了西安。

颠簸劳累，加上年岁过大，慈禧在西安一病就是三个多月。她本来心情十分烦躁，偏偏这日正在小花园中散步，远远见一个小宫女一边跑一边回头，差点儿没撞上仪驾，慈禧怒不可遏，喝令太监将宫女按到地上。此时大阿哥匆匆跑来，一看慈禧在那里，忙住脚，慢慢走过来请安。

不用问，一定又是这个好色的大阿哥在追逐宫女，在北京时，溥儁就在后宫追逐宫女，被慈禧知道后砍了十多个宫女，但碍于大阿哥是自己立的，也就没有追究他。慈禧恨的是宫女勾引大阿哥。

"来人！将她衣服扒了，重打四十。"

等到扒了宫女的衣服，所有在场的人都一愣，那个宫女身上居然穿着明黄绸的汗衫，甭问，一定是大阿哥的，一时不知如何是好。

慈禧气得头昏眼花，这明明是往自己脸上抹黑，传出去让人笑话，她挥了挥手："拉出去砍了吧。"

经此事变，慈禧对溥儁完全失去了信心，在危难时候还有闲情逸致追逐宫女，将这么大个国家交给他，还不很快给败坏了？天不遂人愿，一向自负的慈禧没想到在这件事上栽了大跟头，实是始料不及。

"老佛爷，荣大人来了。"

"议和有消息了？"慈禧在太原时便电令奕劻和李鸿章以及荣禄等与各国议和。她最担心的就是各国提出惩办祸首，所以急忙接过电文。看完，长吁了口气道："祖宗保佑！"

各国要求惩办祸首在意料中，但并没有列她，而且要求严惩载漪、载勋、刚毅、赵舒翘等人。

"这些人也着实可恨，当初不是他们以谬言误我，何以至此？"

"是呀，老佛爷，这帮人误国误事，应该严办！"

"尤其是刚毅和赵舒翘，"想起两人慈禧不免隐隐作痛，"本来派他们俩去调查义和团，回来却欺骗我。义和团在北京攻打使馆和教堂时，他们抢的抢、杀的杀，连正阳门也给烧了，我就瞧着不像回事，心下明白，他们不中用的，靠不住。果然被我言中！"

"老佛爷圣明。"

"嗯！"慈禧又想起溥儁，"大阿哥处处胡闹，真叫我寒心。"

"回电就大概这么写吧，量中华之物力，结与国之欢心。唉！"

"老佛爷是不是又想起刚才那档子事了？"

李莲英往前凑了凑："老佛爷，奴才得斗胆劝您两句，大阿哥入宫那会儿还挺本分的，谁知道今天怎么变成这个样子？老佛爷也没闲工夫管他，这个国家就够您受的了，趁现在大阿哥还没当皇上，干脆废了他算了，也省得您一天老操他的心。奴才斗胆说这话是为老佛爷着想，还请您三思。"

"本来我也有这个打算，可他毕竟是我立的。就这么废了恐怕不好说。"

"老佛爷，说法有！"李莲英转转三角眼，"拳匪之乱，载漪是祸首，他的儿子怎么能立为大阿哥呢？"

"对，"慈禧点点头，"你倒是聪明，我一时还真没想到。"

"老佛爷怎会想不到，只是存着一颗仁厚的心罢了。"

慈禧笑着拍了一下李莲英的头："会说话！"

载漪被充军不久，慈禧便通过上谕的形式颁布了废大阿哥溥儁的诏书：

> 已革端郡王载漪之子溥儁，前经降旨立为大阿哥，承继穆宗毅皇帝为嗣，宣谕中外。概自上年拳匪之变，肇衅列邦，以至庙社震惊，乘舆播迁，唯究变端，载漪实为祸首，得罪列祖列宗，既经严谴，其子岂宜膺储位之重？溥儁撤去大阿哥名号，并即出宫。

人到老年最怕寂寞，慈禧亦不例外，闲来无事时常常和李莲英唠嗑。

"小李子，我看你也挺机灵，给你个督抚也能当。"

"老佛爷夸奖，奴才生下来就是伺候老佛爷的，伺候好老佛爷要比当督抚对朝廷贡献大。"

"我最近这阵子总想，你说我大清二百多年基业，怎么就到了今天这步？"

"这是国家大政，奴才不懂。不过奴才倒觉得大清到了今天这步是有些人不能为朝廷用命，自顾自，朝廷就缺了人才。"

"嗯，有道理，现在我倒觉得好像这一切也跟咱们的家法有关系，朝廷的王、大臣们都不能尽心尽力，但祖宗家法也奈何不了他们，看来大清要不变变，恐怕没等我闭眼就得亡国。"

"老佛爷说得是，像以前曾国藩、左宗棠那样的帅才没有了，文官中也没有能比得了文祥的。"

"对，人才最重要，现在不是都兴办学堂吗？明儿个就降旨要各省都办，哪个不办就革了他的职，办好学堂，出了人才，大清才有救。"

直到梆敲三响，慈禧才睡去。

光绪二十七年八月，慈禧命光绪诏谕全国。

着各省所有书院，于省城均改设大学堂，各府及直隶州均改设中
学堂，各州县改设小学堂，并多设蒙养学堂。……着各该督抚学政切
实通饬，认真兴办。

议和进程很快，在此诏发出之时，北京已签订了《辛丑条约》。在外流浪
一年的慈禧及光绪等人，终于在八月二十四启程返回北京。

走到途中，九月二十八这天接到北京的来电，大学士、原直隶总督兼北洋
大臣李鸿章病死，于是又在途中发了一道上谕，拨银安抚，调袁世凯任了总理
衙门大臣。

自西安出发，并不像离京时那般仓皇，而是走走停停，直到十一月二十八
回到了北京。

当慈禧走下火车的时候，看到的是很多黄头发蓝眼睛的洋人，奕劻、荣禄
等人在后面等着，许多外国人举起照相机，镁光灯一闪一闪的，很刺眼，慈禧
略用手挡了挡脸，心中不明白为什么外国人要摄自己的像，匆匆穿过人群，上
了准备好的八抬大轿……

二

新年伊始，慈禧仍旧独自一人临朝，光绪还在瀛台"养病"。当节假过后，
第一天早朝，慈禧便将军机大臣和御前大臣及六部堂官叫到中南海仪鸾殿，开
口便入正题：

"在外面一年，我总在想，咱们有些东西也该变变了，祖宗家法也有很多
不适合现在，再不变变的话，国家还得弱下去，还得受人欺负。今天把你们都
叫了来就是告诉你们这个，具体怎么个改法，你们研究。我堂堂大清也应该站
在强国之列。经过几次事我也琢磨出点儿理儿来，咱们得面对现实，国家弱了
就得变，一变百通。我想，像日本那样的偏邦小国在那个天皇的变法下能强起
来，我们为什么不行？总不能让祖宗的基业在我们手里丢了，一想起又是割

地、又是赔款我这心里就不是滋味，说来说去都是因为咱们不强！"慈禧略一停顿，端起明黄地龙茶碗慢慢地啜了一口，然后才接着用她那威仪的目光扫视了一下群臣："说了这么多就一句话，要变法！你们具体商量个办法，不会就向人家学，学不好的话就派人去看看，拟个折给我。"

"臣谨遵懿旨。"奕劻答道。

"嗯！不要再拖拖拉拉的。"

"是！"

退了朝，慈禧在仪鸾殿内休息，想起回来很长时间了，还没再见过光绪，毕竟他是自己从小带大的，便吩咐传轿瀛台。

光绪帝从小身体很差，直至今日还不能与常人一样，从西安归来，一路旅途劳顿，加上肝虚火热，病了起来。

"皇上，皇上，醒醒，老佛爷来了。"

光绪迷迷糊糊睁开眼睛，见慈禧已进了屋子，挣扎着要见礼，被慈禧制止。

"行了，免了吧，你病成这个样子！"

"这身体也真是不争气，回来就成这个样子，昏昏沉沉的。"

"皇上得保重身体，"慈禧说完，转身对李莲英说，"找个名医来看看，你们用心伺候。皇上要是不见好我可饶不了你们！"

"嗻！"

"你们都退下吧。"慈禧摆摆手。

太监和宫女悉数退下，慈禧坐在榻前，叹了口气："皇上，你也别想得太多，我这么做都是为了你，想想我老太婆还能活多长时间？天下早晚都是你的，本来打算回来后我就歇着了，可谁知你又病成这个样子，唉！"

"孩儿不孝，让亲爸爸如此挂念操劳。"

"还说那么多干什么呢？我老了，可能上了年纪的人都这样吧，爱找人唠唠叨叨的，经过这次事儿我也琢磨出点儿道理来。这不，今儿个早晨我跟他们说了一大通，国家弱还真得变祖宗家法，有些地方是旧了些。我觉着，现在是不变不行，所以我劝你养好自己，等什么时候你来，我先给你铺铺路。"

两人谈了很长时间，慈禧才回到了仪鸾殿。

两天后，早朝时奕劻等人首先推出了第一项改革：兴学堂，废科举。

慈禧放下奏折，满意地点点头："国家需要的是各方各面的人才，科举有一千多年了吧？"

"是，自隋朝始。"

"说得很好！"慈禧又看了看放在御案上的奏折，"自古以来，仕官之途就是科举，你要是学不会八股文就别想登堂入室。国家急需人才，要的是各方面的，以后就这么干吧，从明年开始，一甲的进士授职编修，二三甲的进士、庶吉士统统送到京师大学堂，分门肄业，然后再送到翰林院散馆。"

"是！臣等另议了举办武备学堂的折子，还没有成稿，请太后斟酌训定。"

慈禧匆匆看了看说："兵制早该改了，咱们的旗兵不成样子，荣禄，你平响马那会儿是哪年哪？"

"同治四年。"

"那会儿，我派安德海去看了看南苑校操，我们这些旗下大爷倒好，有给牵着马的，有架着鹰的，还有给拿着烟枪的，真是无所不有，这样的兵能打仗吗？也许有人说，那不是胜了吗？我说，当时是胜了，因为响马本来就怕官兵。但现在不一样，遇到人家洋兵，本来枪炮就落后，又这个样子多年，能不败吗？我看，赶快改，叫各省都按照新法练新军。袁世凯的新军就练得不错嘛，具体就按你们说的去做，等新军练成，奏个折子给我。"

"太后，臣等商议了一个办法，国家强盛依靠人才，臣等议定在各省抽调数名品学兼优的学生出洋游学，以期造就，学成归国必于我大清有益。"

"嗯，这个办法很好，一个省派几个人，款由各省出，叫他们学点儿东西回来。"

"是。"

"这阵子外面的情况怎么样？"

"回太后，朝内上下都很赞同太后变法，群情激昂。"

"嗯！很好，不过，事儿得一样一样办，别太急了。"

瀛台涵元殿内的光绪，自慈禧看过之后，似有一种力量在支持，病情陡然好了起来，虽已三十几岁，每天仍读书不倦。

女官德龄是光绪的英文教师，每天教光绪学习英语，他很用功。

"皇上，您每天这样坚持用功学习，德龄真是佩服。"

"我是闲来无事，"光绪笑笑说，"洋人的语言还真难学，还讲什么音标。人总得学点儿东西，似我以前读了点儿书，就觉得自己很了不起了，可以君临天下，实际上我想错了，这么大个国家，治理起来很难的，所以现在学点儿东西，说不定什么时候就用得上。"

德龄看到光绪的桌旁放一蓝色的日记本，便随口说道："想不到皇上也有记日记的习惯。"

"记点儿东西以备参考，人说岁月无情，到什么时候再翻起它，想起以前的许多事，心中总觉得有寄托。"

"皇上真是有心人。"德龄觉得光绪作为天子虽窘困至今仍自强不息，心中甚是佩服。

"快过年了，没有什么可赐给你的，我写了副对联，略表心情吧。"说完，光绪拿出亲手写的一副对联送给了德龄。

光绪从小练字，而且文字功底亦有些造诣，上联是：含和履中驾福乘喜；下联配：年丰岁熟政乐民仁。

"德龄承蒙皇上抬爱，实是心中惶恐。"

"哎，不必客气，你是留过洋的人，思想该很开化的。我只不过念你教书于我，送件礼物给你，何必如此大礼，还是像平时那样才好。"

德龄见光绪气色不太好，便问了一句："皇上，这阵子您总闹病，前两天好多了，可这两天气色又有些不好，是不是读书累的？"

"我身子一直就很弱，自小到现在不知病了多少场，"光绪苦笑一下，"人这辈子身体可是顶重要的，我看你一天忙到晚气色还不错，可真羡慕。"

"我生活有规律，每天早起先静坐一会儿，然后跑步，一天总是精力充沛。"德龄正侃侃而谈，却见光绪脸色骤然阴沉起来，略一想，一定是刚才的话触动了光绪的痛处，因为他只准在瀛台内活动，没有权利越雷池一步，心中感到既怜悯又感慨。光绪虽贵为天子，拥有四海，却不如自己自由，真是莫大的悲哀！

到了光绪三十一年，新政已在全国全面推开，而且很有收效。

这年，孙中山在日本成立同盟会，积极准备推翻清朝的统治，而且越来越多的人表示支持他，大清朝的统治处于风雨飘摇之中。

"现在很多人都想推翻我们，想必你们也知道，变法变了四年多，也没变个什么样子出来，我听说很多国家都实行什么君主立宪？派几个人去看看人家是怎么办的，咱们也学学。顺应民心是重要的，没了民心还要我们干什么？奕劻啊，你选那么五六个人去欧美和日本走一趟，看总比不看好，回来尽快拿个办法出来。"

"是。"

于是商议定人选，最后确定的是镇国公载泽、户部侍郎戴鸿慈、闽浙总督端方、山东布政使尚其亨、顺天府丞李盛铎，五大臣出国考察。

历时近半年的考察，五大臣遍走了欧美和日本等实行君主立宪的国家，到年底才回到北京。慈禧仍在仪鸾殿召见。

"你们辛苦了，快说说这趟可有什么收获？"

"回太后，"五人中端方年纪居长，而且地位仅次于镇国公载泽；载泽从日本回来时，水土不服，拉肚子，人整个瘦了一圈，所以由端方首先谈了欧美和日本之旅的种种见闻。

"太后，臣等此次欧美和日本之行，所到之处，受到极大欢迎。臣觉得立宪是国之命脉，就像以前的祖宗家法，是少不得的。立了宪，上可安邦，约束朝中大臣亦守宪法，下可使国民皆守法，既可以受宪法保护又必须遵守宪法。国外规定得很细，拿一点来说，宪法规定了每一个人都必须遵守宪法，违反了它就要受到法律惩处，同时宪法中又规定了每一个人的权利，像国外许多国家，规定人民可以自由言论，有集会、出版等的权利，这些东西受到宪法保护。另外，许多国家地方都实行了自治，他们叫州长、县长等的地方长官由选举产生，得多数人选举他才能当上地方长官……"

慈禧听得津津有味，不住点头，等五人讲述完毕，她才开口说道："没想到君主立宪有这么多说道，细想想也在理儿，古来就有王子犯法，与庶民同罪之说。宋朝不是有个包青天吗？敢铡皇亲国戚，难道我们还不如前人？宪法规定人人平等我看就很好，同样的错在当官的就轻，老百姓就重，这也是人心不服的原因，当务之急是收民心，顺民意！这样我们才能坐得稳当。不过话又说回来，中国之大，很多人还没有认识到，立宪这事是一定要做的，不过要等时机，大概总得十年吧。等到国人普遍有点儿知识，懂道理了，也就好开展，话可以先说出去。"慈禧看了看奕劻和袁世凯等人："你们先拟个旨发了，一步步来，先从官制开始。"

"太后，十年期限是不是长了些？臣觉得五年恐怕就够了。"端王小心翼翼地说。

"我想，缓那么个三五年也是好的，总要稳中求胜才是，不要过急，要是因为急了弄出乱子，可就得不偿失。"

谁也不敢担这个责任，所以此次御前会议就这样结束。

两天后，清廷以光绪的名义颁布了《预备立宪诏书》，确定立宪的四条原则：

（一）因民智未开，十年后正式实行君主立宪；（二）废现行督抚制，仿日本改革官制；（三）将财政军事权收归中央；（四）中央官制亦仿照日本进行改革。

于是，清朝的繁多衙门并为十二部，军机处、内阁、外务部、吏部、学部、礼部没变，巡警部改为民政部，户部改为度支部，兵部改为陆军部，商部改为农工部，理藩院改为理藩部，增设了邮传部。

到了光绪三十四年八月（1908 年），已七十四岁的慈禧上殿已开始靠人搀扶。

"太后，底下的人吵得厉害，臣等不得不劳请太后。"奕劻说。

"什么事？"

"很多人说预备立宪期太长，要求缩短期限。"

"我说过，民智未开，不宜操之过急。唉！这样吧，把预备期改为九年，总该可以了吧？"

"这……"奕劻本想再陈奏，见慈禧正用眼睛盯着自己，便将话咽了回去，低头答应了声，"臣谨遵懿旨。"

三

自荣禄在前两年死后，慈禧的身体也是每况愈下，尽管她平日保养有方，可毕竟年岁已经大了，心有余而力不足。

在静卧的时候她很喜欢和德龄谈话，德龄思路开阔而且头脑灵活，慈禧很喜欢她，这天照例是吃完午膳在仪鸾殿内两人密谈。

"德龄，皇上的英语学得怎么样了？"

"回老佛爷，皇上很用功，每天早起晚睡读书不倦，可就是身体不行。"

"唉，皇上自小的时候就体弱，这么多年来也没见他有什么起色，还不如我这老太婆结实，这阵子他又闹病没有？"

"据李公公说，太医的脉案上说皇上阳散阴涸，肾虚衰竭，阴阳离决。这阵子皇上总说关节疼，可能是凉着了。"

"年轻轻的身子弄成这样，唉！"慈禧重重地长叹了一声，悲容立现。

德龄见慈禧提起光绪伤心，便岔开话题。

"太后在宫中这么多年身子还这么好，真让人羡慕。"

慈禧很喜欢被人夸奖，神情一转，像小孩似的说："是呀，我总是注意保养自己的，想来进宫也有五十八年了，可真是一步步涉难而过。当年诛肃顺那会儿我才像你这么大，那么多男人包围着我们两个女人和孩子，你想象不出有多险的。等穆宗登了基，我才三十岁，朝廷上也是人心不服。刚听政那会儿，谁都没把我们放在眼里，等杀了何桂清和胜保之后才有点儿起色。杀他们两个人的时候有很多人求情，还差点儿闹出乱子来，这是后来我才听恭亲王提起过的。当时江南的李世忠和苗沛霖要因为杀胜保而不惜动武造反，你想想胜保有多跋扈？何况当时捻乱和回乱都没平，洪匪还在南京负隅，真是让人焦头烂额。"

慈禧停了一下，啜了口茶继续说："那会儿我每天晚上都睡不踏实，总担心有战报到，刚开始尽是些让人沮丧的消息，不是城池失守，就是主帅阵亡。到后来才慢慢好起来，先是平了洪匪，接着平了捻匪和回乱，亏了有曾国藩、左宗棠和李鸿章他们。旗人当时不行了，出了个多隆阿又在陕西战死了。等到内乱一平，本想好好休息一下，谁想俄国人又占了新疆。当时在养心殿，左宗棠要求西征，李鸿章要议和，你想不到，两个人在殿上几乎打了起来，面红耳赤的，那情景让人忘不了。最后拿到我这儿来定，当时我只说了一句话，毋庸再争论，左宗棠去新疆！"慈禧学着当时的样子，孩童般天真地笑着说。

德龄接过话茬："结果还是老佛爷英明，左宗棠收复了新疆。"

"是呀，还没到三年，左宗棠就收复了新疆。证明我当时的决断是对的，通过类似的这些事，我也觉得一个人最重要的是要相信自己！"

"太后教诲得极是。"

"我还真没有教诲的意思，"慈禧此时显得极慈祥，"我只不过是有感而发，我们女人不容易，如果不自己相信自己的话就更没有什么地位可言了。现在不是有许多女孩也开始上学了吗？我觉得很好，女人也是人，也该读点儿书，懂点儿道理。这么多年我能过来，想想跟小的时候书读得很多还是有关系的，书读得多，自然就懂得很多道理，遇事也就不慌。"

"我听过许多关于老佛爷的故事，听起来真是惊心动魄，看得出您比那些男人强。"德龄说。

"小丫头，你说得对！"慈禧笑了笑，"我读书那会儿比我两个兄弟长进快，老师也愿意教我。当时我阿玛不让我读书，说女孩子要学三从四德，读书是不务正业，而相反却对两个兄弟要求很严。当时知道阿玛不对，但一来不能反驳，二来也讲不出个道理来，于是我便偷偷地读书，如果被阿玛撞上了我就撒娇过关，现在想起来也很有意思，现在明白了是阿玛思想守旧。"

德龄一笑，"老佛爷说得是，那时候人们都是那样想的，能出几个像老佛爷这样才貌双全的人？"

慈禧羞涩一笑："小丫头，你可真会说话。"说完随手从床头拿出一幅笔墨丹青，上面画的是兰竹，寥寥数笔，竟也栩栩如生："这是我画的画儿，你陪了我这么长时间，送给你吧。"

"我听说过，老佛爷快六十岁时才喜欢上画画儿，师以缪老太太，没想到老佛爷笔墨竟不逊名家，奴婢一定珍藏，多谢老佛爷！"

"起来吧，屋中就我们两个人，你也不必多礼。你这个小丫头不仅模样俊，而且很有学识，还会洋话，我很佩服。女人能学这么多东西也很不容易，所以我也很喜欢你，喜欢和你说话儿，但愿你们年轻人不嫌我这老太婆絮叨。"

"老佛爷，奴婢怎么会嫌您絮叨？您说的话奴婢都记在心里，将来奴婢一定要出本书，专写您的书，把您的坎坷、您的喜怒哀乐、您的话都写进去，让后人都了解您，明白您。同时，也了解这一段历史。奴婢敢说，这四五十年，大清内忧外乱，如果没有老佛爷，恐怕早就不知什么样子了。"

慈禧慢慢摇了摇头："话不能完全这么说，想想这四五十年都是在内忧外乱的局面中度过的，国运不佳。我琢磨了，我们是落在人家后面了，挨了打，签了条约，谁在这个位子上都是一样的，我现在唯一欣慰的是没有在这期间由外乱而引起内变。你是知道的，国家乱了的话，内变是很容易的事，如果当年不及早诛了肃顺，说不定今天怎么样了。这么多年我是明白点了，这种争斗是不能有仁慈之心的，如果你存了仁慈之心，恐怕就会被他人乘虚而入。"说到这里，慈禧望望德龄笑了笑："算了，这事你还不懂，深说也没有用处的。总之我是觉得对得起大清的祖业，没有毁在我的手里，即便是明天死也能安心去了。"

"老佛爷颐养有方，很快就会好起来的。"

慈禧笑笑："人生百年，哪有不死。"说着不由自主地打了一个哈欠："你看你，到底是年轻人，精精神神的。我就不行，人老了，这觉来得快，正说在兴头上，过了晚膳再接着唠吧。"

"是，奴婢告退。"

慈禧悠悠睡醒时已夕阳西下，李莲英走了进来。

"启禀老佛爷，皇上病得厉害。"

"什么？德龄说不是只关节疼吗？"

"这阵子是关节常疼，可据李长安说，昨晚皇上又着了凉，今儿个上午开始发烧，直说胡话。"

"太医怎么说？"

"太医院说皇上精气不足，肾亏，他们不敢用凉药，怕皇上承受不了，只有先用补药，等差不多时再用凉药降热。"

"怎么这个样子？传轿，我去看看。"

瀛台涵元殿在四面环水的位置。八月里的天，本该凉爽异常，可进到阁中却使人感到几欲窒息。浓重的药味扑面而来，里面很阴，慈禧进来不禁打个哆嗦，这屋好人都能待出病来。"怎么不开窗？"她皱着眉说。

李莲英忙叫人打开了所有的窗子，暖风习习，使人感到温馨，心情也逐渐好了起来。

等揭了黄幔，慈禧不禁又皱起眉头。光绪人整个瘦了一圈，帐内弥漫着潮湿发霉的气味，光绪头上搭了块凉毛巾，正在说胡话。

"小李子，派人将皇上的被褥等统统换了，你是怎么伺候皇上的？窗户不开，被褥不换，身边连个太医都没有。"

"回老佛爷，本来奴才早就想到，可皇上说开窗怕冷，被褥也不让换，奴才没办法才这样，太医院的太医刚走，奴才这就去叫。"

这是当着慈禧面儿撒谎，在场的太监和宫女谁敢揭底？慈禧叹了口气，只吩咐了声："照我说的做，皇上要怪罪你们的话，就说我吩咐的。"说完离开了涵元殿。

光绪这次病倒再也没有起来。身上的病一样样地发作，先是因风湿而疼痛得关节不灵，继而出现冷热交替，由于有二十多年的遗精历史，使得光绪下身潮湿寒凉，肢体倦怠，常常咯血，可谓百病缠身。

到了十月中下旬，眼见着光绪已经不行了。太医院派出三名御医会诊，庆亲王奕劻也在殿外来回走着，现在是老佛爷慈禧病倒，光绪帝病倒，整个国事都交在他手里，他既得处理国事，又要处理家事。

"怎么样？"当看到太医出来，奕劻急急地迎了上去。

"王爷……"太医摇摇头。

"桂庭，你是名医，你说。"奕劻将目光转向清末名医屈桂庭。

"王爷，小人实情相告，刚才皇上忽然神志一清，拉着小人的手说怎样能救他，小人见皇上气促口臭，牙齿已黑，大便九日未解，而且据皇上说疼多气急心空，此症虚虚实实，恐有猝脱之险。"

"什么？你的意思是皇上不行了？"

屈桂庭冲奕劻点点头："据小人多年行医经验，皇上是百病缠身，加之身子根基极薄，似此病状，不出四日，必有危险，况且小人看皇上如此突然清醒，恐怕是回光返照之相。"

果不出屈桂庭所料，到了十月二十一，光绪已经气若游丝，牙关紧闭，死相已呈。

"皇上不行了，老佛爷。"李莲英匆匆跑来。

"快，马上把庆亲王和军机大臣及御前大臣找到这里来，我有话说。"慈禧大口大口地喘着气，仿佛氧气不够似的。

她心中也早有了决定，那就是立醇亲王载沣的儿子、三岁的溥仪为嗣皇帝。毕竟溥仪有她那拉氏家族的血统，又是自己的孙辈，有侄子载沣监国大可放心。所以当群臣来到榻前的时候，她不想因争论而浪费时间，便缓慢地说："皇上病情加重，国不可一日无君，醇亲王的儿子溥仪是嫡传子孙，我决定立他为嗣皇帝，载沣为摄政王监国。你们赶快去办吧，尽快将嗣皇帝迎进宫。载沣，你们拟个旨发了。"

将近傍晚，年仅三岁的溥仪在一片鼓乐声中，由人抱着从大清门进入了紫禁城皇宫，就在典礼刚刚结束的时候，瀛台涵元殿内的光绪帝，躺在冰冷的阁中永远地闭上了眼睛，死时没有留下一句话，只是面上还有尚未拭去的泪痕。

凶信传到仪鸾殿，病榻上的慈禧流下了眼泪，长叹一声对德龄说："他才三十八岁，多好的年纪！怎么就这样命短？国运不兴，国运不兴啊！"

"太后，节哀顺变吧。"

"我现在想起一个人来。"

"谁？"

"寇连材你听说过吧？当年他总是劝我少掣肘皇上，后来不惜尸谏，想来也是忠烈的。我这辈子没做过什么错事，可总觉得对他的做法似乎严厉了些。我老了，恐怕也没有多长时间了，想想这几十年，弹指一挥间，我送走了咸丰、同治、光绪三代皇帝，这是悲哀的。人常说，'人之将死，其言也善；兽之将亡，其鸣也哀'，这几天我似乎有点儿顿悟，我争强好胜一辈子，为了什么？还不是为了这个国家，我也知道很多人肯定在背后骂我，我不怕。谁来到我的位置，也都只能这么做。我最大的遗憾就是没有制止宦祸，宠了安德海、李莲英。有些事他们是瞒着我的，底下的人又不敢动他们，后来安德海被穆宗给杀了，当时我不理解，现在倒觉得他们是对的。我要告诉后人，一定要防止宦乱，自我这儿就打住。另外，女人终归是女人，懂点儿理是应该的，可不要干预朝政，这一切你都记下来，等我死后写到书里，叫天下人都知道我这么个人……"

很晚慈禧才沉沉睡去，望着她花白的头发和满面岁月的皱痕，德龄不禁感慨万千。

光绪三十四年十月二十二日（1908年11月15日），光绪帝与世长辞的第二天，慈禧太后病情亦急转直下，时近中午的时候，已气若游丝，说不出话来。群臣到来时，她努力睁开眼睛，从身旁拿出早已拟好的遗命，递给了跪在御榻旁的醇亲王载沣。除去讲述平生之外，遗命上还特别讲明，"以后勿再使妇人与闻国政，此与本朝家法有违；尤须严防不得令太监擅权，明末之事可为殷鉴"。

该办的事都办了，慈禧努力地睁着眼睛看向窗外，虽已模糊一片，却能感到暖暖的阳光照在脸上，一切都是那么美好！她多想再留一会儿看看世界，回想一下她七十四年漫漫人生长途的坎坷，悲喜在这一刹那间都凝固了，慈禧慢慢地闭上了眼睛，停止了人生的旅途。

仪鸾殿内静悄悄的，慈禧像芸芸众生一样逃脱不了自然的法则，留给后人的只是一个众说纷纭的空间。

慈禧生平大事年表

道光十五年（1835）一岁，十月初十日，慈禧在北京出生，取名杏贞。父惠征，官任笔帖式。

咸丰元年（1851）十七岁，清廷颁布选秀女诏，慈禧应选。

咸丰二年（1852）十八岁，五月初九日，慈禧入宫，初被封为兰贵人。

咸丰三年（1853）十九岁，六月初三日，父亲惠征病故。

咸丰四年（1854）二十岁，晋封为懿嫔。

咸丰六年（1856）二十二岁，二月二十三日生子载淳，当日晋封为懿妃。

咸丰七年（1857）二十三岁，晋封为懿贵妃。

咸丰十年（1860）二十六岁，八月，英法联军进逼北京，咸丰帝逃往热河行宫，慈禧随行。

咸丰十一年（1861）二十七岁，七月十六日，咸丰帝病逝于热河，慈禧联合慈安与肃顺等赞襄政务大臣展开权力斗争。

八月初一日，恭亲王奕䜣赴热河叩谒梓宫，两宫皇太后召见，密谋发动宫廷政变。

九月初一日，两宫太后获尊号。懿贵妃尊称为慈禧皇太后，皇后尊称为慈安皇太后。

九月二十三日，自热河启程返回京师，慈禧、慈安护同治帝先归，肃顺护咸丰梓宫自为一路。

九月三十日，将在热河拟定的上谕宣示天下，解除肃顺、载垣等八大臣赞襄政务职务，随即将八人拿入大狱。

十一月初一日，举行垂帘听政大典，两宫开始垂帘听政。

六月，太平天国洪秀全病死。

七月初一日，"天京"被攻陷，太平天国运动失败。

同治四年（1865）三十一岁，三月，借侍讲官蔡寿祺参劾，慈禧亲写谕旨，将恭亲王奕䜣赶出军机处，革去一切差使。

同治九年（1870）三十六岁，六月二十七日，母亲富察氏病逝，发银三千两治丧，并派员穿孝驾典，而未亲临行祭礼。

同治十二年（1873）三十九岁，正月，同治帝年满十八岁，举行亲政大典，西宫撤帘归政。

同治十三年（1874）四十岁，十二月，同治帝染病，不久驾崩公历（1875年1月）。

正月，召王、大臣议立嗣君，慈禧以醇亲王之子载湉立嗣，议毕迎入宫中登极，改元光绪。

光绪元年（1875）四十一岁，二月，同治皇后崇绮之女被逼自尽，封为嘉顺皇后。

是月，左宗棠请求收复新疆失地，遭李鸿章反对，廷议相持不下。慈禧支持左宗棠，命其为钦差大臣督办新疆军务，率军西征。

光绪四年（1878）四十四岁，二月，左宗棠克复新疆南路西四城，新疆恢复。诏晋左宗棠二等侯爵。

光绪六年（1880）四十六岁，六月，派曾纪泽为出使俄国大臣，与俄国交涉侵占伊犁事宜，订《伊犁条约》，收还伊犁。

光绪七年（1881）四十七岁，三月，慈安太后暴薨。

光绪十年（1884）五十岁，七月，中法战争爆发。海战中国战败，陆战法军惨败，法国如费里内阁倒台，中法签订《中法新约》。

光绪十四年（1888）五十四岁，二月，颐和园修成。

光绪十五年（1889）五十五岁，正月，在慈禧的主持下，光绪帝举行了庆婚大典，慈禧侄女叶赫那拉氏立为皇后，即隆裕。

二月，举行光绪帝亲政大典。

光绪二十年（1894）六十岁，六月，日军偷袭驻牙山清军，中日战争爆发。

七月，中日双方宣战，中国海陆均失利。

光绪二十一年（1895）六十一岁，正月，派李鸿章为全权大臣赴日议和。三月，李鸿章与伊藤博文签订《马关条约》。

光绪二十四年（1898）六十四岁，四月二十三日，光绪发布《明定国是》上谕宣布变法维新，重用康有为等推行变法。

八月初六日，慈禧发动戊戌政变，变法失败。光绪帝被囚禁于瀛台，慈禧第三次垂帘听政。

光绪二十五年（1899）六十五岁，十二月，立端王载漪之子溥儁为大阿哥，以绝光绪复辟之望。

光绪二十六年（1900）六十六岁，五月，招抚义和团，用以打击洋人。

七月，八国联军进逼北京，慈禧携光绪等一同出京西逃，经太原至西安。

十一月，奕劻、李鸿章与列强议和。

光绪二十七年（1901）六十七岁，七月，奕劻、李鸿章与列强签订《辛丑条约》，慈禧自西安归京。

十月，诏撤溥儁大阿哥名号。

光绪二十八年（1902）六十八岁，是年，全面推行新政，颁布推行新政诏书。

光绪三十年（1905）七十一岁，十一月，派端方等五大臣出国考察。

光绪三十二年（1906）七十二岁，七月，颁布预备立宪诏书。

光绪三十四年（1908）七十四岁，八月，诏定实行预备立宪年限为九年，并拟定"宪法大纲"。

十月二十一日，光绪帝驾崩，诏以醇亲王载沣之子溥仪继承皇位，改元宣统，以载沣为摄政王。

十月二十二日，慈禧病逝于中南海仪鸾殿。

后 记

　　不知熬过多少个日夜，四十余万字的作品终于收笔。望着案头堆起的书稿，心中不禁感慨万千。这里既有成功后的喜悦，又有因作者文学修养和创作水平的局限而未必能尽如人意的惶恐。在此，恳请各界读者朋友批评指正。

　　本书创作时参考了《清史稿》、《清朝野史大观》、专业论文二十余篇和部分描写慈禧的传记及小说。用章回作体例意在使读者看起来不致枯燥乏味。

　　在本书中，作者力求通过对慈禧以一个普通官宦人家的小姐成为影响中国长达四十八年之久的无冕女皇一生的描写，反映晚清江河日下的历史背景。对慈禧的感情经历，作者秉持首先应该看到她是一个女人的想法。在慈禧一生所经历的政治斗争中她是一个成功者，在对慈安和同治皇后的态度中又表现出其狠毒的一面，而在面对戊戌变法和签订不平等条约的过程中又反映出慈禧历史局限性的一面。总而言之，慈禧的一生是在晚清欲亡未亡的挣扎中度过的，看待慈禧亦应该从一个普通女人的角度出发，把她放到晚清大的历史背景中。

　　最后，对为该书的写作、出版进行无私帮助的诸师友表示诚挚的谢意。

作者

1994 年 11 月 22 日初稿

2024 年 11 月修改